やわらかアカデミズム
〈わかる〉シリーズ

よくわかる
現代中国政治

川島 真/小嶋華津子
[編著]

ミネルヴァ書房

はじめに

　本書は今後いっそう重要度を増すと思われる中国について，主に政治面から
理解するためのテキストである。だが，理解するとはいっても，それは容易な
ことではない。そのため，このテキストでは理解するための手がかり，補助線
を読者に提供することを心がけた。

　第一に，歴史的な背景や自然環境を冒頭の第1部で扱った点である。中国の
置かれている自然環境は中国の内政や外政に影響を与えている。西部，西南部
が高地で人口が少なく，逆に東南部に人口が集中している。このことは，たと
えば中国の安全保障観にも関連する。また，歴史的背景も重要だ。現代中国政
治を考える場合，1949年の中華人民共和国成立以降だけを見れば足りるという
ことはない。昨今は，1949年前後の連続性が多く指摘されているし，何よりも
毛沢東は1893年，鄧小平は1904年生まれであり，ともに清朝の時代に生まれ，
中華民国の時代に育ったのである。輝かしくも潰えることになった王朝の時代
の記憶，そして多くの問題を抱えながら近代国家建設が進められ，戦争に苦し
んだ民国の時代の歴史を理解してこその現代中国理解である。

　第二に，王朝の時代の記憶，近代国家建設の歴史を土台として，中国で建設
された社会主義国家をいかに理解するのかということを念頭に，第2部で共産
党，国家，人民解放軍，法制度，中央・地方関係や民族自治など，制度の骨格
に関する項目を置いた点である。中国は一党独裁状態にあるが，党と国家，党
や国家と軍との関係がどのようになっており，法や政治制度がどのような理念
の下に設計されているのかを理解しなければ，その一党独裁の内容がわからな
い。日本をはじめとする民主主義国家とは異なる政治体制の国を理解するため
には，まずは政治制度の全体像を把握することが求められるだろう。

　第三に，第1部と第2部という基礎を踏まえ，現代中国政治の展開過程を内
政と外政の両面から時系列に整理した点である。時代区分としては第3部で毛
沢東による社会主義国家建設の時代，第4部で鄧小平による改革開放の時代，
第5部で江沢民政権期，第6部で胡錦濤政権期を扱い，第7部で習近平政権期
を扱っている。現代に近づくほど叙述が詳細になる構成とし，また内政を踏ま
えた上で外政を理解するという形式を採った。そして，個々の時代の，台湾・
香港情勢についても組み込んだ構成を採用している。さらに，日中関係につい
ては第7部の最後にまとめて整理した。

　全体の項目は100を超えるが，これで現代中国政治のすべてが網羅できてい
るわけではない。そのため，内容を掘り下げるための参考文献を各項目にて記

し，読者がより深く学ぶための手がかりとした。是非，関心に沿って参考文献も合わせて手に取ってほしい。

　現在の中国は急速に変化している。そして多くの問題に直面している。一党独裁体制を維持しながら経済発展をいかに進めるのか。いかにして国有企業改革を実行して経済成長を維持できるのか。そして何よりも，人口減少問題，高齢化問題にいかに対処するのか。世界最大の人口を有する中国が，社会主義体制の下で，これらの課題にいかに取り組むのかということは，ただ中国だけの問題ではない。中国の経済は世界と密接に結びつき，その国内政治は対外政策や安全保障政策にも影響する。世界第二の経済大国であり，また世界第三の軍事大国である中国の世界への影響力は過小評価してはならないだろう。そして，日本にとって中国の重要性はいっそう看過できない。日本は中国の隣国である上に，日本の政治体制が中国のそれとは異なるからである。ただ，中国を異質だとして遠ざけるのではなく，まずは理解することが肝要だろう。

　現在，世界ではアメリカと中国との間で秩序をめぐる競争が続いている。中国はリベラルデモクラシーなどの西側の価値観にも，またアメリカの軍事安全保障ネットワークにも批判的姿勢をとっている。そして，新たな科学技術面での進展を背景に，インターネットのための海底ケーブルや携帯端末で位置情報を得るための衛星ネットワークなどを形成，まさにアメリカの提供する国際公共財の外に，中国自身がもう一つの「世界」を作ろうとしているとの見方もある。習近平政権が進めている一帯一路構想はまさにそうした新たな「世界」を創出する試みなのかもしれない。

　このような情勢に対して，欧州や日本，そして世界各国，さらに国際組織や企業などをはじめとする主体が，悩みながらも，いかなる立ち位置をとるのか決めている。このような状況は当面続くだろう。その際，民主主義国であり，アメリカと安全保障条約を締結している日本やそこで暮らす人々が，単にアメリカだけを理解していればいいというのではない。むしろ，「わかりにくい」とさえ思える中国を理解してこそ，様々な選択をしていくことができるであろう。そのために本書が一助となれば幸いである。

　　2020年1月

　　　　　　　　　　　　　　　　　　　　川　島　　　真

もくじ

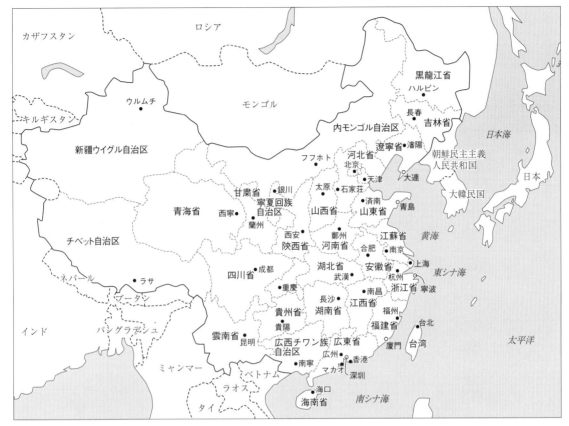

図1　中国省区分

図2　中国森林区分

（出所）　肖興威主編『中国森林資源図集』中国林業出版社，2005年，28頁を基に平野悠一郎作成。

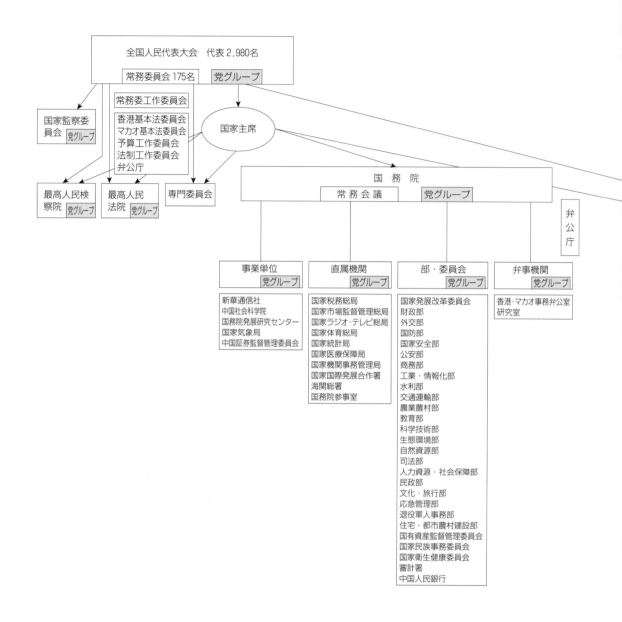

全国人民代表大会　代表 2,980名

常務委員会 175名　党グループ

党グループ

国家主席

常務委工作委員会

香港基本法委員会
マカオ基本法委員会
予算工作委員会
法制工作委員会
弁公庁

国家監察委
員会　党グループ

最高人民検
察院　党グループ

最高人民
法院　党グループ

専門委員会

国　務　院

常　務　会　議　党グループ

弁
公
庁

事業単位
党グループ

直属機関
党グループ

部・委員会
党グループ

弁事機関
党グループ

新華通信社
中国社会科学院
国務院発展研究センター
国家気象局
中国証券監督管理委員会

国家税務総局
国家市場監督管理総局
国家ラジオ・テレビ総局
国家体育総局
国家統計局
国家医療保障局
国家機関事務管理局
国家国際発展合作署
海関総署
国務院参事室

国家発展改革委員会
財政部
外交部
国防部
国家安全部
公安部
商務部
工業・情報化部
水利部
交通運輸部
農業農村部
教育部
科学技術部
生態環境部
自然資源部
司法部
人力資源・社会保障部
民政部
文化・旅行部
応急管理部
退役軍人事務部
住宅・都市農村建設部
国有資産監督管理委員会
国家民族事務委員会
国家衛生健康委員会
審計署
中国人民銀行

香港・マカオ事務弁公室
研究室

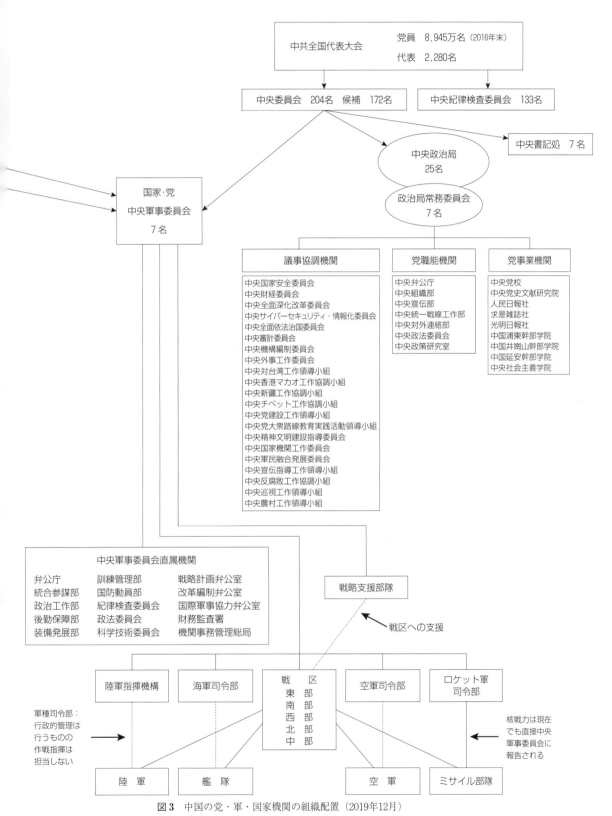

図3 中国の党・軍・国家機関の組織配置（2019年12月）

（出所）　軍に関しては，Phillip C. Saunders and Joel Wuthnow, "China's Goldwater-Nichols? — Assessing PLA Organizational Reforms", *Strategic Forum*, No. 294
April 2016, p. 3 より作成。

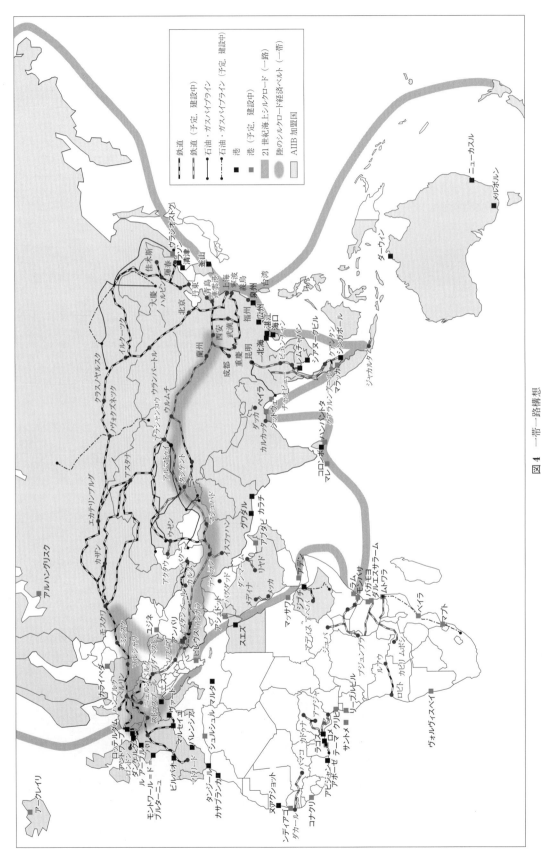

図 4 一帯一路構想

(出所) MERICS, "Mapping the Belt and Road initiative" (2018年6月版) を基に伊藤亜聖作成。

第1部

中国の成り立ち

guidance

第1部では，中国を理解していく上での背景や歴史的な経緯について紹介する。これらは中国の現在を理解する上でも重要な要素だ。中華人民共和国は成立したのが1949年10月1日だとはいっても，中国の自然環境やそこに暮らす人々や歴史などは，1949年を超えて現在と過去とを結びつける要素になっている。

そもそも，「中国」はいつから「中国」というまとまりとして認識され，いつから人々は自分たちを「中国人」と思うようになったのか。また，中国の自然環境にはどのような特徴があるのか。この世界最大の人口をもつ国の人々はどのあたりに住んでいて，50を超える民族にはどのような人々がいるのか。そして，そのような中国を全体として観察し，分析してきた人々は，中国をどのように論じてきたのか。

第Ⅰ章「中国とは何か」では，このような中国理解のための背景となる諸要素を説明する。

次の第Ⅱ章「中華人民共和国前史」では歴史的な背景を主に二つの側面から説明している。第一は，中国の歴代王朝に培われてきた統治理念や対外認識，それに基づく政策だ。儒学の思想や自らを中心に位置づける華夷思想はどのように政治に反映されたのか。このことを理解することを通じて，近代以降の中国にもこうした側面が反映されているかどうか，歴史的に考える視座が養われるであろう。第二は，中華人民共和国成立前の近代史である。中華人民共和国の成立は，国共内戦での中国共産党の事実上の勝利を意味し，中国に社会主義国が成立したことを示した，近現代史上，画期的な出来事だ。だが，その前後には断絶性，革命性しかないのだろうか。いや，実際には多くの連続性，継続性が見られる。だからこそ，それ以前の日中戦争，あるいは中華民国の時代やその前の清朝末期の時代を理解し，そのような歴史的な視点で現代中国を見ることが重要になる。そうしてこそ，中華人民共和国がどのような新しい側面を中国にもたらしたのか，理解できるであろう。

Ⅰ　中国とは何か

「中国」の由来

▷1　戦前の日本では「支那」という呼称も用いられたが，戦後初期にそれは蔑称であるとして GHQ の通達で公文書などでの使用が禁止された。

▷2　特に近世には朝鮮やベトナム，時には日本においても「中国」や「中華」を自称として用いることがあった。これは「中国」が固有名詞ではなく，華夷思想を受容した各国の自称として様々な国によって用いられる可能性があったことを示していた。それは自称とはいっても，自らの中心性を強調する自らに対する尊称であったと見ることができる。

▷3　科挙試験の実施地域や漢文の古典が受容されていた地域，そして漢字圏などといったことも，「中国」を文化的に支える要素であった。

1 「中国」の意味

　「中国」は現在国名として中国国内でも，また日本などの漢字圏でも使用されている。中国では「中国四千年の歴史」などといわれ，歴史的に中国という呼称が国家名称として使用されてきたと思われがちである。だが，中国には歴代の王朝の名もあり，現在のように日本，イギリス，フランスなどといった国名として「中国」が通用するようになったのは，むしろ19世紀末から20世紀初頭からと考えられている。「中国四千年の歴史」などという言葉じたいの歴史は一世紀程度しかないということになろう。

　「中国」や「中華」という語は，中国古代の文献にすでに現れており，およそ古代王朝のあった中原を意味していた。だが，それは境界線で囲まれた地理的な空間というよりも，自らを華とし他を夷とする華夷思想に裏付けられた空間意識に基づいた観念上の空間を意味していたといえる。つまり，「中国」や「中華」は基本的に「華」の空間として意識されてきた。したがって，この「華」の空間を国境に囲まれた国土と考えるのはふさわしくない。王朝の空間意識では，皇帝の徳は天下に普く広がるのであり，「普天の下」には「王土」でないところはない，というのが原則であった。無論，空間を区切る版図という言葉はあった。だが，この版図は近代国家における領土とは異なり，皇帝の統治が及ぶ空間を指しており，人が住んでいないところでは，必ずしも境界が明確でなかったし，版図内でも統治の対象外となる人がいたりした。

　19世紀になると，アヘン戦争以来の一連の戦争が発生し，一連の条約で冊封朝貢関係にある国が植民地になり，また時に清は藩部，また満洲の一部や省の一部，すなわち版図の一部を割譲した。これは従来必ずしも明確な境界をもっていなかった版図に（たとえ割譲されるにしても）明確な境界を与えることを意味した。そして，また割譲した後には明確な国境が西洋諸国の植民地などとの間に定められていった。そのため，主権国家としての国土の輪郭が次第に与えられた。だが，それがただちに「中国」と呼ばれたわけではなかった。

2 「中国」の形成

　先述のとおり，現在のような意味で「中国」が広く用いられるようになったのは，19世紀末から20世紀初頭であったと考えられる。たとえば，梁啓超は自

国の歴史を記そうとしてその題名をどうするかについて悩み，「吾人がもっとも漸愧にたえないのは，わが国には国名がないということである」と述べている。そして，「漢」や「唐」は王朝の名にすぎず，「支那」は外国人の呼び方であるとして退け，「中国・中華などの名には確かに自尊自大の気味があり，他国の批判を招くかもしれないが，（中略）やはり吾人の口頭の習慣に従って『中国史』と呼ぶことを選びたい」としている[◁4]。ここで「口頭の習慣」とあるので，すでにこうした言い方があったことはうかがえるが，書き言葉としては「中国」をもって自国の名称とすることが定着していなかったことを示す。

　そして，ここで「中国」とされた空間は，従来の清王朝の空間概念に従えば，基本的に省のある地域と満洲，そして藩部（モンゴル，チベット，新疆）であった。藩属，すなわち冊封朝貢関係にあった国々は，基本的に「中国」の構成部分とはされなかったのである。清王朝の下で「中国」が国名として意識されはじめ，1912年に成立した中華民国，そして1949年の中華人民共和国ともに，「中華」を国名に含み，略称は「中国」となった。

　このように「中国」が形成されてから，この「中国」という場における国家建設が進められていった。特にこの空間に住む人々を「中国人」として養成し，また清朝滅亡前に国籍法も定められた。20世紀には，中国を不断に維持することが清王朝，中華民国，中華人民共和国の使命になったのである。

③　「本来の中国」

　他方，「中国」が形成されることは同時に「本来あったはずの中国」という概念を形成させていくことにもつながった。19世紀の一連の諸条約によって喪失した省や満洲，そして藩部や省の一部分は，まさに「中国」であるはずなのに奪われた「失地」だと位置付けられたのである。ここにおいて，「中国」には「本来の歴史的な中国」と，現在結果的に存在している「中国」との二つが形成されることになった。近代中国の対外政策は，この失った国土の回復，失った国家の諸権利の回復を基調としており（国権回収運動），1945年の第二次世界大戦における勝利によって台湾を回収したが，香港，マカオなどがイギリス，ポルトガルの植民地として残されたために，1949年に成立した中華人民共和国に課題として継承されるに至った。上記に述べたように，「中国という空間を維持し，その空間内で中国を創り上げること」だけでなく，「本来の中国を回復すること」もまた政権の使命になったということである。

　中華人民共和国は本来回収すべき，沿海州やアムール川左岸地域（1858年アイグン条約，1860年北京条約でロシアに割譲）をソ連との友好関係を考慮して回収対象から除外し，また藩部であった外モンゴルも同様に対象から除外しつつ，1997年に香港を，1999年にマカオを回収することに成功した[◁5]。　　（川島　真）

▷4　梁啓超「中国史叙論」『飲冰室合集』巻六。原文は『清議報』に1901年に発表された。訳は岸本美緒による。岸本美緒「序章『中国』とは何か」尾形勇・岸本美緒編『中国史』（新版 世界各国史3），山川出版社，1998年，16頁。

▷5　なお，東シナ海や南シナ海などで問題となっている島々についてもまた中国は「失地」として位置付けている。尖閣諸島や南沙諸島は歴史的に中国固有の領土であるのに，それを他国が不法に占拠しているからそれを回復する，というのが中国側の論理なのであり，依然として「失地回復」が継続していることが確認できる。

（参考文献）
岡本隆司『中国の誕生――東アジアの近代外交と国家形成』名古屋大学出版会，2017年。
川島真「近現代中国における国境の記憶――『本来の中国の領域』をめぐる」『境界研究』第1号，2010年，1-17頁。

I　中国とは何か

中国の自然環境・地理的条件

1　中国の自然環境と地理的条件

　中国は，東アジアにあって最大の領域を誇り，南北・東西いずれにも幅広く，きわめて多様な自然環境と地理的条件を内包している（巻頭図2参照）。地勢は西高東低であり，気候帯としては大部分が温帯に属しているが，沿海から東部においては，気温や降水量の点から森林の育成に適した各種の植生帯が連続する形となっている。すなわち，その最北端となる東北地方の黒龍江省北部は亜寒帯に属し，針葉樹林帯が広がっている。それ以南の東北地方東部から長江中下流域等にかけては，北から冷温帯の針広混交林，夏緑（落葉）広葉樹林，そして長江流域以南の丘陵地帯から雲貴高原等にかけては，暖温帯の常緑照葉樹林に植生区分される。さらに南へと下った海南島や雲南省南部等は熱帯・亜熱帯に含まれる。一方，内陸奥地となる西部にかけては，湿潤な海洋性の大気が届かず気候が乾燥化し，温帯草原（ステップ）（内モンゴル自治区東部等）や温帯砂漠（ゴビ砂漠やタクラマカン砂漠等）の広がる半乾燥地・乾燥地が優勢となる。加えて，ヒマラヤ山脈から続く西南部のチベット高原や高山地帯では，寒冷な気候下での草原や高山植生が展開することになる。[1]

　国連食糧農業機関（FAO）によると，2015年の時点で，中国の総面積（国土面積）は約960万平方キロメートルであり，内水面面積を除いた陸地面積は約943万平方キロメートルである。このうち，耕地や放牧地等を含む農地面積（Agricultural Land）が約529万平方キロメートル（約56%），森林面積が約208万平方キロメートル（約22%），その他の土地面積が約206万平方キロメートル（約22%）となっている。また，総人口は世界最大の約14億3291万人（中国国家統計では13億7462万人）で，そのうちの約56%が都市人口，残りの約44%が農村人口と推計されている。[2]

2　環境によって規定される政治的課題

　この大人口を抱えて経済発展を進めるにあたり，中国の自然環境・資源が限られたものであることが，現代中国政治を大きく規定する要因となってきた。

　たとえば，農地面積のうち，穀物等の主要な食糧生産を行う耕地面積（Arable Land）は，前述の FAO 統計で約120万平方キロメートル（陸地面積の約13%）に留まっている。これは，内陸の半乾燥地・乾燥地等，満足な生産性

▷1　逢沢峰昭・木佐貫博光「バイオームと森林——森にはどのような種類があるか」日本森林学会監修，井出雄二・大河内勇・井上真編『教養としての森林学』文永堂出版，2014年；廖克主編『中国自然環境系列地図——中国植被図』中国地図出版社，2007年。

▷2　FAO, FAOSTAT（http://www.fao.org/faostat/en/#country/351），国家統計局編『中国統計年鑑：2016』中国統計出版社，2016年。なお，国家統計局では，農民（農業生産経営者）を22.77%と集計している（⇨ Ⅳ-2 「立法機関」）。

を見込めない土地の存在に加えて，過去における過剰利用を受けて土壌流出や砂漠化等の土地荒廃が深刻化してきたことも影響している。すなわち，中国における数千年単位の農地拡大と人口増加のスパイラルが反映された結果として捉えられるべき数字であり，これ以上の耕地拡大を望むのは難しい状況にある。このため，レスター・ブラウンによって将来の食糧危機が心配されたが，1990年代以降の中国では，農業技術の改良による生産性向上，人口抑制，食糧輸入等が進み，食糧・農産物の不足は目立って生じてこなかった。しかし，最近の中国における都市建設用地の拡張，より多くの土地資源を要する肉類の消費拡大，世界的な農産物価格の不安定化等を受けて，中国政府は食糧の安定供給を念頭に，現状の耕地面積を厳格に維持する方針を打ち出している。[4]

　森林資源の不足も，現代中国においては際立ってきた。中国の陸地面積に占める森林面積の比率（約22％）は，世界平均（約30％）を下回っており，人口一人当たりの森林面積は世界平均の４分の１以下である。このため，中国では長年，木材をはじめとした林産物の供給不足に悩まされ，近年では輸入拡大による域外の森林資源への依存を強めている。この現代における不足の主要な原因も，中国の長期にわたる農地拡大，戦乱，都市建設等に伴う森林の消失に求められる。こうした人為的な過剰利用に伴う森林や草原の減少・劣化は，内陸各地での土壌の流出に伴う土地荒廃と農村の貧困，河川流域での洪水の多発，黄砂の砂塵嵐や砂漠化の拡大，生物多様性の喪失といった問題を引き起こしてきた。この改善のため，現代中国を通じては，大々的に労力と資金を投じた森林造成・保護の取り組みが，政策的に主導されることになってきた。[5]

　さらに，中国では農業・工業・生活用水の需要増に伴い，特に北方の北京市や天津市において慢性的な水資源の不足に悩まされている。この解消を目的に，河道建設や揚水を通じて南方から水を送る「南水北調」と呼ばれる大規模な政策プロジェクトも実施された。また，持続的な経済成長を達成するためのエネルギー・鉱物資源の確保と安定供給も，重要な政治的課題となっている。特に，1990年代までの国内の石炭に依存したエネルギー供給は，効率の低さ，大気汚染，温室効果ガスの排出による地球温暖化への寄与といった問題を帯同したため，近年では，省エネに向けた政策的取り組みが本格化している。[6]

　これらの自然環境・地理的条件を反映した各種の環境・資源問題への政策的対応が，現政権の統治の正当性に結びつく形で重視されてきた点に，現代中国政治の大きな特徴が存在する。すなわち，多くの人々の生活の維持改善を前提とした国家建設を，限られた自然環境・資源という制約下で実現しなければならない圧力が，中国共産党の指導者層を中心とした政権を常に悩ませ，各時期の政策決定を方向付けることにもなってきた。

（平野悠一郎）

▷3　レスター・R・ブラウン（今村奈良臣訳）『誰が中国を養うのか？──迫りくる食糧危機の時代』ダイヤモンド社，1995年。

▷4　厳善平「中国の農産物自給の可能性を探る」『農業と経済』76（3），2010年。

▷5　平野悠一郎「森が資源となる幾つかのみち──中国の歴史という事例から」佐藤仁編著『人々の資源論──開発と環境の統合に向けて』明石書店，2008年；森林総合研究所編『中国の森林・林業・木材産業──現状と展望』日本林業調査会，2010年。

▷6　中国環境問題研究会編『中国環境ハンドブック──2009-2010年版』蒼蒼社，2009年；森晶寿編『東アジアの環境政策』昭和堂，2012年。

Ⅰ　中国とは何か

3 中国に暮らす人々

▷1　この8.4％の中には，民族的属性が未分類の人々約64万人と中国籍を取得した外国人約1400人が含まれている。

▷2　民族区域自治制度については，Ⅶ-4「民族区域自治制度」を参照。

▷3　テーラワーダ仏教
タイ，ラオス，ミャンマー等で信仰される仏教。日本等で主に信仰されている大乗仏教に対して，上座部仏教とも呼ばれる。

▷4　民族識別工作においては，人類学者・民族学者・言語学者などの研究者が「少数民族地域」に派遣され，民族の区分と画定を行った。民族区分認定が行われた具体的プロセスについては，Mullaney, Thomas, *Coming to Terms with the Nation Ethnic Classifica-*

① 中国の少数民族

　中国では56の民族が公認されている。中国国民は一部を除き，この56の公定民族のいずれかに分類される。2010年のセンサス統計によると，この56民族のうち，漢族（約12億2000万人）が全人口の91.6％を占めており，残りの55の少数民族（約 1 億1200万人）は全人口の8.4％を占めるにすぎない。ただ，漢族人口が圧倒的多数とはいうものの，少数民族人口を合計すると，今日の日本の人口に匹敵する。また，新疆ウイグル自治区等の五つの民族自治区の合計面積は，中国国土面積全体の45％を占める。

　これら55の少数民族は，言語・文化や生態環境・生業，経済状況等の点で，大きな多様性を有する。言語的には，ウラル諸語からシナ・チベット諸語，インド・ヨーロッパ諸語まで多岐にわたる。宗教的には，回族などのムスリム諸民族はイスラームを，チベット族などはチベット仏教を，タイ族など雲南省の一部の少数民族は，**テーラワーダ仏教**を中心とした信仰生活を営んでいる。

　生態環境・生業の面でも，大きな多様性が見られる。東北部のステップ地域で狩猟採集に従事してきたオロチョン族，草原や砂漠地域で遊牧に従事してきたモンゴル族やカザフ族，焼き畑を重要な生業としているミャオ族やヤオ族などは，各地の生態環境に適応した生業に従事してきた。

　他方で，経済面から見ると，少数民族地域と漢族中心の地域には大きな格差が存在する。2016年には，北京の一人当たりの総生産額が11万8198元であるのに対して，新疆ウイグル自治区は北京の約 3 分の 1 の 4 万564元，少数民族が多い貴州省とチベット自治区ではそれぞれ 3 万3246元と 3 万5184元で，北京の 3 分の 1 にも満たない（表1）。

② 中国における民族境界画定のプロセス

　こうした56の民族区分は，1950年代を中心に実施された「民族識別工作」を通して構築された。1953年に第一次人口センサスを行った際，少数民族を自称・他称する人々の自己申請による登記を実施した。その結果，個別の「民族」集団として自己申告された数は400以上に上った。この400余りの「民族」集団を調整し，1954年には38民族，

表1　各省の地域総生産額（2016年）

	地域総生産額（億元）	一人当たりの地域総生産額（元）
北京市	25,669	118,198
天津市	17,885	115,053
上海市	28,178	116,562
貴州省	11,776	33,246
広西チワン族自治区	18,317	38,027
内モンゴル自治区	18,128	72,064
チベット自治区	1,151	35,184
寧夏回族自治区	3,168	47,194
新疆ウイグル自治区	9,649	40,564

（出所）　中華人民共和国国家統計局のデータを基に筆者作成。

1965年には15民族，さらに1982年には2民族が認定され，合計55の「少数民族」が国家認定された。しかし，こうした民族区分の調整は，問題も生み出している。ここでは「跨境（越境）民族」の存在についてのみ紹介しておきたい。

中国で「認定」された少数民族の中には，隣接する国家との間に国境を跨いで同一の民族集団が居住する「跨境民族」がいる。たとえば，雲南省に居住するジンポー族やタイ族などは，隣接するミャンマー北部などにも，カチンやシャンと呼ばれる同一の民族集団が生活しているため，日常的に越境しながら，交易に従事したり，親族訪問をしたりしている。かつての生活圏上に国境線が引かれ，異なる民族政策下で異なる民族名で生活することで，親族関係やアイデンティティのあり方に乖離が生じている。

③ 漢族化する人々，少数民族化する人々

人口の9割以上を占める漢族の中でも言語的，文化的な差異が大きい。漢族は，言語的には七大方言グループに分類されることが多い。今日では，標準漢語である「普通話」が教育現場において教育され普及しているものの，方言で話をすると，お互いにコミュニケーションが取れない。また，文化的には，たとえば北方では小麦を用いた麺が多く食されるが，南方では稲作が発達したため米が多く食されるなどの違いもある。

こうした漢族内部の差異を考える場合，漢族と少数民族との相互関係にも着目する必要がある。少数民族人口の推移を見てみよう。1953年時点で中国全人口の6.06％であった少数民族人口は，2010年のセンサス時には8.4％にまで上昇している（表2）。この少数民族人口の増加は，自然増によるものだけではない。むしろ，それまで漢族として登録されていた人々が，自らを少数民族として主張しなおしているのだ。

たとえば，福建省に居住し，1979年に初めて回族と認定された人々は，それまでは漢族であった。彼らはイスラームを信仰せず，祖先祭祀を行うなど生活慣習が漢族と違わなかったからである。ところが1979年に，彼らの祖先の出自が中東地域であることが，族譜に記されているということによって，漢族から回族へと民族籍が変更された。いわば，漢族の少数民族化である。この民族籍の変更が意味するのは，漢族が周辺部の多様な文化的背景をもった人々を吸収しながら拡大したことである（漢族化）。漢族化と少数民族化との力学，民族範疇を越えた相互作用の中に，中国に暮らす人々の多様性を見ることができる。

（木村　自）

tion in Modern China, Berkeley: University of California Press, 2011. が詳細に記述している。

▷5 「民族識別」の際には，ソ連のスターリン政策下で考えられていた民族定義「共通の言語・共通の地域・共通の経済生活・共通の文化に現れる心理素質」の面から分類するものの，それぞれの少数民族の実際の状況に基づき，柔軟に対応した。

▷6 雲南省には，一つの村落内部に国境線が引かれた地域があり，国籍を異にする同一親族集団が日常的に国境を越えて生活している行政村が存在している。

▷7 七大方言グループは次のとおりである。一般的な中国語学習で教えられる「普通話」を中心とする北方官話，上海を中心とする呉語，福建省の閩語，広東省の粤語，江西省の贛語，湖南省の湘語，それに福建省南西部から広東省北東部にかけて話されている客家語である。

参考文献
『季刊民族学』115，千里文化財団，2006年。

表2　人口センサスに基づく漢族／少数民族人口の変遷

		1953年	1964年	1982年	1990年	2000年	2010年
総人口	（万人）	59,435	69,458	100,818	113,368	126,583	133,281
漢族	（万人）	54,728	65,456	94,088	104,248	115,940	122,084
漢族の人口比率	（％）	93.94	94.24	93.32	91.96	91.59	91.60
少数民族	（万人）	3,532	4,002	6,730	9,120	10,643	11,197
少数民族の人口比率（％）		6.06	5.76	6.68	8.04	8.41	8.40

（出所）中華人民共和国国家統計局のデータ（http://www.stats.gov.cn/tjsj/ndsj/2009/html/D0305c.htm）を基に筆者作成。

I　中国とは何か

 # 様々な「中国論」

「中国」とはどのような国家なのか。この問いに対する学術的探究ないし，政治的主張を，差し当たり「中国論」と呼ぼう。本節では，それらを大きく分類し，①社会主義国家としての中国，②近代国家としての中国，③経済大国としての中国，の三つの視角から概観したい。

1　社会主義国家としての中国

私たちが今日「中国」と呼ぶ国家は，広大な国土を擁し，その内側は自然環境，住民の生活様式等の諸側面で多様性に富む。では，そのような空間は，どのようにして現在のような「一つの国家としてのまとまり」を維持しているのだろうか。

この観点からの「中国論」の最大の焦点は，「中国共産党の役割」である[1]。中国は現行の1982年憲法において，「社会主義」を国家の基本制度と規定し，中国共産党が指導的立場にあることを前文に明記している。中華人民共和国が目指す「社会主義」の内実は，時代状況に合わせてたびたび変遷を遂げてきた。しかし，人民民主主義独裁の原則の下で依然専制的な統治を行っているという状態は変わらない。そのため，中央政府の政策決定において党組織が果たす役割や，各地域，社会各層における党による指導の仕組み，あるいは人民解放軍と党の関係等は，「中国論」のきわめて重要な視角となっている。経済発展を遂げてもなお，欧米式の民主化が進まないのはなぜか，といった比較政治学的関心も高い。

これと不可分ながら，中央に対する地方政府の自律性，中央から末端の地域社会に至る行政各レベルにおける市民の政治参加の形態，インターネットを含む市民の言論空間[2]，少数民族に対する統治政策である「民族区域自治[3]」等も，中心的な論点の一つである。これら内政面での議論に加え，今日の中国政府の外交方針や，それがもたらす国際社会での具体的行動を分析する視角も，「中国論」の大きな一角を占めている。

2　近代国家としての中国

現在の中華人民共和国が国土とする地理空間では，同国の建国以前から人々の生活が営まれ，それらの人々を束ねる統治システムも編まれてきた。では，その生活や統治は，現在の「中国」とはどのように連続しているのか。また，

▷1　経済史学者のウィットフォーゲルは，より広く「東洋的社会」に見られる政治的権力の専制的な強さの制度的背景を，農業，水力管理という人間の活動に求める議論を行っている。カール・A.ウィットフォーゲル（湯浅赳男訳）『オリエンタル・デスポティズム──専制官僚国家の生成と崩壊』新評論，1991年（原著は1957年，底本は1981年版）；湯浅赳男『「東洋的専制主義」論の今日性──還ってきたウィットフォーゲル』新評論，2007年；石井知章『K・A・ウィットフォーゲルの東洋的社会論』社会評論社，2008年。

▷2　⇒XIV-5「インターネット統制と『世論』」

▷3　⇒VII-4「民族区域自治制度」

断絶があったとすれば，それは歴史上どの段階のどの現象に求められるのか。

このような観点からの「中国論」には，古くは内藤湖南による「宋代近世説」[4]や，マルクスのアジア社会論の影響の下，戦前日本で唱えられた中国社会「停滞論」等を含めることもできるだろう。戦後日本の中国史学界においては，中国を内在的に理解しようとする視角から，商品経済や土地所有関係をはじめ様々な議論が切り拓かれた[5]。それら社会経済史の研究成果の上に，地方や基層社会への国家権力の及び方や，儒教倫理が果たす役割等，今日にも通底する中国社会の特徴の解明・叙述が進んでいる[6]。

一方，中国では19世紀後半以降，明らかに過去との決別を意識した「近代化」が模索された。近年はこの分野での歴史研究が進み，たとえば，西洋との文化接触の結果として清末期に生じた世界観の転換や，国土意識の形成，排外主義や愛国主義の高まり等について，詳らかにされてきた。これらの成果に基づき，長期的な視座から「中国」を捉える有用性も唱えられている[7]。また，外来思想として受容された「リベラリズム」が，今日の中国の政治体制にどのような影響をもちうるかという点も，議論の大きな焦点となっている。

以上のような歴史学的な関心とは別次元の，現実政治の場においても，どのような地理的領域，人間集団を「中国」と呼ぶのかという問題は，これまで議論の争点となってきた。とりわけ，1949年の中華人民共和国建国後，内戦に敗れた中華民国政府が台湾に撤退して存続したことで生じた「中国」の分断国家問題は，今なお解消していない。しかも，台湾では民主化が進行し，今日では台湾という地理空間を一つの政治体とする認識が広まっている。このような「本土意識」の興隆は，1997年の返還から20年を経た香港でも観察されており，現実政治における「中国論」が直面している新たな問題といえる。

③ 経済大国としての中国

1990年代に入り，中国が目覚ましい経済発展を遂げはじめると，中国政府はそれまでの統治を維持できなくなると予言する「中国崩壊論」が巷間を賑わすようになった。一方，90年代後半には，台湾問題に対する強硬姿勢も相まって，「中国脅威論」も広く唱えられはじめた。しかし，中国の経済的な台頭がいよいよ明らかになってくると，2010年代初頭には，国際社会は米中という二大超大国を中心とする秩序に再編されると予見する「G2論」も登場した。

近年では，急速な経済成長をもたらした中国の国家統治は，発展途上国の模範となりうるとする，「中国モデル」論も現れている。習近平政権は「中国モデル」を他国に「輸出」する意図はないことを言明した[8]。しかし，自由や人権などのいわゆる西洋的な「普遍的価値」に否定的な中国が，国際社会における影響力を増大させていることは，学術研究，現実政治のいずれにおいても一大関心事となっている。

(家永真幸)

▷4 中国社会は，唐代と宋代の間で，平民が台頭してくるなど，今日につながる重大な変化を遂げたとする学説。内藤湖南「近代支那の文化生活」礪波護編『東洋文化史』中央公論新社，2004年，203-228頁ほか参照。

▷5 谷川道雄編著『戦後日本の中国史論争』河合文化教育研究所，1993年ほか参照。

▷6 岡本隆司『近代中国史』ちくま新書，2013年；西村成雄『中国の近現代史をどう見るか』岩波新書，2017年ほか参照。

▷7 佐藤公彦『中国の反外国主義とナショナリズム』集広舎，2015年；岡本隆司『中国の誕生』名古屋大学出版会，2017年；小野寺史郎『中国ナショナリズム』中公新書，2017年ほか参照。

▷8 「中国共産党与世界政党高層対話会」開幕式における習近平の発言より。『新華網』2017年12月1日配信。

▷9 江藤名保子「普遍的価値をめぐる中国の葛藤」『アジ研ワールド・トレンド』266巻，2017年11月，26-33頁。

参考文献

末廣昭・田島俊雄・丸川知雄『中国・新興国ネクサス——新たな世界経済循環』東京大学出版会，2018年。
川島真『中国のフロンティア——揺れ動く境界から考える』岩波新書，2017年。

王朝期の中国統治

① 皇帝制度と王朝交替

　現在でも中国の国家指導者を「皇帝」になぞらえることがある。むろん中国にはすでに皇帝制度はなく，それを廃止してから100年以上も経っているが，秦の始皇帝以来，2100年続いた皇帝制度がなくなって，まだ100年ほどしか経っていないと見ることもできる。そして何より，現在の中国の政治体制が，国民による政権選択が可能な国政選挙の制度を伴わない，皇帝時代・王朝時代と変わらぬ「専制」体制に見えることも，その頂点に立つ指導者を「皇帝」になぞらえさせる理由の一つともなっていよう。

　皇帝は，天命を受けて天下を統治する有徳の天子であり，天命が去れば，反乱などによって王朝が武力で打倒されるか（放伐），新たに台頭してきた有力者によって帝位を譲らされるか（禅譲），いずれかの方法を経て王朝が交替することになる。これを「天命が革（あらた）まる」という意味で「革命」と呼び，皇帝制度が確立する以前の戦国時代に，孟子によってすでに理論化されていた（易姓（えきせい）革命）。秦は始皇帝没後すぐに滅亡したが，その後400年続いた漢が黄巾の乱をきっかけに滅びて以降，異民族の侵攻や民衆反乱の中で一つの王朝が倒され，新たな王朝が生まれるという王朝交替が繰り返された。

　皇帝による王朝支配にとって不可欠な要素となったのが，皇帝が天命を受けて天下を統治する天子であることを正当化するために行われた祭天儀礼と，最初に天命を受けた王朝創業者の子孫に天子の血統が引き継がれていることを証明するために行われた祖先祭祀である。こうした王朝儀礼は，儒教が体制教学となった漢代に理論化・制度化され，最後の王朝・清まで続けられた。

▷1　天子の威徳が及ぶ範囲が天下とされ，それは天子の徳に応じて自在に伸縮し，観念的には明確な境域は存在しないものであった。天子の徳が高ければ天下は拡大し，逆の場合は縮小することになる。

② 「士・庶」の別と科挙制度

　中国は歴史的に，政治権力（官）と一般民衆（民）との距離がきわめて隔絶した社会といわれる。政治権力は民間社会のすべてを把握することはなく，権力の関わる社会とそうではない社会とに分かれていた。政治権力を担うエリートは「士（士大夫）」と呼ばれ，そうではない大多数が「庶（庶民）」であり，これがほぼ官・民の区別に符合していた。「士・庶」の階層構造と，「士」が「庶」をさげすむ差別意識は，漢が滅亡した3世紀頃から始まり，隋・唐時代に定着して20世紀まで続いた。

その隋の時代に始まったのが有名な科挙である。これは試験で官吏を選抜・登用するもので，中国王朝の体制教学とされた儒教の経書（四書五経）から出題され，「士」たるに相応しい資質を有しているかが測られた。出自に関わりなく個人の才能で官僚を登用するこの制度は，近代西洋における高等文官試験の成立にも大きな影響を与えるものだった。

科挙官僚を輩出する「士」は，社会を指導するエリート知識人として納税・労役の免除など様々な特権を有した。行政では，治める者たる「士」の指示に従い，治められる「庶」が労力を供出するものとされ，そうした義務的・強制的な労働強制を「徭役」と称し，租税よりも重い庶民の負担となっていた。こうしたいわば「士」が「庶」を収奪する構造は，科挙によって制度的に固定化され，20世紀初頭まで続いたのである。

③ 官と民をつなぐ中間団体

士と庶，官と民が二極分解しながら，それが完全に分裂せず統合を保っていたのは，それをつなぐ仕組み，つまり「中間団体」があったからである。特に明・清時代において，官僚を辞めたり官途に就かなかったりして郷里に住み着く「士」は「郷紳」と呼ばれ，地域社会のリーダーとして力をもっていた。

地方に派遣される官僚は，基本的に徴税と裁判を担うだけで，それ以外の民政的な事業は民間の自治団体に委ねていた。逆にいえば，個々の庶民はこうした自治団体・中間団体に属していなければ，生命・財産の保護を受けられず，秩序だった安定的な生活を送ることもできなかった。また農村では，姓を同じくし祖先祭祀をともに行う父系の（疑似）血縁集団（宗族）も中間団体としての機能を果たしていた。さらに都市では，商工業者が同郷・同業団体を作り，そのリーダーは「紳商」「紳董」と呼ばれ，官と民とをつないでいた。

農村でも都市でも，「士」が指導する中間団体に庶民が結集するという構造があり，官僚制はその上に乗っかり，郷紳・紳商を介して農民・商人に統治を及ぼしていた。政治権力が接触したのは，中間団体の上層に位置する郷紳・紳商のみであり，徴税も彼らだけを相手にして行われ，団体内部のことには基本的に関与しなかった。一方，「士」をリーダーとせず，政治権力とイデオロギー・価値観・風習を共有しない中間団体も存在した。いわゆる秘密結社であり，19世紀の中国でほぼ50年ごとに発生した白蓮教徒，太平天国，義和団などの内乱も，こうした秘密結社が中核となり，拡大したものだった。

以上のような官・民（＝上・下）隔絶の社会構造は，中華人民共和国の成立まで中国社会の基本構造となっており，共産党による民衆把握が進められた現在においても，今なお残存していると見てよい。中国社会とそれを統治する基本構造が歴史的な転換を見せるのか，今後の注目点の一つである。

（青山治世）

▷2　科挙制度は北宋時代に制度的により強化され，元の時に一時中断した後，明・清時代にも続けられたが，近代西洋の東漸と日本の台頭という世界史的な激動の中で，20世紀初めに廃止され，その歴史的役割を終えることになった。

▷3　これは，「心を労する者，人を治め，力を労する者，人に治めらるるは，天下の通義なり」（『孟子』）という中国古来の通念によって正当化されていた。

▷4　中間団体は民間レベルにおいて，私法の制定や行使，社会・経済的な諸活動に対する保護や統制などを担っていた。その構成員にとっては，政府の法令より，中間団体の規約や慣習の方が，はるかに身近であり重要だった。

▷5　これを幇・行・会などといい，そうした団体が集う施設を会館・公所といった。

▷6　清代には天地会や三合会，青幇・紅幇などが秘密結社の代表であり，太平天国を起こした上帝会もこれに当たる。

参考文献
檀上寛『天下と天朝の中国史』岩波新書，2016年。
岡本隆司『中国の論理——歴史から解き明かす』中公新書，2016年。
岡本隆司『近代中国史』ちくま新書，2013年。

Ⅱ　中華人民共和国前史

中華世界と冊封・朝貢

1　冊封・朝貢の起源と展開：漢から元まで

　冊封とは，夷狄の首長に王の爵位を授与することであり，理念としては，中国王朝内で行われていた内臣への爵位の授与の延長である。冊封されると中国皇帝（天子）の臣下（外臣）となり，冊封時にその身分を表す印章を授かり，定期的な朝貢が義務付けられる。朝貢は，夷狄が天子の徳を慕って中華に出向き，貢ぎ物をもって挨拶する行為であり，天子の徳が高ければ高いほど，夷狄の朝貢は増加すると考えられた。

　中国王朝による周辺諸国・諸民族への冊封が始まったのは前漢時代の初期のことである。南越（広東・ベトナム北部にあった国）および朝鮮に対するものが最初で，その後，多くの周辺諸国・諸民族が冊封された。後漢時代の初期には，金印で知られるとおり日本の九州北部にあったという「倭奴国」が朝貢して冊封され，またシルクロードの西域諸国も漢代を通じて次々と朝貢した。

　日本では，邪馬台国（卑弥呼）や大和政権（倭の五王）が三国の魏や南朝に朝貢して冊封を受け，日本の遣隋使・遣唐使も，中国王朝から見ればむろん朝貢使節であった。中国王朝と周辺国との間の朝貢・冊封の関係は，その後の北宋・南宋時代も続くが，軍事的優位を誇る北方民族国家の遼（契丹）や金（女真）とは，事実上の対等関係を築くことで戦乱を回避し，安全保障をはかった。13世紀にはモンゴル人が打ち立てた元によって中国王朝の南宋は滅ぼされるが，元も次第に中国王朝の体裁をとるようになる。

2　明・清時代の冊封・朝貢

　モンゴル人の元を駆逐して成立した漢人王朝の明は，対外交流を朝貢に限定し，海禁（海防の強化と民間貿易の禁止）の実施によって海外貿易も朝貢貿易のみとする政策を実施する。これは「朝貢一元体制」と呼ばれ，鄭和の南海遠征も相まって，周辺諸国はこぞって明を中心とした朝貢体制に参加し，朝貢貿易を展開した。室町幕府による遣使や足利将軍への「日本国王」冊封，琉球国の朝貢と冊封なども，世界最大の経済大国であり生産の技術と物量に優越する明が，朝貢一元体制を布いた結果であった。

　だが，朝貢制度を完全に体制として実行したのは明だけであり，それが弛緩した明代後期から清にかけては，朝貢を伴わない対外交流や貿易（互市）の方

▷1　ここでは，「倭の奴国」ではなく「倭奴国」（＝倭国）と解釈すべきとの見解に従う。つまり「倭奴」の「奴」は「匈奴」などと同じ用法という（檀上2016：78-79）。

▷2　大和政権の南朝への朝貢は，単なる中国王朝への臣従というよりも，当時の朝鮮半島情勢をにらんだ大和政権側の国際戦略であった。

▷3　かつて学界で唱えられた「中華世界」論や「朝貢システム」論において，静態的・固定的・一元的に描かれる傾向があった冊封・朝貢の姿は，実際にはこの明代（特に前期）の朝貢一元体制を普遍化した理解であった。

がむしろ主流だったとされる。もちろん満洲人が中国皇帝となった清になっても，明の制度を継承して周辺国との冊封・朝貢の関係はおおむね維持された。朝鮮・琉球・ベトナム・シャム（タイ）・ビルマなどがその主な国で，国内向けには，オランダ・イギリスなど互市関係にある西洋諸国も朝貢国とされた。

しかし，朝鮮の**小中華思想**▷4やベトナムの「**南の中華**」▷5に見られるように，中国王朝の絶対的優越性が周辺国から名実ともに承認されていたわけではなかった。さらに，中国とは比較的近い日本でも，豊臣秀吉に対する「日本国王」冊封を最後に，冊封・朝貢の枠組に関わることはなくなり，鎖国体制に伴って**日本型華夷秩序**▷6を構築させていった。

③ 冊封・朝貢関係の動揺と消滅：19世紀

西洋諸国も朝貢国と見なしていた清は，イギリスが正式な外交使節（マカートニー）を派遣して皇帝への謁見を求めると，これに**三跪九叩頭礼**（さんききゅうこうとうれい）▷7を行うよう求めた。実際には時の乾隆帝（けんりゅうてい）が免除したため，西洋式の片膝をつく儀礼での謁見が認められたが（1793年），その後の皇帝はこの儀礼を行わないことを理由に，イギリス使節の謁見を拒み続けた。

アヘン戦争（1840〜42年）での敗北は清に大きな動揺を与え，勝ったイギリスのほかフランス・アメリカとも清は条約を締結し，対等な外交文書の往来を認めるようになった。これを境に清（中国）の対外関係が「朝貢体制」から「条約体制」へと移行したと捉えられる向きもかつてはあったが，実際には，朝鮮・ベトナム・琉球など周辺国との冊封・朝貢の関係は継続しており，いわば条約と朝貢の併存状態にあった。

その後，第二次アヘン戦争（アロー戦争，1856〜60年）の敗北を受けて，欧米諸国の公使が首都北京に対等な資格で常駐することが認められ，英仏米露以外の欧米諸国も60〜70年代に続々と清と条約を締結して外交関係を結ぶようになる。そうした流れの中で明治維新直後の日本も，清と対等な条約（日清修好条規）を結ぶ。そして，70年代末までに琉球が日本に併合され，80年代半ばにはフランスとの戦争の結果，清はベトナムとの冊封・朝貢関係を絶たれ，90年代半ばには日清戦争の敗北により，朝鮮を「完全無欠ノ独立自主ノ国」と認めるに至る。▷8

このように，中国と周辺国との冊封・朝貢の関係は，19世紀末までには完全に消滅したかに見える。しかし，2000年来様々な形をとりながらも存続してきた中国と周辺国との冊封・朝貢関係が，国際環境が変化したとはいえ，100年余りの断絶を経て，形を変えて再び現れないとは言い切れない。国力の増大に伴い，最近中国では，「中華世界秩序」や「朝貢体制」が中国を中心とした平和的でウィンウィンな国際秩序だったとして注目され始めている。むろん自制的な見方も存在するが，中国自身が歴史的経験といかに向き合い，いかなる選択をするのか，今後ますます注視していく必要がある。　　　　　　（青山治世）

▷4　**小中華思想**
朝鮮は，明滅亡前にすでに清に軍事的に屈服して朝貢関係を結んでいたが，国内では満洲人の清を夷狄視し，真の中華を継承しているのは朝鮮であるとの思想があった。

▷5　**南の中華**
ベトナムは清に朝貢する一方，国内と周辺国に向けては皇帝（大南国皇帝）として「南の中華」を自称し，明や清を対等国として「北朝」と呼んだ。

▷6　**日本型華夷秩序**
朝鮮・琉球・蝦夷（アイヌ）・南蛮（オランダ）などを「四夷」として周囲に配し，それらを朝貢国と見立てる日本を中心とした独自の華夷秩序のこと。

▷7　**三跪九叩頭礼**
臣下が皇帝に謁見する際の儀礼の一つで，3回ひざまずき，そのつど3回頭を深く下げ，計9回頭を下げるもの。

▷8　1897年には朝鮮は国号を大韓帝国に，君主号を国王から皇帝に改め，99年には清と対等な条約（清韓通商条約）を締結している。

参考文献
檀上寛『天下と天朝の中国史』岩波新書，2016年。
茂木敏夫『変容する近代東アジアの国際秩序』（世界史リブレット），山川出版社，1997年。
飯島渉・久保亨・村田雄二郎編『シリーズ20世紀中国史1　中華世界と近代』東京大学出版会，2009年。

Ⅱ　中華人民共和国前史

3 近代国家建設への模索

① 国民国家化と近代化

　中華文明の中心だった清朝は，東アジアの伝統的な国際秩序を近代西洋の国際法に基づくそれへと転換することを求められ，その伝統帝国を主権，国民，領土から成る近代国家へと変化させることを迫られた。そのためには，近代西洋発のナショナリズムの創成が不可欠であり，当時の政治家や知識人たちは20世紀初頭から中国概念の形成と定着に努めた。このような国民国家化は，教育・学術・思想・文化といった内面に関わる近代化も加速させ，リベラリズムを含む近代西洋の多くの価値や制度を日本経由で流入させるに至った。

　こうして辛亥革命が勃発し，近代国家としての中華民国が誕生した。この民国は1928年を境にして北京政府期と**国民政府**期に大別され，いずれの政府も近代国家の建設に邁進した。政治・外交においては近代官僚制を整備しながら，近代西洋の国際秩序に適した手法を用いて中国の国際的地位の向上をはかり，**関税自主権の回復**を達成するなどした。それによって安定した財源を確保できるようになり，中央財政の基盤を強化しながら幣制改革を断行し，発展基調にあった経済状態を徐々に好転させていった。こうして国民経済が1930年代に創出されはじめると，伝統的に自立する傾向にあった地方に対しても行政機構を上から再編するなどして中央集権化をすすめた。また，清末の科挙制廃止後に導入された西洋式の教育制度を通じて，時代に合致した新知識を普及させると同時に，均質的な教育内容によって国民意識を涵養しようとした。

　無論，20世紀前半の民国は，地方分立の政治状態を完全に克服できたわけではなく，革命や戦争といった内外の圧力も受け続けてきた。したがって，近代国家として完成をみたわけではなかった。しかし，こうした近代国家建設を経て1949年に中華人民共和国が成立したことも，まぎれもない事実だった。

② 君主国から共和国へ：仁政から憲政への転換

　以上のような近代国家建設の模索は，別の角度から整理すれば，皇帝によって統治される君主国（王朝）の**仁政**が国民（人民）を主役とする共和国の憲政へと変化する過程だった，ということである。近現代中国（清朝・民国・人民共和国）では，20世紀初頭に，ナショナリズムとリベラリズムを包摂する憲政が国制という広がりの中で追求され，誰がどのように憲政の法的正統性（「法統」）

▷1　伝統帝国と近代国家の二つの時代に区分することは中国史には合わないという見解もある（葛兆光『中国再考』岩波書店，2014年）。

▷2　国民政府
中国国民党を中心とする政府。

▷3　関税自主権の回復
1930年までに達成された。これに対して，治外法権の撤廃は，日米開戦後の1940年代に入ってから実現した。

▷4　仁政
為政者が儒教の徳に則って行う政治。徳治による仁政は，法治による憲政の対義語である。

▷5　孫文（孫中山，1866-1925）
1905年に中国同盟会を東京で結成し，中華民国を創始した。この中国同盟会がのちの中国国民党へと発展した。国民党は，軍政から訓政（国民党による過渡的な独裁政治）を経て憲政に移行するとした孫文の段階的建国構想を遵守した。

▷6　袁世凱（1859-1916）
清末民初の近代化政策を実質的に担った。立憲民主制に基づく共和政を唱えた孫文が革命派と呼ばれたのに対して，立憲君主制に基づく君主政を維持しようとした袁世凱は，清末の立憲派の流れをくむと理解できる。

を継承するのかが問われ続けた。

憲政史の出発点である1908年の欽定憲法大綱は，皇帝を温存した立憲君主制への軟着陸を試みたものだった。しかし，当時の政治情勢は立憲君主制では収拾をつけられないほど緊迫しており，辛亥革命を経て，共和国としての民国が1912年に誕生した。孫文らを中心にまとめられた中華民国臨時約法（旧約法）は，国民主権を謳い，立法権の強い権力構造を創り出した。

ところが，北京政府期には，清末の立憲君主制を支持した勢力が残っていた。この袁世凱らを中心とする勢力は，行政権を強化した中華民国約法（新約法）を1914年に制定した。この新約法は強権的な権力構造を創出したが，そもそも立法権の強い旧約法では政治が空転してしまったことから，それを解消するために新約法が求められた，という歴史の必然性もあった。

こうして，共和国としての民国の法統は旧約法と新約法のどちらにあるのか，もし旧約法にある場合には誰がどのように継承するのかが争われた。

❸ 試行錯誤の憲政

この混沌とした状態に終止符をうったのが，孫文の段階的建国構想を遵守した国民党の蔣介石が率いる国民政府だった。国民政府は，訓政期の憲法に相当する中華民国訓政時期約法を1931年に制定し，旧約法の法統を回復して共和国としての民国を軌道に乗せるべく，憲法草案の作成にとりかかった。国民政府は，1931年の満洲事変後に日中対立が深刻化する中で，行政権の優位を認める中華民国憲法草案（五五憲草）を1936年にまとめ，国民の代表を選出する国民大会代表「選挙」を順次実施した。

この「選挙」は1937年の日中戦争勃発によって中断を余儀なくされたが，憲政へと一旦動き出した政治の流れは，たとえ戦時下であったとしても，消えることはなかった。事実，国民参政会は，強権的な五五憲草を修正して，立法権を強化しようとした。この修正案は蔣介石ら国民党中枢の容認を得られなかったが，戦時から戦後にかけて国民党内部のリベラル派や社会の人々が連携した憲政運動，そして戦後の政治協商会議での合意事項を踏まえながら，よりリベラルな中華民国憲法が1946年に制定され，翌年に施行された。この中華民国憲法は，中国近現代史において最も立憲主義的な憲法となった。

ところが，この中華民国憲法下の憲政は，1947年の国民大会代表「選挙」において政治的な混乱を生み，国共内戦という状況下で総統の独裁化を容認したこともあって，定着しなかった。こうした憲政の失敗は，共和国としての民国の法統を維持するという観点からすれば致命傷であり，民国の憲政を刷新した人民共和国が1949年に共産党の指導下で成立した。なお，中華民国憲法が台湾に引き継がれ，中華人民共和国憲法が1954年に制定されたことにより，現在の中国分断とは20世紀後半から続く憲政空間の分断とも理解できる。　（中村元哉）

▷7　蔣介石（蔣中正，1887-1975）
孫文死後の国民党を実質的に率いたリーダー。民国を代表する政治家・軍人で，日中戦争を戦い抜いた。しかし，共産党の毛沢東との内戦に敗れ，1949年に台湾に退いた。

▷8　国民大会代表「選挙」
間接・直接選挙で選出された地域代表，中間団体から選出された代表，「当然代表」（国民党要職者）などで構成された。1947年の「選挙」では，「当然代表」は消滅し，地域代表は原則直接選挙となった。

▷9　国民参政会
1938年から1948年まで設置された諮問機関。民意を反映することが期待された。

▷10　政治協商会議
国民党，共産党，さらには中国民主同盟などの第三勢力と呼ばれる各党派が重慶に集まって，1946年1月に開催した会議。日中戦争勝利後の中国の統一について話し合い，どのように憲政に移行するのかを議論した。

▷11　「動員勘乱時期臨時条款」（反乱鎮定動員時期臨時条項）：1991年に台湾で廃止された。⇒Ⅷ-3「民主化する台湾と中台関係」

（参考文献）
川島真『中国近代外交の形成』名古屋大学出版会，2004年。
久保亨『戦間期中国〈自立への模索〉——関税通貨政策と経済発展』東京大学出版会，1999年。
中村元哉『対立と共存の日中関係史——共和国としての中国』講談社，2017年。

Ⅱ　中華人民共和国前史

4 南京国民政府の時代

▷1　コミンテルン
⇨Ⅲ-2「党の組織機構
(1)」側注1

▷2　林彪などもこの学校
の卒業生だった。

▷3　**大アジア主義講演**
この演説で、孫文は日本に、
西洋列強的な覇道ではなく、
アジアに伝統的な王道を歩
むように求めた。

▷4　**5・30事件**
1925年5月30日、上海でデ
モを行っていた日本の紡績
会社の工場の労働者に、イ
ギリスの租界警察が発砲し
て発生した事件。これによ
り反帝国主義運動が高まり
を見せた。

▷5　この北伐の過程で、
日本は三度にわたる山東出
兵を行って阻止しようとし
た。直接的には在留邦人保
護を理由としていたが、国
権回収運動（⇨Ⅰ-1
「『中国』の由来」）の高ま
りや、スターリン指導下の
ソ連の発展によって、日露
戦争で獲得した満洲権益が
脅かされるとの懸念もあっ
た。また、1928年には出兵
した日本軍が、山東省済南
で中国側の官僚などを殺害
する事件（済南事件）が起
き、日中関係はいっそう厳
しい局面に陥った。

1 第1回国民党大会と北伐

　1916年の袁世凱の死後、黎元洪が大総統、段祺瑞が国務総理となったが、第
一次世界大戦への参戦問題などで政局は紛糾し、最終的には段総理の主導で、
中国は1917年に参戦することになった。この決定過程を不服とした一部の国会
議員、また一部の海軍ととともに、孫文は南下し、広州に政府を開き、中央政
府を名乗った（広東政府）。この政府は諸外国からも承認されていない、いわば
亡命政府であったが、最終的にはこの政府が南京国民政府の出発点となる。

　1919年、孫文主導で中華革命党を基礎とした中国国民党が組織された。広東
政府は国民党の一つの拠点となり、同政府内で、孫文は権力闘争を行いつつ、
民族・民権・民生の三民主義を練り上げていった。このうち民生は格差問題の
是正など中国のバランスある発展を志向し、同時に土地政策などの面で社会主
義的な要素を孕んでいた。1922年にソ連が独立し、またコミンテルンが世界に
社会主義を広めようとする中で、広東政府は次第にこれらの新勢力との関係を
強めた。1924年、中国国民党は第1回党大会を開催し、三民主義に基づく連ソ
容共・扶助農工などの新たな政策方針とともに、不平等条約改正などの新たな
国家目標を掲げ、中国の統一を求めた。また、黄埔軍官学校を設け、その校長
である蒋介石や、周恩来ら共産党員を含む教員が将校の育成にあたった。

2 南京国民政府の成立

　1924年大総統であった曹錕が失脚すると、孫文は中国統一を呼びかけるべく
北上し、途中来日し神戸に立ち寄って有名な「**大アジア主義講演**」などを行っ
た後、北京に到着した。だが、間もなく病になり翌年3月に死去した。その際
孫文が残した遺嘱（遺書）は、『三民主義』などの自らの考えを重視するよう
促し、また中国統一への道筋をつけ、不平等条約の改正を目指すように求めた。

　1926年、孫文の遺志を受け継ぎ、国民革命軍が北京政府を打倒すべく北伐を
開始した。北伐を行った国民革命軍は5・30事件により高まったナショナリズ
ムを背景に革命外交を掲げ、不平等条約改正、国権回収を掲げた。国民革命軍
を率いていた蒋介石は、1927年4月にそれまで協力していた共産党と決裂し、
孫文以来の協力関係を断った。

　1927年、広東にあった国民政府が南京に移動して南京国民政府を開いた。孫

文は，軍政→訓政→憲政という政治体制の移行を想定しており，このうち訓政は国民党が政治を主導する時期とされ，この時期の政府を国民政府，首班を同政府主席としていた（初代主席は胡漢民）。この政府では党が国家を主導する党国体制が採られ，主に党が政策を決定した。

　1928年に国民革命軍が北京に入城し，北京政府は滅亡した。また，北京から奉天に逃れた張作霖が日本の関東軍に殺害されると（「満洲某重大事件」），張作霖の息子の張学良は南京国民政府に従う意向を示し（易幟），南京国民政府は統一政権となった。◁6 この政府は，国民革命軍と国民党系の官僚層（一部は北京政府からの継承），また浙江財閥などの経済界に支えられた政権であり，高学歴なエリート層が中央集権的な近代国家建設を推し進めた。それは国家制度の整備だけでなく，農村建設など基層社会への統治の浸透，実業振興，辺境開発に及んだ。中でも，北伐の過程で国民革命軍が妥協していった各地方の軍事勢力の解体や，1927年に決裂した中国共産党の弾圧も政権の課題だった。この政権は，1928年から29年にかけて，すでに北京政府期に交渉が始まっていた関税自主権の回復に成功した。財源確保，また国内産業の保護育成のために関税が重視されたのである。以後，この政府は国権回収を進めていくことになる。

③　満洲事変から日中戦争へ

　1931年9月18日，関東軍は突如満洲全域の鉄道沿線地域を占領しはじめ，きわめて短期でそれを実現した。蔣介石は，張学良に対して日本軍への抵抗戦争は起こさせず，張は関内（長城内）へと移動した。蔣介石は満洲事変に対して「安内攘外（国内の安定を優先し，その後に対外的脅威に対抗する）」政策を採り，地方軍事勢力や共産党を平定して中央政府の直轄地域を増やそうとした。他方，日本に対しては，九カ国条約や国際連盟など国際的な枠組みで批判を加えた。◁7 1932年に日本は満洲国を建国し，次いで華北へ侵出するが，満洲事変自体は1933年の塘沽協定で終結した。中国は和平を模索するなどして日本の侵出を防ぎつつ，直轄地域を拡大して抗日の拠点としようとした。この過程で，国民政府から圧力を受けた中国共産党は江西から陝西省延安に「長征」を行った。この過程で毛沢東の主導性が固まっていった。

　国民政府は，1935年に幣制改革を行って各地方勢力の銀を供出させるなどして統一政策を進めた。これに対して，陝西省西安に拠点を有し，蔣から延安の共産党攻撃を求められていた張学良は，蔣介石の政策に反発し，西安にやってきた蔣介石をとらえる事件を起こした（西安事件）。これは国民政府から圧力を受けていた地方軍事勢力と共産党が結託して起こした事件だともいえ，蔣介石は全国を一致させての抗日を迫られた。最終的に蔣は解放されたが，それでも蔣は抗日戦争を発動することはなく，日中戦争が始まるのは1937年であり，それ以後国共合作による実質的な抗日が行われたのであった。　　　　（川島　真）

▷6　北伐の成功は国民革命などと呼ばれ，蔣介石は1928年10月に国民政府主席となった。

▷7　国際連盟は，リットン調査団を東アジアに派遣し，その報告書に基づいて満洲の主権は中国に属するなどといった結論を出したが，日本はそれを不服として1933年に脱退する姿勢を示した。

【参考文献】
深町英夫『孫文——近代化の岐路』岩波新書，2016年。
久保亨『社会主義への挑戦——1945-1971』岩波新書，2011年。
波多野澄雄・戸部良一・松元崇・庄司潤一郎・川島真『決定版 日中戦争』新潮新書，2018年。

Ⅱ　中華人民共和国前史

 日中戦争・第二次世界大戦

 盧溝橋事件

　1937年 7 月 7 日，北平（北京）郊外の盧溝橋において発生した発砲事件はその後 8 年に及ぶ日中戦争へと発展した。当時，北平に所在した中国側部隊は地方軍の流れをくむ非中央軍であった。日中双方が現地部隊と中央で異なる対応を見せ，事態は錯綜を極めた。**蔣介石**は当初，盧溝橋事件が日本の謀略によるものか判断できず逡巡していたが，17日に廬山談話を発表し，日本に応戦することを内外に声明した。28日，日本の華北総攻撃によって北京が陥落したのを受け，蔣介石は上海において戦端を開くことを決意した。

　上海戦は当初，日本軍の援軍が到達する前に勝敗を決する予定であったが，中国軍は日本軍の増援前に勝利することに失敗した。日本軍の増援後，中国軍は苦境に立たされたが，蔣介石は**九カ国会議**への影響を考慮して撤退を遅らせたため，準備した防衛施設を利用できず南京に向けて潰走することとなった。

　蔣介石は戦局の悪化，九カ国会議の不発，ソ連の対日参戦拒否などの情勢を受け，折りから接触が続けられていたドイツを通じた和平交渉に一旦は前向きな姿勢を見せた。この時，多くの指導者が少なくとも停戦して体制を立て直すべきだと考えていた。しかし，南京の陥落を受けて日本側の和平条件が引き上げられると蔣介石は日本との講和を拒否し，指導部内で和戦をめぐって意見が分かれた。日本側はこれを遷延策とみなして交渉を打ち切った。なお，南京攻略時に多数の軍民が不法に殺害された。

　上海・南京での戦闘によって中国は精鋭部隊の大半を失ったが，その代償として国内の団結を得ることができた。**台児荘**での戦いに勝利したことも大いに抗戦気運を高めた。蔣介石は武漢を拠点として抗戦の陣容を立て直し，軍令，軍政にわたる全国的な抗戦態勢を整えた。結果的に拠点としていた武漢は周囲の防衛拠点が陥落したために放棄された。しかし，蔣介石は抗戦拠点を重慶に移して徹底抗戦の構えを見せ，対する日本軍の動員力もほぼ限界に達し，1938年10月以降，日中両軍は戦略的対峙の段階に入った。

　日本は軍事的攻勢が限界に達したことから，政略による蔣介石政権瓦解へと方針を転換した。他方，蔣介石は日本との和平交渉は行わないとの方針を堅持したが，傷病兵の治療すらままならない状況を知った**汪兆銘**はこの戦争がもちこたえられないと考えた。日本は国民党副総裁の汪兆銘を和平交渉の相手とし

▷ 1 　蔣介石
⇨ Ⅱ - 3 「近代国家建設への模索」側注 7

▷ 2 　九カ国会議
門戸開放，機会均等，主権尊重の原則に基づき中国の権益を保護するために英米仏など九カ国によって結ばれた条約を基礎に，日中間の紛争をめぐって締結国によってブリュッセルで開かれた会議。

▷ 3 　駐華ドイツ大使オスカー・トラウトマンを仲介者として行われた日中最後の公式接触による和平交渉。

▷ 4 　台児荘での戦い
山東省南部に位置する台児荘の攻略を企図した日本軍の一部が，中国軍により包囲攻撃され退却を余儀なくされた戦い。中国では抗戦以来の勝利として喧伝された。

▷ 5 　汪兆銘（汪精衛，1883-1944）
中国国民党・国民政府の指導者。政治家。

て狙いを定め，これに乗じた汪兆銘は重慶を離れ，日本占領地域に新政権を樹立する。日本は汪兆銘以外にも様々なルートで重慶側に対して和平工作を行った。

　蔣介石は日本との和平交渉を拒否し，米英との連携を深める選択をとったが，欧州戦争の勃発以降，英仏は対独関係から日本に対して妥協的となり，米国もまた日本への態度を一時軟化させた。仏印の日本軍が雲南へ進攻することを危惧していた中国はアメリカに対して様々なルートを通じて対日妥協の阻止を試みた。

　共産党は，日中戦争開始後，**毛沢東**の考えに従って日本軍との正面戦闘を避け，華北を中心に根拠地建設に努めつつ勢力の拡大を図った。戦争開始当時3万人であった共産党は1940年末には50万人にまで拡大した。この頃，**八路軍**は鉄道や電線の破壊工作などを各所で同時多発的に行う百団大戦を行った。共産党の勢力拡大に対し，日本軍のみならず，国民党も警戒心を高めた。国民党は共産党の活動を黄河以北に限定する方針を打ち出したが，長江中流域で活動する共産党の新四軍との間で衝突が起き，潜在的な対立が顕在化した。以後，国共両党は表面上協力を謳いつつ，水面下では互いに勢力の拡大を図った。

2 太平洋戦争

　1941年12月8日，日本はハワイ真珠湾を奇襲攻撃し，アメリカに対して戦端を開いた。真珠湾攻撃により日中戦争の国際化を考えていた蔣介石の念願が実現し，翌日，中国は日本に対し宣戦布告を行った。蔣介石は中国戦区総司令官に就任し，中国が後に「四大国」の一員として処遇される礎を築いた。

　しかし，実際には中国は中国戦場において東部から西進する日本に引き続き独力で対処しなければならず，その上，緒戦の勝利に乗ってビルマ方面から東進する日本軍にも苦しめられ，アメリカの対日参戦は中国の苦境を救ったわけではなかった。また，ビルマ戦線ではイギリスと足並みが揃わず，戦力を温存したい中国は援助物資の処置をめぐって徐々にアメリカとも確執を生じるようになる。

　1943年11月に米英中首脳により開かれた**カイロ会談**ではアジアでの戦略方針や戦後対日処理方針が話し合われた。カイロ会談は中国の国際的地位を絶頂にまで高めたが，その後ソ連の対日積極方針により，その役割を低下させた。ソ連の対日参戦示唆に続き，日本の**一号作戦**における連敗は政権の腐敗問題とあわせて国民党に対するアメリカの失望を高めた。また，一号作戦における日本軍の南下と国民党の敗北は，共産党の活動領域拡大をもたらした。

　共産党は太平洋戦争勃発後，日本軍の掃討作戦と国民党の経済封鎖によって危機に直面したが，党の凝集力を高める「**整風運動**」により危機を乗り切った。

　1945年8月のソ連の対日参戦と満洲への進攻は，華北に主力を置く共産党の満洲進出を容易にし，戦後の国共両党の勢力バランスに大きな影響を与えた。日本の降伏によって国共両党の対立は顕在化し，内戦へと発展していった。

（岩谷　将）

▷6　**毛沢東**（1893-1976）
⇨Ⅷ-1「新民主主義から社会主義へ」側注1

▷7　**八路軍**
華北地域で活動した共産党の軍隊。中国工農紅軍が国民革命軍に編入された際，第八路軍（その後，第十八集団軍）と改称された。華中の軍隊は新編第四軍（新四軍）と改称された。

▷8　**カイロ会談**
宣言では第一次世界大戦以来日本が占領した一切の島嶼の剥奪，満洲，台湾，澎湖島の中国への返還，朝鮮の独立などが謳われた。また，会談では天皇制の存続についても話し合われた。

▷9　**一号作戦**
1944年4月から12月にかけて，中国における航空基地の破砕と，日本本土と南方との陸路交通の開設を目的として実施された日本陸軍史上最大規模の作戦。「大陸打通作戦」とも呼ばれる。

▷10　**整風運動**
党員の再教育運動として始められたが，徐々に毛沢東による反対派粛清の性格を強め，毛の権力確立と党内凝集力の向上に寄与したが，多数の迫害による犠牲者を出した。⇨Ⅷ-3「反右派闘争」

（参考文献）
秦郁彦『盧溝橋事件の研究』東京大学出版会，1996年。

II　中華人民共和国前史

 6　## 社会主義国家の成立

▷1　大陸打通作戦
⇨ II-5「日中戦争・第二次世界大戦」側注 9

▷2　中間党派
国共両党以外の政党。主に都市の知識人や商工業者に支持基盤があった。その代表としては中国民主同盟が挙げられる。

▷3　政治協商会議
⇨ II-3「近代国家建設への模索」

▷4　国民大会
孫文の政治構想では、国民大会は憲法を制定し総統（大統領）を選出できる国権の最高機関と規定されていた。なお国民党はすでに1936年に国民大会代表を選出していたので、まず従来の代表により憲法を制定するとした。

▷5　詳しくは笹川裕史『中華人民共和国誕生の社会史』講談社メチエ、2011年を参照されたい。

▷6　四川省や広西省では、小作料の減額や土地所有面積の制限により貧農層の不満の緩和が企図された。その後国民党政権に残された台湾省では1950年代初頭に農地改革（「耕者有其田」）が断行されることになった。

1　国共内戦下での政治と経済

　第二次世界大戦末期、「大陸打通作戦」[1]によって日本軍の大部隊が南方に侵攻すると、共産党はその軍事的空白をぬって華北一帯に勢力を拡大した。さらに日本の敗戦後にはソ連赤軍が占領する中国東北にいち早く進出し、地盤の拡張に成功する。こうして第二次大戦後の中国では国共の二大勢力がそれぞれ軍隊と支配地域を保持し、対峙する局面が出現したのである。

　しかし和平を求める国内・国外の声にも押されて、1945年8月から10月にかけて、国共両党は戦後中国の政治・軍事体制に関する話し合いを行った。続いて1946年1月には「中間党派」[2]も交えて政治協商会議[3]を開催した。一連の協議において、共産党は国共両党と諸党派とが共同して政府を組織する「連合政府」案を提起した。一方で国民党は孫文の「建国大綱」に基づく方針を正統とした。すなわち戦前に選出していた国民大会[4]代表により憲法を制定し、その後改めて国民大会の代表を選挙し直して、その多数派が政府を主催すべきとの主張であった。ただし問題の核心は共産党支配地域の処遇と共産党軍の国軍化であり、双方の主張は鋭く対立する。こうして国共は1946年6月以降全面的内戦に突入したのである。なお「中間党派」の人々は国民党統治地区において暴力に晒され、政治活動も制約されたため、徐々に共産党側に接近していった。さらに普通選挙が導入されたものの、国民大会代表および立法委員の選挙では不正が横行し、国民党内の派閥抗争が激化したことも見逃せない。

　しかし何といっても国民党政権の命取りになったのは経済・財政での失策である。日本の敗戦後、旧敵産の接収において混乱と腐敗が発生した。またアメリカ主導の国際経済システムに組み込まれる中で、貿易の自由化が断行された。しかしこの政策は外国製品の大量流入と外貨の流出を招くことになる。さらに内戦の費用を通貨の乱発で賄ったために、超インフレが発生し、都市経済をマヒさせた。農村での食糧と兵士の徴発は、負担の重さと不公平さも相まって農民が政府への不満を高める主要な要因となった。[5]なお内戦末期には国民党政府も貧農層の不満を緩和する必要を自覚し、農地改革を一部地区で試みている。[6]しかし十分な効果を収め得ないままに中国大陸での支配権を喪失したのである。[7]

　一方、共産党は自らの統治地区では、当初対日協力者の財産や土地を没収したが（「反奸清算」）、1946年5月以降は一般の地主へと闘争の対象を拡大した。

この過程で，共産党は富裕者から没収した財産や食糧を行政経費や軍糧に充当するとともに，小作農や農業労働者にも土地や財を分配した。しかし，富裕者の財産や土地には限りがあるために，中農の財産や土地までを収奪する混乱が一部で発生した。また財や土地を分配されたとしても，民衆が積極的に人民解放軍に従軍するとは限らなかった。それゆえ党組織の力量を背景として，従軍運動を推進する場合もあった。

このように，共産党統治区においても，政策遂行に圧力や混乱が付随したことには十分注意するべきである。それでも，国民党統治地区でのインフレの蔓延，選挙での腐敗，そして強引な徴兵などの失策は誰の目にも明らかであった。共産党は，戦意を失い投降した国民党部隊の捕虜を大量に吸収して自軍を強化できた。これに国民党軍の戦略上の失策も加わり，共産党は軍事的に優位に立った。さらに共産党は巧みに「中間党派」をとり込んだ。戦乱で極度に疲弊した民衆も国民党を見放していった。ただし台湾に拠った国民党は，朝鮮戦争勃発によりアメリカの全面的援助を受けることになり，台湾海峡を挟んで共産党と対峙していくことになる。

② 社会主義への前奏：朝鮮戦争の戦時態勢下での三大運動

1949年10月1日の中華人民共和国成立宣言に先立ち作成された「中国人民政治協商会議共同綱領」は，人民共和国を人民民主主義・新民主主義の国家と規定した。つまり，当面は共産党の指導の下で民族資本家，中小の商工業者，愛国知識人などを連合した統一戦線によって新政府を組織・運営することが決定されたのである。それゆえ1950年上半期までは，旧勢力に対する取締りは緩やかであった。土地改革でも富農経済に配慮する穏健な方針が採られるかに見えた。しかし同年6月25日に朝鮮戦争が勃発すると事態は一転する。米軍は第七艦隊を台湾海峡に派遣し解放軍による台湾進攻を封じ込め，9月半ばには反撃に転じ，終には中朝国境まで北朝鮮軍を追い詰めた。ここに至って中国は戦争へ介入した（10月25日攻撃）。そして銃後の社会では朝鮮戦争に処するために三つの政治運動が相互に連動して遂行されることになった。

まず「反革命鎮圧運動」では，銃後の治安を盤石なものとするために，旧地域有力者層や秘密結社などの"潜在敵"が徹底的に排除された。次に「土地改革運動」では，土地所有が平均化されただけでなく，農村の旧支配層である地主・富農が階級闘争を経て打倒された。その際に，旧貧農層から基層幹部が抜擢され，地域社会の秩序が変革された。そして「抗米援朝運動」では，「米国帝国主義」の侵略という外からの危機が強調・宣伝されるとともに，国内の団結と政府への全面的な協力が民衆に求められた。成立後間もない人民共和国にとって，朝鮮戦争は国難であると同時に，民族意識・愛国意識を宣伝し，共産党が国民統合を推進する絶好の機会になったのである。　　　　（山本　真）

▷7　国民党政権は1949年12月7日に台北への移駐を決定，その後も台湾を統治し続けた。

▷8　共産党系の部隊は，毛沢東による1947年9月の「人民解放軍総反抗宣言」の後に人民解放軍の名称を使用することになった。

▷9　ただし農機具や役畜などを欠く零細農を大量に析出した側面は看過できない。この問題に対処するためにも，農業の集団化が必要とされたのである。

（参考文献）
奥村哲『中国の現代史——戦争と社会主義』青木書店，1999年。
久保亨編著『1949年前後の中国』汲古書院，2006年。
泉谷陽子『中国建国初期の政治と経済』御茶の水書房，2007年。

第 2 部　国家機構と制度

guidance

　第2部では，中華人民共和国を構成する骨組みを俯瞰する。中国は，中国共産党の一党支配体制をとっており，中国共産党第19回全国代表大会（第19回党大会）で採択された「中国共産党規約」に「党政軍民学の各方面，東西南北中の一切を党が指導する」とあるように，政府，軍，民間組織，知識界のいずれもが党の指導の下に位置している。では，党はどのようにして，政府をはじめとする国家機関や軍を指導しているのだろうか。党の指導の下で国家はどのように営まれているのだろうか。

　第Ⅲ章「中国共産党」では，9000万人以上の党員を擁する中国共産党がどのような組織機構をもち，どのような方法で国家を指導し，「党国体制」と呼ばれる体制を作り上げてきたのかを論ずる。

　第Ⅳ章「国家機構」では，国家主席，立法機関である人民代表大会，行政機関である国務院，司法機関である人民法院や人民検察院，諮問機関である人民政治協商会議が，中国の政治の営みにおいてどのような機能を果たしているのかを解説する。

　第Ⅴ章は，中国人民解放軍に焦点を当てる。「政権は鉄砲から生まれる」という毛沢東の言葉が示すように，戦争，内戦の末に誕生した中国共産党政権にとって，人民解放軍は，自らの母体であり，ゆえに人民解放軍は今日に至るまで，国家の軍ではなく中国共産党の軍として存在してきた。本章では，軍の組織機構や装備について概観する。

　第Ⅵ章「法制度と法治」では，国家の営みを規定する法制度について説明する。党の指導を前提としながらも，中国の政権は「法による支配」を推進してきた。本章では憲法および法体系を概観したのち，立法過程や裁判制度，さらには中国独特の苦情申し立て制度である「信訪」制度について解説する。

　第Ⅶ章「中央－地方関係・民族統治」では，中央と地方の関係がテーマとなる。広大な国土をまとめあげ，近代的な国民国家を建設するために，どのような中央－地方関係を構築するべきかという問題は，常に中国共産党を悩ませてきた。本章では，中央－地方関係および少数民族に対する統治の枠組みを解説する。

Ⅲ　中国共産党

1 党・国家体制

▷1　ジョヴァンニ・サルトーリ（1924-2017）
イタリア出身の政治学者。比較政治が専門で，政党システム論で知られる。

▷2　Giovanni Satrori, *Parties and Party System : A Framework for Analysis,* New York : Cambridge University Press, 1984, pp. 42-47.

▷3　特に1950〜87年の戒厳令下の台湾では，党と国家は同格との「党国」は蒋介石率いる国民党の独裁を批判する立場から使われ，政権交代を目指すことは国家反逆に等しいとみなされた。他方，現代中国では，「党国」という表現は，民国期を主対象とする歴史学術用語として限定的に用いられることが多い。

▷4　民主集中制
⇨ Ⅳ-1 「国家主席」側注1

▷5　サルトーリは，一つの大政党のほかに，小さな政党または衛星政党が存在こそ許されるものの，権力をめぐる競争が許されない政党制を「ヘゲモニー政党制」とし，制度的に競合が保障されているものを「一党優位政党制」と規定した。一方，合法政党が一党しか存在せず，その他政党の存在，他党との競争が許されぬという点で一党制とそれ

1 党・国家（Party-State）

　いわゆる党・国家体制とは，サルトーリによれば，自らと国家を密接不可分とする理念の下，党が官僚，軍，警察等の国家機構をコントロールし，国家内部には独立した多元的，競争的な自治が存在しない閉鎖体系の統治類型をいう。ここから，中国の党・国家体制（党国体制）とは，超越的な地位にある中国共産党が政治，行政，立法，司法，軍，警察，経済，社会，文化，メディア，宗教等各領域に対して絶対的な支配と統制を及ぼす政治体制を指す。いわば，「党が国家を乗っ取り，社会を乗っ取る」という構造であり，前段の側面に注目した分析視角が党・国家体制論で，後段が国家社会論である。これらは現代中国の政治を考える際の最重要の基本構図となっている。

2 党の指導性

　中国の党・国家体制の構図は，中国大陸（1928年以来の国民党統治下の訓政期）および台湾（蒋介石・蒋経国政権期，1945〜93年）においても見出される。「党国」，すなわち「党と国家」は，国民党統治下の中華民国期に多用された政治表現で，「党すなわち国家」にして「国家すなわち党」として両者の一体性が強調された。国民党ポストと民国政府ポストが重なり合う政治体制であり，党・国家体制という点では，中国共産党と中国国民党のそれはいわば一卵性双生児といってもよい。ある党ポストの個人が同時に国家ポストをも占め，逆にあるポストは党と国家の二つの顔をもつという二枚看板である。

　こうしたポストの重複を通じた支配政党による国家の簒奪，国家支配の確立は，1920年代，ソ連十月革命の影響から，国共両党がともにレーニン主義政党を目指した歴史に淵源を見出すことができる。とりわけ，民主集中制を掲げるレーニン主義政党にあって，その最大の特徴は，一党制に求められる。建国前の「中国人民政治協商会議共同綱領」（1949年9月）で掲げた人民民主統一戦線体制から54年憲法で党の指導的地位を明示して「人民民主独裁」へと転じた中国では，党の指導の下，国家の統一と団結を守ることが旨とされ，この結果，いわゆる民主党派も，野党たり得ず，「執政党と参政党」の関係に留まることから，中国共産党にとっての衛星政党以上のものではない。この点から，党の絶対指導性が訴えられ，党・国家体制の根幹が形成されることとなる。

③ イデオロギー規定：指導の核心

では，こうした「党・国家体制」を成り立たせる保障とは何か。

まず，「中国共産党は中国労働者階級の前衛部隊であると同時に，中国人民と中華民族の前衛部隊であり，中国の特色のある社会主義事業を指導する中核である」との書き出しで始まる党規約は，「中国共産党の指導［領導］は，中国の特色ある社会主義の最も本質的な特徴であり，中国の特色ある社会主義制度の最大の優位性である。党，政，軍，民，学の各方面，東西南北中の全国各地で，党はすべてを指導する」と党を「指導の核心」と位置付けている。

この党自身の絶対指導宣言を保障するのが憲法である。1982年制定の中華人民共和国憲法（現行憲法）は，その前文において「社会主義の道，人民民主主義独裁，中国共産党の指導，マルクス・レーニン主義，毛沢東思想の堅持の四つの基本原則は立国の根本である」と明記している。

④ 人事・組織的保障：党管幹部原則と党組結成

さらに，こうした「党・国家体制」の存立には，人民代表大会のありように象徴されるように党の意思を国家の意思へと転換する装置，党の絶対指導を保障する制度・組織がなければならない。「党管幹部原則」といわれる重要ポストの任免に関する人事管理権の掌握と，全国の各組織・機関に張りめぐらされた党組織細胞ネットワークが，車の両輪として党の絶対指導性を担保している。

前者では，全国の幹部党員の「檔案」（身上調査書）などを掌握する党組織部が優秀な人材の抜擢登用，党の方針に沿った幹部育成などを行っている。後者は，「党組」ないし党委員会と呼ばれ，中央，地方の国家機関，人民団体，経済組織，文化社会組織その他における指導機構とされ，それぞれの組織において上述した「党の領導核心作用」（指導の中核機能）を発揮するものと規定されている。また，この組織配置を補充するものとして，「領導小組」と呼ばれるプロジェクトチーム方式がある。これは特定の課題テーマに関する複数の関連部門間の利害調整，執行を行うもので，たとえば，党中央にあっては，外事，財政金融，安全保障，台湾問題，改革の深化徹底等多分野にわたる緊要事項をテーマとする領導小組が設置されている。近年では，習近平がチームリーダーとしてこれら領導小組を自ら率い，党主導の国家運営が強化されている。[7]

この結果，党自身のピラミッド型集権的組織構造がそのまま集権的な国家体制の形成に反映され，これにより，党が政府に代わって人事，予算，資金，イデオロギー工作等重要事項に関する絶対的な決定権限を握る「以党代政」（党が政府の職務を代行する）と称されるまでの党政不分の情況がもたらされることになる。

（菱田雅晴）

らとの区別を指摘した。中国にあっては「結社の自由」が憲法第35条で規定されてはいるものの，新規の政党，党派の成立は厳しく規制されている。この状況は，台湾の「党禁」，すなわち，「反乱鎮定動員時期臨時条項」（⇨ⅩⅢ-3「民主化する台湾と中台関係」）に基づく新規の政党結成禁止とも類似している。

▷6 これに対応して，党サイドには，当該行政機関との連絡・指導・調整を行う「対口部」が設置されている。

▷7 現代中国では，国家元首としてのトップに関する「党と国家の指導者」という慣例句の表記順に，国家に対する党の優越をうかがうこともできる。地方の人民政府をみても，たとえば北京市の行政トップの市長も同市党委員会副書記にすぎないケースがほとんどであり，党委書記が実質的な地方トップである。

（参考文献）

G. サルトーリ（岡沢憲芙・川野秀之訳）『現代政党学——政党システム論の分析枠組み』早稲田大学出版部，2000年。

西村成雄・国分良成『党と国家——政治体制の軌跡』岩波書店，2009年。

加茂具樹・小嶋華津子・星野昌裕・武内宏樹『党国体制の現在——変容する社会と中国共産党の適応』慶應義塾大学出版会，2012年。

菱田雅晴・鈴木隆『共産党とガバナンス』東京大学出版会，2016年。

Ⅲ　中国共産党

2 党の組織機構(1)：党内統治

1 党員数と基盤階級・階層の変化

　党規約第一条は，18歳以上の中国国籍を有する労働者，農民，軍人，知識人及びその他の社会階層に属する先進的人物で，党の綱領と規約を受け入れ，党の一組織に参加し，そこで積極的に工作し，党の決議を実行し，期日通り党費を納める意思のある者は，中国共産党への入党申請を行えるとしている。

　中国共産党は，コミンテルンの支援を受けて1921年7月に上海で創設されたが，当時の党員はわずか57人だったとされる。そして，抗日戦争と国共内戦を経て，1949年10月1日に毛沢東が新国家誕生を謳い上げた時には，党員は448万8000人にまで増加する。

　その後の党員数の推移は，表1のとおりである。ここでは二つの特徴を指摘しておく。第一に，総人口に占める党員の割合が一貫して上昇していることである。第二に，党創設以来の基盤階級である労働者と農民という二大階級の党員全体に占める割合が，階級闘争そのものだった文化大革命が終焉を迎えた1976年をピークに，その後著しく，そして一貫して低下している点である。両者の合計が過半数を初めて割ったのが，鄧小平が没した1997年だったという点と合わせ，中国政治を理解する上で，きわめて象徴的な出来事である。なお，統計上の職業分類に一貫性がないため，表では示すことができないが，労働者と農民を除いた残りの党員は，党や政府の幹部，企業経営者や管理者，各種技術者などから構成されている。彼らは高学歴者でもある。21世紀初頭の中国共産党が階級政党ではなく，エリート政党と称される由縁である。

2 中央組織とその役割

　中央組織については党規約第三章で規定されている。

　全国代表大会（党大会）は5年に一度，約1週間程度開催される。2017年10月に開催された第19回党大会の場合，2280名の代表が31の省級政府や解放軍など計40の選挙単位から

▷1　コミンテルン（Comintern）
Communist International（共産主義インターナショナル）の略称で，第3インターナショナル，第3インター，国際共産党とも呼ばれる。ロシア社会民主労働党（のちのソ連共産党）のレーニンらの提唱により，1919年3月にモスクワで創設され，1943年5月まで存続した国際共産主義運動指導組織。

表1　党員数の推移と中国政治

年	党員数（万人）	対人口比（%）	基盤階級が党員に占める割合(%)	中国政治(史)との関連
1949	448.8	0.83	62.12	建国年
1956	1,250.4	1.99	61.17	建国後初の党大会
1976	3,507.8	3.76	69.15	基盤階級割合最高値
1979	3,841.7	3.96	66.49	鄧小平時代初年
1992	5,279.3	4.58	53.33	鄧小平時代最終年
1993	5,406.5	4.65	52.36	江沢民時代初年
1997	6,041.7	5.01	49.71	基盤階級，過半数割れ
2002	6,694.1	5.21	45.10	江沢民時代最終年
2003	6,823.2	5.28	44.10	胡錦濤時代初年
2012	8,512.7	6.29	38.30	胡錦濤時代最終年
2013	8,668.6	6.37	38.12	習近平時代初年
2021	9,671.2	6.86	33.62	

（出所）　中共中央組織部信息管理中心『中国共産党党内統計資料匯編（1921-2000）』党建読物出版社，2002年；中華人民共和国国家統計局編『中国統計年鑑2016』中国統計出版社，2016年；『人民日報』を基に筆者作成。

選出された。党大会では中央委員会報告の審議，党規約の改正，中央委員会と中央紀律検査委員会メンバーの選出などが行われる。

中央委員会は党大会で選出されるが，第19回党大会では中央委員204名，同候補委員172名が選出されている。委員会は1年に少なくとも1回開催すると規定され，最高指導部の選出，重要政策や方針の決定などが行われる。

中央政治局と同常務委員会メンバーおよび総書記は各期の初回の中央委員会総会で選出される。総書記は中央政治局会議と同常務委員会会議の招集に責任を負い，中央書記処の工作を主宰する[2]。中央書記処は中央政治局と同常務委員会の事務機構で，メンバーは常務委員会が提案し，中央委員会全体会議が承認する。

主席責任制を採る中央軍事委員会のメンバーは中央委員会が決定する。

党規約は，党の最高指導機関は党大会とそれによって選出される中央委員会であるとしているが，それぞれの開催頻度がきわめて低いことから，実質的には中央政治局と同常務委員会，とりわけ後者が最高指導機関であり，総書記が最高指導者である。

なお，「党中央」との表現がしばしば用いられるが，これは上で言及したすべてを指すものではない。毛沢東時代には時として毛個人を指すことすらあった。現在では中央政治局，あるいは同常務委員会を指すことが多いようだ[3]。

③ 中国共産党の「集団指導体制」

党指導部と党や国家の関係について，改革開放期は毛沢東の個人独裁に代わって集団指導体制に移行したとしばしばいわれる。その根拠は以下の三点に集約できよう。第一に，鄧小平が進めた政治改革は，一定程度，毛沢東政治を否定するものだったからである[4]。第二に，党の最高ポストが主席制から総書記制へ移行したからである。1982年の第12回党大会で採択された党規約（現党規約）に基づき，主席に代わって新たに設けられた総書記の職権は，上述のとおりきわめて限定的なものである。そして第三に，毛沢東にあったカリスマがその後の総書記には欠けていたからである。以上から，江沢民や胡錦濤が総書記，国家主席，**中央軍事委員会主席**を兼任していても[5]，その指導スタイルは集団指導体制であるとみなされた。

もっとも，集団指導体制を「政治局常務委員会という最高指導部での多数決制」と定義するのであれば，果たしてそのような体制にあったかは，疑問なしとしない[6]。むしろ胡錦濤政権期，公安分野で絶大な権力を行使した**周永康**のパフォーマンスを見ると，集団指導体制の実態は，「担当分野を牛耳る複数の最高幹部の集まり」と解釈した方が適当なのではなかろうか。真の集団指導体制が確立していたのであれば，改革開放開始から40年近く経った現在，習近平という新たな絶対的指導者が生み出されることはなかったのではないか。

（諏訪一幸）

▷2 党規約には総書記の連任制限規定はない。しかし，党には，総書記を含む中央政治局常務委員は就任時に67歳以下でなければならず，68歳以上は認めないとする年齢制限内規（7上8下）があるとされる。しかし，これはあくまでも非公開の決まり事にすぎない。したがって，「領袖」と称されるようになった習近平現総書記は三選，四選を目指しているのではないかとの声も少なくない。

▷3 中央政治局，および同常務委員会から構成される党中央のメンバーは2020年2月現在，25名である（うち，女性1名）。

▷4 1980年8月に行った「党と国家の指導制度改革」と題するスピーチの中で，鄧小平は，過度な権力集中や幹部の終身制，行政分野への党の干渉などを改めるよう主張した。

▷5 **中央軍事委員会主席**
⇨ Ⅴ-1 「中国共産党と軍の関係」

▷6 **周永康**（1942-）
2007～12年まで中央政治局常務委員を務めた。周は，この期間中，中央政法委員会書記として，治安，法曹分野で絶大な権力をふるった。しかし，習近平が進める反腐敗運動の下，「深刻な紀律違反」や「党と国家の機密漏えい」などを理由に，党籍を剝奪され，無期懲役の実刑判決を受けた。

(参考文献)
毛里和子『中国政治——習近平時代を読み解く』山川出版社，2016年。

Ⅲ　中国共産党

 # 党の組織機構(2)：党の組織

▷1　幹部の管理は幹部の職階により分類される。幹部の職階は上から下まで，国家級，省部級，庁局級，県処級，郷科級に分けられ，それぞれの職級はさらに「正職」と「副職」に分かれている。たとえば，中央組織部は省部級以上の幹部候補を選抜し，その幹部の任命を監督する。
▷2　思想政治工作
思想政治教育工作，思想工作，思想教育とも呼ばれる。中国共産党が宣伝によって（国民のイデオロギーおよび認識に影響を与え，）国民の思想や主義を統一させる手段のこと。
▷3　統一戦線の対象は中国共産党以外の社会エリート層を指す。具体的には，民主党派，無党派（無所属），共産党員以外の知識人，少数民族の代表，宗教界の代表，民営企業の経営者と技術者，留学生，香港の住民，マカオの住民，台湾の住民，華僑などである。
▷4　社会主義国家との関係は，外交部（外務省相当）が担当するが，中央対外連絡部も外国の，とりわけ社会主義国の政党との関係に深く関わる。たとえば，2017年11月に中央対外連絡部部長は国家主席の特使として北朝鮮を訪問した。
▷5　従来，武装警察は政府系列の国務院と軍系列の中央軍事委員会の二重指導を受けていた。現場の担当者として，政府系列の公安

中国の政治体制は「党・国家体制」といわれ，党が実質的に政策を決定するのがその特徴である。中国共産党の組織機構は，以下のような，政策決定や政策執行を担当する組織から形成されている（巻頭図3参照）。

1 弁公庁（室）

弁公庁（室）は，中国共産党各行政レベルの委員会の総合事務部門である。弁公庁（室）は諸部門の調整役として，党委員会が決定した政策を執行する。中央弁公庁は党中央指導者の警護，文書の起草と管理，情報通信，医療を担当するのと同時に，党の組織機構を統括し，政策調整を行っている。

2 党の職能機構

組織部は，公的機関と中国共産党の人事や組織管理の業務を担当する。各行政レベルの組織部は当該レベルおよび一つ下のレベルの幹部候補を評価し，幹部任命の提案および監督の権限をもつ。[1]そのほか，組織部は党の組織の活動，党員の選抜，党費の管理を指導し，幹部の研修，定年退職した幹部の管理，人材養成と海外人材の招聘を担当する。2018年3月の決定により，国家公務員管理局が廃止され，国家官僚も共産党組織部の管轄対象となった。

宣伝部は中国共産党の宣伝，メディア，世論を管理する部門である。各行政レベルの宣伝部は，**思想政治工作**[2]を中心に宣伝業務や言論統制を担当するほか，新聞，出版，マスメディアなどメディアに対する監督と指導を行う。

統一戦線工作部は，中国共産党以外の政治勢力，集団などを，中国共産党体制の支持者にしていくことを目指す。[3]また，宗教団体，少数民族に加え，近年ではインターネットメディアに従事するオピニオンリーダーや海外からの帰国者，そして華僑にもその管轄範囲を広げつつある。さらに，統一戦線工作部は海外に向けた国家統一に関する宣伝（チベット，新疆，台湾問題など）も管轄する。

中央対外連絡部は，中国共産党と他国の政党との関係を担い，政党外交を行う。特に北朝鮮やベトナムなどの社会主義国家との関係では，政府間関係よりも重要な役割を担う。[4]また，国交正常化以前の日本も含め，外交関係をもたない国に対しては，民間外交を主導した。

政法委員会は中国共産党が警察，検察機関，裁判所，情報，武装警察（国内[5]安全維持，災害救援を担当する準軍事組織）などの政法機関に対する指導を担当す

る。党の政策と方針に基づいて，政法委員会は上記の各関連機構の政策を指導し，案件の調査，審議と判決の調整役を果たす。

❸　紀律検査委員会

　紀律検査委員会は，党の章程と紀律により，党の路線，方針，政策の執行状況を調査し，党の風紀と党員幹部の腐敗の防止と調査を担当する。中国共産党の各レベルの代表大会は当該レベルの紀律検査委員会を選出する。また，紀律検査委員会は紀律処分の申し立ても受領する。紀律検査委員会は独自の調査を実施した後，党の紀律処分を提案し，さらに法律違反の証拠を検察機関に移送する。近年，習近平政権による反腐敗運動（腐敗撲滅キャンペーン）は，中央紀律検査委員会を中心に展開されている。

❹　議事協調機構：領導小組・委員会

　領導小組・委員会は，中国共産党が特定の課題を解決するために設立した議事協調機構である。領導小組・委員会は各関連部門の責任者で構成され，指導部構成員の下で政策立案と執行の調整を行う。

　たとえば，2013年に設立された中央国家安全委員会は，軍事，警察，外交，情報事務の調整役として，国家安全や対内・対外戦略の議事や政策決定を担当する機関であり，習近平が主席を務める。このように各種領導小組・委員会のトップに習近平を据えることにより，習近平政権期は党中央の集権化が制度面から進められている。

❺　そのほか

　政策研究室は中国共産党指導部の政策を支える政治理論の研究，政策立案を担当する機構である。重要な文書や指導者の演説原稿を起草し，党の政策や理論の研究や調査を行い，参考意見を提示する。また，中央政策研究室は中央全面深化改革委員会の常設事務機構（委員会弁公室）として，習近平政権のあらゆる分野の改革に対し，議事協調や政策立案を担う。

　党校は中国共産党の幹部養成機関である。中央から県に至る党委員会の下に設置される。党校は一般に幹部養成の短期研修コースを提供するが，中央と省レベルの党校は大学院を設置し，研究と教育を行っている。また，党校はシンクタンクとして，政策立案，諮問機構の役割を果たす。

　人民日報社は中国共産党中央委員会機関紙である『人民日報』を編集・発行する機構である。『人民日報』は中国共産党中央指導部の宣伝の道具として，党の政策や姿勢を党内外に表す。『人民日報』のほか，人民日報社は「人民網」というニュースサイトや，『環球時報』『中国経済週刊』などの30社の新聞雑誌を管理する。

（徐　偉信）

　警察トップは武装警察の指導部のメンバーであり，また公安警察は政法委員会の指導下で行動するため，政法委員会は武装警察にも関与していた。習近平政権の「深化党和国家機構改革方案」により，2018年1月1日から武装警察の指揮権は中央軍事委員会に統一された。

▷6　各行政レベルの紀律検査委員会の業務は，当該レベルの党委員会および一階級上の紀律検査委員会の「二重指導」の下で展開される。また，中央紀律検査委員会は全国代表大会で選出される中国共産党の最高級紀律検査機関で，1990年代半ばから中央紀律検査委員会書記は最高指導部の中央政治局常務委員会のメンバーの一員である。

▷7　領導小組・委員会のうち，全面深化改革委員会，財経委員会，サイバーセキュリティ・情報化委員会，外事工作委員会は2018年に領導小組から委員会に昇格した。上記四つの委員会の下に独立した事務機構（弁公室）が置かれている。習近平が小組組長・委員会主任・主席を兼任する議事協調機構は，中央対台工作領導小組，中央国家安全委員会，中央全面深化改革委員会，中央財経委員会，中央全面依法治国委員会，中央外事工作委員会，中央サイバーセキュリティ・情報化委員会，中央審計委員会，中央軍民融合発展委員会がある。

（参考文献）
中共中央組織部『中国共産党組織工作辞典』北京：党建読物出版社，2009年。
本書編写組『中共中央関於深化党和国家機構改革的決定』北京：人民出版社，2018年。

Ⅳ　国家機構

 国家主席

① 国家元首としての役割

　憲法第三章第二節の規定に基づき，中華人民共和国の国家元首として外遊する場合を除き，国家主席の日常業務は，次のとおり総じて儀礼的であり，象徴的なものである。第一に，対内的職務として，全国人民代表大会（全人代）や同常務委員会の決定に基づき，法律の公布，国務院総理以下の任命，国家の勲章と栄誉称号の授与，特赦令の発布，緊急事態や戦争状態の宣布，動員令の発布などを行う。第二に，対外的に，国家を代表して国事行為を行い，外国使節を接受する。また，全人代常務委員会の決定に基づき，駐外国全権代表を派遣，召還し，外国と締結した条約および重要な協定を批准，破棄する。

　国家主席は憲法規定に従って全人代で選出されることになっているが，「選出」の実態を手続き論的観点から見ると，果たしてどのようなことがいえるだろうか。中国では**民主集中制**に基づき，国家主席は国家の最高権力機関とされる全人代によって選出されるが，現行憲法下では1993年以降，党総書記による兼任が慣例となっている。そして，この総書記は，国家主席を選出する全人代会議の約半年前の全国代表大会（党大会）で決定しているので，全人代が総書記と異なる候補者を独自に擁立することは事実上不可能である。したがって，この半年間に，総書記に国家主席を兼任させるための事務的手続きが党中央と全人代の間で行われる。

　冒頭で述べたとおり，儀礼的色彩の濃い国家主席ポストであるが，今後はより政治的かつ実質的な役割を担うことになるかもしれない。というのも，2018年3月の憲法改正で，従来の条文から「国家主席（および同副主席）は連続して二期を超えて就任できない」とする文言が削除されたからである。この措置により，国家主席と同じく連任規定のない党総書記（習近平）が長期にわたって同ポストを兼任できるようになった。

② 文化大革命と国家主席

　国家主席ポストは，1966〜83年までの間，空席だった。この期間は，プロレタリア文化大革命期（文革，1966〜76年）と，その影響がまだ色濃く残るポスト文革期にあたる。

　1954年に初の憲法が制定されると，最高指導者毛沢東は自らが国家主席に就

▷1　民主集中制
「民主的」決定，集中的執行の意。党によれば，これを体現する政治制度が人民代表大会制度である。

▷2　この半年間に，党政治局常務委員中の上位者が国家主席，全人代常務委員長，国務院総理など非党機関の指導的ポストに就くための手続きが進められる。

任する。しかし，1958年の大躍進，**人民公社**化運動の失敗を受けて翌年辞任し，^{◁3}
党内ナンバー2の**劉少奇**が後任に就く。^{◁4}

　ところが，1966年5月に文革が始まるや，劉少奇は「資本主義の道を歩む最大の実権派」として批判の対象となり，瞬く間に失脚する。これ以降，国家主席は実質的に空席状態となるが，1970年代に入ってこのポストの簒奪を画策したのが**林彪**だったとされる。文革の立役者である林彪は，1969年の第9回党大^{◁5}会で毛沢東の後継者に指名されていたので，理解に苦しむ展開である。この企ては結局失敗するが，当時の林彪の心理状態については，**江青**（毛沢東夫人）^{◁6}らとの権力争いに勝つためには毛沢東の死を待つことなく，党主席に代わる高位ポストを何としても早期に手に入れたかったのではないかとの見方がある。こうした見解は，当時の国家主席が一定の実質的権限を有していたことから，根拠なしとしない。というのも，国家主席は全国の武装力を統率し，国防委員会主席に就き，必要な時には国家副主席，全人代委員長，国務院総理らから構成される最高国務会議を招集し，その主席を務めるとされていたからだ。名誉職に留まらないこうした権限を付与されていた国家主席ポストは，やはり魅力的だったのかもしれない。

③ 党指導者と国家主席

　国家主席ポストは，上述のとおり，文革で劉少奇が失脚して以降，17年にわたって空席状態が続いたが，改革開放期に入ると復活する。1982年制定の新憲法を受け，翌83年，党内序列第五位の政治局常務委員である李先念が新たな国家主席として就任するが，これ以降，国家主席は5年ごとに順調に改選されている。李の後任には最高指導者鄧小平の右腕である楊尚昆が就任するが，楊の党内ランクは前任の李よりワンランク低い政治局委員だった。しかし，それ以降は江沢民，胡錦濤，そして習近平と，総書記が兼任するスタイルをとっている。

　こうしたアレンジは，国際社会における中国の地位向上と密接な関係があると思われる。

　冷戦下にあった1950～60年代は外交関係を有する国が限られ，国内政治も不安定な時期が続いたため，国家主席は外国訪問の機会に恵まれなかった。しか^{◁7}し，改革開放が軌道に乗った1990年代以降は，経済力の急速な上昇を背景に，国際社会における中国の影響力は年々強まり，国家主席が外遊する機会は30年前に比べて格段に増加した。こうした現実が，国際社会でのプレゼンスをより高めるべく，中国の最高指導者である党総書記をして国家主席を兼任させることに正当性を付与したのである。国家主席が元首外交を行うことの法的根拠である「国家を代表して国事行為を行う」との一節は2004年の憲法改正によって補充されたものだが，2000年代前半はまさに中国が大国としての自己認識をもちはじめた頃にあたる。

（諏訪一幸）

▷3　**人民公社**
農業のみならず，工業，商業，教育，軍事が一体化した農村の基層行政組織。毛沢東の肝いりで設立された人民公社では，「必要に応じた分配」など現実を無視した急進的政策が採られたため，全国で4000万人を超える餓死者が出たとも言われる。1982年の新憲法で廃止が決定。1985年初めにはほぼ解体し，旧来の郷鎮政府体制に戻った。⇨Ⅷ-4「大躍進運動」

▷4　**劉少奇**
⇨Ⅷ-1「新民主主義から社会主義へ」側注7

▷5　**林彪**
⇨Ⅷ-7「プロレタリア文化大革命の収拾」側注3

▷6　**江青**
⇨Ⅷ-6「プロレタリア文化大革命の発動」側注10

▷7　劉少奇が国家主席として訪問した国家の数は1963年が5カ国，66年が3カ国にとどまる。毛沢東に至っては，国家主席としての外国訪問歴はゼロである（毛の場合，外遊そのものが二度のソ連訪問にとどまる）。

（**参考文献**）
初宿正典・辻村みよ子編『新解説世界憲法集』三省堂，2006年，319-347頁。
久保亨『社会主義への挑戦——1945-1971』岩波新書，2011年。

IV　国家機構

 立法機関：人民代表大会

▷1　各界人民代表会議
主として建国期前後の1948
年から憲法が制定される
1954年9月に全国人民代表
大会開催まで機能した「議
会」である。代表が選挙で
はなく人民政府により招聘
された点と，協議・諮問機
関であって政権機関ではな
かった点が，現在の人民代
表大会とは異なる。

▷2　普通選挙
この選挙は，以下の点で日
本の普通選挙とは異なる。
①地主階級分子や反革命分
子などで政治的権利を剥奪
された者は選挙権および被
選挙権をもたなかった。②
選挙法により少数民族に
150名，人民武装部隊に60
名の代表枠があらかじめ割
り当てられていた。③直接
選挙が行われたのは郷・
鎮・市轄区・区を設けない
市レベルのみであった。

▷3　日本の衆議院は全人
代との間で公式な議会間交
流である「日中議会交流委
員会」を開催している。こ
れは立法府である衆議院が
全人代を中国の議会に相当
するものとし，中国側も同
様に認めていることを示し
ている。

▷4　議行合一制
三権分立とは対照的に，立
法と行政が一体となり，権
力機関がこれを行使する制
度をいう。1871年に成立し
たパリ・コミューンが，直

1　人民代表大会制度の成立過程

　第1期全国人民代表大会（以下，全人代と略す）第1回会議が開催されたのは，建国から5年後の1954年であった。建国当初は普通選挙を行う条件が整っていなかったため，中国人民政治協商会議第1期全体会議が人民代表大会の職権を代行して中央人民政府委員会を選出し国家権力の職権を行使し，地方では**各界人民代表会議**[1]を招集して人民代表大会の職権を代行して人民政府を選挙した。その後，1953年後半から全国で「**普通選挙**」[2]を行い，1954年9月に第1期全人代第1回会議が開催された。

2　憲法の規定：立法機関と最高権力機関

　全人代は日本では「議会」と報道され，立法機関と認識されることが多い[3]。しかし，中国の憲法によれば，全人代は人民が国家権力を行使するための最高国家権力機関であり，国家の立法権を行使する存在である。

　全人代が立法機関であるだけでなく最高国家権力機関であることは，中国で三権が分立しておらず，**議行合一制**[4]がとられていることに由来する。全人代と地方各級人代は「民主選挙により選出され，人民に対して責任を負い，人民の監督を受ける」（第3条）と規定され，人代に対して他の行政機関および司法機関による抑制均衡が働くメカニズムはない。「国家行政機関，審判機関，検察機関はすべて人民代表大会により作られ，これに対して責任を負い，その監督を受ける」（第3条）とされ，行政府と司法府はともに人代に対する抑制監督機能をもたない。その理由は，国家の一切の権力は人民に属し，人代の機能を抑制・監督することは人民の権力を抑制・監督することになるからである。

3　党と立法機関

　最高権力機関である全人代だが，開催期間は1年に15日程度と短く，開催期間以外は全人代常務委員会が権力を代行する。たとえば，2017年に制定・改正された主な法律は民法総則を除いて，多くは全人代常務委員会により提出されている。この全人代第13期常務委員会は共産党第19期政治局常務委員である栗戦書が委員長を務め，14名の副委員長の中に2名の共産党中央政治局委員，5名の共産党中央委員が含まれ，共産党が主導的な役割を果たしている。

④ 全人代と地方各級人代（選挙）

　憲法は全人代のほかに①省，直轄市，②県，市，市管轄区[5]，③郷，鎮に人代と人民政府を置くと規定している（第95条）。これらの人代は地方の国家権力機関である（第96条）。選挙民が直接選挙を行うのは②県，市，市管轄区と③郷，鎮までで，①省，直轄市の人代は，この1級下の人代代表が選挙する間接選挙を行い，省，直轄市の人代代表が当該省・直轄市選出の全人代代表を選挙する。このため，各省・直轄市選出の全人代代表は二重の間接選挙を経て選出されることになり，選挙民の意思は大幅に薄められることになる。

　人代選挙の過程は直接選挙も間接選挙も当該級人代の常務委員会が主催する[6]。人代常務委員会主任は人代常務委員会党組書記を兼任しているため，選挙過程は結果的に共産党のコントロール下にあることになる。選挙結果は，選挙工作が始まる段階である程度，共産党により設計されている。選挙工作は，この決められた当選者を順当に当選させるべく進められていく。直接選挙の選挙過程は，当該地区の共産党幹部により構成される選挙委員会の指導下に置かれ，選挙委員会が選挙区割り，選挙区ごとの定員，選挙民登録・資格審査，比較的多数の選挙民の意見に基づき正式代表候補を決定，投票，選挙結果の確定などの一連の過程を管理する[7]。よって，共産党の指導する選挙委員会にとって好ましくない自薦候補が当選することは難しい。

⑤ 人民代表の構成と代表性

　人代が国家権力機関であることは，人民代表の構成にも大きく影響している。それは，人民代表に行政部門の公務員や官僚が選ばれる点である。2013年選出の第12期全人代代表の構成は，第一線で働く労働者および農民代表が13.42％，専門技術職の代表が20.42％，党政領導幹部代表が34.88％となっている[8]。日本では，公務員は一部の指定された者を除いては立法機関の議員に立候補することはできない[9]。このため，他に比べて専業化が進んでいる都道府県議会の議員でも専業の割合は38.5％で[10]，兼業する職業をもつ人が多いが，公務員はいない。しかし，同じく専業化されていない人民代表は，第12期全人代代表の中で党政領導幹部が34.88％を占めている。この結果，議会として予算案を審議する際に，審議する側の人民代表に予算案を提出した政府の各部署の幹部職員が名を連ねている，という状況が生じる。これでは行政府の官僚は情報面で圧倒的に有利な立場にあるため，公正な議論が行われることは難しくなる。

　また，中国の農民（農業生産経営者）は2016年には3.14億人で人口の22.77％[11]を占めるが，全人代代表に占める割合は前述したように労働者を含めても13.42％に低下する。全人代代表の構成は実際の人口構成とは乖離しており，代表性には大きな疑問が残る。　　　　　　　　　　　　　　（中岡まり）

接選挙により選出された代表が立法と行政を統一したコミューンを起ち上げたことを，中国では議行合一の起源として説明している。

▷5　北京市，上海市，重慶市，天津市の四つの直轄市の下に置かれる「市管轄区」は中国での県レベルに相当する。たとえば北京市西城区，北京市朝陽区など。

▷6　以下，選挙過程については「中華人民共和国全国人民代表大会和地方各級人民代表大会選挙法」による。

▷7　「北京市区，郷，民族郷，鎮人民代表大会代表選挙実施細則」による。

▷8　この「農民」代表には，農民であったが起業した私営企業経営者も含まれている。

▷9　「公職選挙法」第89条。

▷10　加藤眞吾「地方議会議員の待遇」『レファレンス』2006年7月号，国立国会図書館調査立法考査局編，174〜175頁。

▷11　国家統計局「第3次全国農業普査主要数拠公報（第5号）」，2017年12月16日。

参考文献

加茂具樹『現代中国政治と人民代表大会——人代の機能改革と「領導・被領導」関係の変化』慶應義塾大学出版会，2006年。
家近亮子・唐亮・松田康博編著『5分野から読み解く現代中国（新版）』晃洋書房，2016年。

Ⅳ　国家機構

3 行政機関：国務院

1　民主集中制下の行政機関

▷1　民主集中制
⇨ Ⅳ-1 「国家主席」側注1

　憲法（第三章第三節）は，国務院は最高国家権力機関たる全国人民代表大会（全人代）の執行機関であり，最高国家行政機関であると規定する。行政権を行使する日本の内閣に近いが，民主集中制を旨とし，三権分立を否定する中国で，国務院は全人代に対して責任を負い，その監督を受けなければならない。この国務院は長である総理をはじめ，副総理若干名，国務委員若干名，各部部長と各委員会主任，会計検査院長，そして，秘書長から構成される。国務院の各期の任期は全人代と同じく 5 年であり，総理，副総理および国務委員は全人代委員長同様，連続して二期を超えて就任できない。

　全人代の監督下にあるとはいうものの，国務院と長たる総理の権限は決して小さくない。国務院は，憲法と法律に基づいて行政上の措置を定め，行政法規を制定し，決定と命令を発布するなど18項目に及ぶ職権を行使できる。その中には，第二次天安門事件時に見られたように，省級以下の行政地域に対する戒厳令を発令する権限も含まれる。さらに，国務院は党中央との連名で，法的性質を有する各種「指導意見」や「管理弁法」を通達する。なお，総理は従来より経済政策の最高責任者とみなされてきたが，集権化を進める習近平指導体制の下，中国政治における国務院や総理の重要性は低下しつつある。

2　頻繁な組織改編

▷2　国務院直属機関とは，税務総局や国家統計局など，国務院に属する特定かつ専門的な業務を行う独立機関を指す。一方，国務院弁事機関とは，僑務（華僑関連業務）弁公室など，総理の補佐的事務機関であり，独立性はない。中央省庁の管理下にある国家行政機関には，人力資源社会保障部管理下の国家公務員局や中国人民銀行管理下の国家外貨局などがある。

　2019年11月現在，国務院は26の中央省庁（21の部と五つの委員会など）と，国務院や中央省庁に付属する多くの機関（国務院直属機関，同弁事機関，中央省庁の管理下にある国家行政機関など）から構成されている。この構成は2018年の組織改編によるものだが，中国では「改革」との名目で，今日に至るまで頻繁に行政機構改編が行われてきた。1980年代以降に限定しても，計 8 回（1982, 1988, 1993, 1998, 2003, 2008, 2013, 2018年）実施された。

　頻繁な組織改編は，中国の行政機構を特徴付ける強い排他性（縦割り行政）や既得権益保持意識，低い作業効率といった悪弊と，それがもたらす官僚組織の膨張の克服を共通目的としてきた。さらに，改革開放期の組織改編には市場経済化に符合する行政システムの構築という目標が加えられた。具体的に見ると，1982年の改編では文化大革命を経て100にまで膨れ上がった中央組織のス

リム化，主に指導的立場にある幹部に見られた終身制の廃止とポスト削減，若年化などに焦点が当てられた。1993年の場合は，1988年の改編にもかかわらず，その後86にまで膨れ上がった組織の削減と合併をはじめ，社会主義市場経済化の推進に眼目がおかれる改革が志向された。また，WTO加盟を受けて実施された2003年の改編は，経済政策の大元締めである国家発展計画委員会の国家発展改革委員会への改称が象徴するように，市場経済的要素の拡大を目指すものだった。2008年と2013年の改編では所掌事務に基づく統廃合に焦点がおかれた。

　2018年の組織改編は，国務院に限定されない，党とあらゆる国家機関を対象とするきわめて大規模なものである。その結果，国務院は従来以上に党中央の指導を受けることとなったが，こうした措置は習近平総書記個人の権力強化を意味するものでもある。

③ 中国の公務員

　中央集権体制をとる中国では，一部の少数民族居住地域を対象に，きわめて限られた範囲内でなされている民族区域自治[3]を除き，地方自治という概念は存在せず，認められていない。したがって，わが国では地方公務員と位置付けられる職種を含め，中国の公務員はすべて国家公務員とみなされる。政府の公式統計によると，中国には2015年末現在，約716万7000人の国家公務員がいる。

　中国には1990年代初頭まで公務員採用統一試験制度は存在せず，それまでは「大学生や専門学校卒業生を対象とした国家統一分配制度」や「現職幹部子弟からの採用」など，複数の採用方式が存在していた。

　現在の国家公務員採用制度の構築は，国家工作人員法の起草が始まった1984年にその起点を求めることができる。その後，1993年の国家公務員暫定条例施行を経て（国家公務員法は2006年1月1日施行），翌94年に中央レベルとしては初の国家公務員採用試験が実施される。この試験には国務院弁公庁や国家計画委員会など26の国家行政機関が参加し，主任科員以下の下級ポストを対象に，計462名の国家公務員を採用している。採用に際しては共産党員であることが条件付けられるケースが少なくない。

　中国で公務員に位置付けられる人々はきわめて広範囲にわたり，共産党機関，民主諸党派機関，そして，一部の社会団体で働く専従職員なども，実質的な国家公務員である。事実，1996年以降の国家公務員採用試験は，国務院の人事部門ではなく，共産党中央組織部が主導しており，たとえば同年の採用試験には中央紀律検査委員会や全国総工会など，通常は国家機関としてはみなされない組織や団体が参加している。そして2006年，党中央と国務院は連名で，共産党をはじめとする多くの非国務院機関で働く専従職員も公務員であると明確に規定する通達を出した。こうしたシステムこそ，党・国家体制の権力基盤を確固たるものにしているのである。

(諏訪一幸)

▷3　民族区域自治
⇒Ⅶ-4「民族区域自治制度」

参考文献
諏訪一幸「中国共産党権力の根源──『人材的保障措置』の観点から」菱田雅晴編著『中国共産党のサバイバル戦略』三和書籍，2012年，第7章。

Ⅳ　国家機構

 ## 司法機関：人民法院，人民検察院

司法制度の歴史

　中国では，司法機関について，西欧諸国よりも広範な理解がなされている。それは，一般的には，裁判機関（人民法院）と検察機関（人民検察院）を指し，広義には，さらに，公安機関，国家安全機関，司法行政機関等をも包括する。

　中華人民共和国成立直前の1949年2月，中国共産党中央は，「国民党の六法全書を廃棄し解放区の司法原則を確定することに関する指示」を発布し，中華民国の司法体制との断絶を明言した。1952〜53年の「司法改革運動」では，中華民国期に就任した裁判官が，全国の人民法院から一斉に排除された。

　1954年の憲法制定にあわせて，「人民法院組織法」，「人民検察院組織法」も制定され，司法制度は整備の道を歩みはじめたかに見えた。ところが，1957年の反右派闘争[1]以降の激しい政治運動の中で事態は暗転する。とりわけ，文化大革命の時期には，「公安，検察，法院（公検法）を叩きつぶせ」というスローガンの下，司法機関は壊滅状態となった[2]。

　司法機関の本格的な再建が図られるのは，1978年の憲法制定，1979年の「人民法院組織法」，「人民検察院組織法」の改正（再制定）以降のことである。

2　人民法院

　現行「82年憲法」第128条は，「中華人民共和国人民法院は，国家の裁判機関である」と規定する。

　人民法院は，最高人民法院，地方各級人民法院，および専門人民法院の三つの部分から構成される。そのうち，地方各級人民法院は，高級（省，自治区，直轄市），中級（地区，直轄市内，自治州，省轄市），基層（県・市，自治県，市轄区）の三つの級に分かれる。専門人民法院は，現在，軍事法院，鉄道運輸法院，海事法院，知的財産法院の4種類が設けられている。

　最高人民法院の院長は，全国人民代表大会が選挙し，最高人民法院の副院長，裁判員，裁判委員会委員および軍事法院院長については，最高人民法院院長の申請に基づき全国人民代表大会常務委員会が任免する。地方各級人民法院の構成員は，同級の地方人民代表大会およびその常務委員会が選挙・任免する。

　裁判制度については，Ⅵ-3「裁判制度」で説明する。

▷ 1　反右派闘争
⇨ Ⅷ-3「反右派闘争」

▷ 2　人民法院と人民検察院は公安機関軍事管制委員会の下に統合されてしまった。文化大革命末期には，法院組織の再建が始まるものの，「75年憲法」では，検察機関の職権は公安機関が行使すると規定され，検察組織は解体されたままであった。

3 人民検察院

現行憲法第134条は，「中華人民共和国人民検察院は，国家の法律監督機関である」と規定する。

人民検察院の組織構成は，人民法院のそれとほぼ同様である。最高人民検察院，地方各級人民検察院，および専門人民検察院の三つの部分から構成され，地方各級人民法院は人民法院に対応する形で三つの級に分かれる（ただし，高級，中級，基層という言い方はしない）。専門人民検察院には，現在，軍事検察院と鉄道運輸検察院とがある。日本では，検察は行政官庁である法務省に属しているが，中国の人民検察院は，人民法院と同じく独立した組織体系を有する国家機関である。

人民検察院が行使する「検察権」には，汚職等の捜査，公安機関の捜査活動に対する監督，逮捕の承認，公訴の提起，裁判に対する監督，刑事上の判決の執行に対する監督等が含まれる[3]。

4 司法の独立をめぐって

日本を含む西欧近代国家の多くが，三権分立を採用しているのに対して，中国を含む社会主義国家では，民主集中制[4]の原則に基づき，国家機構が編成される。裁判機関，検察機関は人民代表大会に対して責任を負いその監督を受ける（憲法第3条）。裁判機関も検察機関も，国家権力の不可分の構成部分であり，憲法原理的に司法権の独立を観念する余地はない[5]。

ただし，公正な判決を下すことを保障するために，人民法院が独立して裁判権を行使することが憲法上規定されている（憲法第131条。検察権行使の独立については憲法第136条）。

しかしながら，実際には，裁判権行使の独立を阻害する様々な要因が存在している。たとえば，判決の内容に対する院長・廷長の審査，重大事件・疑義事件に対する裁判委員会[6]の審査等を挙げることができる。また，共産党委員会も，「党の指導」の名の下に，裁判に介入する。各級の共産党委員会には，政法委員会が設置され，同級の政法機関（人民法院，人民検察院，公安機関，司法行政機関等）を指導する[7]。政法委員会の書記には，公安機関のトップが就くことが多いことからもわかるように，憲法のテキストとは異なり，実際の政治的な力関係では，公安機関が人民法院，人民検察院に大きく優位している。

さらに，近年の動きで注目されるのが，監察委員会の地位・権限の強化である[8]。公務員の違法行為をチェックする監察委員会，さらに，共産党員の紀律違反行為をチェックする共産党紀律検査委員会の権限は，法律監督機関としての人民検察院の権限とかなりの部分で重なり合う。　　　　　　　　　（石塚　迅）

▷3　日本では，検察が警察に対して刑事事件の捜査の一般的指揮権を有しており，中国における検察と公安の関係は，日本のそれとは異なっているといえる。

▷4　民主集中制
⇒Ⅳ-1「国家主席」側注1

▷5　裁判機関（人民法院）は違憲（立法）審査権を有していない。現行憲法上，憲法実施の監督権限は全国人民代表大会およびその常務委員会に，憲法の解釈権限は全国人民代表大会常務委員会にそれぞれ付与されている（憲法第62条第2号，第67条第1号）。

▷6　裁判委員会
⇒Ⅵ-3「裁判制度」

▷7　かつて，1988年に，政治体制改革（党政分離）の一環として，共産党政法委員会は廃止・縮小されたことがある。しかし，天安門事件後の1990年に復活した。司法の独立に対する最大の阻害要因は政法委員会であるとして，その廃止を求める声は今日なお根強い。

▷8　監察委員会は，2018年3月の憲法部分改正で憲法に明記され，憲法上，人民法院，人民検察院と同格の地位を得ることとなった。

参考文献
小口彦太・田中信行『現代中国法（第2版）』成文堂，2012年，第3章。
高見澤磨・鈴木賢・宇田川幸則・坂口一成『現代中国法入門（第8版）』有斐閣，2019年，第10章。

Ⅳ　国家機構

諮問機関：人民政治協商会議

1 「統一戦線」のためのプラットフォーム

　政治協商会議（正式名称は中国人民政治協商会議）は，中国の執政党である中国共産党とその衛星政党である民主諸党派（後述），人民団体[▷1]，各業界の代表[▷2]などが参加する「統一戦線」組織である[▷3]。

　2018年に修正された同会議規約は，政治協商会議を「中国人民による愛国的統一戦線の組織」，「共産党が指導する多党協力と政治協商を実践する重要な機構」，そして「政治生活の中において社会主義民主を発揚する重要な形式であり，国家ガバナンス体系の重要な一部分」と定義している。

　「統一戦線」とは，中華人民共和国の成立に至るまでの革命の過程において，そして，その成立から今日までの国家建設の過程において，共産党が重視してきた戦略である。毛沢東は，1939年に「統一戦線」を，武装闘争と党の建設とともに革命を遂行するための重要な三つの手段（三大法宝）と位置付ける発言をしている。中国国民党との競争（内戦）の過程で共産党は，競争に勝利するための宣伝として民主的な国家建設の構想を提起し（たとえば1945年に発表した「連合政府論」），国民党による独裁的な統治を批判する政治勢力からの支持獲得を図った。こうした発言は，当時，地方の，そして農村地域を基盤とした政治勢力にすぎなかった共産党にとって，国民政府から離脱した経済活動や都市運営等の経験や知識をもつ政治エリートや経済エリートたちから国家建設の知見を獲得するという観点からも，不可欠な戦略であった。

　「多党協力と政治協商」とは，政治協商会議における「統一戦線」を実践する手段である。共産党は，民主諸党派および人民団体に対して国家の大政方針に関わる重要な社会経済問題についての方針の伝達，また意見の聴取，そして支持を得る場としての機能を，政治協商会議に与えてきた。そのため手続き的には，共産党の中央委員会全体会議等において共産党の方針が決定されたのち，全国人民代表大会が共産党の方針を国家の方針に置き換えるまでの間に，政治協商会議全国委員会が開催されてきた。政治協商会議が「諮問機関」と説明されるのは，このためである。

2 歴史的経緯

　現在，政治協商会議に参加する民主諸党派は，1948年5月に共産党が行った

▷1　中国共産主義青年団，中華全国総工会，中華全国婦女連合会，中華全国帰国華僑連合会，中国科学技術協会，中国全国台湾同胞聯誼会，中華全国青年連合会，中華全国工商業連合会。

▷2　文化芸術，科学技術，社会科学，経済，農業，教育，体育，新聞出版，医薬衛生，対外友好，社会福利と社会保障，少数民族，宗教といった各業界。

▷3　この会議は全国委員会と地方委員会によって構成されている。全国委員会の主席には，共産党中央政治局常務委員が就き，複数名の副主席と1名の秘書長で常務委員会（約300名）を構成し，全委員数は2000名を超える。常務委員会は2カ月に一回程度開催し，全国委員会は1年に一回3月に開催されることが慣例となっている。地方委員会はすべての省級行政レベルおよび，その市，県級の行政レベルごとに設置されている。

▷4　それぞれ中国国民党革命委員会，中国民主同盟，中国民主建国会，中国民主促進会，中国農工民主党，中国致公党，九三学社，台湾民主自治同盟である。

呼びかけに応じて，中華人民共和国の成立に向けた準備組織である人民政治協商会議に参加した八つの政治団体である。[▷4]

　政治協商会議は，1949年5月に共産党が呼びかけて成立し，[▷5]1949年9月には中国人民政治協商会議と改称され，中華人民共和国成立の直前に第1回全体会議を北平（現在の北京）で開催した。当時，同会議は国家最高権力機関である全国人民代表大会が開催されるまでの間，権力機関としての機能を代行し，臨時憲法としての性格をもつ中国人民政治協商会議共同綱領を採択した。1954年9月に第1期全国人民代表大会が開催されて憲法が採択されてから，人民政治協商会議全国委員会は国家権力機関を代行する機関としての役割を終え，共産党の指導の下に全国の各民族人民，各民主諸党派，各人民団体，愛国人士および海外華僑を集結する統一戦線組織としての役割を担ってきた。

　1957年の**反右派闘争**[▷6]，そして文化大革命期において，多くの政治協商会議委員が迫害されて，その政治的機能はマヒした。同全国委員会は1965年に開催された後，1978年に至るまで長期間，開催されなかった。また，民主諸党派の政治勢力（党員数）は共産党にはるかに及ばないため，政治協商会議は人民代表大会と同様に，その政治機能は形式的なものにすぎないと認識されてきた。中国の政治過程における政治協商会議の存在は，「党が政策方針を定め，政府が政策を執行し，人民代表大会は政策決定と政策執行を事後承認し，政治協商会議はそれを賞賛する」と低く見積もられてきた。また，事後承認する「ゴム印」だと人民代表大会がいわれたように，政治協商会議は「政治の花瓶」（政治的な飾り物）にすぎないと揶揄されてきた。

③　体制持続に貢献する政治機能

　改革開放政策のはじまりとともに共産党が，1957年の反右派闘争から文化大革命にわたって活動を停止していた政治協商会議や民主諸党派の復活に積極的に取り組んだことは，偶然ではない。有力な華人華僑からの支援を得るために，政治協商会議の委員という職位は活用された。香港やマカオ地区の経済界にとって，中国国内での経済活動の政治的保護を得るために政治協商会議全国委員会や地方の政治協商会議の委員という身分は魅力的な職位であった。このように「統一戦線」という戦略は「取り込み」戦略であり，政治協商会議は「統一戦線」を展開するための政治的なプラットフォームである。

　近年，独裁政権が比較的長期にわたって政治的安定を維持してきた要因に注目した比較政治学は，権威主義国家の議会や政党，選挙といった民主的制度の政治的機能に注目し，体制の持続に貢献していると論じている。[▷7]中国共産党の一党支配体制下における，政治協商会議や人民代表大会も，同様の政治機能を発揮しているものと考えることができる。

（加茂具樹）

▷5　1946年1月に国民党や共産党ほかの政治団体が参加して重慶において開催された会議も政治協商会議といわれるが，これは1949年5月の政治協商会議とは別である（⇨Ⅱ-3「近代国家建設への模索」）。中華人民共和国成立前の中国を旧中国，成立後の中国を新中国と呼ぶように，前者を旧政治協商会議，後者を新政治協商会議と呼ぶのは共産党史観に基づいている。

▷6　**反右派闘争**
⇨Ⅷ-3「反右派闘争」

▷7　たとえば三つの政治的機能に整理することができる。①体制エリートの離反を防止するための「権力分有」機能，②反体制勢力を抑制し弱体化させるための「取り込み・分断統治」機能，③社会のニーズや不満を収集して統治の有効性の向上させるための「情報収集」機能。

（参考文献）
Yan Xiaojun, "Regime Inclusion and The Resilience of Authoritarianism : The Local People's Political Consultative Conference in Post-Mao Chinese Politics," *The China Journal*, 66, 2011, pp. 53-75.
鈴木隆『中国共産党の支配と権力——党と新興の社会経済エリート』慶應義塾大学出版会，2012年。
加茂具樹「現代中国における民意機関の政治的役割——代表者，諫言者，代表者。そして共演。」『アジア経済』2013年12月号，11-46頁。

V　中国人民解放軍

中国共産党と軍の関係

1　党の軍隊

　人民解放軍は中国共産党の政権を守ることを第一の任務とする，中国共産党の軍隊である。通常の国家において，軍は政府に属し，国防省などの管轄下に置かれるが，中国では軍は党の指揮に従い，国務院とは別の系統に置かれる。国務院の国防部は，軍事外交，徴兵，国連平和維持活動への参加などを担う機関であり，軍を指揮したり，軍隊に関わる行政を担う機関ではない。人民解放軍の幹部はすべて中国共産党員である。

2　中央軍事委員会

　人民解放軍を指揮する最高決定機関は，党の**中央軍事委員会**である。中央軍事委員会の主席は通常，党総書記・国家主席を兼職する最高指導者が担当する。中央軍事委員会主席は，軍委主席責任制と呼ばれる中央軍事委員会の最終的決定を下す権限をもつ。

　2015年11月から具体的に開始された習近平による国防・軍隊改革の中で，中央軍事委員会の権限は大幅に強化された。それまで総参謀部・総政治部・総後勤部・総装備部（四総部）が担っていた機能を中央軍事委員会が吸収し，15の部門を作ったのである。これによって，大きな権限をもって事実上人民解放軍を支配してきた四総部が解体され，中央軍事委員会ならびにその主席の意志が軍内に直接反映されるようになった。

　中央軍事委員会は，主席のほかに，副主席2名，委員4名の全7名で構成されており，主席のほかはすべて軍人である。従来，中央軍事委員会の委員には国防部長，四総部の長，海軍・空軍・第二砲兵の司令官が入っていた。しかし改革の結果，中央軍事委員会の委員は国防部長，聯合参謀部総参謀長，政治工作部主任，紀律検査委員会書記という構成となった。

3　党の軍に対するコントロール

　党の軍に対するコントロールは，軍に政治性をもたせることを目的としている。これは一般的なシビリアン・コントロール概念が意味する，政治的に中立な軍隊に対する，選挙を経た文民政治家によるコントロールとは大きく異なっており，その意味でシビリアン・コントロールの概念をそのまま当てはめるこ

▷1　**中央軍事委員会**
軍を指導する党の機関。現在では主席，2名の副主席，4名の委員から構成されており，主席以外は軍人で占められている。

▷2　**政治将校**
人民解放軍の部隊において，軍事指揮官と同格の存在として政治将校が置かれている。政治将校は，イデオロギーの宣伝やカウンター・インテリジェンスを行い，また作戦命令に副署する権限をもつ。

▷3　**軍内党組織**
中国の政治システムにおいて，国家機関や企業などの組織内に党組織が設置されるのと同様に，軍の部隊内に党組織が設置されている。

とはできない。

人民解放軍に対する中国共産党のコントロールは，①**政治将校**[2]，②**軍内党組織**[3]，③**政治工作機関**[4]という三つのメカニズムによって担われてきた。これら制度が軍内の人事権を握るとともに，軍内にイデオロギーを浸透させる役割を果たすことで，中国共産党の指導が徹底されてきた。

しかし，近年ではイデオロギーの役割が低下したこと，軍事専門領域における軍の自律性が高まり，政治工作機関が党指導者の意図を十分に反映しなくなったことが問題となっていた。こうしたことから，国防軍隊改革[5]の一環として組織改革が進められ，中央軍事委員会による直接的統制が強化されたほか，中央軍委紀律検査委員会の権限が強化され，ルールに基づく軍統治が強調されるようになっている。これと同時に，軍内においても反腐敗運動が大規模に展開され，多くの幹部が処分を受けた。

❹ 軍の党に対する影響力

中国の政治システムにおいて軍は独自の地位をもっている。党内においても軍は重要なアクターの一つである。人民解放軍から，少なくとも2名の中央軍事委員会副主席が中央政治局委員に就いているほか，中央委員会に人民解放軍が占める割合は現在20%程度で安定しており，人民解放軍は党中央での政策決定過程における重要な主体である。

人民解放軍は，中央軍事委員会の会議において，最高指導者である主席に対してアドバイスすることができるため，それを通じた影響力の行使が可能となっている。そのほか党中央国家安全委員会や党中央外事工作委員会にも軍の代表がメンバーとなっており，対外政策に関する一定の影響力を発揮していると考えられる。

しかし，党内の高いレベルになればなるほど，政策決定における人民解放軍の影響力は限定されている。重要な政策決定の中枢に軍は食い込めていない。歴史的に見れば，毛沢東時代や鄧小平時代には，軍指導者が最高政策決定機関である党中央政治局常務委員会に含まれていた。しかし**劉華清**[6]中央軍委副主席（1992〜97年）を最後に軍指導者は委員にならなくなった。また1980年代以降，党中央政治局や党中央委員会において人民解放軍が占める割合は減少傾向にある。

他方，軍事専門領域の問題に関する政策決定において，人民解放軍の影響力は強いと考えられる。現在の人民解放軍は高度な技術を扱う専門集団化を進めており，さらに政治指導者は軍務経験をあまりもたないため，軍事専門領域に関する知識において人民解放軍は他の組織よりも優位にある。軍事専門領域の問題に関して，政治指導者は人民解放軍の判断を尊重せざるを得ないだろう。

（山口信治）

部隊内党委員会は，部隊における最終的決定権限をもつ。軍内党組織の書記は政治将校が務める。

▷4 **政治工作機関**
軍内には政治工作を統括する政治工作機関が設置されている。かつては総政治部が政治工作の責任を担っており，人事権の掌握と併せて大きな力をもっていた。現在では政治工作の責任を担うのは中央軍事委員会であり，その傘下にある政治工作部は政治工作の実施を担う機関である。

▷5 1990年代以降，軍の近代化が進められる中で，軍において専門知識と戦闘能力が重要となり，政治工作の重要性が低下した。また江沢民以降の指導者は軍歴がなく，軍とのつながりが弱かったため，軍の相対的な自律性が上昇した。その結果，軍内で汚職が蔓延し，党指導者の意図が十分に反映されなくなるという現象が起きた。習近平の軍改革の目的の一つが政治的コントロールを強化し，汚職を追放することであった。

▷6 **劉華清**（1916-2011）
中央政治局常務委員会委員，中央軍事委員会副主席を兼任した海軍上将。海軍の近代化に大きく貢献したため，「中国現代海軍の父」，「中国空母の父」と呼ばれることもある。

参考文献
岩谷將・杉浦康之・山口信治「『革命の軍隊』の近代化」川島真責任編集『チャイナ・リスク』（シリーズ日本の安全保障 第5巻）岩波書店，2015年。

V　中国人民解放軍

 2　軍の組織機構

 軍種と戦区

　中国人民解放軍は，陸軍，海軍，空軍，ロケット軍の四つの軍種，および宇宙アセットの管理，電子戦，サイバー戦の遂行，各軍種への情報・監視・偵察支援などを担当する戦略支援部隊から構成される。従来人民解放軍には，「大陸軍主義（陸軍中心主義）」の弊害が指摘されていた。たとえば，他の軍種がそれぞれ個別の司令部を有していたのに対し，陸軍は司令部を設置せず，四総部（総参謀部，総政治部，総後勤部，総装備部）が実質的に陸軍の司令部機能を代行していた。しかし，習近平による国防・軍隊改革（軍改革）で陸軍にも指導機構が設置され，陸軍の特権的地位は崩されつつある。

　中国陸軍の編制は，師団，連隊といった作戦単位も現存している模様であるが，今後は集団軍－旅団－大隊による三層構造を基本とすると発表されている。集団軍は習近平の軍改革により，十三集団軍に整理統合された。中国海軍は，東海艦隊，北海艦隊，南海艦隊の三個艦隊を有しており，さらに従来南海艦隊に属していた海軍陸戦隊が，艦隊と同格の扱いになった。中国空軍は，各戦区にそれぞれ戦区空軍を配置し，旅団－大隊編制の空挺部隊を有している。ロケット軍は，核兵器を含む弾道ミサイルおよび地上発射長距離巡航ミサイルの運用を行う。特に戦略核兵器の運用に関しては，中央軍事委員会の直轄にある

▷1　⇨XVI-2「軍制改革」

と見られている。ロケット軍は，中国各地に六つのミサイル基地を有し，その隷下にミサイル発射旅団が置かれている。

　人民解放軍は，東部，南部，西部，北部，中部の五つの戦区を設置している（図1）。各戦区の隷下には，戦区陸軍司令部，艦隊，戦区空軍司令部が置かれている。戦区司令部は，司令員，政治委員を頂点に，各軍種司令部の司令員および艦隊司令員が就任する副司令員，参謀長，副政治委員などで構成されている。戦区の前身であった軍区が設置されて以来，その部隊運用のトップである司令員には陸軍出身者が就任するのが

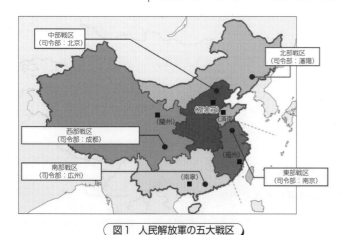

図1　人民解放軍の五大戦区

（注1）　●戦区司令部　■戦区陸軍機関
（注2）　戦区の区割りについては公式発表がなく，地上図はアメリカ国防省報告書や報道等を基に作成。
（出所）　防衛省編『日本の防衛―防衛白書〈平成29年版〉』114頁。

慣例となっていたが，2017年，海軍と空軍出身者の司令員が誕生した。[2]

　習近平による軍改革の結果，「軍委管総，戦区主戦，軍種主建（軍事委員会が全体を管理し，戦区が主に戦い，軍種が主に建設する）」というスローガンの下，戦略戦役レベルでの統合作戦の計画・指揮などの，戦闘力のアウトプットに関する軍令は中央軍事委員会－戦区－部隊で，人員の配備，装備調達，訓練などの戦闘力のインプットに関する軍政は中央軍事委員会－各軍種－部隊で実施されることとなった。また，第19回全国代表大会（党大会）での人事を見る限り，戦区司令部と軍種司令部はほぼ対等の存在となったといえる。

2 人民武装警察

　人民武装警察部隊（武警）[3]は，人民解放軍，民兵とならび，中国の「武装力」を構成する三つの主体の一つであり，重要施設の警備やテロ対策，暴動鎮圧などを担う。武警は，建国後，組織の名称や上部指導機関がたびたび変更になった。1982年，中国共産党党中央は，武警を人民解放軍から独立させ1995年6月に国務院の公安部と中央軍事委員会の二重指導を受ける組織とした。しかし，2017年11月，習近平の軍改革の一環として，武警を中国共産党党中央と中央軍事委員会の統一指導下に置き，国務院の指揮命令系統から切り離すことが決定された。

　中国では近年，国防費よりも公共安全関連支出が増加している。こうした中で，武警の役割もより重要になっている。また習近平の軍改革によって兵員削減が実施されたが，武警がその受け皿になっている可能性がある。

　2018年3月に開催された全国人民代表大会後に発表された行政・法執行機構改革の一環として，それまで国家海洋局の傘下にあった海警部隊が武警の指揮下に置かれると発表された。これは，習近平の軍改革における，海・空での国境警備管理体制メカニズムの調整と合理化という方針に沿うものであった。

3 国防産業

　中国の国防産業の実態に関しては，不透明性が高く，その実態を把握することは難しい。建国以来，国防産業を管理する国家機構は幾度か改編されたが，現在は工業・情報化部の国防科学技術工業局の隷下に，核兵器，ミサイル，ロケット，航空機，艦艇，その他の通常兵器を開発，生産する十個の集団公司が編成されている。しかし，近年，国防産業に関して「軍民融合」の重要性が強調され，軍用技術を国民経済建設に役立てるとともに，民生技術を国防建設に吸収するという双方向の技術交流が促されている。こうした動きは，習近平による軍改革以降，加速しており，2017年1月には習近平をトップとする軍民融合発展委員会が設立された。
（杉浦康之）

▷2 一方，各戦区とロケット軍，戦略支援部隊がどのような指揮命令系統を有しているのかは明らかとなっていない。

▷3 人民武装警察部隊
Ⅲ-3「党の組織機構(2)」側注5も参照。

参考文献
杉浦康之「中国人民解放軍の統合作戦体制——習近平政権による指揮・命令系統の再編を中心に」『防衛研究所紀要』第19巻第1号，2016年12月。
防衛省防衛研究所編『中国安全保障レポート2014——多様化する人民解放軍・人民武装警察部隊の役割』2015年3月。
防衛省編『日本の防衛——防衛白書〈平成29年版〉』2017年8月。

V　中国人民解放軍

 3　軍の装備⑴：核兵器，通常兵器

▷1　ICBM
Intercontinental Ballistic Missile（大陸間弾道ミサイル）。射程5500キロメートル以上の弾道ミサイルをいう。

▷2　GMDシステム
Ground-based Midcourse Defense（地上配備型ミッドコース防衛）システム。大陸間弾道ミサイルを，落下しはじめる前の段階で迎撃するシステム。

▷3　イージスシステム
主として対空戦闘を担う艦載武器システムとして米国が開発した。日本もイージス艦を導入しているが，北朝鮮の核兵器問題を契機に，ミサイル防衛強化のために陸上型の導入も決定された。

▷4　THAADシステム
Terminal Hight Altitude Area Defense missile（終末高高度防衛ミサイル）システム。落下しはじめた段階の弾道ミサイル弾頭部に対処する。システムのAN/TPY-2レーダーは広域探知能力をもち，米軍が北朝鮮の弾道ミサイルに対応するため韓国に同システムを配備した際，自国のミサイルが探知されるとして中国が反対した。

▷5　MIRV
Multiple Independently-targetable Reentry Vehicle

1　中国の軍事力の評価

　中国の国防費は急速に増加している。1989年以降，2010年を除いて，2015年まで毎年2桁の高い伸び率を示してきた。2016年以降は7〜8％前後の伸び率となっているが，2022年の国防費は1兆4504億元（約29兆円）を計上するとされており，同年の日本の防衛費（5兆4005億円）の約5.3倍に当たる。さらに，中国が公表する国防費には武器装備品の研究開発費や他国からの導入にかかる費用が含まれないとされることから，実際の国防費は，より大きいと考えられる。こうした巨額の国防費は武器装備品の近代化にも用いられている。中国は，経済的に余裕がなかった1960年代，米国やソ連といった大国に対する抑止力として核兵器の開発に資源を投入した。中国の通常兵器の開発を可能にしたのは経済発展である。

　中国は，戦車，戦闘艦艇および戦闘機等の主要な武器装備品をソ連から提供されていたが，改革開放政策による経済発展が顕著な効果を上げはじめた1980年代後半から通常兵器の近代化が進むことになる。中国人民解放軍の通常兵器の近代化は，海軍と空軍を中心に行われている。中国は，軍の近代化が加速するまで，近代的兵器の不足を兵員の数で補ってきた。外国から侵攻された場合，中国本土内でゲリラ戦を実施することを想定していたのである。しかし，沿岸部が経済発展すると，中国が求める戦略的縦深性は領土および領海を越えて拡大する。そのため，海軍および空軍の装備の近代化が必要とされ，経済発展がその近代化を支えた。

　中国人民解放軍の近代化は途上にあるが，新たな装備を開発する際に，AIおよびサイバー空間を用いた最先端の軍事技術を導入している。

2　核兵器

　通常兵器の近代化が進んだとはいえ，核抑止は中国の安全保障の基盤であり続けている。中国のICBM[1]発射機は約70基とされ，米国の約400基に比較して少なく，中国は対米核抑止に不安を抱えてきた。さらに，GMDシステム[2]，イージスシステム[3]，THAADシステム[4]といった米国のミサイル防衛能力の高さが，中国の懸念を高めた。しかし，現在の中国は戦略核兵器のレベルで自信をつけつつある。米国防総省の報告書は，中国が核弾頭を2022年の350発から2035年までに

1500発に増加させるとの予測を示す。米国は，中国が最小限抑止の方針から逸脱していると懸念している。また，DF-41 は，射程 1 万キロメートル以上で米国本土に到達するだけでなく，米国のミサイル防衛網をかいくぐるために MIRV[5]化しており，1 基のミサイルに10発の核弾頭を搭載可能とされる。中国の自信は ICBM の運用の変化からも見て取れる。中国は，内モンゴル自治区や甘粛省等に ICBM サイロを建設している。ICBM サイロを用いるようになれば，中国は相手国の ICBM 発射の兆候を得た時点で自国の ICBM を発射すると考えられている。中国の核戦略には相互確証破壊への移行が見られるのである。

　中国は，ICBM の他に，DF-26 という IRBM[6]，DF-21 シリーズの MRBM[7]，DF-15B および DF-11A という SRBM[8] を保有している。DF-26 およびDF-21D は海軍艦艇を攻撃するための ASBM[9] であるとしている。このほか，094型原子力潜水艦から発射される JL-2 という SLBM が配備されている。

③ 通常兵器

　中国人民解放軍は，本来は陸軍であり，陸軍中心に兵器が装備されてきた。しかし，現在では海空軍を重視する傾向にある。2015年 9 月 3 日に実施された軍事パレードにおいて習近平主席が30万人削減を宣言するなど，中国は軍人の削減に取り組んできたが，陸軍はさらなる小型化を求められている。

　2018年末の段階で，人民解放軍の人員は約203万5000人とされ，6700輌以上の戦車および約9000輌の歩兵戦闘車等を保有している。これらの数は他国を圧倒しているが，パワープロジェクション[10]能力で，中国は未だ米国に及ばない。2019年12月17日，中国初の国産空母「山東」が就役し，2012年 9 月に就役した「遼寧」と合わせ，中国の空母は 2 隻となった。さらに，2022年 6 月17日，上海の江南造船所で中国の 3 隻目の空母「福建」が進水した。「福建」は米国の空母と同様にカタパルトを備えており，航空機の運用能力を向上させている。しかし，11隻の空母を保有する米国には，未だ，数でも能力でも劣っている。

　また，航空機エンジン等の技術は確立されておらず，戦闘機や大型爆撃機の数も米国に及ばない。それでも，中国の戦闘機は1900機を超えるとされ，さらに2018年 2 月には最新の J-20 ステルス戦闘機[11]が配備され，旧型機から第四世代第五世代と呼ばれる最新機種への更新が進む。

　中国海軍の水上艦艇は，1900年代後半から型の統一が進み，最新の055型駆逐艦，中国版イージスと称される 052D 型駆逐艦と 054A 型フリゲート等が大量に建造されている。2019年10月現在，055 は 8 隻が艤装または建造中，052Dは22隻が就役または艤装中であり，ほかに 4 隻が建造中である。054A は2019年 2 月に30番艦が就役した。

　中国は，2050年頃に米軍に匹敵する軍事力を保有するために，急速な軍備増強を継続している。

(小原凡司)

▷ 5 MIRV
（複数独立目標弾頭）。1 発の弾道ミサイルに複数の弾頭を搭載し，それぞれが別の目標を攻撃できるものをいう。

▷ 6 IRBM
Intermediate Range Ballistic Missile（中距離弾道ミサイル）。射程2000～6000キロメートル程度の弾道ミサイル。

▷ 7 MRBM
Medium Range Ballistic Missile（準中距離弾道ミサイル）。射程800～1600キロメートル程度の弾道ミサイル。

▷ 8 SRBM
Short Range Ballistic Missile（短距離弾道ミサイル）。射程800キロメートル以下の弾道ミサイル。

▷ 9 ASBM
Anti-Ship Ballistic Missile（対艦弾道ミサイル）。航行する艦艇を攻撃するため，飛行／落下中に経路を修正できる弾道ミサイル。

▷ 10 パワープロジェクション
戦力投射。軍事力を準備し，輸送し，自国の領土外で作戦行動を展開すること。

▷ 11 J-20 ステルス戦闘機
レーダーによる探知を困難にする技術を用いた，中国の最新型戦闘機。エンジンの開発に苦労し，開発に長期間を要した。

参考文献
茅原郁生『中国人民解放軍——「習近平軍事改革」の実像と限界』PHP 新書，2018年。

Ⅴ　中国人民解放軍

4　軍の装備⑵：宇宙，サイバー

1　宇　宙

▷1　深宇宙
人工衛星および宇宙船が活動する地球付近または太陽系と区別して，さらに高度の高い宇宙空間をいう。

▷2　北斗
中国版 GPS (Global Positioning System，全地球無線測位システム)。

▷3　NCW
ネットワーク・セントリック・ウォーフェアー。世界中に展開する指揮・通信・情報のネットワークによって艦艇，航空機等を連接し，それらの行動をコントロールして行う戦闘。

▷4　衛星測位システム
衛星航法システムともいわれる。衛星航法とは，複数の航法衛星が地上に発する航法信号を受信し，自らの位置を測定して行う航法をいう。

▷5　対地解像度
どの程度の大きさの地上目標を探知できるかを示す。たとえば，対地解像度0.8メートルは，0.8メートル以上の大きさの目標を個別に探知可能であることを示している。

　中国では2015年12月31日，宇宙，深宇宙[1]，ネットワーク，サイバー空間における優勢を確保し，人民解放軍の作戦を有利に進めることを主要な任務とする，戦略支援部隊が設立された。具体的任務として，情報，技術偵察，電子戦，サイバー戦，心理戦における特殊作戦，整備補給（目標の捜索探知追尾，目標情報の伝達を含む），日常的な航法援助活動，「北斗」[2]および宇宙情報収集手段の管理業務，サイバー攻撃／防御，ネットワーク防御が挙げられている。戦略支援部隊に指揮権はなく，あくまで戦闘を支援する組織であるが，宇宙およびサイバー空間は，現在の戦闘においてきわめて重要な戦場となる。陸，海，空に続く，第四の戦場が宇宙，第五の戦場がサイバー空間であるといわれるのだ。

　現代の米軍等の戦闘は NCW[3] である。艦艇，航空機および衛星などのシステムをネットワークで連接してさらに大きなシステムとする技術やノウハウは一朝一夕で得られるものではない。NCW を長年研究し運用してきた米軍に対して，効率的なネットワークの運用に劣る中国は危機感を抱いていた。

　自らの弱点を知る中国は，積極的に宇宙開発を進めてきた。現在でも中国は，衛星測位システム[4]を構築する航法衛星およびリモート・センシング衛星など，大量の衛星を打ち上げている。「北斗」衛星測位システムは2020年6月23日に55基目の衛星が打ち上げられ，同年7月31日，そのうちの30基から構成される「北斗3号」システムが正式に稼働を開始した。同システムは3段階の発展計画に沿って整備され，2000年末に中国国内を対象とした「北斗1号」システムを，2012年末にアジア太平洋地域を対象とした「北斗2号」システムを完成させていた。『2021中国的航天（中国の宇宙）』白書は，2026年までに，ユビキタス性，智能化（AI との融合）をより進めるとしている。

　また中国は，2006年に初のリモート・センシング衛星「遥感1号」の打ち上げに成功して以降，現在までに30組以上の「遥感」シリーズの衛星を打ち上げている。中国は，「遥感」シリーズの他に，対地解像度[5]が0.8メートルと，より精度の高い「高分」シリーズの衛星を有している。さらに，2022年までに商用リモート・センシング衛星ネットワークを整備して対地解像度0.5メートルを実現するとしている。これらは，商用衛星であるが，軍事衛星の対地解像度はさらに高いと考えられる。中国は，これらの衛星を用いて，海洋偵察監視セン

サー・ネットワークを構築し，対艦弾道ミサイル攻撃にも用いている。

　中国の宇宙開発が軍事と一体となっていることは，その事業者を見ても理解できる。中国の宇宙開発事業は，1956年に国防部第5研究院が設立されて開始された。現在，中国の衛星の多くを打ち上げている中国航天科技集団有限公司の前身が国防部第5研究院なのである。

　中国は，宇宙開発でも米国に及ばないと認識し，2017年代に至っても，米国のネットワークに対して非対称戦[6]を実施する能力の構築を進めている。その代表的なものが，衛星破壊兵器であり，サイバー攻撃である。中国は，2007年に自らの気象衛星を破壊して以来，衛星破壊能力を向上させ，2013年には最も高い軌道に在る静止衛星を破壊する能力を得たとされる。中国は，高軌道衛星（GPS衛星，偵察衛星等）の破壊が可能なDN-2ミサイルを保有しており，24基のミサイルで，米軍の通信，情報ネットワークを無力化できるとしている。

　しかし，中国はいつまでも弱者の非対称戦の戦場として宇宙を見ていられない。自らが宇宙を利用して軍事ネットワークを構築しようとしている現在，中国は非対称戦に対する防御を考慮しなければならなくなりつつある。

❷　サイバー・オペレーション

　サイバー・オペレーション[7]に関する部隊も，2015年11月から開始された軍の改革によって集約された。サイバー・オペレーションの内容にも変化が見られる。中国人民解放軍のサイバー・オペレーションは，もともと，海外の技術情報の窃取を目的としていた。しかし，2015年の軍改革は，他国軍のネットワークの無効化を，中国のサイバー・オペレーションの主要な任務に押し上げた。

　中国人民解放軍のサイバー・オペレーションが技術情報の取得を目的としていたことは，その所属からも理解できる。2014年に米国企業が発表した報告書で，欧米の企業にサイバー攻撃をしかけているとして有名になった61398部隊は，中国人民解放軍総参謀部（現在の中央軍事委員会統合参謀部）第3部2局の所属である。この第3部は，もともと，技術偵察部を名乗っていたとされる。

　中国は，主として欧米の企業から機密情報を窃取し，自国の武器装備品開発等に利用していたといわれる。2013年5月，米紙は，20件超に及ぶ主要な米兵器システムの構造情報が，中国のハッカーによって盗まれていたと報じた。記事で挙げられた兵器には，改良型パトリオット・ミサイルシステム，イージス弾道ミサイル防衛システム，F/A-18戦闘機，V-22オスプレイ，ブラックホークヘリコプター，F-35統合打撃戦闘機が含まれている[8]。

　しかし，サイバー攻撃で社会を混乱させた後に軍事力を行使する等のハイブリッド戦が戦われ，NCWが展開される現在，中国のサイバー・オペレーションも，単なる情報収集から，サイバー空間を用いた軍事作戦支援へとその主要な任務を変えつつある。

　　　　　　　　　　　　　　　　　　　　　　　　　　　　　（小原凡司）

▷6　非対称戦
軍事力に圧倒的な差がある二者の間の戦争をいう。弱者の側は，勝機を見出すために，サイバー攻撃，衛星破壊やゲリラ戦など，相手と直接交戦する軍事作戦とは異なる手段を用いて攻撃をしかける傾向にある。

▷7　サイバー・オペレーション
サイバー空間における活動は，サイバー・セキュリティーだけでなく，サイバー空間の監視やサイバー攻撃を含むため，本書では，サイバー・オペレーションという表現を用いた。

▷8　中国は既存の暗号化を無効化できる量子コンピュータの開発にも積極的であり，米国などは危機感を高めている。

（参考文献）
Nigel Inkster, *China's Cyber Power*, Routledge, 2016.

Ⅵ　法制度と法治

 # 憲法・法体系

1　四つの憲法

　中華人民共和国（中国）は，1949年10月の成立以降，四つの憲法を制定・公布している。

　成立当初は，「中国人民政治協商会議共同綱領」が臨時憲法の役割を果たした。「共同綱領」は社会主義の実行を明示せず，中華人民共和国を「新民主主義すなわち人民民主主義の国家」と定義し，資本主義経済に配慮する規定をも設けていた。その後，土地改革や反革命鎮圧運動が一段落したことを受けて，社会主義への本格的移行が提起される中（「過渡期の総路線」），毛沢東を長とする憲法起草委員会が設置され，1954年 9 月，第 1 期全国人民代表大会第 1 回会議において憲法が採択された（「54年憲法」）。「54年憲法」の下，一時的に，法整備・法治重視の路線が採用されるものの，まもなく，激しい政治運動・政治闘争の中で，「54年憲法」は機能不全に陥った。文化大革命の末期に制定された「75年憲法」は，「極左」路線の一つの到達点であり，今日では，「文革憲法」等と俗称されている。毛沢東の死去，「四人組」逮捕後の政治的混迷の中で採択された「78年憲法」は，「54年憲法」のいくつかの原則・規定を復活させ，「四つの近代化」を国家の全般的任務として掲げる等，「75年憲法」の路線からの「決別」を模索しつつも，なおそれは不十分であった。

　「決別」が明言されるのは，1978年12月の共産党第11期中央委員会第 3 回全体会議（第11期三中全会）においてである。同会議では，「プロレタリアート独裁の下の継続革命」論が放棄され，「民主と法制」の強化，経済建設の推進の方針が打ち出された。この路線転換を受けて，新憲法の起草が進められ，1982年12月に新憲法が採択された。現行「82年憲法」である。

2　現行憲法の内容

　現行「82年憲法」は，前文のほか，「総綱」，「公民の基本的権利および義務」，「国家機構」，「国旗，国歌，国章，首都」の全 4 章143カ条から構成される。

　「54年憲法」を継承し発展させたものと位置付けられる現行憲法は，まぎれもなく社会主義型の憲法であり，いくつかの点で，リベラル・デモクラシー型の憲法と対照をなす。

　その最大の特徴は，強い政治性（政策性）・綱領性をもつことである。前文と

▷ 1　四つの近代化
⇨ X-1 「華国鋒と『四つの近代化』」

▷ 2　憲法の邦訳について，土屋英雄『現代中国の憲法集——解説と全訳，関係法令一覧，年表』尚学社，2005年：初宿正典・辻村みよ子編『新解説世界憲法集（第 5 版）』三省堂，2020年，343-374頁等を参照。

▷ 3　主な改正は以下のとおりである。
・1988年部分改正：私営経済の存在を容認。土地使用権の譲渡を容認。
・1993年部分改正：中国が「社会主義初級段階」にあることを明記。中国共産党指導下の多党合作と政治協商制度の存続・発展を追加。「農村人民公社」の削除。「社会主義市場経済」を実行する旨を明記。
・1999年部分改正：「鄧小平理論」を追加。「社会主義法治国家の建設」の提起。多様な所有制と分配方式を規定。私営経済の地位の強化。
・2004年部分改正：「三つの代表」重要思想を追加。

「総綱」に，国家の政策目標・政策規定が詳細に記述され，政策が変更されれば，それを追認する形で憲法も改正される。現行憲法は，5度にわたる部分改正を経ているが，いずれもその前年または前々年に開催された共産党全国代表大会における政策方針の決定を受けてなされたものである。憲法は「政治」そのものなのである。

また，中国憲法は，自然権思想・社会契約説に立脚していない。前文では，「光栄ある革命的伝統」が謳われ，孫中山（孫文），毛沢東，鄧小平，習近平といった政治的指導者の名も登場する。「公民の基本的権利」は豊富に列挙されてはいるが，憲法訴訟制度が存在しないために保障の実効性に乏しい。権利は，人の人たる所以から由来するのではなく，国家・法律により賦与される。その結果，憲法は国家権力の有効な制御や個々の市民の権利保障にあまり役立たず，しばしば「憲法あって憲政（立憲主義）なし」という嘆きの声が聞かれる。

❸　社会主義法治国家の建設

中華人民共和国の法は，西欧近代の拒否，中華民国法の全面否定からスタートした。中華人民共和国成立初期の法制建設にあたり，ソ連法を全面的に参照したのは，必然の流れであった。ただし，上で言及したように，1950年代後半から，法制度そのものが，階級闘争や大衆運動を推進するにあたっての「障害」とみなされ，攻撃の対象となった。

1978年に路線転換がなされて以降，法整備は急ピッチで再進行した。経済の再建，外資の導入を中心とする改革開放の推進のために，法整備は不可欠・喫緊の課題であった。各種の組織法，「刑法」，「刑事訴訟法」，「婚姻法」（改正），「民法通則」，「相続法」，「行政訴訟法」，「民事訴訟法」等，1990年代までに主要な法律がそろっていった。改革開放の初期の立法において，参照の対象は，渉外経済法等，ごく一部の法分野を除き，依然としてソ連法が中心であったが，東西冷戦の終焉とソ連の解体，鄧小平の「南巡講話」以降，とりわけ，民商法分野において社会主義法の概念があいまいになっていく。それに伴い，参照の対象も，ヨーロッパ大陸法，英米法，日本法へと多様化していった。ソ連法の影響を脱する形で，「会社法」，「労働法」，「契約法」，「物権法」等の立法が続いた。

1999年の憲法部分改正で，「中華人民共和国は，法律に基づいて国を治めること（依法治国）を実行し，社会主義法治国家を建設する」という条文が新設された。立法のみに着目すれば，現在，すべての分野をほぼカバーしたといってよい。しかしながら，ここでいう「法治」は，「共産党の指導」を前提とするものであり，西欧流の「法治主義」や「法の支配」とはその内実を異にする点に注意する必要がある。「憲政（立憲主義）」と切り離された「法治」は，政治権力を有効に制御・規範化するには不十分で，かえって，法が統治の強化の道具として用いられる結果をもたらしてしまう。　　　　　　　（石塚　迅）

公民の私有財産権を保護。「人権の尊重と保障」を規定。「戒厳」を「緊急状態突入」に変更。

・2018年部分改正：「習近平の新時代の中国的特色を有する社会主義思想」を追加。「中国共産党の指導」の憲法第1条への明記。国家主席の3選禁止規定を削除。監察委員会の新設。

▷4　1949年以来，中国は，「人権」という語の使用を意識的に回避し，憲法用語において，「公民の基本的権利」という表現を一貫して使用してきた。ところが，2004年の憲法部分改正では，「人権の尊重と保障」という表現が憲法に登場した。人権条項新設の意味するところについては，石塚（2019：第3章）。

▷5　1949年，中国共産党中央は，「国民党の六法全書を廃棄し解放区の司法原則を確定することに関する指示」を発布し，中華民国の法体制との断絶を明言しており，毛沢東も，「人民民主主義独裁を論ず」という論文の中で，「西側のブルジョア階級的文明，ブルジョア階級的民主主義，ブルジョア階級共和国の構想は，中国人民の心の中で一斉に破産した」と論じていた。

（参考文献）

稲正樹・孝忠延夫・國分典子編著『アジアの憲法入門』日本評論社，2010年，第3章。
高見澤磨・鈴木賢『中国にとって法とは何か——統治の道具から市民の権利へ』岩波書店，2010年。
石塚迅『現代中国と立憲主義』東方書店，2019年。

Ⅵ　法制度と法治

立法過程

▷1　中国流の「法治主義」であり，法を作るものが裁くものも兼ねる点に特徴がある。

▷2　主なものに，司法改革運動（1952～53年），人治法治論争（80年代初），現在に至る司法改革がある。

▷3　**法令**
憲法を頂点とした法律，行政法規，規則，慣習法等を含む総称。法学・法律学では，憲法を頂点とするヒエラルヒー（Hierarchie）で法体系を捉える。なお，中国の法体系を「党規国法体系」と称し，この限りでないとする脱法学的・脱法律学的な評価も存在する。

図1　一国の法体系の概念

▷4　⇨Ⅳ-2「立法機関」

▷5　このほかに，人民代表大会の代表団，30名以上の代表の連名による法律案の提出も認められている。

▷6　全国人民代表大会の会期の短さから，会期中の審議が形式的すぎる，ゴム印にすぎない等の批判もある。⇨Ⅳ-2「立法機関」

▷7　**違憲審査権**
法令が憲法に違背していないかを判断する権限をいう。日本法は，三権分立の観念から，法令を制定する機関および法令を執行する機関

1 中国の立法過程

　中国でも建国より「法治」[1] の実現を目指し，司法改革[2] が行われてきた。そして，近年再び「法治」の機運が高まっている。紙幅の都合上，本節における立法過程は狭義の立法過程に限ることにする。つまり，**法令**[3] の制定・改廃を担う立法手続に限定して，以下論じてゆく。中国の立法過程はどのようなもので，そこにはどのような特徴を見て取れるのだろうか。

　中国の立法過程は，「立法法」（2000年制定，2015年改正）が規定している。立法法によれば，法律を立法する権限は，全人代とその常務委員会が有し，次の[4] 立法過程を経ることになる。法律案はまず，全人代主席団，全人代常務委員会，国務院，中央軍事委員会，最高人民法院，最高人民検察院のほか，全人代の各専門委員会から提出され，主席団によって議事日程が組まれる。[5]

　次に，法律案を審議する中で，各代表団や専門委員会の意見，あるいは中国各地での公聴会や検討会のほか，社会に向けて公開して意見を募集し，これらを通じて収集したパブリックコメントを反映させた修正案を作成する。前者は正規の立法過程を通じた民意の反映であり，後者（公開意見募集）は正規外の方法を通じた民意の反映であるといえる。そして，主席団による審議を諮った後，本会議に諮り，過半数の賛成で採択となり，国家主席の署名により公布となる。ただし，現実には全人代の会期は年間2週間ほどであるため，[6] 全人代常務委員会がこの立法過程を担う場合が多い。

　国務院をはじめとする下位組織は，憲法や法律に抵触しない限りで行政法規を立法する権限を担う。行政法規については国務院法制機構組織あるいは関係部門の立法司が法令案を策定し，適宜審議・検討を経て国務院総理等の署名を経て公布となる。省・自治区・直轄市および区有市も，上記の限りでその地方の人民代表大会が地方性法規を，その人民政府が都市や農村の開発や統治，環境保護，歴史文化財の保護等の必要に基づき行政法規等を制定・改廃する。

2 立法過程の特徴と国体上の合理性

　中国の立法過程に見られる大きな特徴は，法律の解釈権が全人代常務委員会に限られている点である。言い換えれば，全人代常務委員会の出す解釈は，法律と同等の効力が認められる。そしてまた**違憲審査権**[7] も裁判所ではなく，全人

代と全人代常務委員会に限られている。

最高人民法院と最高人民検察院に与えられている権限は違憲審査権ではなく，司法解釈権[8]である。司法解釈権とは，法令の解釈が必要となる場合に限り，その審判委員会による集団討議を経て公布するものである。司法解釈権を行使して公布する法律文書は，立法過程を通じて公布する法令とその実質において変わらないため，本来これを解釈権というのは必ずしも正確ではない。なお，この不正確さすなわち異質性の原因は，裁判官個人が法廷の審理において両者の言い分を聞き，証拠を精査する中で妥当な結論を導くために，法令条文や判例を解釈することを当然の振る舞いであると一般に考え，中国の司法過程も同じであるとみなす私たちの側の「素朴な無視アプローチ[9]」の反映にある。

そもそも中国の裁判官は「審判官」から始まり，近年ようやく「法官」と呼称するようになった歴史をもつ。そして，中国の裁判官の実質は，法令条文を解釈するのではなく，既存の法令条文と法廷に持ち込まれる事件の因果関係（法律関係[10]）との整合性を検証する役割を担う存在でしかない。これを私たちは審判といい，本来裁判とはいわない。したがって近年，年数回公布する指導性裁判例の役割も判例ではなく，法律関係を検証する基準の増大作業にすぎない。

立法過程が法令解釈を担う論理は，中国の国体上の原因に求められる。中国は，「人民」の代表により構成する人民代表大会を，国家権力を担う機関として規定する。民意が集中する機関に権力を集約すべきであるという考え方を「民主集中制」という。この民主集中制を反映するのが人民代表大会である。それが担う立法過程だからこそ，法令解釈を担うことも合理的といえるわけである。行政を担う国務院や「裁判」を担う人民法院等は直接に民意を反映しないため，必要以上の権限を自明のものとして認める必要がない[11]。

❸ 党の指導と立法過程の政治化

以上より，中国の立法過程から生成する法令が，中国の人々を規律する重要な役割を担っていることが見て取れる。自らの行動に対して国家の保護を求める者は，法令の範囲内の行動に収まる必要があるのである。ゆえに，「依法弁事（法に基づき物事を処理する）」が中国の「法治」そのものであるといえる。

ちなみに，法令の施行が人々の活動の妨げとなることも少なくない。そこで，立法法は，法律の施行日時を調整する権限を全人代常務委員会に付与している。これは「依法弁事」の開始時期を立法関係者[12]に差配させることを意味しよう。また，行政法規の立法過程においては，党員が必ず含まれる局長会議による審査を必須とする等の規定がある[13]。これは四つの基本原則[14]を堅持する下で，党の指導を保障する制度であるといえる。そして最も大きな問題は，これらの現象が中国の目指す「法治」の実現においては問題とならない点である。なぜならば，どこにも致命的な法律問題を見て取れないからである。　　（御手洗大輔）

とは異なる機関にこの権限を担わせるべきであると考えるが，中国法は異なる。

▷8 司法解釈権
「司法」が担う解釈権だから司法解釈権という。なお，中国の司法機関とは「公検法（公安・検察・法院）」の三者を指す。これも日本法の司法とは合致しない。

▷9 素朴な無視アプローチ
中国の制度を理念型としての西洋の制度であるかのように描くやり方をいう（ドナルド・C・クラーク「中国法研究のアプローチ」『比較法学』第66号，2000年参照）。

▷10 これを法律関係理論という。御手洗大輔『学問としての現代中国──「法学」の視点から読み解く』デザインエッグ社，2019年を参照されたい。

▷11 香港とマカオについては民主集中制を反映しない体制を両基本法が保障する。だが，その最終判断は全人代にある。違憲法令の差戻と失効を定める（両基本法第17条参照）。

▷12 立法関係者
立法過程における主体を指す。法律を制定する全人代と同常務委員会，行政法規・規則を制定する国務院とその行政部門，地方性法規・規則等を制定する各級の人代と同常務委員会，地方政府とその行政部門および司法解釈を制定する最高人民法院と最高人民検察院である。

▷13 たとえば「国家海洋局海洋立法工作程序規定」（2017年12月1日公布）第24条等により確認できる。

▷14 四つの基本原則
⇒Ⅹ-2 『北京の春』と『四つの基本原則』

Ⅵ　法制度と法治

 裁判制度

❶　裁判の制度と原則

　裁判の種類には，刑事裁判，民事裁判，行政裁判がある。それぞれに，日本のそれとの異同があるが，ここでは，中国の裁判に特有の制度および原則をいくつか見ておこう。

　まず，人民法院は，最高人民法院以下，高級・中級・基層の地方各級人民法院によって構成される四級制である。裁判は第二審が終審となる（四級二審制）。ただし，刑事裁判で下された即時執行の死刑判決については，最高人民法院での審査・承認を得る必要がある。

　簡易な民事案件および軽微な刑事案件を除き，事件の審理は原則として合議制で行われる。第一審事件では，通常，人民参審員が裁判に参加する。人民参審員に推薦される条件は，満23歳以上の中国公民であり，任期は5年である。実際に人民参審員に選ばれるのは，党政機関のエリート幹部や地元の名士がほとんどといわれ，大衆の司法参加という制度本来の理念とはなお距離がある。

　各級人民法院は，裁判委員会を設け，**民主集中制**^{◁1}の原則に基づき集団指導制を実行する。裁判委員会は，院長，副院長，廷長等から構成され，裁判の経験を総括すること，重大事件・疑義事件およびその他の裁判活動に関する問題を討議すること等をその任務とする。

　その他，法文上，法律の適用における公民の一律平等，各民族の言語・文字を使用する権利，裁判の公開，弁護権の保障，裁判の独立等が定められている。

❷　裁判の現状

　憲法や法律において規定されている合議法廷での審理や裁判の独立は，実際には，人民法院内外からの制度的・非制度的な圧力と干渉によって有名無実化している。^{◁2}裁判委員会による討議，判決の内容に対する院長・廷長の審査，党委員会・党政法委員会による司法機関への指導といった圧力や干渉が，結果として，「先に判決を決め，後から審理する（先定後審／先判後審）」，「審理する者は判決を下さず，判決を下す者は審理せず（審者不判，判者不審）」といった深刻な問題をもたらしている。

　1989年に制定・公布された「行政訴訟法」は，「民が官を訴える（民告官）」ことを可能にした，と大きな注目を集めた。中国の行政訴訟において，原告

▷1　民主集中制
⇨ⅣV-1「国家主席」側注
1

▷2　「裁判の独立」については Ⅳ-4「司法機関」
も参照。

▷3　映画『秋菊の物語（原題は秋菊打官司）』（張藝謀監督，1992年公開）は，「行政訴訟法」に基づき市役人を訴える農民の奮闘と戸惑いを，映画『再生の朝に──ある裁判官の選択（原題は透析）』（劉傑監督，2009年公開）は，死刑選択，

（市民）側の勝訴率は，一時期30％前後であったといわれる。ところが，近年，その比率は急降下しており，そればかりか，行政訴訟，さらには民事訴訟さえ提起することが難しくなってきている。[3]

　まず，法院は，政治的に敏感な案件，社会的な影響が大きな案件については，訴訟を受理したがらない（受理難）。農村の土地収用，強制立ち退き，国有企業改革，労働争議，環境汚染等をめぐる紛争については，法院は，地元の党委員会や人民政府と協調して慎重に対処しなければならないとされている。次に，幸運にも「受理難」を潜り抜けて裁判を実現できたとしても，法院に判決を出してもらえるかはわからない。民事訴訟・行政訴訟において，法院は，判決を出すことにより生じる様々なトラブルを嫌い，調停による和解を奨励ないしは強要する。近年，調和のとれた社会（和諧社会）[4]が強調されていることとも相まって，党は紛争解決にあたり調停優先を前面に打ち出している。さらに，首尾よく判決が出されたとしても，判決が執行されない（できない）という問題が最後に待ち受ける（執行難）。行政訴訟における行政側敗訴，地方をまたぐ民事訴訟等のケースで顕著である。この背景には，それぞれの地方の党委員会が法院に強い影響力をもつという中国独特の地方保護主義があると指摘される。

　これら受理難，調停優先，執行難は，司法の権威を著しく傷つけている。賄賂の収受等，司法腐敗の根源でもある。その結果，一般大衆の司法への不信・絶望は極限にまで募り，追い詰められた一般大衆の一部は，「お上」に対する直接的な陳情（信訪）[5]や暴力を伴う集団示威行動を選択することになるのである。

③ 弁護士制度

　弁護士は中国語（漢語）で「律師」という。英語の lawyer の訳語である。

　弁護士制度も，司法制度（Ⅳ-4「司法機関」）とほぼ同様の沿革を辿っている。すなわち，1949年に中華民国期の弁護士制度と決別し，1950年代に始まった制度建設は，反右派闘争[6]で夭折し文化大革命の時期に徹底的に破壊された。被疑者・被告人＝犯罪者を擁護する弁護士は「右派」であり「人民の敵」であるとみなされたのである。

　1978年以降の法制建設，改革開放の進展に伴って，弁護士制度はその需要の高まりから次第に整備されていった。1996年には「弁護士法」が制定・公布され，さらに，2002年には統一司法試験制度が導入され，その合格が弁護士の資格要件の一つとなった。弁護士資格を取得し弁護士業務の許可を受けた弁護士は，パートナーシップ，個人，国家出資のいずれかの弁護士事務所に所属して業務を行う。今日，弁護士の総数は，すでに60万人を超えている。

　中国にも数は僅少ではあるが，少数者や社会的弱者の権利擁護のために，行政訴訟や刑事訴訟をも手がける人権派弁護士（維権律師）が存在する。当局は彼（女）らの活動を警戒し，近年，彼（女）らへの抑圧を強めている。[7]（石塚　迅）

裁判への干渉，法院ビジネス等，司法の闇を前に苦悩・葛藤する裁判官をそれぞれ描く。中国の裁判の制度と実際について，そのイメージをつかむ上で，ぜひ観てもらいたい作品である。

▷4　和諧社会
⇨ⅩⅣ-2「『和諧社会』と『科学的発展観』」

▷5　信訪
⇨Ⅵ-4「『信訪』制度」

▷6　反右派闘争
⇨Ⅷ-3「反右派闘争」

▷7　たとえば，弁護士業務を継続するために，弁護士および弁護士事務所は毎年司法行政機関による検査を受けなければならないが，当局は，しばしばこのタイミングで人権弁護士に対して業務停止や業務許可取消しの処分を科している。さらに，2015年7月以降，人権派弁護士が一斉に拘束・逮捕されており，当局の抑圧はより露骨なものとなっている。人権派弁護士の苦闘については，阿古智子「中国における「法治」──葛藤する人権派弁護士と市民社会の行方」石井知章・緒形康編著『中国リベラリズムの政治空間』勉誠出版，2015年等を参照。

（参考文献）
田中信行『はじめての中国法』有斐閣，2013年，第2～4・7章。
小口彦太・田中信行『現代中国法（第2版）』成文堂，2012年，第3章。
高見澤磨・鈴木賢・宇田川幸則・坂口一成『現代中国法入門（第8版）』有斐閣，2019年，第8・10章。

Ⅵ　法制度と法治

4 「信訪」制度

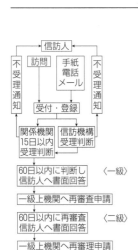

※これが最終で，これ以降
　の信訪は「不正常信訪」

図1　信訪フローチャート

▷1　包青天
庶民は一気に問題を解決し
てくれる人物をこう崇める。
「包」は北宋時代の名裁判
官の包拯，青天とは暗雲が
突如晴れること。

▷2　陳情狩り
地方官僚の人事慣行の一つ
は業務項目の一つでも全う
できないと降格で，「一票
否決」と呼ばれる。北京陳
情の有無も重要指標の一部。

「信訪制度の廃止」という声が後を絶たない。しかしこの制度を通じた異議申し立てや救済請求（特に社会運動化しやすい集団陳情）は民衆の不満のガス抜き効果をもち，なかんずく共産党の「大衆路線」を体現し体制の正統性維持にも役立っている。信訪制度の存続には現象を超えた深甚さが備わっている。

1 整備された「信訪条例」と実態の乖離

信訪は国務院が交付した「信訪条例」（改正条例は2005年施行）に基づく，れっきとした国家制度である。中国語では制度レベルは「信訪」，行動レベルは「上訪」と使い分けられ，陳情・請願・直訴の面をもつ。英訳では Petition や直訳の Letter and Visit が当てられ，邦訳では陳情が一般的である。共産党の「大衆路線」の賜物であるところから"中国的陳情制度"と理解できる。

「信訪条例」は全48条で，6条だけの日本国『請願法』（1947年施行）に比べると字数の上では20倍と大部である。だがその現代的で精緻的な外観とは裏腹に運用実態には固有の不可解さが顕在化している。図1は信訪条例に即した手続き手順で，理路整然としている。だが現実には，関係官吏は面倒な訴えの処理をズルズル先伸ばし，汚職案件などで自己の刑事責任が問われそうになると陳情者に圧力をかけ揉み消し工作を図る。他方，陳情者の中には哀訴が極まって土下座をしたり，「騒ぐほど収穫も大きい」と大げさに騒いだり，最終の再審理結果を受け取った後も陳情を止めない者もいる。北京南駅北側にある「人民来訪接待室」近辺には，包青天[1]の英断と温情にすがる陳情者が今も全国から集積する。だが，ほぼすべてのケースが「条例」で規定する手続きに違反し，遠方の省を含む地方の政府が派遣した陳情狩り[2]の車列も日常的風景となっている。

「上訪者（陳情者）」は治安上の障害になりやすい。だがこの制度は共産党の「大衆路線」の産物で「人民民主」の実現という統治の根本理念・国是の体現でもあるために，安易な却下や弾圧は難しい。信訪は共産党統治体制と「人民」との鬩ぎ合いの場と化し，この国の政治上のパラドックスの一端となっている。

2 制度の不可解さの三つの要因

この制度固有の不可解さの淵源は，以下の三点に整理できる。①行政監察機能の萎縮と救済機能への偏倚：本来の目的は「行政監察」で，党，行政・司法・警察などの官吏の汚職や怠慢の告発や，行政改善への提言が民衆から上層

や中央へ届けられるのが制度の趣旨である。しかし現実には民衆の声は国家官僚制の末端や中間レベルで霧散し，各級の信訪機関は苦情や救済を訴える怨嗟の声の集積場と化している。関係部門は「紛争処理や被害救済は司法ルートへ向かうように」と何度も通達を出すが，奏功しない。②低い効用：制度を通じた解決率は0.2％というのが通説である。陳情申請案件のほとんどは紛争解決や被害救済で，本来的には陳情条例も規定するように司法部門へ向かうべきものであるが，2003年当時の国家信訪局長が「四つの80％」という語を使って陳情申請行為の正当性を肯定しているように，陳情のルートに向かうこと自体は社会上・行政上も容認されている。③陳情人への報復や処罰：陳情理由は，一人っ子政策，強制立退きと補償，環境汚染や消費者被害などである。陳情の"被告"の多くが党・政府役人，企業や政府なので陳情が報われることは稀である。民衆はこうした政治構造を熟知するために，正式な順序を無視して省や中央レベルへ"直訴"する。すると地元から急行した役人やお雇いガードマンから暴力的な拘束を受け地元へ送還される。断念を促す思想工作に屈しない陳情者は労働矯正所や精神病院へ送致・拘禁される。陳情者の家族・親族への就労妨害や子どもの就学妨害など，行政からの各種報復も稀ではない。

❸ 信訪から訴訟へ：二人の知識人の経験は何を示唆するのか

　各種の異議申し立てや救済請求は，21世紀に入り表面上は信訪から司法へと移行しつつあるように見える。『中国青年報』記者の盧躍剛は「硫酸全身熱傷事件」（1988年，陝西）で陳情を8年間続ける被害農婦の記事を1996年に書いた。そのせいで主犯の村党支部書記息子から新聞社が名誉毀損で提訴され，4年間の裁判闘争の末2000年に敗訴で結審した。失意に沈む盧は「上は中共中央政法委員会，最高裁，公安部（警察庁）や全人代信訪局に至るまで，あらん限りの監督部門に陳情したが，公正な事務処理や司法上の裁定は実現されなかった」と慨嘆する。

　それから10余年，雑誌『炎黄春秋』の前執行編集の洪振快の場合，「狼牙山五壮士」の歴史的評価に関する論争が名誉毀損問題へと変質し，長い法廷闘争に巻き込まれたが一度も陳情は行っていない。この訴訟は洪振快 vs. 軍部・左派言論人との間で2014年5月末に始まり，原告／被告が入り乱れて2019年秋現在も係争中だ（複数訴訟はすべて洪側が敗訴）。この案件は，「抗日戦争」を含む史実の解釈権を党や政府が独占する思想的引き締めの進行が背景にあり，習近平路線への異議申し立てを封殺する"国策"裁判の様相を呈している。

　上記2件の敗訴の背景には裁判への政治的介入――地方から中央へ続く官僚のネポティズムや思想統制――という強大な権力の行使がある。この国では事実や証拠に基づく法的解釈なかんずく「司法の独立」が未だに確立を見ていないことの傍証となっている。

（松戸庸子）

▷3　四つの80％
具申案件の80％以上が⑴改革開放の過程で発生し，⑵道理があり解決すべきで，⑶各級党委員会や政府の力で解決でき，⑷社会の基層で解決すべき，というもの。

▷4　労働矯正所
原語は労働教養で元は浮浪者や軽微な罪人を収容し，2016年に廃止されるまで多くの陳情者が送致された。管轄権は警察が握り，暴行・虐待が横行していた。

▷5　『炎黄春秋』
党・軍の長老の手で1991年に設立された完全民間資本の改革派・リベラル派のオピニオン誌。名誉毀損裁判中の2017年には社屋・経営権・財産権のすべてを政府に簒奪された。

▷6　「狼牙山五壮士」事件。Tales of war: Is China's academic freedom at risk? https://www.aljazeera.com/programmes/talktojazeera/inthefield/2017/03/tales-war-china-academic-freedom-risk-170311083859946.html（最終閲覧2020年2月3日）.

参考文献
毛里和子・松戸庸子編著『陳情――中国社会の底辺から』東書店，2012年。
杜斌『上訪者』香港：明報出版社，2007年。

Ⅶ　中央 - 地方関係・民族統治

地方行政制度

▷1　盟は内モンゴル自治区にのみある地レベル行政区域。

▷2　香港特別行政区政府は1997年にイギリスから中国へ香港が返還（主権移譲）されたことにより，発足した。その地位などについては香港基本法（1990年成立）により定められている。マカオ特別行政区政府は1999年にポルトガルから中国へマカオの行政管理権が返還されたことにより，発足した。1993年にマカオ基本法が採択されている。両特別行政区はともに一国両制制度下にあり，強い自治権をもつが，これには外交と防衛は含まない。

▷3　行政区分が多ければ，行政に関する審議や手続きにより時間を要し，行政効率の低下を招く。そこで，地級市による市管県を解消し，上級の省が県を管轄する省管県に転換しようとする動きもある。しかし，これは地級市の機能を減少させ，そこに勤務する職員のポストが減り，昇進を困難にすることがありえるため，下級の行政組織においては抵抗も考えられる。

▷4　国務院の部・委員会の中で，外交部，国防部，国家管理部，退役軍人事務部，応急管理部以外は，直轄市・省レベル以下に下部機構が設置されている。

1　中国の行政区分

　憲法によれば，中国の地方行政区分は，省レベル，地レベル，県レベル，郷鎮レベルの四層から成っている。現在，省レベルの行政区には23の省，北京，天津，上海，重慶の四つの直轄市，内モンゴル，チベット，新疆ウイグル，寧夏回族，広西チワン族の五つの少数民族自治区がある。このほか，特別行政区として香港，マカオがある。地レベルの行政区には，市（省轄市），自治州，盟のように独自の人民代表大会（人代）・政府をもつところ，省や自治区の派出機構のみ置かれているところなど様々であり，その構成は複雑である。県レベルに相当する市轄区や県はいずれも，人代・政府が置かれる。なお県レベルの下に郷・鎮が置かれているが，通常は県の派出機構が置かれるだけで，独自の行政機関をもたない（図1）。

2　地方行政制度の構成と弊害

　他の多くの国と同様に，中国の各地方の行政機構も，執行過程における非効率や不徹底・逸脱といった問題を抱えている。

　問題の一つが，縦割り行政の弊害である。国務院を構成する各部・委員会の多くは，省から地・県に至る各行政レベルに下部機構をもつ。地方に置かれた各機構は，いずれも国務院につながる上級行政レベルの同一部門から，政策執行に関する司令や業務上の指導を受ける。

　しかし同時に，これらの機構は，地方各級人民政府を構成しており，人民政府としての統一的方針に縛られ，かつ同級人民政府を構成する他の部門との協調が常に求められる。とりわけ県レベル以下の政府においては複数の部門が一つの部署に統合されていることも多く，一つの事業の実施過程に，複数の指示系統が交錯する。たとえば，学校で公共安全教育を行う場合，主管は教育部門

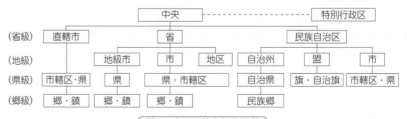

図1　中国の地方行政区分

であるが，公安部門の協力も欠かせない。農産品の流通に関しては，牧畜，商務，安全監督，工商，食品医薬品，公安など多くの部署が関わる。こうした場合に，関係する部門の利益が一致していれば問題はないが，それぞれの利益が抵触する場合には効果的な政策執行が妨げられる。環境保護を担う部門が，かつて官僚組織編成上で格上に位置する経済部門の力に押され，地方で有効な環境保護プロジェクトを実施できない事例などが注目されたとおりである。

また，重層性に伴う効率の低下も無視できない問題である。この問題を解決するために，2003年以降，中央政府は，県の財政を市ではなく省が直接管理する体制への変更を各地に勧告し，変革の試みが進められている。

❸　地方行政組織と共産党の関係

中国の地方行政のあり方を考える際に，いま一つ考慮すべき特徴は，共産党の関わりである。中国共産党党規約は，「中央および地方国家機関，人民団体，経済組織，文化組織およびその他の非党組織の指導機関において，党組を成立させることができる」と定めている。党組の主要な任務は，党の路線・方針・政策を貫徹して執行させることである（第48条）。実際に，地方の行政組織にも，党委員会など党の組織が張り巡らされ，地方行政組織は地方党委員会の指導下に置かれている。党の行政に対する優位は，行政の長と，同一行政レベルに置かれた党委員会書記の序列を見れば明白である。たとえば，北京市市長（2019年12月現在）の陳吉寧は北京市党委員会副書記を兼任しており，北京市党委員会書記である蔡奇より党内序列は下である。また，「党政領導幹部選抜任用工作条例」の規定によれば，人事異動に関わる推薦や考察は同レベルの党委員会によって行われるため（第15，16，25条），区人民政府の各部署などの地方行政組織の人事は区党委員会により掌握されているといえる。

党による地方行政組織の指導は人事権を通じたものだけではない。さらに，直接的に組織を取り込む措置が進んでいる。中央においても地方においても，効率化，組織の簡素化の名の下に，「合署弁公」という行政機関と党組織の統合が図られている。2018年3月に党中央委員会は大幅な国家機関の調整を指示し，党中央組織部が公務員に関する政策や取り組みを統一管理し，国家公務員局を廃止，統一戦線活動部が宗教および華僑に関する政策などを統一管理し，国家宗教事務局・国務院僑務弁公室を廃止することなどを指示した。これらは党が権限を拡大し，国務院の機能を代行することを意味する。同様のことは，すでに地方でも進められており，広州市順徳区では，区政法委員会と司法局，区党委員会宣伝部と区文化体育観光局と統合され，41あった党政機関を16にまで減らしたという。しかし，党と行政組織の機能が十分に合致していない統合の場合は，混乱が起こり，効率が低下する場合もある。また，行政機関は行政訴訟の対象となりうるが，その際に党の扱いが問題になるなど，課題は多い。　（中岡まり）

▷5　「中華人民共和国地方各級人民代表大会和地方各級人民政府組織法」第59，66，67条。

▷6　竺乾威「地方政府大部制改革——組織結構角度的分析」『中国行政管理』2014年第4期，北京：国務院弁公庁，17-18頁；エコノミー，エリザベス（片岡夏実訳）『中国環境リポート』築地書館，2005年。

▷7　中共中央印発『深化党和国家機構改革方案』新華社，2018年3月21日。

▷8　劉権「党政機関合署弁公的反思与完善」『行政法学研究』2018年第5期，北京：中国政法大学，43-45頁。

▷9　"最大胆"的機構改革——広東順徳試水党政合署」捜狐網，2018年3月12日配信。

参考文献

菱田雅晴・鈴木隆『超大国・中国のゆくえ3　共産党とガバナンス』東京大学出版会，2016年。

Ⅶ　中央−地方関係・民族統治

2 人事・財務管理

❶ 人　事

　中国共産党による人事のコントロールは「党管幹部原則」（党が幹部を管理する原則）に基づく。党は，党政幹部（党と政府の幹部）の任命管理，監督・評価の各面において主導的役割を果たす。

　具体的には，「下管一級」（一級下の行政レベルを管理する）と呼ばれる方法に基づき，党委員会と党の組織部門が，自らの属する行政レベルの一級下のレベルの党政幹部を任命，管理する。任命の際には，組織部門が幹部候補の業績を調べ，候補者の上司，同僚，部下と対談し，候補者の資質を全般的に把握した上で，人事任命原案を党委員会に提出する。人事の任命方法には二種類ある。一つは「決定」と呼ばれる方法であり，一級上のレベルの党委員会と組織部門が，候補者の状況を調査した上で，党委員会の決議を経て決定する。もう一つは「批准」と呼ばれる方法であり，候補者と同レベルの党委員会が候補者の情報を一級上のレベルの党委員会に提案し，認可を受けた上で任命するものである。政府幹部の任命の場合には，各地の人民代表大会に提案し，大会の可決を待って有効となる。

　党政幹部の人事に関しては，公務員法の定めた幹部交流制度として，転任制度がある。ほかの役職へ転任させることにより，経験豊かな幹部の養成を図ると同時に，一人の人物が同じ地域や職場に長期間在職することによって生じる腐敗を防止することも，幹部交流制度の目的である。転任先には，党政機構だけではなく，国有企業，事業単位，人民団体◁2も含まれる。中央幹部が地方に転任するケース，地方から他の地方に転任するケース，若手・中堅幹部が復帰を前提にほかの機構に一時的に出向するケース（「掛職」）など，幹部交流制度は様々に運用されている。近年は，中央と地方の県処級以上の若手幹部を交換する形で出向させ，中央と地方の幹部の間の相互理解を深める試みが行われている。

　また，習近平政権発足以降，中国共産党は幹部に対する監督と紀律検査を実施すべく，「巡視制度」を採用している。「巡視」とは，中央紀律検査委員会と中央組織部が「巡視組」を組織して，地方または中央省庁に不定期に派遣し，組織の運営や党内の幹部を監督する制度である。2015年には共産党「巡視」工作に関する条例が修正され，「巡視組」の監督対象が裁判所，検察機構，重要

▷1　事業単位
「事業単位登記管理暫行条例」という法律によって定められた。国家機関あるいは国有財産を利用して設立され，教育，科学技術研究，文化，医療などの事業を目的とする法人団体のこと。

▷2　人民団体
中国人民政治協商会議に参加する非政党組織と社会団体のこと。

▷3　中国の党と政府幹部は国家級，省部級，庁局級，県処級，郷科級の五つのレベルに分かれる。

都市の指導部，党中央の機構，国務院の機構，人民団体，大手国営企業の党グループ，さらには一部の金融機関や大学の党グループにまで拡大した。「巡視組」は汚職腐敗問題を主として扱う一方，人事や党の政策方針の執行状況をも調査しており，習近平政権の反腐敗キャンペーンに重要な役割を果たしている。

② 財　務

予算法によれば，中国の財政システムは五つのレベルに分けられる。そのうち中央財政は中央部門の予算，地方財政は省以下の予算をそれぞれ意味する。

1994年には，中央政府主導で**分税制**改革が行われた。これにより，中国の税金は税目により中央税，地方税，中央地方共有税に区分され，税制に関する立法の権限は中央に集中することになった。こうした改正は，中央の税収の大幅な増加をもたらし，1980年代以来の中央の財政難の解決を導いた。一方，地方については，支出が変わらず税収が減少する状況が生じた。特に中央政府，省政府に比べ，安定した税源の確保が難しい県，郷レベルでは，財政難が深刻化した。

こうした状況に対応するため，中央政府は前年度の財政状況に応じて，地方に対して財の再分配を行うための制度を整備してきた。一つが税収返還制度，いま一つが移転支出制度である。「税収返還」とは，分税制実施後に中央税となった増値税，消費税，所得税，ガソリン税の税収の一部を地方へ返還する政策である。「移転支出」には，中央財政が中央財源の一部を地方財政に交付する，使途制限のない「一般移転支出」（日本の地方交付税に相当）と，年金，医療，教育，地域振興など特定の政策目標の達成のために交付する「専項移転支出」（日本の補助金に相当）がある。しかし，地方財政に対する補助の額を決定するのは中央であり，補助の分配を検討する際には経済発展に対する効果が考慮されるため，地方間の格差は是正されるどころか拡大する傾向にある。このように，地方の財政難の問題は，根本的な解決には程遠い状態にある。

税収や交付金に頼れない中，財政難に陥った地方には，財源を「非税収入」に依存する傾向が高まっている。特に，国有地の使用権を土地開発企業に譲渡することによって得られる「土地出譲金」は，地方の歳入において相当の割合を占めつつある。また土地開発に伴う営業税や付加価値税も地方の税収となるため，地方政府の間には，不動産開発を促進することにより，財政を維持・拡大しようとする「土地財政」と呼ばれる現象が蔓延し，それが中国各地で不動産価格の高騰を招いている。さらに地方政府は，財政難を解決するため，自らが所轄する地方国営企業を介して国内金融機関から不正に融資を受けており，近年，地方政府の債務問題として注目されている。

2018年の全国人民代表大会で採択された「党と国家機関の改革深化案」には，税財政改革が盛り込まれた。中央と地方の税財政問題の根本的な解決を目指して新たな取り組みが始まる。　　　　　　　　　　　　　　（徐　偉信）

▷4　中央，省（自治区，直轄市），市（州），県，郷（鎮）の五つ。

▷5　**分税制**
⇨Ⅻ-4 「税・金融制度の改革」

参考文献

中共中央組織部『中国共産党組織工作辞典』北京：党建読物出版社，2009年。
『中国共産党統一戦線工作条例（試行）』北京：人民出版社，2015年。
国分良成『現代中国の政治と官僚制』慶應義塾大学出版会，2004年。
梶谷懐『現代中国の財政金融システム──グローバル化と中央−地方関係の経済学』名古屋大学出版会，2011年。

Ⅶ　中央−地方関係・民族統治

「中華民族」概念

1 「民族」概念との遭遇

　「中華民族」という概念は，20世紀初頭に梁啓超によって発明された。清末の政治体制改革（「戊戌の変法」）の失敗により日本に亡命した梁啓超は，その亡命先で，憲法・議会・義務教育・義務兵役制などによって国家と高度に一体化した社会，すなわち「民族」に遭遇した。

　「民族」や「国民」という言葉は，西洋から日本に伝わった nation（ネイション）という社会概念を日本語に訳したものである。ネイションとは，もともと18世紀後半に発生したアメリカ独立戦争やフランス革命において君主から国家の主権を奪い取った市民社会（構成員の基本的人権を互いに尊重しあう社会）を意味していた。米仏のように，一人の君主に替わって国内の民衆が原則的・制度的に主権行使に参画する国家は，ネイション・ステイト（国民国家）と呼ばれるようになった。ネイションやネイション・ステイトの枠組みで民衆を統合・区別する運動や思想を一般にナショナリズムと呼ぶ。

　選挙と議会による主権の共有，憲法を核とする法治主義，そして国防や納税等の義務の均質化といった諸要素を備えた国民国家は，国内社会の凝集性を画期的に高め，強大な軍事力（国民軍）の基盤となった。それに対抗する形で19世紀半ば以降，ドイツ帝国や日本帝国といった国民国家が形成される。独日の場合，君主を抱えた形で国民国家を建設するという根本的矛盾を抱えていたため，ネイションを古代から続く文化・血統共同体に読み替え，義務教育などを通じて「ネイションの歴史」（神話・フィクション）を民衆の頭に埋め込むことによって，ネイション的なまとまりを強化しようとした。

　1894年の日清戦争では，明治以降の政治・社会改革の産物である日本の軍事力が清朝を屈服させたが，その日本において梁啓超は「民族」形成が清朝，そして中国を苦境から脱却させるための処方箋になるという認識を育んだ。

2 「中華民族」の初期のイメージ

　梁啓超は，清朝の版図内の民衆を包含したネイション概念として20世紀初頭に「中華民族」を提起した。同じ頃，漢字や漢王朝といった古い文明を連想させる「漢」という文字と「民族」を合体させた「漢族」（「漢民族」）という言葉も中国版ネイション概念として日本に亡命中の清の知識人の間で流行った。清

▷1　たとえば，鄒容が1903年に発表した『革命軍』からはそうした傾向が顕著に読み取れる。

▷2　1920年代に入ると「五族共和」論が後退し，「民族自決」という国際的気運の影響を受けて「中華民国」内に存在する一つの統一体として「中華民族」を扱う傾向が強まった。そこからは，「漢」以外の文化的アイデンティティを軽視する思潮を見出すことが可能であり，これが後の「中華民族」ナショナリズムとチベット，モンゴル，ウイグルなどとの間の摩擦の伏線となる。

朝では，それ以前の明朝の版図を直轄十八省として支配し，そこの被征服民を一般に「漢」と呼んでいた。このため，清朝の打倒を叫ぶ直轄省出身の革命家たちの間では，もともと「漢族」という枠組みを重視する傾向が強かった。[◁1]

しかし，この概念では，清朝の版図内の「満」（満洲族），「蒙」（モンゴル族），「回」（ウイグル族などのイスラム教徒），「蔵」（チベット族）の居住地域を新たな国民国家の領土に組み込めなくなるおそれがあった。このため，清朝の打倒と米仏を模範とする共和制の国民国家の樹立を目標とした中国同盟会の孫文は，「漢」・「満」・「蒙」・「回」・「蔵」の「五族共和」を基礎とする「中華民族」という枠組みによって中国の民衆を新国家の下に統合する方針を掲げた。[◁2]

③ 「中華民族」ナショナリズムの変容と現状

1911年の辛亥革命の結果として清朝に替わって中華民国が誕生したが，建国直後に発生した泥沼の内戦がネイション形成を阻んだ。ただし，第一次世界大戦終結時に米国大統領ウィルソンにより提起された「民族自決」は，中国エリート層のナショナリズムを鼓舞した。1919年のパリ講和会議で大戦中に日本軍に占領された山東半島の返還要求が却下されると，同年5月4日に一般民衆によるナショナリズムのデモ（五・四運動）が発生した。このような列強による中国の主権の軽視や1930年代における日本の対中侵略により，中国のナショナリズムは「排外」と深く結びつくことになる。

中華民国を米仏型の共和制の国民国家にするという中国国民党の試みは，中国共産党や日本との戦争により挫折し，1949年に共産党が中華人民共和国を樹立した。現在の中華人民共和国では，「漢民族」と55の「少数民族」を合わせた56のエスニック・グループ（文化共同体）から「中華民族」というネイションが構成されているという公式見解が採用されている。しかし，1978年までは階級概念がネイション概念よりも重視されていた。

共産党が1978年以降，従来の社会主義路線を改め，「改革開放」という新路線の下で欧米日との貿易を本格化させると，米仏型の国民国家への移行を求める動き（「民主化」運動）が党内外で盛り上がりを見せた。しかし，共産党の主流は89年の天安門事件でこの動きを粉砕し，共産党の一党支配体制を維持しながら「中華民族」というネイション概念の下で民衆をまとめる方策を模索するようになる。

米仏型のナショナリズムの培養という選択肢を拒絶した共産党に残されていたのは，戦前の独日で顕在化した文化的フィクションを利用したナショナリズムであった。90年代以降の共産党は，そうしたナショナリズムを発揚するために「中華民族の五千年の優秀な伝統文化」を強調するようになり，[◁3] 主権の共有ではなく，文化的フィクションの共有によって独裁体制と両立しうるネイション的なまとまりを醸成するようになった。[◁4]

（阿南友亮）

▷3　中国の著名な文化人類学者である費孝通（1910-2005）は，1980年代末に発表した「中華民族多元一体構造論」の中で，数千年の時をかけて多数の民族が「融合」し，「お互いに切り離すことができない統一体」になった結果が，すなわち「中華民族」であるという見解を示した。費孝通の中華民族論は，今日に至るまで「古い文化共同体としての中華民族」というフィクションを構成する重要な支柱となっている。

▷4　その一環として，1994年以降，全国の教育機関やマスメディアを総動員する形で「愛国主義教育運動」（⇨XII-2「江沢民と愛国主義教育」）が展開されるようになる。これ以降，「中華民族」ナショナリズムは，王朝時代以来の「伝統文化」と1840年のアヘン戦争以降の欧米日による「百年の屈辱」に重点を置いた歴史教育の影響を受ける形で自民族優位主義と排外主義の傾向を強める。

（参考文献）

小野寺史郎『中国ナショナリズム——民族と愛国の近現代史』中公新書，2017年。
鵜殿倫次『「中華民族」の概念をめぐって』『愛知県立大学大学院国際文化研究科論集』第10号，2009年。
加賀美光行『中国の民族問題——危機の本質』岩波書店，2008年。
坂元ひろ子『中国民族主義の神話——人種・身体・ジェンダー』岩波書店，2004年。
佐藤公彦『中国近現代史はどう書かれるべきか』汲古書院，2016年。

Ⅶ　中央－地方関係・民族統治

4　民族区域自治制度

▷1　少数民族の具体的な
概要については，Ⅰ-3
「中国に暮らす人々」を参
照。

▷2　加々美（2008）は，
民族自決が否定され，民族
自治のみが認められること
になったプロセスを，戦後
の米ソ冷戦体制下における
国際関係の結果として分析
している。

▷3　五つの民族自治区と
その成立年は次のとおりで
ある。内モンゴル自治区：
1947年，新疆ウイグル自治
区：1955年，広西チワン族
自治区：1958年，寧夏回族
自治区：1958年，チベット
自治区：1965年。

▷4　これらの点を踏まえ，
1984年10月に民族区域自治
法が施行された。民族区域
自治法では，民族区域にお
いて，中央の指示を変更で
きること，首長などに現地
少数民族を当てること，牧
草地などの所有権や開発優
先権を地方政府に付与する
ことなどが記された。詳細
は毛里（1998）を参照され
たい。

1　中国における民族政策の成立と変容

　2010年に実施されたセンサスによると，中国には約1億1000万人の公定少数
民族が居住している。中国全人口13億人の約8.4％に当たるこれら少数民族は，
「民族区域自治」政策の下で統治されてきた。

　それでは，中国の民族区域自治制度はどのように成立・変容したのか。辛亥
革命を経て中華民国が成立すると，臨時大総統の孫文は「漢，満，蒙，回，蔵
の諸人を合して一人となす」とし，五族が団結して一国を構成するべきという
「五族共和」論を展開した。ところが，孫文の「五族共和」論は次第に漢族へ
の同化主義的色彩を帯びるようになり，1920年代の終わりには，少数民族は
「中華民族」の宗族にすぎないとされた。それに対して中国共産党は中華人民
共和国の建設以前から，国民統合が「民族」の平等と団結によって実現される
べきであるとし，「民族」の平等と団結を政治システムとして明確化した。

　ただし，中国共産党の民族政策も終始一貫したものではない。中国共産党は
建国前，中国国民党の少数民族政策との差異化を図り，民族自決権をある程度
承認していた。しかし，中国共産党は建国後，各少数民族地域の民族自決権を
破棄し，民族自治権のみを付与することとした。旧ソビエト連邦における民族
政策の基本理念が，少数民族地域の分離・独立権を認める民族自決であったの
に対して，中華人民共和国は建国後，少数民族の分離・独立権を認めず，自治
権のみを認めるものとした。

2　中国における民族区域自治政策

　現在，中国には省レベルにおいて五つの民族自治区が設置されている。また，
州以下のレベルにも，民族自治州（30州），民族自治県（120県），民族自治郷
（1173郷）が設置されている。これら民族自治区，民族自治州などには，諸少数
民族の自治権が認められている。

　各少数民族の自治権には，各少数民族が自分たちの文字や言語を使用する権
利，民族自治条例を制定する権利，少数民族幹部を養成する権利，民族教育を
実施する権利，首長や人民代表主任に少数民族を当てる権利などが含まれる。
新疆ウイグル自治区や内モンゴル自治区の街角を歩いていると，街路標識や銀
行等の表示に，漢語に加えて，ウイグル語やモンゴル語など少数民族言語が併

記されているのを目にする。こうした二言語併記は，少数民族言語の保護を目的とした民族自治の一例である。

③ 民族区域自治と民族識別工作

ここで重要なのは，こうした施策が民族「区域」の自治であるということだ。つまり，人間の属性としての少数民族を施策の対象としているというよりは，地理的空間を施策の単位としており，一定空間（自治区や自治県など）内における民族別人口比率に応じて，代表権や自治権が付与される仕組みになっている。しかし，その代表権や自治権を有する各「民族」が誰を指すのかという点については曖昧なままであった。そこで，自治権が付与されるべき各民族を画定する作業が必要になる。この作業が「民族識別工作」である。

中国の社会学・民族学者であり，後に全国人民代表大会常務委員会にもなった費孝通は，民族識別工作の意義を次のように述べている。「各級の権力機関において民族平等を体現させようとするなら，各級の人民代表大会に，どの民族が何人の代表者を出すべきかを決定しなければならない。あるいは，民族区域自治を実行して民族自治地方を建設するに際しては，その地方にどのような民族が集住しているのかを明確にさせねばならない」。中国では，こうした国家統合政策上の必要性から，「民族」カテゴリーが産出されてきたともいえる。

④ 今日の中国社会と民族区域自治

ところが，今日の中国においては，こうした民族区域自治の理念が十全に機能しているとは言い難い状況が生まれている。1990年代にチベット族居住地区で頻発したデモや2009年にウルムチで発生したウイグル族と漢族との武力衝突などは，中国の民族区域自治政策にひずみが生じていることを示唆している。

少数民族言語や文化の抑圧がこうしたひずみを生んでいる。現在，チベット自治区を除いて，少数民族がマジョリティである民族自治区は存在しない。新疆ウイグル自治区で，1949年に全区人口の約7.6割を占めていたウイグル族は，2010年センサスでは4.6割にまで減少した。逆に漢族比率は2010年に4割を超え，漢族と少数民族との軋轢が増している。

また，各民族自治地域では，従来，中心民族の言語が学校教育言語として用いられていたのに対して，改革開放以降は漢語と少数民族語の「バイリンガル教育」が実施され，今日では実質的に漢語を中心とした学校教育に大きく転換されている。さらに，ムスリム少数民族の場合，未成年の宗教施設への出入りや，学生のラマダーン月中の断食が禁止されるなど，宗教文化の世代間伝承を困難にするなど，少数民族の文化を抑圧する政策が実施されている。

少数民族の自治権を保障した民族区域自治は，現在大きな岐路に立っている。

(木村　自)

▷5　費孝通「関於我国民族的識別問題」『民族与社会』北京：人民出版社，1981年。費孝通については，Ⅶ-3 「『中華民族』概念」側注3も参照。

▷6　中国における民族区域自治政策が生み出すひずみについては，楊海英『植民地としてのモンゴル──中国の官制ナショナリズムと革命思想』勉誠出版，2013年や金順姫『ルポ 隠された中国──習近平「一強体制」の足元』平凡社，2017年を参照されたい。

【参考文献】
毛里和子『周縁からの中国──民族問題と国家』東京大学出版会，1998年。
加々美光行『中国の民族問題──危機の本質』岩波現代文庫，2008年。

第3部　社会主義建設の時代

guidance

　第3部以降は時系列的に現代中国の政治外交が叙述されている。第3部は，毛沢東時代の政治と外交を対象としている。ここでは，第2部で解説された諸制度が実際にはどのように形成され，どのように機能していったのか，しなかったのか，ということを考えたい。

　第Ⅷ章「毛沢東時代の政治」では，中華人民共和国成立初期から文化大革命の収拾までを扱う。まず政治状況について述べられる。国共内戦期に国民党に敵対していた共産党が，多くの支持を得るために，一党独裁体制を採らず，政治協商会議を軸とする連合政府を採用した。社会主義を採用してはいたが，共産党一党独裁ではなかったのである。次に，国共内戦を戦い，実質的に「革命軍」であった人民解放軍が党の軍隊としてどのように組織されたのかを解説する。そして，反右派闘争，大躍進を経て，次第に共産党一党独裁体制が成立していく過程，また中国独自の社会主義の模索期の状況が述べられる。さらに，毛沢東時代は，中国全土を統一していく時期でもあった。その過程で，少数民族の自治区に対する統治を強化したが，チベットではそれに対する反発が生じた。第Ⅷ章の最後には，1966年からの文化大革命が生じたプロセスと展開過程，そしてその収束していく過程が扱われる。文革が中国に与えた影響，残した遺産は何であったのかということは，現在の中国を考える上でも必要なことである。

　第Ⅸ章「毛沢東時代の外交」は中華人民共和国成立初期の外交が解説される。台北に中華民国政府があるために，世界に二つの中国政府が存在することと，正当性，承認獲得問題，また社会主義国陣営の主要国としての外交，そしてアジア・アフリカ諸国の中心的存在としての外交などといった，この時期の外交の課題や特色が述べられる。次に，ソ連との対立が深刻となり，文革期の1969年のダマンスキー島事件を経て西側諸国との関係を改善し，国連代表権も獲得していく，まさに文革中に対外開放が次第に進んでいったプロセスが叙述されている。

Ⅷ　毛沢東時代の政治

① 新民主主義から社会主義へ

▷1　毛沢東（1893-1976）

国共内戦に勝利し，中華人民共和国を建国した中国共産党の最高指導者。

▷2　社会主義体制
社会主義革命後に表れる体制であり，共産党による一党支配，生産手段（土地や資本）の公有化，計画経済をその内容とする。

▷3　新民主主義
旧来の中国社会と社会主義社会の中間段階として，設定された段階で，労働者階級の指導の下，各民主階級と団結して人民民主独裁を実施するとされた。

▷4　民族資本家階級
外国資本と強い関係を持たず，中国共産党に協力的な比較的小規模な工商業者，「官僚資本家階級」，「買弁資本家階級」と対置される。

▷5　反革命鎮圧運動
1950年から行われた国民党特務など反革命分子の制圧のための運動。約70万人が反革命分子として処刑された。

▷6　三反五反運動
1951年秋から1952年にかけて展開された政府・国営企業幹部の三害（汚職・浪

① 中華人民共和国の建国

　1949年10月1日，毛沢東は中華人民共和国の成立を宣言した。中国共産党は，社会主義体制を建国後ただちに構築するのではなく，社会主義化開始までの10年程度の期間，資本家階級の存続と発展を許容する新民主主義の段階を置くことを想定していた。すなわち，中華人民共和国の成立は，帝国主義に反対する諸階級による新民主主義革命の結果であり，その結果として成立するのは愛国的諸階級の統一戦線による政権である，という理論的整理がなされていたのである。この新民主主義社会において，中国共産党は政治面では様々な政治勢力との連合を維持し，経済面では都市の民族資本家階級を存続させ，農村で土地改革を実行し，自作農の存在を許容しようとした。またこの段階における経済建設構想は，農業・軽工業を中心とした漸進的発展を目指すものであった。

　こうした穏健政策がとられた主な背景は以下の点に求められる。第一に，内戦後の経済復興と社会の安定が重視されており，急進的な社会改革はもっと先の課題と考えられていた。第二に，ソ連の影響である。スターリンは，中国の発展段階からして，一挙に社会主義化を進めることはできず，民族資本家と協力する段階を続けるべきだと判断しており，中国はこれを無視できなかった。第三に，米国の脅威は認識されていたものの，その度合いは必ずしも高くなかった。中国共産党は，米国を敵として認識していたものの，米国が直接的に軍事力を用いて中国を攻撃するとは考えていなかった。

② 朝鮮戦争と過渡期の総路線

　1950年6月25日に朝鮮戦争が勃発し，同年10月から中国が人民志願軍という名目で参戦すると，その影響は国内政治にも及んだ。

　朝鮮戦争は次のような影響を国内政治に与えた。第一に，経済建設構想が転換し，重工業・国防工業を重視した工業化建設を実施することが決定された。第二に，国内において，大衆運動が実施された。1950年末から反革命鎮圧運動が強化され，1951年秋から1952年にかけて三反五反運動が実施された。こうした大衆運動を通じて中国共産党の権力が社会に浸透した。

　この過程で，共産党内では新民主主義を継続するのか，あるいは次第に社会主義化を開始するのかをめぐり，論争が起きた。劉少奇（党副主席）らは新民

主主義の継続を主張したものの，毛沢東が社会主義化の開始を決意したことにより，当初の予定よりも早く社会主義化が開始されることとなった。

③ 過渡期の総路線と第一次五カ年計画

　1953年6月15日，**過渡期の総路線**[◁8]が宣言され，当初の予定を大幅に前倒しする形で社会主義段階への移行が開始された。農村においては**農業集団化**[◁9]が進められた。また資本主義工商業の改造として，私営企業の公私合営化が始まった。さらに，食糧の計画買い付け計画販売制度が導入され，食糧の流通が国家の統制下に置かれた。

　また過渡期の総路線の提起と軌を一にして，経済建設の**第一次五カ年計画**[◁10]が開始された。第一次五カ年計画の実施において，欠かせない要因がソ連の援助であった。また，重工業・国防工業中心の経済建設は，ソ連モデルの採用にほかならなかった。1953年5月15日政府間協定が結ばれ，ソ連の大規模援助が始まった。ソ連は，経済建設に必要な技術・知識や資金，工場などを提供した。

　過渡期の総路線の中で，政権の統一戦線的な性質は後退し，共産党の一党独裁が前面に出るようになった。1954年には憲法が制定され，そこでは「労働者階級の指導する，労働者・農民の連合を基礎とした人民民主政権」という規定がなされた。これは制度的にも社会主義化が規定されたことを示す[◁11]。

④ 農業集団化の加速と社会主義化の早期完成

　第一次五カ年計画と過渡期の総路線が進められる中で，次第に問題となってきたのが，農業と工業の成長のギャップであった。工業生産が順調に成長したのに対して，農業生産の向上は遅く，これは第一次五カ年計画の達成にとってネックになりかねない問題だった。さらに農村では，1955年春頃より農業生産合作社から農民の退社が相次ぐという状況が生まれていた。対外的に見れば1954年末から1955年初にかけて台湾海峡危機が起きている状況であり，毛沢東は社会主義化を後退させたり，発展速度を遅くするわけにはいかなかった。

　1955年7月31日，毛沢東は農業集団化の加速を訴える演説を行った。毛沢東の呼びかけを受けて，各省幹部が農業合作化加速を熱狂的に推進した。その結果各地で農業合作化の高潮と呼ばれる状況が出現し，初級合作社だけでなく高級合作社が一挙に広まり，1956年末には農業集団化を基本的に完成させた。これと同時に資本主義工商業の改造も一挙に進展し，これも1956年に完成した。1956年9月の中国共産党第8回全国代表大会において，中国の社会主義化が基本的に完成し，今後の社会の主要矛盾は遅れた生産力と先進的生産関係の矛盾，すなわち生産力の発展が課題として位置付けられたのである。こうして中国の社会主義化は，建国当初の想定から次々と前倒しされ，1956年には基本的な完成に至った。

（山口信治）

費・官僚主義）および資本家の五毒（賄賂・脱税・手抜き・国家財産の窃盗・国家経済情報の窃盗）に反対する大衆運動。

▷7　**劉少奇**（1898-1969）
1945年の第7回全国代表大会以降，毛沢東に次ぐ党内序列第二位となり，1959年には国家主席となった共産党指導者。文化大革命の中で「中国のフルシチョフ」と呼ばれ，徹底的な批判にさらされ，非業の死を遂げる。

▷8　**過渡期の総路線**
1953年に提起された，中華人民共和国の成立から社会主義化の完成までの期間が社会主義への過渡期であるとする言説。10～15年の時間をかけて社会主義化を達成すると見込んでいた。

▷9　**農業集団化**
農民を組織化し，互助組，初級生産合作社，高級生産合作社と次第に規模を拡大して，土地などの生産手段を公有化する運動のこと。

▷10　**第一次五カ年計画**
1953～57年の経済建設計画。ソ連の重点工業プロジェクトに対する156項目の援助を得て，重工業・国防工業を中心として年平均9％以上の国民総生産の発展を達成した。

▷11　ただし7期二中全会決議は同様の表現を用いており，「共同綱領」はトーンが弱められているが，似た表現がある。

参考文献

山口信治「毛沢東による戦略転換としての新民主主義段階構想の放棄」『アジア研究』第54巻1号，2008年，22-39頁。
泉谷陽子『中国建国初期の政治と経済——大衆運動と社会主義体制』御茶の水書房，2007年。

Ⅷ　毛沢東時代の政治

 建国前後の人民解放軍

 軍事と行政の二枚看板

　国共内戦の形勢は，1948年後半から開始された中国人民解放軍の大規模な攻勢によって，一気に共産党側へと傾いた。解放軍は，中国国民党の支配下にあった都市を次々と攻撃・占領していったが，それらの都市では治安と食糧事情の著しい悪化が見られた。

　都市の秩序をすみやかに再建し，民衆の救済に着手するためには，応急措置として解放軍が都市行政を直接担う必要があった。そのため1948年11月以降，瀋陽を皮切りとして数多くの大都市に「軍事管制委員会」が設けられるようになった。同委員会の主要な任務は，抵抗する武装勢力の鎮圧，共産党側に属さない民間勢力の武器の押収，敵対的な人物の逮捕，すべての公共機関・産業・物資の接収，社会秩序の回復，食料の配給，共産党組織の新設・再建，共産党に忠実な新たな行政機構（後の人民政府）の整備，各界の代表者による会合（後の人民代表大会）の開催などであった。

② 「軍事管制」の全国展開

　解放軍の攻勢に対して国民党軍があっけなく瓦解したため，解放軍はわずか1年余りで中国の大部分の省を占領下に置くこととなった。解放軍は，日中戦争，中華民国政府の失政と腐敗，そして国共内戦により荒廃した広大な地域に新たな秩序を確立するために，都市の占領から始まった「軍事管制」（非常時における軍隊による治安維持と統治）を全国規模で実施した。

　共産党は，1948年11月に解放軍の戦闘部隊を四つの野戦軍（第一～第四）と共産党中央直轄の兵団（華北兵団）に再編し，中華人民共和国成立直後の1949年11月に各野戦軍の占領地域に沿った形で六つの大軍区，大行政区，そして党中央局（共産党中央の出先機関）を設けた。首都北京を含む華北軍区は，毛沢東を中心とする共産党中央が直接支配する中央直轄大行政区と範囲が重なり，華北兵団の司令員だった聶栄臻が同軍区の司令員を兼任した。

　残る五つの大軍区・大行政区（西北，西南，華東，中南，東北）では，各野戦軍の司令員と政治委員を中心とする首脳陣が現地の共産党組織を統括する党中央局を代表しつつ，「軍事管制」に着手した。その実施機関として大行政区ごとに「軍政委員会」（東北は「人民政府」）が設けられ，各野戦軍の司令員や政治

員が主席に就任した。◁1

　各大行政区では，解放軍が中心となって国民党の敗残兵・匪賊・「反動分子」の掃討・粛清，土地改革運動の展開，省・県・市といった地方の各級人民政府の整備と人民代表大会の設立準備，農地開墾・道路整備・水利事業の実施といった共産党の一党支配体制の基礎固めがなされた。この過程で40万人を超える解放軍幹部が「地方基層政権建設」に投入された。これらの軍幹部ならびに数百万人の復員軍人は，新たに形成された中華人民共和国の地方行政の重要な担い手となった。

③ 「近代化・正規化」への転換と挫折

　共産党は，新政権の中央集権化を進める過程で，地方行政を統括していた野戦軍の司令員や政治員を中央のポストに抜擢した。ところが，彼らの一部は中央に赴任すると，地方における権力基盤を背景に中央において自己主張を強めるようになった。これが「軍事管制」で大きな功績を残した高崗と饒漱石が中央から排斥され，失脚に追い込まれる事態を招く。

　共産党中央は，1954年の「高崗・饒漱石事件」ならびに地方における各級人民政府・人民代表大会の体制が整ったことなどを理由として54年に大行政区を廃止し，翌年六つの大軍区を12の軍区に改め，解放軍首脳に権力が集中する「軍事管制」体制を解体した。これと並行する形で，中華人民共和国の初代国防部長に就任した彭徳懐の下で大規模な軍事改革が実施された。

　建国当初，兵力が550万を上回っていた解放軍の維持費は国家財政を圧迫していた。また，解放軍の陸軍は，もともと中国各地で自立的に発展したゲリラ部隊や国民党軍の敗残兵の寄せ集めという性格を濃厚に帯びており，指揮命令系統，装備の規格・性能，将兵の専門技能などに多くの問題を抱えていた。1949年に急遽組織された海軍・空軍は，装備・人員の両面で貧弱であった。このため，解放軍は，1950年に勃発した朝鮮戦争に参戦すると米国を中心とする国連軍を相手に大苦戦を強いられた。◁2

　彭徳懐は，朝鮮戦争を指揮した経験から，装備の刷新と将兵の専門技能の向上を国防の重要な課題と認識するようになった。そこで1955年までに解放軍の兵力を約250万にまで削減し，削減された兵力の維持費の一部をソ連からの兵器購入や将兵に対するソ連式の教育・訓練の予算にあてるという「近代化・正規化」路線を推し進めた。

　これにより，解放軍は行政への関与を弱め，軍事に特化した専門集団に様変わりするかに見えた。しかし，中ソ関係の悪化，大躍進運動をめぐって毛沢東と衝突した彭徳懐の失脚，そして文化大革命の最中の1967年に再導入された「軍事管制」により，「近代化・正規化」路線は挫折し，解放軍は再び中央と地方の行政に深く関与していくこととなる。　　　　　　　　　　（阿南友亮）

▷1　西北軍政委員会の主席には第一野戦軍司令員の彭徳懐が就任し，副主席には同軍政治委員の習仲勲（習近平の父親）が就任した。西南軍政委員会の主席には第二野戦軍司令員の劉伯承が就任し，副主席には同軍政治委員の鄧小平が就任した。華東軍政委員会の場合，第三野戦軍政治委員の饒漱石が主席となり，同軍司令員の陳毅が副主席となった。中国東北部から広東省まで進撃した第四野戦軍は，中南軍区と東北軍区を担当していたが，中南軍政委員会の主席には，同軍司令員の林彪が就任した。東北は，いち早く共産党の支配下に入った関係で，軍政委員会ではなく東北人民政府が設立され，その主席には，第四野戦軍の政治委員だった高崗が就いた。

▷2　中国は1950年10月に朝鮮戦争に参戦し，陸・海・空軍の装備・技能・練度・連携に優る米軍に対して大苦戦を強いられ，一説によれば1953年の休戦までに約90万人の死傷者を出したとされる。一方，ソ連からの支援により，朝鮮戦争の最中に解放軍の空軍が最新鋭戦闘機を数多く導入し，急速に発展したことは特筆に値する。

（参考文献）
阿南友亮『中国はなぜ軍拡を続けるのか』新潮選書，2017年。
川島弘三『中国党軍関係の研究 中巻 国防現代化過程と党軍関係』慶應通信，1989年。
平松茂雄『中国人民解放軍』岩波新書，1987年。

VIII　毛沢東時代の政治

反右派闘争

▷1　百花斉放・百家争鳴
古代の諸子百家にちなんだ
表現で，自由で多様な言論
活動を容認する政策方針を
指す。

▷2　1956年2月，フルシ
チョフは秘密報告でスター
リンの独裁と個人崇拝を批
判した。批判が明るみに出
たことで，他の社会主義国
家に動揺が拡大した。

▷3　過渡期の総路線
⇨VIII-1「新民主主義から
社会主義へ」側注8

▷4　整風運動
共産党内の思想や活動態度
を点検する運動。

▷5　日本国際問題研究所
中国部会編『新中国資料集
成』第5巻，日本国際問題
研究所，1981年，353-356
頁。

▷6　儲安平（1909-1966
？）
『光明日報』総編集長。

▷7　章伯鈞（1895-1969）
民主同盟副主席。

1　毛沢東による百花斉放・百家争鳴の提唱

　毛沢東が**百花斉放・百家争鳴**[1]を提唱しはじめたのは，フルシチョフのスターリン批判によって世界の社会主義国が動揺した1956年だった[2]。中国国内では**過渡期の総路線**[3]に基づく急速な社会主義改造が一段落つき，1956年9月の第8回全国代表大会は社会主義改造が基本的に完成したとする認識の下に開催された。この頃，毛は「いくらかの自由主義」を容認する考えを示しており，こうした変化の背景には，党員以外の人々による共産党批判を受け入れることで党内の**整風運動**[4]を行い，幅広い層の国民と共産党の団結を強化する狙いがあった。

　共産党内にはこの方針への反対意見もあったが，毛沢東は1957年前半を通して精力的に活動し，党員はもちろん教育界，文芸界，新聞界など各界の人々と対話し，共産党に対する意見提起を呼びかけていく。その結果，57年4月には「整風運動に関する中国共産党中央委員会の指示」が布告され，「非党員が整風運動に参加を希望するときは歓迎すべきである」と明記された[5]。

　当初はなかなか口を開かなかった人々も，徐々に意見を述べるようになり，各種座談会や新聞で，共産党が厳しい批判にさらされるようになった。この時期の有名な論者としては，**儲安平**[6]や**章伯鈞**[7]がよく知られている。儲は，国家をあたかも共産党の所有物とみなすような「党天下」の傾向を痛烈に批判した。章は，共産党だけが重要な政策を決める従来のやり方を問題視し，党外の組織にも政策決定過程に関与させる多元的政治システムの構築を提案した。

　毛沢東らが当初想定していたのは，党員の仕事のやり方などに関する個別具体的な批判であり，そのような外部からの批判を受け止めることで，党内の綱紀粛正が達成されると考えていた。しかし，儲安平ら知識人の共産党批判は，共産党による支配システムの根幹に関わるものであった。そのため彼らの意見は「行き過ぎた批判」と認識され，毛をはじめとする共産党員の警戒心を刺激する結果となってしまった。

2　反右派闘争への転換

　当初の想定よりも厳しい批判に直面した共産党は1957年6月以降，早くも従来の方針を転換し，「少数の右派分子が共産党と労働者階級の指導権に対し挑戦している」という状況認識の下で反右派闘争を開始した。共産党への意見提

起を呼びかけてから数カ月しか経たないうちに，今度は党を批判した人々の粛清を始めたのである。反右派闘争は，百花斉放・百家争鳴で噴出した党批判への対抗措置として行われた全国的な粛清運動だった。毛沢東にとって共産党は「全中国人民の指導の核心」であり，百花斉放・百家争鳴はあくまで党の綱紀粛正のためであって，党支配を揺るがすようなものではなかったのである。

この反右派闘争で批判された人々は牛鬼蛇神（妖怪変化）と呼ばれた。「妖怪変化は引き出してきて，みんなに公開し，その後みんながこれらの妖怪変化は良くないと認めたら打倒しなければならない」とされ，特に都市の知識人が批判のターゲットとなった。その結果，民主党派や知識人の集中している学校，研究所，病院，文化関係機関などが激しい粛清の嵐に飲み込まれることとなった。

取り締まるべき右派の数は上級機関が推定し，ノルマとして各現場に課された。そのため現場ではノルマ達成のための強引な取締りが横行した。さらに現場から報告される右派の数が増加すると，上級では右派の推定数をさらに多く見積もったノルマを現場に課すという悪循環が生じ，多くの人々が冤罪で苦しむ結果を生み出した。そもそも右派であるかどうかの政治的選定基準自体が曖昧なため，正当な建議をした者が右派にされたり，何人かで行う自由な議論が「反党小集団」とされたりした結果，右派の数が急増してしまったのである。[8]

全国的に見れば，この時期の反右派闘争を通しておよそ55万人の右派が誕生したといわれている。その「右派」とされた人々の多くは下放されて従来の職場を離れ，地方の労働現場で労働鍛錬に従事することを余儀なくされた。[9]

③ 共産党権力の絶対化

反右派闘争は人々を萎縮させ，共産党権力の絶対化へとつながる結果となった。人々は共産党への表だった異議申立を控えるようになり，さらに党員も同様に批判的な意見を提起しづらくなってしまったことで，党内の自浄作用が大きく損なわれる結果となった。

反右派闘争で利用された右派や牛鬼蛇神といったレッテルは，地主・富農・資本家などのような職業に由来した階級区分とは異なり，究極的には，党批判を行う者に対しては誰にでも適用可能なレッテルだった。そのため，たとえ階級が労働者でも，身分が幹部であっても，共産党の誤りを指摘すれば右派とされてしまう可能性が生じたのである。

また反右派闘争が共産党権力の絶対化をもたらすだけでなく，政治運動の急進化をもたらした側面にも注意を払う必要がある。本来批判的精神をもつべき知識人が口をつぐみ，人々が共産党の政策に対して意見をいえないことの弊害は，のちの大躍進運動ではやくも表面化することなり，反右派闘争における明確な基準のない政治的レッテルは，文化大革命においても多くの冤罪を生み出す一因となった。[10][11]

（金野　純）

▷8　薄一波『若干重大決策與事件的回顧』下巻，北京：中共中央党校出版社，1993年，618-623頁。

▷9　**下放**
辺境への移送。

▷10　**大躍進運動**
⇨Ⅷ-4「大躍進運動」

▷11　**文化大革命**
⇨Ⅷ-6「プロレタリア文化大革命の発動」

参考文献
久保亨『社会主義への挑戦――1945-1971』岩波新書，2011年。
丸山昇『文化大革命に到る道――思想政策と知識人群像』岩波書店，2001年。
ロデリック・マックファーカー／ティモシー・チーク／ユージン・ウー編（徳田教之・小山三郎・鐙屋一訳）『毛沢東の秘められた講話』上・下，岩波書店，1992・1993年。

Ⅷ　毛沢東時代の政治

4 大躍進運動

▷1 ⇨ Ⅷ-1 「新民主主義から社会主義へ」

▷2 反右派闘争
⇨ Ⅷ-3 「反右派闘争」

▷3 第二次五カ年計画（1958〜62年）における鉄鋼生産の目標値についていえば，56年当時1050〜1200万トンとされていたのが，58年5月の大会で2500〜3000万トンとなり，同年8月の北戴河会議までに8000万〜1億にトンにまで膨れ上がった。

▷4 土法高炉
農村においても鉄鋼生産を実施すべく，人民公社内に建設された小規模な溶鉱炉。多くの農民は，鉄を含んだあらゆる家財をこの溶鉱炉に投入した。

▷5 彭徳懐（1889-74）
湖南省出身の軍人で当時国防部長の地位にあった。毛沢東と同郷で近い関係であったがゆえに，「大躍進」の問題をあえて率直に指摘した。彭徳懐の意見書は毛個人に宛てた私信にすぎなかったが，毛はこれを会議

1 「大躍進」の背景

　中国は，1953年6月より本格的に社会主義工業化政策を進めたが，重工業偏重投資のひずみが，食糧や消費財の不足として徐々に明らかになっていった。ゆえに，56年後半から57年前半当時，多くの中国共産党指導者は，社会主義建設のスピードを緩めることで，重工業，軽工業，農業各部門の均衡のとれた発展を目指すことを主張した（「反冒進」）。しかし毛沢東は，社会主義が「速すぎる」ことよりは，「遅すぎる」ことに問題の原因を見出していた。毛は，急速な重工業発展の必要に見合うよう，公有制をさらに拡大・深化させること等によって遅れた部門を飛躍的に発展させることで均衡化を図るべきと考えた（「積極均衡論」）。

　こうした考えの下，毛沢東は，57年6月より展開した**反右派闘争**において，共産党体制を批判した党外の知識人を弾圧しただけでなく，「反冒進」を唱えた党内の多くの幹部に対しても「右派」のレッテルを貼り，その思想的立場を痛烈に批判した。この結果，毛沢東が主張する急進的な社会主義建設路線を批判する党内外の声は圧殺された。

　毛沢東はその急進路線を，57年11月にモスクワで開催された64カ国共産党労働者党会議から帰国して以後，より鮮明に打ち出すようになる。対米平和共存策などの面でフルシチョフ・ソ連共産党第一書記とは異なる考えを有していた毛は，ソ連に対する競争心を強くしていた。ゆえに毛は，「15年でソ連はアメリカを追い越す」というフルシチョフの発言に対抗し，「15年で中国はイギリスを追い越す」と宣言した。毛にとり，ソ連よりも速いスピードで社会主義建設を進めることは，東側陣営における自らの地位を高めるための方途でもあった。

2 「大躍進」の発動と人民公社

　1958年5月に開催された中国共産党第8回全国代表大会第2回会議において，社会主義を「多く，早く，立派に，無駄なく建設する」急進路線が党の方針として正式に採択され，これ以降，「大躍進」運動は全国範囲で本格的に実施されていくことになる。

　経済計画に関わる権限を委譲された地方の指導者たちは，反右派闘争後の政治的雰囲気の中で，きわめて野心的な生産目標値を設定することで毛への忠誠

を示した。これに促される形で，国家の生産目標値は短期間のうちに次々に上方修正されていった[3]。58年8月の政治局拡大会議（北戴河会議）では，各地方指導者が提起した夢想的な食糧生産目標値に基づき，農業の問題はすでに基本的に解決したとの見解が示され，以後，農村人口を含む大量の労働力を鉄鋼生産に動員する「大製鉄・製鋼運動」が全国各地で展開された。

北戴河会議では，農村において人民公社を設立することも正式に採択された。人民公社は，当時普及していた農業生産合作社を複数併合し（平均戸数約6100戸），さらにこれを行政機関（郷・鎮）と結合することによって組織された政治・経済単位で，工業，農業，商業，学校，軍隊のすべてを管理下に置いた。この新たな体制の下，農村の人々は，集団農業だけでなく，大規模な水利建設工事や，土法高炉[4]による鉄鋼生産のために大量に動員された。また人民公社は，中国農村社会を共産主義へと橋渡しするものと位置付けられており，ゆえに，「必要に応じた分配」という共産主義の理想を体現するものとして，いつでも無料で食事を提供する公共食堂を設けた。毛沢東らは，社会主義的生産関係をさらに深化させ，より速く共産主義へ過渡する道を切り開くことで，イデオロギー面においてソ連より優位に立つことを目指した。

❸ 盧山会議と大飢餓

だが，「土法高炉」で生産された鉄鋼の多くは使い物にならず，また，農業労働力の減少等に起因して農業生産も停滞した。他方，公共食堂において食糧が浪費されたほか，急増した工業労働人口を賄うための食糧徴発が厳しく行われた。この結果，農村の相当部分で食糧が不足する事態が発生した。

1958年冬頃より，毛沢東を含む中央の指導者たちもこうした状況を認識するようになり，59年7月に開催された政治局拡大会議（盧山会議）において，彭徳懐[5]がこれまでの「大躍進」政策の問題を指摘する意見書を提出した。だが毛は，彭と彼に賛同する幹部らを「右翼日和見主義反党軍事グループ」と認定し，厳しい批判の対象にした。これによって「大躍進」の失敗を是正する最大の機会は失われた。

結果，生産に対する客観的な条件を無視した無謀な政策は60年まで継続され，重工業，軽工業，農業各部門の生産量は大きく減少した。それにもかかわらず続けられた厳しい食糧徴発により[6]，農村の食糧不足は極度に深刻化した。飢餓とそれに起因する栄養失調，疫病が蔓延した結果，農村で2500〜4500万人の死者が発生した[7]。共産党指導部は，この惨事を主に自然災害によるものと発表したが，実際には文字どおりの「人禍」であり，毛沢東と彼に賛同した共産党指導部の政策の失敗であった。ゆえに，党指導部内においてもその衝撃は大きく，この後，失敗の原因と事後対応をめぐる毛沢東らと劉少奇らの意見の分岐は，文化大革命[8]の混乱へとつながっていくことになる。　　　　（角崎信也）

▷6　農村の末端幹部の多くは飢饉の状況を認識していたが，それでも厳格な食糧調達を継続した。1957年夏より，反右派闘争が農村に波及する形で展開された「整風運動（社会主義教育運動）」，および「大躍進」中に広く実施された「食糧隠し（瞞産私分）」摘発運動は，食糧徴発に反対する幹部を階級異分子として批判するもので，多くの幹部は，そうしたレッテルに伴う暴言や暴力から身を守ることを選択せざるを得なかった。

▷7　「大躍進」に関連する死者数について，信頼に足る公式の統計はない。比較的最近の研究では，楊継縄が3600万（1959〜61年），フランク・ディケーターが4500万（59〜62年）という見積もりを示している。楊継縄（伊藤正徳訳）『毛沢東——大躍進秘録』文藝春秋，2012年，25頁；フランク・ディケーター（中川治子訳）『毛沢東の大飢饉』草思社，2011年，455頁。

▷8　文化大革命
⇨Ⅷ-6　「プロレタリア文化大革命の発動」

参考文献

中兼和津次『中国経済論——農工関係の政治経済学』東京大学出版会，1992年，第7章。
天児慧『巨龍の胎動——毛沢東VS鄧小平』講談社，2004年，第3・4章。
久保亨『社会主義への挑戦——1945-1971』岩波新書，2011年，第3章。

Ⅷ　毛沢東時代の政治

5 チベット動乱

▷1　ダライ・ラマ14世
（1935-）
1935年，青海省東部の農民の子として生まれ，4歳でダライ・ラマの生まれ変わりとされ，5歳で即位した。ダライ・ラマは「大海の如き上人」を意味し，観音菩薩の化身とされる活仏である。活仏制度は，仏教の高い境地に達した存在が，衆生を救うために何度でも人間の体をかりて生まれ変わるという発想に基づき，聡明な子どもに厳しい訓練を施して仏教・政治の指導者とするものである。

▷2　チベットは仏教の聖地として，満洲人皇帝やモンゴル・漢の信徒から多大な布施を受けていた。政治的には「藩部（騎馬民族の世界の論理で清に従属していた地域）」の一つと位置付けられ，北京の理藩院による監督の下，僧俗の官僚を中心とした政教一致の社会を営んでいた。

▷3　⇒Ⅰ-1「『中国』の由来」

▷4　英国は「中国のチベットに対する宗主権」を掲げ，中国・チベットの三者でシムラ会議を開催したものの，中華民国はシムラ会議の結果を拒否し，常にチベットへの主権行使にこだわった。ただ，国力を欠く民国の抗日において英国の支援は欠かせず，英国を

① 近代中国ナショナリズムによる混乱とチベットの自立

　一般的にチベット動乱とは，1959年3月に中国共産党（以下，中共と略す）政府とダライ・ラマ14世[1]との関係が破綻し，ダライ・ラマ14世がインドに亡命し，「民主改革」が始まったことを指す。しかし，動乱の背景と，チベット問題の解決の困難さを知るためには，歴史的背景をも踏まえる必要がある。

　チベットとその仏教は，清という帝国にとって欠かせない構成要素であった[2]。しかし19世紀後半以後，清とチベットの関係は，清の没落と近代的な主権・国民国家概念の流入によって変質した。清が支配する範囲に均質な「中国人」「中華民族」の社会をつくろうとする中国ナショナリズムが現れると，漢字・儒学を知らないチベットにも西洋・日本風の近代化を及ぼし[3]，仏教中心の社会を改変する方針が掲げられた。そこで清末には，各地でチベット人が抵抗しただけでなく，ダライ・ラマ13世はしばらく英領インドに逃亡した。

　1911年に辛亥革命が起こると，チベットのダライ・ラマ政権は，形骸化した清との関係が完全に終わったと判断し，事実上の自立を実現した。しかし，アジアにおける複雑な国際関係の中，チベットは主要国から正式な独立主権国家とみなされず，英国の庇護のもと閉鎖的な国家運営を行うことに終始した[4]。

② 「十七条協定」に呑み込まれたチベット

　第二次世界大戦による日本の敗北，英国の没落，1947年のインド独立，1950年の朝鮮戦争勃発により，チベットへの国際的注目は減り，中国ナショナリズムがチベットを取り込む上できわめて有利な局面が現れた。毛沢東は西南・西北の人民解放軍を総動員し，1951年にはダライ・ラマ政権に対して「十七条協定」を強要し，中華人民共和国の一部分とした。十七条協定の趣旨は，人民共和国の他の地域における「資本家・地主など搾取階級からの解放」ではなく，英国の影響の排除を意味する「帝国主義からの解放」であった。しかしチベットから見た場合，英国の退潮によってこれ以後は社会主義中国の苛酷な支配にあえぐことになるため，中国の主張は一方的にすぎよう。

　ともあれ，当初「チベット解放」は「帝国主義からの解放」であったため，1951年以後もダライ・ラマ政権改めチベット地方政府は存続し，中共チベット工作委員会との二重権力状態とされた。その上で両者が，将来のチベット自治

区成立と漸進的な社会主義化に向けた話し合いを進めるはずであった。

3 二重権力の衝突と東チベットの混乱，そしてダライ・ラマ亡命へ

しかし中共チベット工作委員会は，毛沢東への忠誠を示すためにも社会主義化を急ぐ焦燥感に駆られ，次第にチベット地方政府を無視するようになった。また，交通が不便で外部からの補給が困難な時代に，大軍がチベットに駐屯したため，物不足でインフレが激化し，一般庶民も含めて中共への不満が高まった。

このような情勢に拍車をかけたのが，甘粛・青海・四川・雲南のチベット人地域（以下，便宜的に東チベットと呼ぶ）における大混乱である。東チベットでは，各省軍閥と入れ替わりでやって来た中共を支持する著名な活仏・僧侶や豪族が政治協商会議に参加し，中共と一般庶民との橋渡し役となった。ところが，東チベットで次第に中共党組織が整い，チベットの実情に暗い外来の党員が1956年以後人民公社化を機械的に進めると，半農半牧の仏教社会と人民公社は馴染まないと考えた多くのチベット人は武装蜂起し，1957～58年頃には東チベット全体が大混乱に陥り，その余波は当然チベット地方政府の範囲にも及んだ。1959年3月，人民解放軍がダライ・ラマ14世を観劇に招待すると，チベット地方政府の側ではその意図に対する疑念が高まり，ついに一触即発の中でダライ・ラマ14世はインドに亡命した。

4 「民主改革」とパンチェン・ラマ

旧チベット地方政府の範囲ではその後，「世界で最も暗黒で残酷なチベット社会を共産党が解放したのは正しい」という毛の見解の下，一部の貧民を「積極分子」に仕立てて封建領主や寺院の特権を否定し，末端まで共産党委員会を及ぼし社会の主人公とする「民主改革」が進められた。その結果「チベット人民が自発的に旧社会を打倒し生まれ変わった」とされ，1965年にはチベット自治区が成立した。しかし実際の過程は，中共による恐怖政治そのものであった。

チベット仏教第二の活仏であるパンチェン・ラマ10世は，先代9世とその関係者が民国期にダライ・ラマ13世と対立して以来中国寄りの立場であり，中国の主権の下でチベット社会を改良するという立場であったため，動乱にもかかわらず中国内に留まっていた。しかし10世は，中共の強引な政策によるチベット社会の混乱・崩壊と極貧化に抗議する『七万言上書』を1963年に提出した。毛沢東の不興を買った彼は，文化大革命で批判・投獄された。

改革開放初期の1982年，胡耀邦総書記の下で開かれたチベット工作会議では，毛沢東時代の政策が否定され，チベットの社会・文化と調和した漸進的な近代化政策が確認された。しかし，毛沢東時代の抑圧の歴史や，ダライ・ラマ14世を「分裂主義分子」と位置付けて批判を強要することへの反発はくすぶり続け，2008年には大規模な独立運動が起こり，中国は強硬な弾圧を続けている。（平野　聡）

無視してチベットを取り込むことはできなかった。

▷5 東チベットの豪族や寺院権力（寺院が豪族から土地と人々を寄進されていた）は，宗教的にはラサと結びつき，チベットの言語と文化を共有しながらも，政治的にはダライ・ラマ政権との主従関係はなく，明や清の皇帝と個別に結びつき，北京からは「土司」と呼ばれ，清代には北京のきわめて緩い管理の下にあった。しかし清末以後の四川西部では，土司の支配を撤廃して県を設置する動きが，複雑な利害対立や西に隣接するダライ・ラマ政権の警戒を引き起こし，土司，ダライ・ラマ政権，四川の劉氏軍閥が入り乱れる混乱が続いた。ムスリムの馬氏軍閥が台頭した青海や甘粛南部では，羊毛交易独占を狙う馬氏の横暴に対するチベット人の反発が強まった。このため，中共が秩序回復を掲げて東チベットに影響を及ぼすと社会の上層部で中共支持の動きが一時的に広まった。

参考文献

毛里和子『周縁からの中国民族問題と国家』東京大学出版会，1998年。
加々美光行『中国の民族問題——危機の本質』岩波現代文庫，2008年。
阿部治平『もうひとつのチベット現代史——プンツォク=ワンゲルの夢と革命の生涯』明石書店，2006年。
平野聡「近現代チベット史における『親中』の位相」毛里和子編『現代中国の構造変動7　中華世界——アイデンティティの再編』東京大学出版会，2001年。

Ⅷ　毛沢東時代の政治

プロレタリア文化大革命の発動

1　中ソ対立と中国共産党内の不協和音

　1950年代後半から悪化した中ソ関係は中国国内政治に影響を及ぼした。フルシチョフの**スターリン批判**[1]に衝撃を受けた毛沢東らは，ソ連の路線変更を修正主義として警戒し，階級闘争論を強調した[2]。階級闘争論のレトリックは，のちに国家主席である**劉少奇**[3]が「資本主義の道を歩む実権派」として迫害される際，重要な理論的根拠となった。

　中ソ対立によって国際関係が緊張する中，中国国内では大躍進運動の失敗などもあり共産党内に足並みの乱れが生じていた。1959年の**盧山会議**[4]では，偏った経済政策に危機感を抱く**彭徳懐**[5]の建議書が，毛沢東に痛烈に批判され，彭に賛同した人々は「反党集団」と批判された。彭に替わって国防部長に就任した**林彪**[6]はその後「毛主席の親密な戦友」として文化大革命（文革）で権勢を振るうことになる。

　文革直前の社会主義教育運動でも，毛沢東は「資本主義の道を歩む実権派」との階級闘争の必要性を強調した。この「資本主義の道を歩む実権派」というレッテルは，1966年以降の文革において共産党幹部を粛清する際にたびたび利用される常套句となった。

2　文化大革命の発動と政治闘争

　1965年に「**海瑞罷官**」[7]という文章を書いた**呉晗**[8]が，**姚文元**[9]，**江青**[10]，**張春橋**[11]らによって批判され，呉晗の執筆仲間も連座して批判を浴びた。これに対して呉晗らの上司だった**彭真**[12]は，批判を学術的議論の範囲内におさめようとする**二月要綱**[13]をまとめた。しかし，それに不満をもった毛沢東らが主導し，66年5月16日「中国共産党中央委員会の通知（五・一六通知）」が採択されて二月要綱は取り消された。さらに政治局常務委員会の下，中央文化革命小組（文革小組）が設置され，**陳伯達**[14]が組長，**康生**[15]が顧問を務め，江青もメンバー入りした。この五・一六通知で初めて「プロレタリア文化大革命」という表現が使用された。通知では資産階級反動思想の徹底的批判が叫ばれ，彭真らは「反党集団」のレッテルを貼られ，職務停止や職務解任に追い込まれた。

　この政治的奔流の中，1966年8月の中国共産党第8期中央委員会第11回全体会議で「プロレタリア文化大革命に関する決定（一六条）」が採択された。一六条では毛沢東思想が革命の行動指針と規定され，資産階級の古い思想，文化，

風俗，習慣の打破（四旧打破）や「資本主義の道を歩む実権派」の批判が奨励された。他方，党組織による大衆の抑圧や弾圧は禁止されたため，一六条採択後の中国では無数の大衆組織が誕生し，熱狂的な毛沢東思想原理主義や政治的思惑などが複雑に重なり合いながら，文革は中国全土に急拡大した。

❸ 文化大革命の社会への拡大

　五・一六通知が採択されたのと同じ頃，北京大学講師の聶元梓[16]らは大学指導部を批判する壁新聞を貼り出し，それは毛沢東の支持を得て全国報道された。その後全国の大学で指導部批判の壁新聞が激増して多くの大学当局がマヒ状態に陥った。また清華大学付属中学では紅衛兵と称する学生組織が結成され，「プロレタリア階級の革命精神万歳」と題する壁新聞を貼り出した。「革命とはつまり造反だ。毛沢東思想の精髄はつまり造反だ」と書き出されたこの壁新聞に毛は熱烈な支持を表明し，紅衛兵を名乗る無数の学生組織が各地で誕生した。

　毛沢東はたびたび北京で100万人規模の集会を開催し，紅衛兵を文革へと駆り立てた。四旧打破の呼びかけの下，多くのサービス施設や宗教施設が破壊の対象となり，被差別階級の「黒五類[17]」に加え，裏切り者，スパイ，走資派（資本主義の道を歩む者）といったレッテルで多くの幹部や大衆が迫害を受けた。知識人も「九番目の鼻つまみ者（臭老九）」と呼ばれ，家宅捜索や暴力の対象となった。また文革によって政府や軍隊も含むほとんどの職場で造反派が組織され，幹部への暴力的な吊し上げが横行した。高級幹部も例外ではなく，劉少奇，陳雲[18]，鄧小平といった最高幹部ですら迫害を逃れることはできなかった。

　文革の混迷が深まっていた1967年1月，上海などの一部地域で職場や行政機関の管理権限を造反派の大衆組織が奪い取る奪権闘争が始まった。その動きは大々的に報道され，瞬く間に全国に拡大した。同時に奪権の主導権をめぐって大衆組織間の派閥闘争も激化し，全国各地で暴力的な武闘が繰り広げられた。武漢では地元の軍隊も巻き込んだ大規模な武力衝突事件が発生し，中央政府に衝撃を与えた[19]。この混乱した政治社会状況の中，1967年初頭，中国では新たな権力機構が模索された。パリ・コミューン型の権力機構も構想されたが，最終的には大衆・軍・幹部の「三結合」を掲げた革命委員会が全国に組織された。以降，革命委員会の下で社会的混乱は徐々に収束局面へと向かったが，暴力的な抑圧も行われたため文革の犠牲者はむしろこの時期に急増した。

　中央の政治的迫害の嵐は続き，文革小組の江青らは頻繁に紅衛兵組織を接見し，敵とみなした幹部の迫害を煽動した。中でも国家主席だった劉少奇は激しい批判を受け，1968年に党内外の一切の職務を停止され，1969年に監禁先で悲惨な死を遂げた。一方で文革小組メンバーは同年に開催された中共第9期一中全会でみな中央政治局員に昇格，その後は人民解放軍とともに文革に大きな影響力を振るった。

（金野　純）

判された。

▷ 11　張春橋（1917-2005）
上海市党委員会候補書記。

▷ 12　彭真
⇒Ⅷ-1「日中国交正常化前史」側注5

▷ 13　二月要綱
「当面の学術討論に関する報告要綱」の通称。

▷ 14　陳伯達（1904-1989）
中央文化革命小組組長。

▷ 15　康生（1898-1975）
中央文化革命小組顧問。

▷ 16　聶元梓（1921-）
北京大学講師。

▷ 17　黒五類
地主，富農，反革命分子，悪質分子，右派分子の出身者を指している。一方で，「紅五類」は労働者，貧農・下層中農，革命軍人，革命運動中の犠牲者，革命幹部の出身者を指す。

▷ 18　陳雲（1905-1995）
国務院副総理。

▷ 19　武漢では大衆組織の「百万雄師」と「工人総部」が，軍隊や政治指導者も巻き込んだ大規模な武力闘争を繰り広げた。

【参考文献】
安藤正士・太田勝洪・辻康吾『文化大革命と現代中国』岩波新書，1986年。
陳東林・苗棣・季丹慧主編（徳澄雅彦監訳）『中国文化大革命事典』中国書店，1997年。
ロデリック・マクファーカー／マイケル・シェーンハルス（朝倉和子訳）『毛沢東　最後の革命』上・下，青灯社，2010年。

Ⅷ 毛沢東時代の政治

 7 プロレタリア文化大革命の収拾

1 軍の台頭

　中央・地方における党政幹部の大量の失脚，またその結果として党政機関の全面的な機能停止をもたらした文化大革命（文革）は，1969年の中国共産党第9回全国代表大会（第9回党大会）を契機として収拾の局面に入ることになる。そして，地方（省）党委員会の再建を軸として進みはじめた文革収拾のプロセスを主導していたのは，復活した党委員会において支配的地位を占めていた人民解放軍であった。▷1

　しかし，再建された党委員会における軍（幹部）の支配的地位は，解放軍または毛沢東が当初から意図した結果ではなかった。先立って設立された革命委員会同様，党委員会再建の原則とされたのは，軍代表，革命幹部代表，そして大衆代表の連携だったからである。ところが，大衆代表は内部の派閥闘争により，幹部代表は復職の遅延により影響力を発揮できず，結果として軍幹部の主導下で指導部の改組が行われた。

　もっとも，注意が必要なのは，党委員会を掌握した軍代表も一枚岩ではなかったことである。その理由は，軍幹部らの出身母体が一様でなかったこと，さらには，異なる部隊間の協力を可能にする統一した指揮命令体系が欠如していたことにある。同時に，同様の部隊でも，文革初期の派閥闘争への関与により内部で新たな亀裂が生じていたことも指摘せねばならない。

　こうして見ると，地方党組織の再建を軸に始まった文革収拾のプロセスが，当初期待された成果をあげられなかったことは容易に推測できる。実際，党委員会内の分裂と派閥争いは，統治業務の効率的な遂行を著しく阻害した。また，軍の台頭による統治体制の軍事化は，国民経済の管理能力の低下とともに，統治の暴力化をその結果とした。文革期の人的被害が党大会後の収拾期に集中していた事実は，こうした事情を背景にしている。

　ちなみに，こうした軍主導の統治システムの形成には，対外情勢の変化，とりわけ中ソ関係の悪化が影響していた。中ソ関係は，1969年4月の珍宝島での軍事衝突に見られるように，危機的な状況にあった。▷2 こうした状況は，一部の部隊の原状復帰をもたらしたが，他方で，軍の政治関与を正当化する要因として作用した。ソ連との全面戦争の可能性が現実味を帯びていく中，戦争に備えた動員体制の構築のためにも，軍の政治関与が必要とされたのである。

▷1 文革中の人民解放軍の台頭は，紅衛兵と造反運動を中心にした既存の文革イメージに修正を求めるものである。事実，紅衛兵が活躍していたのは革命最初の時期であり，革命委員会の設立に伴い，その影響力は急速に低下していった。

▷2 1969年3月，中国とソ連の国境になっているウスリー川の中洲である珍宝島（ダマンスキー島）の領有権をめぐって発生した大規模な軍事衝突。珍宝島事件（ダマンスキー島事件）。

2 林彪事件

　こうして統治システムにおける軍の影響力が強まりつつある中，文革のその後の展開に重大な影響を及ぼした事件が発生する。林彪事件である。中国側の公式言説によれば，1969年の党大会で公式の後継者と指名された林彪（とその取り巻き）が「反革命クーデター」を企図したが失敗し，ソ連に逃走しようとした途中，彼を含む全員が墜落死した事件である。

　林彪事件については，依然として不明な点が数多く残っている。しかし，近年の研究は，公式言説とは異なるいくつかの新知見を提供している。一つは，林彪が直接「反革命クーデター」の計画と実行に加担していたことを示唆する証拠は見当たらないことである。もう一つは，事件の根源は，党大会以降高まっていく林彪の権威に対する毛沢東の不安と，それが露骨な圧力と化していくことに対する林彪（の取り巻き）の危機感にあった，ということである。

　いずれにせよ，林彪事件が文革の展開に重大な影響を及ぼしたことは間違いない。その影響とは，公式の後継者によるクーデターの試みとその突然の墜落死が，文革の正統性，ひいては毛沢東自身の権威に与えたダメージに由来していた。すなわち，当該事件以降，毛沢東は，そのダメージを抑え，かつ文革の「成果」を守ることに政治的資源を集中せざるを得なくなったのである。

　実際，1972年を通じて，毛沢東は，健康状態の悪化も相まって，政治の一線から事実上身を引くことになる。その一つの結果が文革収拾のいっそうの具体化であった。1972年の生産力の回復や失脚幹部の復帰，同年の対米外交の調整などは，政治危機に直面した毛沢東の戦略修正の結果であった。

　しかし翌年，復帰した毛沢東は，文革の「成果」を守るための巻き返しを図る。1974年初めに始まった批林批孔運動は，こうした思惑の結果であり，文革収拾をめぐる政治状況は再び不安定化していった。

3 毛沢東の死

　1976年，中国は悲報と災難に見舞われていた。多くの犠牲者を出した唐山大地震はもとより，年度初めから指導者たちの死去が続いた。特に1月8日の周恩来の死去は多くの人を悲しませた。そして9月9日，毛沢東が死去した。

　毛沢東の死は，独裁者の死がそうであるように，体制変革の契機を与えるものであった。もっとも，当面の課題は文革が残した混乱の収拾である。しきりに行われた政治運動がもたらした精神的疲弊はもとより，生活物品の不足，高等教育のマヒ，都市に戻った青年たちの失業まで，問題は山積していた。しかし長期的に見てより重要な問題は，毛沢東と彼の時代をいかに総括するかであった。

（林 載桓）

▷3　林彪（1906-71）
軍事指揮官として国民党との内戦の勝利に大きく貢献した。中華人民共和国建国後は，国防部長，共産党副主席などを歴任した。

▷4　批林批孔運動
1973〜74年に中国で展開された林彪，孔子を批判する政治運動。本当の狙いは周恩来批判であったとされる。

▷5　唐山大地震
1976年7月28日，中国河北省唐山市で発生したM7.8の大地震。周辺部を含め約65万人が死亡したといわれている。

▷6　周恩来（1898-1976）
中華人民共和国の建国以来，1976年に死去するまで国務院総理を務めた共産党の指導者。

▷7　毛沢東時代をどう見るかについては，種々の見方がある。確かなのは，毛沢東の死去の時点で中国は，決して彼の描いていた理想の状態に到達していなかったことである。代わりに，毛沢東の死が残したのは，複雑で混沌とした現実であった。

【参考文献】
林載桓『人民解放軍と中国政治——文化大革命から鄧小平へ』名古屋大学出版会，2014年。
高文謙（上村幸治訳）『周恩来秘録』上・下，文春文庫，2010年。

Ⅸ 毛沢東時代の外交

社会主義国としての外交

1 向ソ一辺倒

1949年10月1日に成立した中華人民共和国は，三つの基本的外交原則を示した。それが①向ソ一辺倒，②「別のかまどを作る」，③「部屋をきれいにしてから客を招き入れる」である。

向ソ一辺倒とは，次第に明確化しつつあった**米ソ冷戦**の中で，中間の道を模索したりせずに，中国は完全にソ連陣営に属する，という宣言であり，1949年6月30日に発表された。1949年12月，毛沢東はソ連を訪問し，3カ月の滞在と交渉の末，1950年2月14日に中ソ友好同盟相互援助条約が調印され，**中ソ同盟**が成立した。中ソ同盟には，ソ連の中国東北や新疆における利権を一部認めるなど，中国にとって不満な部分もあったとはいえ，ソ連からの大規模な経済・軍事援助は，中国の国家建設にとって大きな意義があった。

中華人民共和国成立後，米国ではいわゆる「失われたチャンス」論争が起きた。すなわち中国共産党は共産主義というよりは民族主義政党であり，うまく関係を作ることができていれば，これを中立化できたかもしれなかったという議論である。しかし現実には，**毛沢東**は米国を主要な敵として認識しており，そうした可能性はきわめて低かった。ただし，中立化のチャンスはなくとも，米中対立の度合いは必ずしも高くなかった。中国は，米国の介入の可能性はそれほど高くなく，台湾を解放して統一を完成させることができると見込んでいた。

2 「別のかまどを作る」「部屋をきれいにしてから客を招き入れる」

残りの二つの原則は，中国の新たな外交関係構築の原則である。「別のかまどを作る」とは，中華民国の一切の外交関係を受け継がず，新たな交渉によって外交関係を再構築するというものである。一般的な国際的慣例として，ある国家において新政権が成立した場合，新政府は旧政府の外交関係を引き継ぐ。しかし中国共産党は革命政権として，中華民国の外交関係を引き継がないことを宣言したのである。また「部屋をきれいにしてから客を招き入れる」は，ソ連を除く西側の帝国主義の，中国における特権を取り消し，その活動を排除することである。

これら原則の上に，新たに外交関係を作り直すというのが，中華人民共和国建国初期の対外関係の原則であった。社会主義圏のほか，アジアや欧州の一部の国家は中国と国交を樹立したものの，米国，フランスをはじめ，1952年に主

▷1 **米ソ冷戦**
第二次世界大戦後生じ，1989年まで続いた，米国を中心とする西側陣営と，ソ連を中心とする東側陣営の，軍事・経済・政治・イデオロギー上の対峙状況。

▷2 **中ソ同盟**
1950年に30年の有効期限で成立した中ソ間の同盟。中ソ友好同盟相互援助条約は，日本あるいはその同盟国による侵略によって戦争が起きた場合，全力で軍事・経済上の支援を行うことを規定していた。

▷3 **毛沢東**（1893-1976）
⇨Ⅷ-1「新民主主義から社会主義へ」を参照。

▷4 アジア・欧州で1950年に中国と国交樹立したのは，ビルマ，インド，パキスタン，インドネシア，デンマーク，フィンランド，スウェーデンなど。またイギリスやオランダは国家承認したものの国交樹立は1954年まで待つこととなった。

権を回復した日本など多くの国家は，中華人民共和国を承認せず，台湾の中華民国を中国の正統政府として承認し続けることとなった。また国際連合においても代表権は中華民国にあり，中華人民共和国はこれに加わらなかった。したがって，より多くの国家から承認を獲得し，中国の正統政府として国際連合における代表権を獲得することが，中国外交の大きな目標の一つとなった。

③ 朝鮮戦争とアジアにおける冷戦

　1950年6月25日，金日成[5]率いる北朝鮮が韓国に侵攻したことで朝鮮戦争[6]が勃発した。中国は同年7月に東北辺防軍を組織し，戦争が中国国境にまで及んだ場合に備えた。同年9月，仁川上陸作戦によって国連軍が優位に立ち，中朝国境沿いに向けて進撃すると，スターリン[7]は中国の参戦を要請した。中国指導部内では議論があったものの，最終的に同年10月，中国は中国人民志願軍という形で朝鮮戦争に参戦した。中国人民志願軍は，緒戦では優勢となり，一挙にソウルを占領するまで国連軍を押し返したものの，その後米軍を中心とした国連軍の圧倒的火力の前に苦戦し，1951年春には戦争は膠着状態となり，1953年に停戦した。

　朝鮮戦争が始まると，米国はアジアにおける対中封じ込め政策を強化し，フィリピン，日本，韓国との間に二国間同盟を結び，オーストラリア，ニュージーランドと太平洋安全保障条約（ANZUS）を締結した。また1952年に西側諸国により対中国輸出統制委員会（CHINCOM）が設立され，中国に対する経済封鎖が始まった。

　さらに中国にとって重要だったのは，台湾解放が遠のいたことである。朝鮮戦争をきっかけとして，台湾海峡中立化のために米国の第七艦隊が派遣された。人民解放軍は海空軍力が脆弱であり[8]，1950年時点で台湾に侵攻する能力をもたなかったと思われるが，米国の関与がより明確となったことで，台湾解放の展望は不確かなものとなったのである。

④ アジア諸国との関係

　1950年から中国共産党は，特にアジアにおいて武装闘争路線をとっていた。すなわち，アジア植民地の独立運動や，すでに独立しているアジアの民族主義的政権に対する闘争において，現地の共産主義勢力が武装闘争を行うことを，支持ないしは支援したのである。

　たとえば中国は，1950年より，ベトナムの共産主義勢力のフランスに対する闘争に，軍事顧問の派遣，兵器供与などの援助を実施した。またソ連共産党とともに日本共産党に圧力をかけて，武装路線への転換を強制した。

　しかし武装闘争路線はその有効性がきわめて疑わしかったこと，さらに1953年のスターリンの死去により，ソ連の外交政策も変化したことなどから，武装闘争路線は，1953年には収束した。

（山口信治）

▷5　金日成 (1912-1994)
北朝鮮の指導者。

▷6　朝鮮戦争
1950年6月25日に北朝鮮側の攻撃によって開始され，1953年7月27日の休戦協定で停戦した戦争であり，現在でも名目上は継続中である。

▷7　ヨシフ・スターリン (1878-1953)
ソ連の指導者。ソ連を工業化された社会主義国として建設する一方，大規模な粛清を行い，全体主義体制を確立させた。

▷8　1949年10月の金門島における古寧頭戦役で人民解放軍は完敗し，渡海作戦の困難さが明らかとなっていた。

（参考文献）
朱建栄『毛沢東の朝鮮戦争』岩波書店，1995年。
松村史紀「中ソ同盟の成立（1950年）——「戦後」と「冷戦」の結節点」『宇都宮大学国際学部研究論集』第34号，2012年。
沈志華（朱建栄訳）『最後の「天朝」——毛沢東・金日成時代の中国と北朝鮮』上・下，岩波書店，2016年。

Ⅸ　毛沢東時代の外交

「二つの中国」と台湾海峡危機

1　「二つの中国」と米国

　1949年10月に中華人民共和国（以下，中国）が成立し，同12月に中華民国政府（以下，国府）が台湾へ遷った後も，浙江省，福建省，雲南省の一部，海南島などには国府軍の占領地域があった。中でも，国府が撤退した台湾の「解放」は，共産党にとって重要な課題であった。▷1 しかし，中国にはそのための海空軍力が決定的に不足していた。そして，1950年6月に朝鮮戦争が勃発し，米国が台湾防衛への関与を明確に示すと，「台湾解放」は実質的に棚上げされた。

　1950年10月に中国人民志願軍が朝鮮戦争に参戦すると，米国は一方で中国政府の不承認と対中禁輸を掲げ，他方では台湾防衛への関与を強化し，軍事顧問団を派遣した。さらに，翌1951年の国連総会において，米国は他の西側諸国とともに，中国を「侵略者」として非難する決議を可決した。その結果として，国府は国連安全保障理事会常任理事国としての地位を，西側諸国の支援を得ながら，「中国」を代表する政府として保持することとなった。

　1953年に朝鮮戦争が休戦を迎えた後も，中国の海空軍力は依然として不足し，米国が引き続き台湾を防衛する可能性は高かった。そこで，毛沢東は国府が占領する福建省沿海の金門・馬祖▷2▷3を砲撃し，浙江省沿海の一江山島や大陳島を攻撃しつつ，米国の出方を窺った。こうした一連の軍事行動によって1954年から1955年にかけて発生したのが，第一次台湾海峡危機である。この過程で，米国は国府と米華相互防衛条約を締結して台湾・澎湖諸島の防衛姿勢を明確化したが，その他の離島防衛への姿勢は消極的であり，国府の大陳島からの撤退を促し，護衛した。

2　第二次台湾海峡危機と分断線の固定化

　第一次台湾海峡危機以降，中国は「台湾解放」を「長期的な課題」と位置付けて「平和解放」を掲げ，米国との大使級会談に応じるなど，交渉や宣伝によって米国に台湾からの撤退を迫る方針に転じた。ところが，1958年に毛沢東は再び金門砲撃を命令し，第二次台湾海峡危機を勃発させた。この決定の背景には，金門・馬祖に対する米国の姿勢を試すこと，米中大使級会談の膠着状態を打開すること，大躍進政策への大衆動員に「台湾解放」のスローガンを利用することなど，複合的な動機があったと見られる。

▷1　本節で「台湾」とは，基本的に台湾移転以降の国府が実効統治を続けている全領域を指す。ただし，台湾，澎湖諸島，金門，馬祖など個々の領域を表す場合には台湾島を指す。

▷2　金門
福建省厦門市に海を隔てて近接する，大金門島，小金門島，大胆島，二胆島などから構成される島嶼群。一番近い島で中国から2キロ強しか離れていないが，国府が最前線の軍事基地として保持し，今日も台湾の政府が統治している。

▷3　馬祖
福建省連江県に属する南竿島，北竿島などの島々から構成される列島。金門と同様，今日も台湾の政府が統治している。

解放軍が金門を砲撃すると，米政府と国府との間では金門・馬祖の防衛をめ
ぐり意見の相違も見られたが，蒋介石は「大陸反攻」の前哨基地である金門・
馬祖の保持を主張して譲らなかった。ただし，危機の過程を通じて，蒋介石が
主張する中国大陸への反撃は封じ込められた。台湾への撤退以来，「大陸反攻」
は蒋介石の悲願であり続けたが，米国は台湾防衛と「大陸反攻」への支援を区
別し，後者を慎重に抑制していたのである。

二度の台湾海峡危機を経て，中国と台湾の分断線は現在と同様の状態でほぼ
固定化し，武力による現状変更がなされる可能性は低下した。第二次台湾海峡
危機後，解放軍が奇数日に金門を砲撃し，偶数日は台湾から砲撃を行うことが
形式化し，次第に実弾ではなく，宣伝砲や空砲などが使用されるようになった。
このような金門・馬祖を介した形式的な軍事的緊張の継続は，米国の「台湾解
放」と「大陸反攻」に対する二重の抑制に対し，中国政府と国府の双方が内戦
の継続と「二つの中国」への反対を主張するという意味ももっていた。

③ 冷戦構造の変容と「二つの中国」の外交競争

このように，台湾海峡を挟み二つの政府が中国内戦の継続を主張していたも
のの，東アジア冷戦の下では「台湾解放」も「大陸反攻」もなされない状況が
継続した。この間，一方で1960年代後半の中国には文化大革命の嵐が吹き荒れ，
他方で台湾にはベトナム特需などを受けた高度経済成長の恩恵がもたらされた。
そして，国際社会においては，中国政府と国府をそれぞれ承認すべしという，
「二つの中国」の主張が次第に強まった。

ところが，中国政府も国府も，互いに自らが「中国」を代表する唯一の合法
な政権であると主張し，第三国からの承認獲得や国連の中国代表権をめぐり激
しい外交競争を繰り広げた。こうした外交競争において，1950年代は国府が優
勢であったが，1960年代を通じて形勢が徐々に変化し，1970年代には立場が逆
転した。1971年に国連の「中国」代表が国府から中国政府へと交代し，1972年
に米中上海コミュニケが発表されると，西側諸国は次々と中国政府と外交関係
を樹立し，国府はそれらの諸国と断交した。

国際社会における立場が強まるに伴い，中国政府は主に西側諸国との外交関
係樹立に際し，台湾問題をめぐる合意事項を明文化することで「二つの中国」
の主張に対抗しようとした。台湾の民主化後，中国政府はそれらを①世界で中
国はただ一つ，②台湾は中華人民共和国の領土の不可分の一部，③中国政府は
すべての中国人民を代表する唯一の合法政府という三点に定式化し，国際社会
における「一つの中国」原則だと主張している。しかし，当時の交渉過程や結
果を振り返ると，西側諸国による同意の限定あるいは留保が見て取れることも
事実である。つまり，中国と国際社会の間には，台湾問題をめぐる「不同意の
同意（agree to disagree）」が今もなお横たわっているといえよう。（福田　円）

▷4　蒋介石
⇨Ⅱ-3「近代国家建設へ
の模索」側注7。台湾へ
遷った後，1975年に死去す
るまで国府の総統であり続
けた。

▷5　この点について，今
日台湾の政府が「中国」の
代表を主張することは稀で
ある。しかし，中国政府が
主張する「一つの中国」原
則により，第三国が中国と
台湾の両政府と同時に外交
関係をもつことは現在もな
お難しい。

【参考文献】
戴天昭『台湾法的地位の史
的研究』行人社，2005年。
福田円『中国外交と台
湾──「一つの中国」原則
の起源』慶應義塾大学出版
会，2013年。

Ⅸ　毛沢東時代の外交

平和共存五原則

1　平和共存五原則の提唱

　1953年7月，朝鮮戦争の休戦協定が締結された。この後，中国の外交政策はイデオロギー外交の色彩を薄め，米国による対中包囲網を打破するため，国際社会への復帰を図るとともに，アジア・アフリカ諸国を中心に，政治体制やイデオロギーが異なる国とも積極的に外交関係を発展させていくことを志向した。

　中国にとって，社会主義陣営以外で重要な外交上のパートナーであったのは，非同盟主義を掲げていたインドであった。インドは，1949年に中華人民共和国が成立すると，中華民国と断交してこれを承認した。1954年4月，中国とインドは，「中華人民共和国とインド共和国のチベット地方とインドとの間の通商・交通に関する協定」を締結した。同協定の序文には，①領土・主権の相互尊重，②相互不可侵，③相互内政不干渉，④平等互恵，⑤平和共存，という5項目が明記された。同年6月，インドを訪問した周恩来は，中印共同声明の中で，この5項目を「平和共存五原則」として，中国と各国との外交関係の普遍的準則として提起した。

2　ジュネーブ会議とバンドン会議

　1954年4月，朝鮮問題の平和的解決とインドシナ和平問題を話し合うためにジュネーブ会議◁1が開催された。同会議は，中国共産党政権にとって初めて経験した国際会議であり，周恩来を首席代表とする代表団を送った。同会議では，朝鮮半島問題は解決できなかったものの，インドシナ休戦を実現させた。中国はこのジュネーブ会議に社会主義陣営の大国として臨み，国際社会での自国のプレゼンスを誇示することに成功した。また朝鮮戦争後初めての米中接触が図られ，ジュネーブでの領事級会談および米中大使級会談が始まった。

　1955年4月，29カ国の代表が参加してバンドン会議（アジア・アフリカ会議）◁2が開催され，中国は周恩来を首席代表とする代表団を派遣した。バンドンへの途上，台湾の国民党政権の特務機関によって，代表団がチャーターしていたインド航空の「カシミール・プリンセス」号が爆破されるという事件があったものの，周恩来をはじめとする代表団の中心メンバーは無事に会議に参加した。

　同会議で，周恩来は卓越した外交手腕を発揮した。中国の共産主義体制や華僑国籍問題などに東南アジア諸国やセイロン（スリランカ）などから疑念が表

▷1　ジュネーブ会議
参加国は，フランス，アメリカ，イギリス，ベトナム国（南ベトナム），カンボジア，ラオス，ベトナム民主共和国（北ベトナム），ソ連，中華人民共和国，韓国，北朝鮮。

▷2　バンドン会議（アジア・アフリカ会議）
参加国は，アフガニスタン王国，イエメン王国（北イエメン），イラク王国，イラン帝国，インド，インドネシア，英領ゴールド・コースト，英埃領スーダン，エジプト共和国，エチオピア・エリトリア連邦，カンボジア王国，サウジアラビア，シリア共和国，セイロン，タイ王国，中華人民共和国，トルコ，日本，ネパール王国，パキスタン，ビルマ連邦，ベトナム国，ベトナム民主共和国，フィリピン，ヨルダン，ラオス王国，リビア王国，リベリア，レバノン。

明される中，周恩来は大同小異の重要性を指摘し，反植民地主義に基づき，アジア・アフリカ諸国の連帯を訴えた。こうした周恩来の外交姿勢は，各国の間で高く評価され，平和共存五原則をベースとして，「世界平和と協力の推進に関する宣言（バンドン十原則）」が採択された。[3]

　中国はバンドン会議を利用して，二国間外交も積極的に展開した。インドネシアとは華僑の二重国籍解消条約を締結した。また参加国のうち，23カ国が中国と外交関係を樹立していなかったが，周恩来はこれらの国々の首脳とも話し合いをもった。その結果，同会議の後，中国はエジプトと経済・文化交流を開始し，1956年5月，エジプトは中華民国と国交断絶を発表し，中国と国交を樹立した。同年，中国はシリアとイエメン王国（北イエメン）とも国交樹立に成功した。さらに，周恩来は日本から参加した高碕達之助・経済審議庁長官とも会談した。ここでの接触はその後の**LT貿易体制**構築に重要な意味をもつこととなった。[4] バンドン会議は，中国に大きな外交的成功をもたらした。

❸ 中間地帯論

　こうした中国の対外政策を理解する上で重要となるのが，中間地帯論という，中国の国際情勢観である。中間地帯論は，1946年8月，毛沢東がアンナ・ルイス・ストロングとの会談で披露し，翌47年1月，陸定一・中国共産党中央宣伝部長によって詳細な説明が加えられた。その論理は，東西冷戦という情勢にもかかわらず，世界の主要矛盾を米ソ対立ではなく，帝国主義と人民との間，特に第三世界諸国を中心とする米ソの中間に位置する諸国との間に存在するとみなし，「世界的規模の統一戦線」の結成を呼びかけるというものであった。

　中間地帯論は，1949年10月の建国以降，中国共産党指導部が「向ソ一辺倒」を唱え，ソ連の主張する「二大陣営論」を受容する中で，公式には姿を消していった。しかし，1953年のスターリンの死去と朝鮮戦争の休戦を契機として，中国は徐々に中間地帯論への回帰を見せ，それまでの中立主義に対する否定的見解を改め，平和共存五原則の下，アジア・アフリカの民族主義政権と連携することで，国際社会における広範囲な反米統一戦線を構築することを模索した。

　1958年夏以降，中ソ対立が生じる中，中間地帯論は公に中国の対外行動原則となり，中国は，アジア・アフリカ・ラテンアメリカなどで積極的に反米闘争を支援し，経済援助も行った。さらに中国は中間地帯を二つに分け，アジア，アフリカ，ラテンアメリカを第一中間地帯，西欧諸国，日本，カナダを第二中間地帯とした。そして両者との接近を通じて，米ソに対抗し得る国際的な統一戦線の構築を目指したのである。他方，元来重要なパートナーであったインドとは1959年の**チベット動乱**[5]や1962年の中印国境紛争の結果，対立を深めていった。

（杉浦康之）

▷ 3　バンドン十原則
①基本的人権と国連憲章の趣旨と原則を尊重，②すべての国の主権と領土保全を尊重，③すべての人類の平等と大小すべての国の平等を承認する，④他国の内政に干渉しない，⑤国連憲章による単独または集団的な自国防衛権を尊重，⑥集団的防衛を大国の特定の利益のために利用しない。また他国に圧力を加えない，⑦侵略または侵略の脅威・武力行使によって，他国の領土保全や政治的独立をおかさない，⑧国際紛争は平和的手段によって解決，⑨相互の利益と協力を促進する，⑩正義と国際義務を尊重。

▷ 4　LT貿易体制
⇨ ⅩⅢ-1 「日中国交正常化前史」側注4

▷ 5　チベット動乱
⇨ Ⅷ-5 「チベット動乱」

参考文献
高橋伸夫『中国革命と国際環境——中国共産党の国際情勢認識とソ連，1937〜1960年』慶應義塾大学出版会，1996年。
金冲及編（劉俊南・譚佐強訳）『周恩来伝 1949-1976』上，岩波書店，2000年。
宮城大蔵『バンドン会議と日本のアジア復帰——アメリカとアジアの狭間で』草思社，2001年。

Ⅸ　毛沢東時代の外交

 中ソ対立と核兵器開発

▷1　ニキータ・フルシチョフ（1894-1971）
ソ連の第4代最高指導者。スターリンの死去後，反対派との権力闘争に勝利し，第一書記と首相を兼務して最高指導者となったが，1964年，失脚した。

▷2　スターリン批判
ソ連共産党第20回党大会でフルシチョフは，秘密報告「個人崇拝とその結果について」において，スターリンへの個人崇拝の結果，多くの冤罪を含む粛清が行われたと暴露し，スターリンの政策を全面的に否定した。その内容は，中国を含む，社会主義陣営に大きな衝撃を与えた。

▷3　ハンガリー動乱
スターリン批判の余波を受け，1956年，ハンガリーで起きたソ連の支配に対する大規模な民衆運動。ソ連軍の鎮圧により多数の市民が死亡した。またハンガリー民衆の支持により首相に復帰し，一党独裁の解体，ワルシャワ条約機構からの脱退，ハンガリー中立化などを打ち出したナジ・イムレは，ソ連軍に逮捕され，KGBに処刑された。

▷4　モスクワ会議
1957年11月，モスクワで開かれたソ連十月社会主義革命40周年を記念した国際会議。64カ国の共産党・労働者党代表が参加した。毛沢

1 中ソ対立の始まり

　1956年2月，フルシチョフはソ連共産党第20回党大会で突然スターリン批判を展開した。毛沢東ら中国共産党指導部は，スターリン批判自体は基本的に支持したが，事前に何らの相談もなく突然発表したソ連の姿勢と，スターリンの業績を全面否定したことに不信感を抱いた。そこで中国共産党指導部はスターリンに対し，功績7割，誤り3割とする，独自の評価を下した。他方，個人崇拝批判に関してはこれを受容し，1956年9月の中国共産党第8回全国代表大会（第8回党大会）で「毛沢東思想」を党規約から削除した。また，1956年10月のハンガリー動乱の際，ソ連の武力侵攻を支持した。

　しかし，その後中ソ両国の冷戦戦略の違いが顕在化した。1957年11月，モスクワ会議で毛沢東は，ソ連のスプートニク1号の打ち上げ成功などを踏まえ「東風は西風を圧す」と発言し，資本主義諸国への攻勢強化を主張したが，アメリカとの平和共存を重視するフルシチョフとは相容れなかった。また中国は，自国の核開発にソ連の協力を求め，ソ連も1957年10月に締結された中ソ国防新技術協定で核技術供与を約束したが，その実施を遅延した。ソ連は，中ソ共同の太平洋艦隊の創設と中国国内の無線基地設置を提案したが，中国は主権の侵害としてこれに反発した（また大躍進運動では，それまでのソ連型社会主義の学習から自力更生の必要性が叫ばれ，独自の社会主義体制の構築が目指された）。

　こうした意見の相違は1958年8月の第二次台湾海峡危機で深刻化した。7月にフルシチョフが訪中していたが，毛沢東は事前に何の相談もなく，台湾問題にソ連の核戦力を利用する動きを見せた。フルシチョフはこれに不信を募らせ，翌1959年6月，中ソ国防新技術協定の破棄を通告した。9月に訪中したフルシチョフは，第二次台湾海峡危機での中国の行動を批判し，台湾問題での譲歩の必要性を示唆したが，毛沢東はこれに反駁した。

2 中ソ論争の勃発と中国の核開発の成功

　1960年4月，『人民日報』と『紅旗』に，ソ連の平和共存路線を批判する論文が掲載された。同年7月，ソ連は中国に派遣していた専門家1000人余りを引き上げた。これ以降，1960年代を通じて，両国は当初は間接的に，後には直接的に，イデオロギー論争を展開し，その対立関係は表面化していった。1962年

には新疆で勃発した伊犁事件へのソ連の関与，中印国境紛争でのソ連のインドへの肩入れなどにより，中ソ対立は安全保障面にも波及し，中ソ同盟は事実上，機能しなくなった。

こうした状況下，中国は，自力更生により核開発を目指した。ソ連はアメリカに中国の核開発施設への共同攻撃を打診したが，ケネディ政権はこの提案を拒否した。1964年10月16日，中国は初めての核実験に成功した。この前日，ソ連ではフルシチョフが解任された。中国は建国以来，核兵器反対運動を積極的に支持し，1963年7月の部分的核実験停止条約を米英ソによる核の独占として批判して，核兵器の全面禁止を主張していた。中国の核兵器保有はそれまでの姿勢と矛盾するものであり，日本をはじめとする西側諸国で中国に共感を抱いていた革新勢力や知識人の間で，少なからず失望感が広がった。

中国の核開発の成功とフルシチョフの解任は，中ソ対立の緩和をもたらさなかった。中国は，ブレジネフ新指導部の中に中ソ関係改善を望むものがいることに注目し，周恩来を訪ソさせたが，両者の会談は喧嘩別れに終わった。1966年，文化大革命の勃発により，中国でソ連修正主義批判が高揚し，国内政治と対外政策が急進化したことで，中ソ関係改善の可能性は閉じられた。こうした状況下，中ソ両国は社会主義陣営の盟主の座を争い，北ベトナムへの援助合戦を展開した。

❸ 中ソ全面対立と「三つの世界論」の提起

1968年8月，ソ連は「プラハの春」と呼ばれる体制改革を目指したチェコスロバキアに軍事介入した。ソ連は，**ブレジネフ・ドクトリン**[46]を提唱し，自国の行動を正当化したが，中国はこれを「社会帝国主義」と批判し，ソ連が同様な論理で自国に武力侵攻してくる可能性を警戒した。

1969年3月，ウスリー川のダマンスキー島（珍宝島）で中ソ武力衝突が発生した。これにより中ソ関係は一気に緊張し，ソ連による核攻撃の可能性すら検討された。同年9月，コスイギン・ソ連首相がハノイの帰路，北京空港で周恩来と会談し，1964年以降中断していた中ソ国境会談を再開することで合意して，戦争は回避された。しかし国境会談は成果がなく，両国の緊張関係は継続した。こうした状況下，毛沢東は，陳毅，葉剣英，徐向前，聶栄臻の四元帥に国際情勢を検討させ，四元帥は米中関係打開の構想を提案した。こうした提案も踏まえ，毛沢東は，米中接近に着手した。

米中接近後，中国はソ連を主要敵とし，アメリカを含む各国と提携する「一条線」戦略を打ち出した。この「一条線」戦略をイデオロギー的に正当化したのが「**三つの世界論**」[47]であった。毛沢東により提起された「三つの世界論」は，1974年4月の国連総会で鄧小平により披露された。

その後，80年代に入り中ソ関係は徐々に改善に向かい，1989年5月のゴルバチョフ訪中により，両国の関係は正常化した。　　　　　　　　（杉浦康之）

東にとっては二度目の訪ソであり，最後の外国出張となった。

▷5　**スプートニク1号**
1957年10月4日，ソ連が打ち上げに成功した世界初の人工衛星。この成功は，大陸間弾道ミサイル（ICBM）開発においてソ連がアメリカより優位に立っていることを意味したため，西側諸国でスプートニク・ショックと呼ばれる反響を生じた。

▷6　**ブレジネフ・ドクトリン**
社会主義陣営全体の利益は個々の国家利益に優先するため，陣営内の国家の主権は制限されるとする考え方。「制限主権論」とも呼ばれる。

▷7　**三つの世界論**
世界を三つに分け，ソ連とアメリカを第一世界，日本を含む西側先進諸国を第二世界，アジア，アフリカ，ラテンアメリカ諸国を第三世界に分類する中国独自の国際情勢認識。中間地帯論（⇨IX-3 「平和共存五原則」）の発想を継承しながらも，社会主義陣営はすでに崩壊したという前提の下，米ソを同列視することで，ソ連を主要敵とすることをイデオロギー的に可能とした。

（参考文献）
岡部達味『中国の対外戦略』東京大学出版会，2002年。
下斗米伸夫『アジア冷戦史』中央公論新社，2004年。
牛軍（真水康樹訳）『冷戦期中国の対外戦略』千倉書房，2007年。
益尾知佐子『中国政治外交の転換点——改革開放と「独立自主の対外政策」』東京大学出版会，2008年。

Ⅸ　毛沢東時代の外交

5 国連参加

▷3　中華人民共和国の中国代表権が否決されると，ソ連は抗議のため安保理を欠席しつづけた。そのため朝鮮戦争が勃発した際，ソ連は安保理の議決に拒否権を投じることができず，結果的にアメリカが指揮をとる多国籍の「国連軍」の編成を許してしまった。朝鮮戦争は法的に終結しておらず，この「国連軍」の後方司令部は今日も日本国内にある。

▷4　中国の建国から中ソイデオロギー論争が加熱する1960年代初めまで，ソ連は国際的に中国の最大の支援者であった。新興独立国であったインドも中国に同情的で，54年には中国と平和共存五原則（⇨Ⅸ-3「平和共存五原則」）を提唱している。しかし，59年にダライ・ラマ14世（⇨Ⅷ-5「チベット動乱」側注1）がチベットからインドに亡命し，62年に中印境界紛争が起きると，中印関係は決定的に悪化した。ソ印両国の急接近に焦りを募らせた中国は，第三世界における自国の支持者獲得に躍起になった。

① 国連から締め出された中華人民共和国

　今日，中華人民共和国は国際連合（国連）安全保障理事会（安保理）の常任理事国で，五大国にしか認められていない拒否権をもつ。しかし，同国は1971年まで国連代表権が得られず，この最も重要な国際組織から長い間排除されていた。

　国連（United Nations）は1945年10月に創設されたが，その前身は日独伊等の枢軸国に対して42年1月に設立された連合国（United Nations）である。その一員として日本と戦った中華民国は，国際連合の召集国として安保理の常任理事国となった。

　ところが，終戦後の46年に激化した**国共内戦**[1]の結果，大陸では49年10月に中国共産党を中心とする中華人民共和国政権が成立し，中国国民党が担う中華民国政権は台湾に駆逐された。11月，中華人民共和国は「中国」としての代表権を国連に主張し，50年1月にはソ連がこれを支持して安保理で同国に中国代表権を与えるべきという決議案を発議した。植民地・香港を維持したいイギリスは，この時すでに中華人民共和国を政府承認しており，その国連参加にも肯定的であったが，アメリカの反対でソ連の決議案は否決された。

　こうした中，同年6月には北朝鮮が38度線を突破して**朝鮮戦争**[2]が勃発，9月にはアメリカ軍を主力とする国連軍が仁川に上陸して反攻に転じ[3]，10月には北朝鮮を支持する中国志願軍が鴨緑江を越えて朝鮮半島に参戦した。アジアにおける共産主義の拡大を警戒したアメリカは，台湾海峡を防衛して中華民国を延命させる政策を打ち出した。これにより，国連は中華人民共和国を侵略者と認定し同国への禁輸措置を取り，中華民国が全中国を代表して国連に参加し続けることになった。だが，「中国」が常任理事国であったために，どちらが中国を代表すべきなのかという中国代表権問題は長期にわたって国連を揺るがした。

② 国連における中国代表権問題

　中国代表権問題は，超大国であったアメリカの意向，そして中華人民共和国の国際的地位と絡み合いながら発展した。1950年代にはソ連やインドが中国の代表権問題をたびたび総会に提起したが[4]，アメリカが審議棚上げ案で対抗し，議論が進まなかった。しかし，アフリカ諸国が独立し第三世界の保有票数が増えると，反対案が過半数を得る可能性が高まった。1961年の第16回国連総会で

は，アメリカや日本が中国代表権問題を国連憲章第18条の定める「重要事項」に指定すべきと提案し，可決された。この「重要事項指定方式」により，中国の代表権交代には投票国の３分の２以上が必要になり，高いハードルが設定された。

　国連から徹底的に排除された中華人民共和国は，国連参加への意欲を消失し，各国の民族解放運動や革命闘争を支援する「革命外交[◁5]」に傾斜した。インドネシアが65年１月にマレーシアの非常任理事国入りに反対して国連脱退を宣言すると，同国とともに革命的な「第二国連」の創設を提唱するなどした（ただし，同年の9・30事件[◁6]で中国・インドネシア関係は断絶）。

　だが，中華人民共和国がアフリカ諸国の国家建設を支援したため，国連ではその支持国が徐々に増えた。70年にはアルバニア，アルジェリアなどが発議した中国支持の共同決議案が総会で初の過半数を獲得した。また，71年７月にはアメリカのキッシンジャー大統領補佐官が初訪中し，米中関係の雪解けが国際的に知れわたった[◁7]。アメリカは安保理常任理事国の地位を含む中国代表権の交代を不可避とみて，10月の第26回国連総会で中華民国の国連代表権剝奪を重要事項に指定する「逆重要事項指定方式」を提案した。しかし，この決議案は過半数割れし，続くアルバニア決議案の採決で発展途上国と社会主義国を中心に76カ国が中国代表権の交代に賛成し，全体の３分の２以上を占めた。二つの採決の結果が出ると，中華民国代表は自ら国連脱退を表明し議場を立ち去った[◁8]。こうして中華人民共和国は，国連に常任理事国として参加できるようになった。

❸　国連参加の中国への影響

　国連参加は中華人民共和国（中国）の国際的地位と対外行動に大きな影響を与えた。文化大革命初期の外交的混乱の収束もあり，70年にはカナダやイタリアなど５カ国と国交が樹立された。これに国連参加の勢いが加わり，71年には新たに14カ国が，72年には18カ国（関係を大使級に格上げしたイギリス，オランダを含む）が，それぞれ中国との国交樹立に踏み切った。その後も73年に２カ国，74年に８カ国，75年に９カ国（加えて欧州共同体）がさらに中国を承認した。その際，中国はこれらの国々に中華民国との断交を要求した。

　世界各国との外交関係の樹立は，中国が「革命外交」に頼らず，国家間関係に正面からアプローチできるようになったことを意味した。毛沢東の命により，中国はその参加に賛成票を投じた発展途上国を重点対象に，各国政府と友好関係の強化を図った。同時に中国は，各地で反政府闘争を行っていた民族解放組織への支援を削減し，その経済援助に依存していたアルバニアとも距離を置いた。国連参加で国際社会の「既得権益」国となり，国際秩序の擁護に利益を見出したことで，中国の対外行動は徐々に穏健化した。その基盤の上に，中国は82年には「独立自主の対外政策[◁9]」を打ち出し，経済や安全保障を含む各分野の国連機構やその他国際組織に全面的に参画していくようになった。　（益尾知佐子）

▷5　革命外交
中国が「世界革命」の実現を掲げて行った，他国の共産主義・民族主義勢力への支援活動。他国の武力闘争に対する各種支援，各国向けラジオ放送による共産主義思想の宣伝，中国支持派獲得のための他党分裂促進などが含まれる。

▷6　9・30事件
インドネシアで発生した軍事クーデター。背景には中国の支援を受けて影響力を拡大していたインドネシア共産党と国軍の衝突があったとされる。事件によって大統領がスカルノからスハルトに交代し，スハルトは67年に中国と断交した。また事件の過程では多数の華人が虐殺され犠牲になった。

▷7　⇨Ⅸ-6「米中接近」

▷8　中華民国は安保理常任理事国に残れれば中華人民共和国の総会参加に反対しないという立場を打ち出していたが，かなわなかった。

▷9　独立自主の対外政策
⇨Ⅺ-2「独立自主の対外政策」

参考文献
青山瑠妙『現代中国の外交』慶應義塾大学出版会，2007年，第6章。
益尾知佐子・青山瑠妙・三船恵美・趙宏偉『中国外交史』東京大学出版会，2017年，第4章。

IX 毛沢東時代の外交

6 米中接近

▷1 台湾海峡危機
1954-55年，58年において台湾海峡をはさみ，軍事衝突の危険性が高まった。アメリカの一部には核兵器使用案もあった。⇨IX-2「『二つの中国』と台湾海峡危機」

▷2 ベトナム戦争
1960年代よりアメリカはインドシナ半島への軍事介入を深め，最大60万人以上の軍事力を展開した。73年のパリ和平合意を経て撤退する。

▷3 中ソ両国は1969年3月に珍宝島（ダマンスキー島）付近，および8月に西部国境にて衝突し，緊張を高めた。Ⅷ-7「プロレタリア文化大革命の収拾」側注2も参照。

▷4 リチャード・ニクソン（1913-94）
アイゼンハワー政権にて副大統領。ケネディとの大統領選挙に敗北したが，1968年に大統領に当選。ウォーターゲート事件で引責辞任。

▷5 ヘンリー・キッシンジャー（1923-）
ハーバード大学の国際政治学教授より政権入り。ニクソン・フォード政権にわたり大統領補佐官，国務長官を務めた。

① 米中対立

1950年に始まる朝鮮戦争において国連軍と中国人民志願軍は戦火を交え，その後も米中両国は互いへの対決姿勢を崩さなかった。アメリカは中華人民共和国への全面禁輸に踏み切り，西側諸国にも同調を求め，中国もアメリカの「帝国主義」を糾弾した。50年代には二度にわたる台湾海峡危機[1]も起こった。

アメリカは徐々に中国政策の修正を余儀なくされる。第一に，台湾海峡危機の原因でもあった，台北の中華民国政府が実効支配する中国東南部の沿岸諸島の防衛に，国内外の理解はなかなか得られなかった。第二に，中華民国を国際連合の加盟国，さらに安全保障理事会常任理事国として中国を代表させつづけることに異を唱える決議案に賛成する国が増えはじめていた。第三に，ベトナム戦争[2]が本格化すると，インドシナ半島において再び中華人民共和国との戦争が起きてしまうことへの恐れもアメリカで高まった。米中両国は軍事衝突は避けたが，冷戦の高まり，文化大革命の混乱の中で，米中関係を根本的に見直すことはなかった。

② 米中接近へ

中ソ国境紛争[3]（1969年）が起こると，ついに米中両国は関係を改善することに利益を見出すようになる。ニクソン[4]政権は，もしソ連が親ソ政権を中国に樹立すれば，アメリカに不利になることを恐れた。逆に，中国に接近すれば，それに焦ったソ連とのデタント（緊張緩和）を有利に進められるとも考えた。他方，毛沢東はじめ中国指導部は，高まるソ連の脅威に対抗するためにアメリカへの接近を有力な選択肢とみなすようになった。

両国の接触はまず，ワルシャワで随時開催されていた大使級会談で行われたが，ベトナム戦争の一環でアメリカがカンボジア空爆を実施すると中国は反発し，接近はいったん頓挫する。ニクソン政権はホワイトハウス主導で，パキスタン，ルーマニアなど第三国を通じた秘密外交を展開しはじめる。そして1971年7月に国家安全保障担当の大統領補佐官であったキッシンジャー[5]が訪中し，翌年2月での大統領訪中へと至る。交渉が秘密裏に行われ，中華民国や日本への通告は直前であったことから，キッシンジャー訪中の事実を発表した7月のニクソン演説は同盟国に大きな衝撃を与えるものだった。

ニクソン訪中にあわせて米中両国は上海コミュニケを発表した。アメリカは

「両岸すべての中国人が」中国はただ一つであり，台湾は一省にすぎないと主張していることを「認識している（acknowledge）」との立場を表明する。この立場は台湾問題に関して，中国の主張する「一つの中国」原則を完全に受け入れたことを意味しない。さらにニクソン政権は中国に対して，台湾に駐留する米軍の政権第2期までの撤退，台湾独立への反対，日本の台湾関与への反対などを口頭で約束してもいたが，国内外の反発を恐れ公表はしなかった。

ニクソン政権の狙いは中ソ対立を利用した「三角外交」にあり，ソ連との対立を望んでいたわけではない。中国への接近によって有利な立ち位置を確保し，米ソ交渉の前進も期待していた。他方中国は，アメリカがソ連にともに対抗することを期待した。米中両国は，双方の首都に連絡事務所を開設した（1973年）が，対ソ姿勢や台湾問題での立場の相違により交渉はその後頓挫する。

ニクソンによる訪中発表を受けて，国際連合における代表権を中華民国のみに認めてきたアメリカ主導の従来の方針は国際的支持を失う。1971年秋の国連総会において**アルバニア決議案**が成立すると中華民国は国際連合を脱退，中華人民共和国は国際連合における代表権を獲得し安全保障理事会常任理事国となった。また，アメリカが中国との外交関係を樹立したことで，日本はじめアジア諸国，また西側諸国も中国との国交樹立に向けた動きを本格化する。

❸ 米中国交正常化

1973年より米中交渉は膠着したが，ウォーターゲート事件によるニクソン大統領の辞任，周恩来，毛沢東死去後の中国内政の混乱も事態の打開を困難にした。**カーター**政権が発足する（1977年）と，国家安全保障担当大統領補佐官の**ブレジンスキー**は，世界各地に介入を深めるソ連に，中国に接近することで対抗しようと考えた（チャイナ・カード）。カーター大統領も政権第1期のうちに国交正常化を実現しようと考えた。中国でも**華国鋒**に代わり**鄧小平**が権力を掌握する中で，ソ連やベトナムへの対抗もあり，アメリカとの関係構築の意義が見直される。

78年12月に米中交渉は妥結した。アメリカは中華民国と断交し，米華相互防衛条約の終結を宣言する一方，中華人民共和国を承認，正式に国交を結び，大使の交換を行う。アメリカは，「中国はただ一つであり，台湾は一省に過ぎない」との中国の主張を「認識している」との立場を変えなかった。だが，「認識」の中国語訳に「承認」が使われたことは，混乱を残す結果となる。

この時，アメリカは台湾問題の平和的解決を望むことを声明している。アメリカ議会は**台湾関係法**（1979年）を成立させ，翌年に台湾への武器売却は再開された。中国に台湾への武器売却を受け入れる意思は当初なかったが，米中交渉の最終段階が性急であったため国交正常化を優先させた。両国は82年に再交渉し共同声明もまとめたが，その後もアメリカは台湾に武器を売却している。

(佐橋　亮)

▷6　アルバニア決議案
中華人民共和国に国連代表権を与え，安全保障理事会の常任理事国として認める決議案。⇨Ⅸ-5「国連参加」

▷7　⇨ⅩⅧ-2「日中国交正常化」

▷8　ジミー・カーター（1924-）
第38代大統領（1977〜80年）。民主党。

▷9　ズビグニュー・ブレジンスキー（1928-2017）
ポーランド出身の国際政治学者。

▷10　華国鋒
⇨Ⅹ-1「華国鋒と『四つの近代化』」側注1

▷11　鄧小平
⇨Ⅹ-3「鄧小平の台頭」側注1

▷12　台湾関係法
1979年3月に連邦議会上下院を通過し成立。議会が政府案を大幅に書き直し，アメリカが台湾に継続して関与するための法的根拠となった。

（参考文献）
佐橋亮『共存の模索』勁草書房，2015年。
ヘンリー・キッシンジャー（塚越敏彦・松下文男・横山司・岩瀬彰・中川潔訳）『キッシンジャー回想録中国』上・下，岩波書店，2012年。

第 **4** 部

改革開放の始動

━━ *guidance* ━━

　第4部は，中国が階級闘争を中心とする政治に終止符を打ち，経済建設へと舵をきった1970年代半ばから，第二次天安門事件までの時期を扱う。中国共産党の公式見解によれば，今日に至る改革開放は，1978年12月の中国共産党第11期中央委員会第3回全体会議を起点とする。しかし現実には，改革開放へのレールは，1970年代半ばより，周恩来，華国鋒らによって敷かれていた。

　第Ⅹ章「改革開放と政治・経済」では，改革開放の初期段階において，共産党指導部内に保守派と改革派の対立が先鋭化する中，経済および政治の両面で，どのような政策が打ち出されていったのかを解説する。経済面では，農業経営権を人民公社から各農家へと放ち，計画経済体制期に中央政府に集約されていた様々な権限を地方へ，各企業へと放つことにより，それぞれのアクターの利潤追求へのインセンティブを高め，経済を発展させる戦略が採られた。他方，官僚の汚職を糾弾し，民主化を求める知識人・学生らの動きは，「四つの基本原則」をもって弾圧され，政治改革は個人独裁を抑制し，経済発展を促すために必要な範囲にとどまった。1987年の党大会では「党政分離」をはじめとする踏み込んだ改革構想が示されたが，第二次天安門事件により頓挫した。

　外交の面では，1970年代に入り，すでに国連代表権の獲得，米中接近，日中国交正常化と，国際協力の舞台を「西側」にまで広げていた中国であるが，台湾の統一，安全保障，経済発展に資する国際環境を求め，戦略の模索と調整は続いた。第ⅩⅠ章「改革開放と外交」では，中国が対ソ戦略のためのアメリカとの連携から「独立自主外交」へと軌道修正を図っていく経緯が解説される。またこの時期，経済建設を推し進める中で，中国国内の経済改革が，国際経済レジームへの参画に連動する形で進展していったことにも注目すべきであろう。

X　改革開放と政治・経済

1　華国鋒と「四つの近代化」

▷1　華国鋒（1921-2008）

毛沢東の故郷，湖南省での幹部時代に毛に見出され，中央に抜擢。76年4月の天安門事件直後，国務院総理となり，毛の後継者となったが，第11期三中全会で鄧小平にその地位を禅譲した。西側に依存した急進的な経済建設，「洋躍進」を進めたと長年批判されてきたが，近年，むしろ鄧小平が「洋躍進」に熱心だったことがわかり，激動期の中国を安定的発展に導いた華の手腕が再評価されている。

▷2　四人組
⇨Ⅷ-6　「プロレタリア文化大革命の発動」側注10

▷3　鄧小平
⇨X-3　「鄧小平の台頭」側注1

▷4　真理基準論争
⇨X-3　「鄧小平の台頭」側注5

▷5　二つのすべて
華国鋒や汪東興（⇨X-2「『北京の春』と『四つの基

1　「四人組」の逮捕と華国鋒

　毛沢東の死去から1カ月も経たない1976年10月6日，国務院総理であった華国鋒は「四人組」を逮捕した。その直後，中央政治局は華国鋒を党中央委員会主席，中央軍事委員会主席に選出し，中央委員会全体会議はそれを追認した。だが，毛沢東の権威を後ろ盾に権力の頂点に躍り出た華国鋒を待っていたのは，鄧小平との厳しい権力闘争であった。

　では，そもそも華国鋒はどんな人物なのか。第一に，彼は文化大革命（文革）中に台頭してきた人であり，文革を背景に力をつけてきたという点では「四人組」との違いはなかった。しかし第二に，彼は，革命の遂行とともに，生産の増大に重点を置く典型的な地方幹部であった。地方での彼の業績からも，また党中央の日常活動のやり方からも，彼の大躍進的な，つまり大々的な経済発展を好む，政策志向がうかがえる。こうして見ると，毛沢東が華国鋒を最終的に後継者に指名したことの背景が理解できる。つまり毛は，文革の中で台頭してきた華国鋒が自分を裏切って文革を否定する可能性がなく，また経済発展にも熱心で実績もある点などを評価したと考えられる。

　しかしながら，こうした華国鋒の出自とその志向する政策は，文革後の権力競合に不利に作用していった。根底にあったのは，一方で，文革とくにその急進的な側面に対する広範かつ根強い抵抗であり，他方では，彼の志向する経済開発路線に対する批判であった。また，急速な台頭ゆえの権力基盤の弱さの影響をも指摘すべきであろう。様々な分野にわたり革命の収拾が求められ，文革中に失脚した幹部が復職してくる中，毛沢東の遺訓のみを根拠に政治的生存を図るには限界があったのである。

　このような権力のもろさが露呈されたのが，1978年の「真理基準論争」であった。物事の是と非を判断する基準をめぐる論争において，華国鋒の依って立つ「二つのすべて」はその硬直性が批判され，鄧小平の掲げた「実践こそ，真理を検証する唯一の基準」との立場が貫徹された。結局，この論争に負けた華国鋒は，1978年末頃より権力の座から退場を余儀なくされる。

2　「四つの近代化」への移行

　しかし，こうした権力闘争の側面だけに注目し，華国鋒と鄧小平（または

「二つのすべて派」と「実践派」）間の政策志向の相違を強調するのは誤りであろう。というのは，経済政策だけを見れば，両者の間にさほどの相違はなかったからである。近年の研究が指摘しているように，のちに「洋躍進[6]」と批判された華国鋒の大規模な投資政策は，実は鄧小平の主導の下で策定されていた計画を実行に移そうとしたものであった。むしろ，経済運用の具体的な方法をめぐって，「実践派」の内部に著しい意見の相違が存在しており，それがやがて政治的対立へと化していった。

　同様に，華国鋒から鄧小平への権力移行を，毛沢東的なもの，またはその時代との決別や断絶のプロセスとして捉えることも短絡的である。たとえば，改革開放の政策目標として掲げられるようになった「四つの近代化」は，1964年に周恩来が最初に提起し，1975年1月の全国人民代表大会の場で再提起されたものである。もちろん，そのための局面変化を作り出したのは毛沢東本人であり，「四つの近代化」の実行は鄧小平の手に委ねられることになった。

③ 軍の近代化への助走

　「四つの近代化」の中に「国防の近代化」が含まれていることから，「四つの近代化」への移行は，しばしば軍の近代化と結びつけて考えられてきた。だが，この時期における解放軍内外の動きや軍事政策の展開を，軍の近代化という一言で片付けるには，状況はあまりにも複雑であった。

　では，文革後の移行期において，解放軍はどのような状況にあり，党の指導者はそれをどう見ていたのだろうか。解放軍は，文革収拾のプロセスを通して，地方における統治機構の再建と秩序の回復に重要な役割を果たした。しかし，長期にわたる地方統治業務の遂行は，一方で軍内部の深刻な分裂を，他方では，戦争遂行能力の著しい低下をもたらした。

　こうした解放軍の状況は，将来の目標たる近代的な装備体系を有する専門的な軍隊への変貌を目指すためには，まずもって乱れていた指揮命令系統や組織紀律を立て直し，またそれと併行して，軍内部の分裂を解消することが先決問題であることを，如実に示していた。

　こうした文脈において，軍近代化への助走となる事柄として注目すべきこととしては，1975年より本格化した軍隊整頓のキャンペーンと，中越戦争[7]を挙げることができる。双方とも指揮を執っていたのは鄧小平であった。鄧小平の狙いは，軍隊整頓を通じて，まず地方統治からの軍勢力の排除を進め，また戦争の準備と遂行を通じて，軍内の組織体制の再整備と結束をはかることであった。

（林　載桓）

▷ 本原則」』側注8）らが打ち出した，毛沢東の行ったすべての決定とすべての指示を堅持すべきだとする方針。毛沢東の権威を借りて権力を強化するために提起された。

▷6　洋躍進
華国鋒のリーダーシップの下で1978年に決定された，海外からの大型プラントの大量輸入とそれによる国民経済の快速発展政策。毛沢東の推進した「大躍進」になぞらえて「洋躍進」と揶揄された。

▷7　中越戦争
⇨ XI-1 「鄧小平の訪米と中越戦争」

（参考文献）
高原明生・前田宏子『開発主義の時代へ 1972-2014』岩波新書，2014年。
エズラ・F・ヴォーゲル（益尾知佐子・杉本孝訳）『現代中国の父 鄧小平』上，日本経済新聞出版社，2013年。

X　改革開放と政治・経済

2 「北京の春」と「四つの基本原則」

1 文化大革命の遺産と「民主の壁」

　1978年の後半から翌年春にかけて，北京で民主化運動が盛り上がりを見せた。1968年の「プラハの春」[1]になぞらえて，「北京の春」と呼ばれている。

　文化大革命（文革）が終結してしばらくすると，知識人や学生を中心に文革批判に基づく思想解放運動が始まり，次第に民主や人権を求める運動に発展した。1978年の夏頃から，文革中の冤罪事件に対する真相究明や関係者の名誉回復，1976年の第一次天安門事件[2]の再評価などを求める声が高まり，天安門広場に近い繁華街の西単には大量の「大字報」（壁新聞）が貼られて「民主の壁」と呼ばれるようになった。

　復権した鄧小平は，当初はこの運動に寛容な態度を示し，「四大自由」[3]の一つである「大字報」を大衆の意見表明として奨励した。11月に北京市党委員会常務委員会拡大会議が天安門事件の名誉回復を決定し，12月の中国共産党第11期中央委員会第三回全体会議（第11期三中全会）で「実事求是，思想解放」の方針が打ち出されると，運動は一気に加速した。「大字報」や街頭での討論会に加え，「民刊」と呼ばれるガリ版刷りの自主刊行物も数多く発行された。社会主義の擁護と専制主義の批判を掲げて体制内改革を目指す穏健派の『四五論壇』や『北京の春』，西欧の自由や民主を求める急進派の『探索』などをはじめ，様々な「民刊」を中心に民主化論議が展開された。

　「民主の壁」運動によって，文革，毛沢東，華国鋒や「二つのすべて」[4]に対する批判は，それらを可能にした封建主義や専制政治への批判に発展し，さらには中国共産党や社会主義制度に対する批判，その前提として実現すべき言論，出版，集会，結社などの自由を求める運動へと発展した。

　魏京生[5]は，1978年12月に「五つ目の近代化—民主およびその他」と題した「大字報」を発表し，政府が提起した「四つの近代化」[6]だけでなく「人民の民主，自由，および幸福は，近代化実現の唯一の目的である」と訴え，後に「北京の春」を象徴する代表的な人物となった。また，中国人権同盟は「中国人権宣言十九カ条」[7]を発表し，全人代に対する意見書の提出でも注目を集めた。魏京生をはじめ，「北京の春」で活躍した活動家の多くが，文革期の紅衛兵世代であったことも大きな特徴だった。文革世代が，文革期に謳われた「四大自由」を行使し，文革の反省に基づいて民主化運動を展開したのである。

② 政治路線の基本原則

「北京の春」は，「下からの民主化要求運動」だったが，党内部の権力闘争とも密接不可分の関係にあった。1978年11〜12月の党中央工作会議は，当初，華国鋒や汪東興[8]ら「二つのすべて」擁護派が実権を手にしていたが，鄧小平は「民主の壁」に表出した大衆の声を追い風にして，12月の第11期三中全会で形勢を逆転させた。

1979年1〜4月にかけて開催された**党理論工作務虚会**[9]では，党中央宣伝部長の**胡耀邦**[10]の下で理論と宣伝分野について討論された。会議には文革後に名誉回復された知識人も多数出席し，個人崇拝や幹部終身制に対する批判など大胆な議論が展開され，胡耀邦は「民主の壁」の議論を会議に反映させようとした。

しかし，鄧小平はそれまでとは一転して民主化運動を批判しはじめた。第11期三中全会で実権を手にした鄧小平にとって，党の一党支配体制を脅かすまでに先鋭化した民主化運動には利用価値はなく，むしろ警戒を強めたのである。

魏京生は「民主か新しい独裁か」と題した鄧小平批判を発表したが，反革命罪の容疑で3月29日に逮捕された。鄧小平は民主化運動の弾圧に転じ，党と社会主義を批判する壁新聞や刊行物が禁止され，活動家が相次いで逮捕された。

「北京の春」を封殺し，短い春に終わりを告げたのが「四つの基本原則」である。1979年3月30日，鄧小平は党理論工作務虚会において，中国が「四つの近代化」を実現するために堅持すべき基本原則を提起した。

「四つの基本原則」とは，①社会主義の道，②プロレタリア独裁[11]，③共産党の指導，④マルクス・レーニン主義と毛沢東思想という四項目を政治路線の基本原則として堅持するものだ。鄧小平がこれらを強調したのは，思想や言論に「限界」を設けてあらゆる活動を規制し，民主化運動を牽制するためだ。

1980年2月の第11期五中全会では，それまで憲法で公民の権利として認められていた「四大自由」の削除が提案され，全人代で正式に決定された。一方，「四つの基本原則」は，1982年に全面改正された現行憲法の前文に明記され，中国政治の根本的な指導思想として堅持されている。

③ 「党の指導」の優位性

現代中国の政治史を俯瞰すれば，「北京の春」と「四つの基本原則」の提起はごく短期間に発生した事象だが，その後も多大な影響を及ぼしている。1986年の学生運動および1989年の民主化運動の際，党は「四つの基本原則」を堅持した。

憲法よりも「党の指導」が優先される中国政治の構造的かつ本質的な問題は，まさに「四つの基本原則」の堅持という基本路線に包摂されており，現在もなお，民主化運動の取り締まりや言論の自由に対する規制の理論的かつ法的根拠となっている。

(及川淳子)

▷6　四つの近代化
⇒ X-1 「華国鋒と『四つの近代化』」

▷7　中国人権宣言十九カ条
1979年1月，「民主の壁」に張り出された「大字報」。中国人権同盟が起草し，人権の概念に基づいて中国の現状を批判した。思想，言論の自由実現，党と国家の指導者を批判する権利の保障など，19項目の要求が提起された。

▷8　汪東興（1916-2015）
1976年の四人組逮捕で活躍し，党副主席を務めた。華国鋒とともに「二つのすべて」を提起して鄧小平と対立した。

▷9　党理論工作務虚会
党中央の理論工作会議。「務虚」とは理論やイデオロギー面から政策を検討し，経済工作などは「務実」という。

▷10　胡耀邦
⇒ X-3 「鄧小平の台頭」側注4

▷11　中国語原文は「人民民主独裁」。

参考文献

小島朋之『模索する中国——改革と開放の軌跡』岩波新書，1989年。
石塚迅『中国における言論の自由——その法思想，法理論および法制度』明石書店，2004年，第6章。

X　改革開放と政治・経済

3 鄧小平の台頭

1　中国共産党第11期中央委員会第3回全体会議

中国共産党第11期中央委員会第3回全体会議（中共第11期三中全会）は，現代中国政治史において，毛沢東期の革命中国と，鄧小平期の経済発展の中国とを分ける「歴史の偉大な転換点」と位置付けられる。1978年12月18〜22日に開催された第11期三中全会において，鄧小平による権力掌握が決定的になり，改革開放路線を進むことが明確になったからである。改革開放とは，経済発展を中国共産党の中心課題に位置付け，そのために国内の体制改革と外国との交流を促進する対外開放を進める方針のことである。

第11期三中全会の意義を理解するためには，それまでの経緯を踏まえる必要がある。毛沢東が存命で文革の政治闘争が続いていた1970年初頭，国連代表権獲得，米中接近，日中国交正常化などの対外環境の変化を受け，中国指導部は対外貿易を拡大し，1975年に「四つの近代化」を再提起するなど，対外開放に関わる初歩的な政策を実施していた。毛沢東の死後，速やかに四人組を逮捕した華国鋒は，1977年8月の第11回全国代表大会（第11回党大会）で文革の終結宣言を行うとともに経済建設の重要性を訴えた。その一方で，毛沢東の下した政策と決定をすべて堅持する「二つのすべて」を側近とともに唱え，毛沢東から譲り受けた自身の権威の正当化を図ったのである。

中国を混乱に巻き込んだ文革や毛沢東政治を否定しない華国鋒に対して，文革で貶められた名誉の回復や思想解放を求める人々が多く存在した。当時，中央党校副学長だった胡耀邦は，こうした声を拾うべく1978年5月頃から真理基準論争を起こしたのである。この思想運動が鄧小平らの支持を集め，第11期三中全会直前に開催された中央工作会議では，華国鋒は「二つのすべて」について自己批判を余儀なくされた。この結果，毛沢東政治の継続を求める華国鋒は理論面で権威を大きく喪失し，思想解放を求める雰囲気の中で第11期三中全会が開催されたのである。

かくして，第11期三中全会のコミュニケでは，鄧小平らの意図を汲み，①思想解放を正当化して共産党の中心課題を階級闘争から社会主義近代化建設（経済発展）へと移し，②経済管理の過度な中央集権を改めて経営自主権を地方政府や企業に与えることを公表した。それぞれ改革開放を進めるために必要不可欠な要素である。

2 華国鋒から鄧小平へ

第11期三中全会で権力掌握を確実にした鄧小平は，自らの路線を支持する胡耀邦，**趙紫陽**[◁6]など若手幹部を抜擢するとともに，陳雲など古参幹部の名誉回復に尽力して協力関係を築くことで，自らの勢力を盤石なものにしていった。

また，鄧小平らは改革開放を本格化するために政治制度の改革を進めた。1979年7月には選挙法が改正され，直接選挙の拡大，**差額選挙**[◁7]の導入，一票の格差の是正がなされた。また，1980年2月の第11期五中全会では，幹部の終身制を廃止し，各レベルの職員の若年化や専門化を図った。1982年9月の第12回党大会では，党主席制が廃止され，党と国家の最高指導者（党総書記と国務院総理）の兼務不可や，国家主席，国務院総理，全人代常務委員会委員長などの重要職務の三選の禁止が憲法に明記された。これらは，権力の一極集中やその長期化がもたらした文革の教訓に基づく制度化の試みと評価できる。

第11期三中全会からの数年間で，華国鋒は，党主席，国務院総理，中央軍事委員会主席の三つの最高権力をそれぞれ胡耀邦，趙紫陽，鄧小平へと譲り渡した。1976年に華国鋒が**四人組**[◁8]からクーデター的に奪権したことに比べると，華国鋒から鄧小平への権力移行が制度に沿って実現したことは，それ自体が政治制度の安定化の成果を示していたといえる。

鄧小平は，政治改革や思想解放を進める一方で，中国社会の安定や中国共産党内の団結への取り組みも忘れなかった。「北京の春」や**中越戦争**[◁9]などの内外情勢の緊張を受けて，中国共産党による安定的統治を旨とする「四つの基本原則」を明確にして思想解放の限界点を示す[◁10]など，改革勢力と保守勢力の間でバランスをとりながら改革開放に関わる諸政策を進めたのである。

3 中国の特色ある社会主義

1981年の**歴史決議**[◁11]で毛沢東政治や文革を否定して改革開放を進める中で，理論政党である中国共産党には新たな社会主義理論が必要となった。第11期三中全会前後から中国指導部は，西側諸国や他の社会主義国へ視察団を派遣して多様な政治経済体制を目撃し，その視察結果について党内で議論を重ねていた。

こうした議論を踏まえ，鄧小平は第12回党大会で「マルクス主義の普遍的な真理とわが国の具体的な事実とを結び付け，自らの道を進み，中国の特色ある社会主義を建設する」と述べた[◁12]。ここで提起された「中国の特色ある社会主義」は，理論的にはマルクス主義や毛沢東思想を中国の現状に合わせて柔軟に解釈し，現実的には経済発展のために抜本的な諸改革を進めるための，いわば社会主義政治体制と市場経済体制の止揚を試みた理論である。

「中国の特色ある社会主義」は，鄧小平以降の政権でも，柔軟に解釈・運用されながら中国共産党の中核的な理論として掲げられている。　　　（八塚正晃）

周到に準備して全国規模の思想運動に発展させた。

▷6　**趙紫陽**（1919-2005）
改革開放期に党副主席，国務院総理，党総書記を歴任。胡耀邦とともに改革路線を進めたが1989年の天安門事件で失脚し，その後は死去するまで軟禁生活を強いられた。

▷7　**差額選挙**
立候補者数が当選議席数を上回る競争的な選挙方法。他方で中国の場合，立候補の過程で中国共産党による根回しが実施される。

▷8　**四人組**
⇨Ⅷ-6「プロレタリア文化大革命の発動」側注10

▷9　**中越戦争**
⇨Ⅺ-1「鄧小平の訪米と中越戦争」

▷10　⇨X-2「『北京の春』と『四つの基本原則』」

▷11　**歴史決議**
⇨X-4「歴史決議」

▷12　中共中央文献研究室編『十二大以来——重要文献選編』北京：人民出版社，1986年，3頁。

参考文献
「(特集) 78年画期説の再検討」『現代中国』第83号，2009年，5-82頁。
エズラ・F・ヴォーゲル（益尾知佐子・杉本孝訳）『現代中国の父　鄧小平』上・下，日本経済新聞出版社，2013年。

X　改革開放と政治・経済

歴史決議

① 歴史決議の政治的文脈

　歴史決議は，1981年6月に開催された中国共産党第11期中央委員会第6回全体会議（第11期六中全会）で採択された「建国以来の党の若干の歴史問題についての決議」という約3万4000字にわたる文書のことを指す。その名のとおり，主に建国後の中国共産党の歴史についての評価を記している[1]。なお，1945年4月の第6期七中全会でも1921年の建党以降の歴史評価を下した「若干の歴史問題についての決議」が採択されているので，1981年の文書は第二の歴史決議といわれる場合がある。

　中国共産党による歴史評価は，その当時の政治的文脈と無関係ではあり得ない。1981年に歴史決議が起草されたのは，文化大革命（文革）による混乱の余波を収めて改革開放へと舵を切る必要があったからである。

　当時，共産党の中央レベルにおいては，鄧小平ら改革開放を進める勢力が，華国鋒を中心とする文革受益者の勢力から権力を奪取していた。しかし，地方レベルでは文革受益者がなお多くの要職を占めていたため，改革開放を目指す党中央の指示が地方では十分に伝わらない状況があった[2]。このため，鄧小平らは，歴史決議を通じて，全党員の思想を統一するとともに自らの政治路線を正当化し，中央・地方の党組織の人事刷新をいっそう進めることを目指したのである。

　歴史決議の起草作業は，胡耀邦，**胡喬木**[3]など鄧小平に近い政治家や学者によって1979年10月から約1年半の期間を費やして慎重に進められた。

② 歴史決議の主な内容

　歴史決議が中国政治史に刻まれる最大の理由はその内容にある。まず，中国共産党指導部が，歴史決議で建国の父である毛沢東を公式に批判したことである。毛沢東については，「功績は第一で，誤りは第二である」としながらも，晩年には誤りを犯し，特に文革の全局的で長期間にわたる左傾の重大な誤りは，毛沢東に主要な責任があるとまで評価したのである。当時の中国社会にとって衝撃的な毛沢東評価であった。

　他方で，毛沢東思想については，マルクス・レーニン思想を中国で運用する中で発展し，実践によって証明された中国革命の正確な理論原則と高く評価する。すなわち，毛沢東と毛沢東思想を区別し，毛沢東自身が晩年に毛沢東思想

▷1　歴史決議の原文（関於建国以来党的若干歴史問題的決議）は『中国共産党新聞』HP版で公開されている。

▷2　当時の中国共産党員3800万人の約半数が文革中に入党したといわれる。ロデリック・マクファーカー／マイケル・シェーン・ハルス（朝倉和子訳）『毛沢東 最後の革命』下巻，青灯社，2010年。

▷3　**胡喬木**（1912-92）新華社社長，社会科学院院長，党中央政治局員などを歴任。毛沢東の政治秘書も務め，1945年と1981年の二つの歴史決議の起草に携わった。

を踏みにじったとするやや難解な解釈を提示している。

　また，歴史決議では厳しい文革批判が展開された。文革は「全局的な，長期間にわたる左傾の重大な誤り」であり，「党，国家と人民が建国以降で最も重大な挫折と損失を被った」と徹底的に批判する。

　文革のような混乱を繰り返さないために中国共産党の制度的欠陥や新たな政治路線の方向性について記述したことも特徴の一つである。歴史決議は，中国は封建の歴史が長いために党の権力を個人へ集中させてしまい，個人独裁や個人崇拝の現象が蔓延(はびこ)ってしまう傾向があるため，「いかなる形式の個人崇拝も禁止する」と記述する。また，階級闘争はすでに主要な矛盾ではなくなったとして，これまで迫害されてきた知識人の存在を肯定しつつ「公有制で基本的な計画経済を実行し，同時に市場調節の補助機能を発揮する必要がある」として市場経済を正当化している。

　1958年に開始された**大躍進**[4]も批判されている。大躍進は，中国経済に対する基本的な状況認識が不足しているにもかかわらず，毛沢東や中央・地方の指導者たちが成果を急いでしまった結果，深刻な困難が発生し，国家と人民は重大な損失を被ったと評価された。

　他方で，歴史決議は中国共産党の政策や幹部を批判するものの，党による統治自体を否定するものではないことには留意が必要である。「**四つの基本原則**」[5]を否定する言論や行動は許さないと厳しく牽制するとともに，「中国共産党がなければ，新中国もない」と中国共産党の統治を擁護している。

③ 歴史決議の影響とその後

　歴史決議は，その内容から，中国社会へ大きな影響を及ぼした。中央権力レベルでは，華国鋒が歴史決議で「思想において左の誤りの継続を指導した」と批判され，歴史決議が発表された第11期六中全会に，党主席の座を胡耀邦へ，中央軍事委員会主席を鄧小平へ譲り渡した[6]。また，文革を否定したことで人材の淘汰が進んだ。第11期三中全会からの数年間で劉少奇・元国家主席をはじめ文革中に失脚した290万人以上の人々の名誉回復が進んだといわれる[7]。

　大躍進や文革に対する歴史的な評価を下す一方で，それらの史実の検証は十分とは言い難い。具体的な被害状況や被害者数には触れず，史実解明よりも党内のコンセンサスを得ることに重点が置かれたのである。歴史決議は，現代においても中国共産党の歴史を規定する公式文書である。したがって，中国国内では，歴史決議の解釈に対して異を唱えたり，中国共産党の統治を否定するような歴史研究が発表されることはほとんどない。

　発表から天安門事件などの様々な歴史的事件を経る中で，党内でも歴史決議の見直しや再起草を求める動きが幾度か起きたようだが，こうした動きが本格化することはなかった。

（八塚正晃）

▷4　大躍進
⇒Ⅷ-4「大躍進運動」

▷5　四つの基本原則
⇒X-2『北京の春』と『四つの基本原則』

▷6　中国共産党中央委員会主席は1982年の第12回党大会で廃止され，新たに党の最高職として中国共産党中央委員会総書記が設置された。⇒Ⅲ-2「党の組織機構(1)」

▷7　中共中央文献研究室編『関於建国以来党的若干歴史問題的決議 注釈本』北京：人民出版社，1983年，475頁。

参考文献
益尾知佐子『中国政治外交の転換点——改革開放と「独立自主の対外政策」』東京大学出版会，2010年。
志水速雄『フルシチョフ秘密報告「スターリン批判」全訳解説』講談社，1977年。

X　改革開放と政治・経済

 5　農業改革と人民公社の解体

▷1　農家生産請負制（「包産到戸」）よりも農家経営請負（「包幹到戸」）の方が農家の自由度が高い。改革の初期を除いて後者が一般的となるが，両者を概括して「農家生産請負制」と呼ぶことが多い。

▷2　呉（2007：99-101）。

▷3　農業生産拡大の背景として，1970年代までに行われた化学肥料の普及や品種改良などの成果が指摘されることもある（「緑の革命」）。こうした観点から改革開放より以前の政策の再評価を行う研究者もいる。

▷4　郷鎮企業
⇨ X-8 「企業自主権の拡大」

▷5　加藤弘之『中国経済学入門』名古屋大学出版会，2016年，79頁。

▷6　ここに，村民委員会のメンバーを選挙で選ぶ「村民自治」の可能性が生じた。X-10 「政治改革の試み」も参照。

1　農業改革の成功とその影響

　改革開放の初期，中国農村では農家生産請負制（あるいは農家経営請負制）[1]が導入され，人民公社体制は解体した。人民公社時代の農業は生産隊の土地を集団で耕すもので，いわば農民が生産隊に雇われて働くような形だった。一方，請負制になると，農家ごとに土地が分割され，耕す権利（土地使用権）も各農家に分配された。土地所有権は集団に残ったが，農家としては自分で自分の土地を耕すような形になった。そこからとれた作物も，国家に対して一定の請負分を拠出すれば，残りはすべて自分のものにできた。これを売って現金収入を得ることも可能となった。

　これにより農民の生産意欲は高まり，農業生産は大幅に増大した。改革前の1978年と改革後の84年の生産量を比べると，食糧（穀物）33.6％増，綿花189％増，植物油原料128％増となった。農村一人当たり収入も85.5％増と2倍近くになった[2]。食べることすら困る地域があった農村の窮状は過去のものとなった[3]。

　農業改革の成功は工業改革の呼び水ともなった。第一に，改革の有効性が立証され，都市における改革を後押しした。請負制は都市の企業改革のモデルともなった。第二に，農村においても，農業生産の増大によって生まれた余剰資金が，同じ農村にある小規模な工場などに投資され，農村工業が発展した。こうした工場などは「郷鎮企業」[4]と呼ばれ，80年代から90年代にかけて大きく発展し，96年にはその付加価値が全国の GDP の24.8％を占めるようになった[5]。小規模な郷鎮企業から出発して全国的な大企業へと成長した事例もある。

　農業改革は農村政治の風景も変えた。人民公社・生産大隊・生産隊から政府機能が切り離され，それぞれ郷（または鎮）政府・村民委員会・村民小組に再編，人民公社は解体した（「政社分開」）。正規の政府機構は郷・鎮が最下層となり，村民委員会は村民の自治組織とされた[6]。村民委員会は土地使用権の分配などの実務を行い，事実上の村政府として機能する。また郷・鎮政府や村民委員会は郷鎮企業の経営にも深く関わった。その背景には郷鎮企業の多くが人民公社内部の「社隊企業」に起源をもち，集団所有制が維持されていたことがある。他方，経済活動の自由を手にした農民たちが郷・鎮や村民委員会の幹部に従わない傾向も生じ，中央から見て農村の無秩序化が指摘されるようにもなった。

② 農業改革の推進プロセス：中央と地方

　農業改革は地方の現場から始まった。特に有名なのが1978年12月，安徽省鳳陽県小崗村で貧しさに耐えかねた農家18戸が始めた農家生産請負制である。当時の政策に反していたため秘密裏に始められた請負制は，79年にかけて安徽省各地で行われるようになった。四川省でも77年から生産隊を小さく分割した請負制の試みが広がっており，79年には全省の半数以上に広がった。その他にもいくつかの省で同様の試みが見られた。

　中央では，78年12月の中共第11期三中全会の段階では，まだ農家生産請負制は「許さない」とされていた。安徽省や四川省で請負制が広がっていた79年9月には「許さない」が「してはならない」へと微妙に変わった。80年9月にはこれが「してもよい」になり，同年末には全国の約15％が請負制となっていた。82年1月，ついに請負制が「必要」と公認され，83年初めには全国の90％以上が請負制となっていた。[7] 人民公社の解体（郷・鎮などへの再編）は83年以降進められ，85年には完了した。また当初3年とされた土地の請負期間は85年に15年に延長され，93年にさらに30年延長されて現在に至る。[8]

　このように農民の自発的な試みを中央が追認する形になったとはいえ，政治指導者が果たした役割も無視できない。中央が認めていない請負制が安徽省や四川省で拡大した背景には，安徽省第一書記の万里や四川省第一書記の趙紫陽がその意義を認め積極的に後押ししたことがある。また万里や趙紫陽は中央の鄧小平と連携しながら政策を進めており，地方の実践と中央の政策転換は連動していた。趙紫陽は中共中央政治局のメンバーも兼ねており，80年には国務院副総理から総理に就任した（万里は農業担当の副総理になった）。[9] 地方政府（特に県や郷・鎮の政府）は郷鎮企業に対しても，直接企業経営を行うほかに，資金や市場の確保などでも政府ぐるみでその発展を後押しした。これを「地方国家コーポラティズム（Local State Corporatism）」と呼ぶことがある。[10]

③ 農業改革その後

　1970年代末に始まる農業改革は大きな成果をあげたが，その後の農村が順調だったとはいえない。農業生産は80年代半ばには停滞しはじめた。農業のさらなる高度化のためには大規模経営による効率化が必要だったが，土地の耕作権（使用権）が家庭ごとに細かく分割されたことがここでは障害となった。郷鎮企業の発展も90年代半ばには頭打ちとなり，多くの農民が農村での就業を放棄して沿海の大都市へ出稼ぎに出るようになった。80年代には縮小していた都市と農村の収入格差は，90年代以降は大幅に拡大した。こうして2000年代になると，農村・農民・農業の窮状を訴える「三農問題」がクローズアップされ，政府は対策を迫られることになる。

（滝田　豪）

▷7　呉（2007：98-99）。なお例外的に，その後も請負制へ移行しなかったところもある（河南省の南街村など）。

▷8　2017年10月の中国共産党第19回党大会において，習近平総書記は請負期間をさらに30年延長する方針に言及した。

▷9　本節の四川省における趙紫陽の事例については，三宅（2006），また安徽省における万里の事例についてはヴォーゲル（2013）を参照。

▷10　Jean C. Oi, *Rural China Takes Off: Institutional Foundations of Economic Reform*, University of California Press, 1999.

参考文献

エズラ・F. ヴォーゲル（益尾知佐子・杉本孝訳）『現代中国の父　鄧小平』下，日本経済新聞出版社，2013年，第15章。
呉敬璉（青木昌彦監訳，日野正子訳）『現代中国の経済改革』NTT出版，2007年，第3章。
三宅康之『中国・改革開放の政治経済学』ミネルヴァ書房，2006年，第2章。

Ⅹ　改革開放と政治・経済

6　経済特区

1 経済特区の役割

　中国の改革開放は，先駆的な政策を局地的に試行し，その結果を見て政策実施地域を拡大するという漸進的な手法で進められた。その中で経済特区は，主に外国直接投資導入と輸出振興を通じて「四つ（技術・管理・知識・対外政策）の窓口」の役割を担う対外開放の実験場として，広東省（深圳，珠海，汕頭）と福建省（廈門）に設置された。広東・福建両省は華僑華人を多く輩出してきた地域であり，香港・マカオ・台湾にも近接していた。四経済特区の中で最大規模であった深圳は，香港の中国返還や台湾との統一という観点から，対外開放のショーウインドーとしての役割も担った。

2 経済特区の成立

　1978年春，中央や広東省では，香港・マカオや西ヨーロッパ諸国の視察報告などを踏まえて，深圳と珠海に輸出基地を建設することを検討しはじめた[1]。1979年 4 月の中央工作会議で習仲勲[2]広東省委第一書記は，広東の優位性を利用して外国直接投資を誘致するために省の自主権拡大が必要であることを訴え，中央政治局常務委員会の支持を得た。この会議で深圳，珠海，汕頭で輸出特区を設置することが決まった。

　1979年 7 月，中央50号文件「広東・福建両省の対外経済活動における特殊政策と柔軟な措置」が通達され，中央は外資導入に必要な経済権限の一部を広東省に委譲した。1980年 3 月末の広東・福建両省工作会議では輸出特区から経済特区へ名称が変更された。同年 8 月の第 5 期全国人民代表大会常務委員会第15回会議で「広東省経済特区条例」が承認され，深圳経済特区が正式に成立した。各経済特区は外国企業を誘致するために，所得税の減免や生産設備輸入の免税などの外資優遇策を打ち出した。

　経済特区の経済活動は広東省経済特区管理委員会が管轄し，国務院には特区弁公室が設置された。経済特区政策を推進したのは，対外経済貿易や外資導入を管轄していた谷牧[3]で，特区に対する国内の批判的意見に対応したり，中央と広東省との政策調整を行ったりした。1988年には海南島が省に昇格し，同時に省全体が第 5 番目の経済特区（面積では最大規模）に指定された[4]。

▷ 1　経済特区設立に先立ち，1970年代末に招商局（交通部の香港駐在機関）が広東省の協力や中央の承認を得て宝安県（後の深圳市）に蛇口工業区を設置した。

▷ 2　習仲勲（1913-2002）陝西省出身の党幹部で広東省委第一書記（1978〜80）として改革開放を推進した。元副総理。文化大革命中は17年間にわたり拘束されたが，改革開放後，名誉回復され，中央政局委員などを務めた。習近平共産党総書記の父親である。

▷ 3　谷牧（1914-2009）山東省出身の経済官僚で国務院副総理，中央書記処書記，国務委員などを務めた。

▷ 4　それまで最大であった深圳経済特区は327.5平方キロメートル（2010年に全市1952.8平方キロメートルへ拡大）であった。海南島は面積3万3920平方キロメートルの中国最大の経済特区となった。

❸ 深圳経済特区の発展と批判

　香港に隣接した深圳は，工業・農業・旅行業・不動産業・商業などおよそすべての産業を対外開放の対象とする総合的な特区であった。1979年3月に宝安県から省直轄市に昇格した深圳は，特区の建設開始から数年で近代的な高層ビルが乱立し，国内外の企業や出稼ぎ労働者が殺到し，製造業とサービス業が発展する対外開放の象徴的存在となった。その急激な近代化は「深圳速度」と形容された。1980年代前半には特区通貨を導入する構想も現れたが，中国人民銀行（中央銀行に相当）や中央・地方政府が議論を重ねた結果，発行は見送られた。深圳経済特区は管理線で内地と区切られており，内地の中国人が経済特区に入るには辺防証[◁6]が必要であった。[◁5]

　改革開放を牽引した深圳は，多くの批判を浴びる存在でもあった。1980年代前半は，深圳経済特区を解放前の租界になぞらえ，外国企業の経済活動を搾取とみなす人も少なくなかった。また，製造業よりも不動産開発やサービス産業が多く，輸出よりも輸入が多く，外資よりも国内資本に依存していたため，特区としての役割を果たしていないという指摘もあった。さらに，経済自主権を利用した密輸や外貨の闇取引などの違法な経済活動も横行していた。

　1984年1月後半から鄧小平は深圳など各経済特区を回り，対外開放政策の正しさを訴えた。[◁7]1980年代半ばには深圳経済特区の問題点が総括され，外資誘致の促進，国際競争力の強化，外向型経済への転換，輸出の増加と外貨獲得，内地との経済連携を目指すことが確認された。これからの目的に加えて，深圳特区は経済体制改革の実験場としての役割も担った。外国との合弁企業設立時に土地使用権の概念を確立したことをはじめ，株式市場の試験的導入や近代的な企業制度の試行，人材市場の設立など多様な改革に政策実験の場を提供した。

❹ 対外開放の進展と経済特区不要論

　1980年代半ば以降，経済特区不要論が強まった。背景には，①対外開放指定地域が全国に拡大し，特区との政策的な違いが不鮮明になったこと，②1990年代には上海など長江流域が改革開放の先駆的な役割を担うようになったこと，③世界貿易機関（WTO）への加盟に際して，WTOの内国民待遇ルールに照らし外資優遇策の撤廃が議論されるようになったことがあった。このため，各経済特区は産業構造の高度化や，周辺地域と連携した経済発展戦略の中核として生き残りを図った。2010年までに海南省を除く経済特区はそれぞれ全市規模に拡大され，特区とそれ以外の地域を隔てる必要性は事実上なくなった。2018年1月，国務院は，深圳経済特区の管理線撤去に同意したと発表した。国務院の発表は，経済特区という制度的枠組みは存続するものの，その役割は基本的に終わったことを示唆する出来事であった。　　　　（下野寿子）

▷5　深圳の南側に広がる香港との境界線（中国語で通称「一線」）に対して，内地と特区の境界は管理線（同「二線」）と呼ばれ，全長84.6キロメートル，高さ2.8メートルの鉄条網と検問所を備えていた。

▷6　辺防証
香港・マカオといった資本主義世界に隣接する深圳と珠海の経済特区に出入りするための辺境通行証（通称，辺防証）。通常，国境に面する行政区画に出入りする場合に必要とされる通行証であるが，深圳経済特区の場合，ここに戸籍をもつ者は身分証で，戸籍をもたない内地の中国人は辺防証で出入りした。その後，内地と特区の往来手続きは簡素化され，辺防証は不要となった。

▷7　1984年以降，対外開放指定地域は全国に拡大していった。これらの地域には経済技術開発区など開発と投資誘致のための枠組みが設けられた。総じて新興の対外開放地域は経済特区よりも人件費などの生産コストが低かった。

参考文献
エズラ・F. ヴォーゲル（益尾知佐子・杉本孝訳）『現代中国の父 鄧小平』下，日本経済新聞出版社，2013年。
下野寿子『中国外資導入の政治過程——対外開放のキーストーン』法律文化社，2008年，第3・5章。
中兼和津次『開発経済学と現代中国』名古屋大学出版会，2012年，第4章。

Ⅹ　改革開放と政治・経済

7 地方保護主義

中国には「上に政策あれば下に対策あり」という言葉がある。広大な国土に多くの人々が暮らす中国で，中央政府の指示や政策を地方に徹底させるのは至難の業である。改革開放初期の1980年代には，鄧小平が主導して，地方へ財源や権限を委譲する地方分権化が進められた。その中で，「財政請負制」の導入に伴う財政自主権の拡大は，地方政府の政策自由度を高め，中国経済を活性化させた。その一方で，地方分権化の動きは様々な弊害も伴い，「地方保護主義」あるいは「諸侯経済」と形容される，地方政府による地元第一主義が採られた結果，地方間の貿易戦争のような状況が中国国内に現出した。こうした弊害に対応するために，1990年代以降は分税制導入や金融制度改革といったマクロコントロール強化が試みられるようになるのである。

1 財政請負制とその影響

　財政請負制は1980年に広東省と福建省の経済特区に導入された。その成功を受けて，中国政府はその試みを全国展開させようとした。中国の財政に占める中央政府の比重を示した図1を見ると，改革開放初期の中央－地方政府の関係において，中央政府が地方政府の財政支出にも責任を負っていたことがわかる。この問題の解決のために，財政請負制によって中央政府と省政府は収入と支出のシェアを明確にし，省以下の地方政府もそれぞれの下級政府と同様の請負契約を結ぶ。一方，財政請負制の下では，中央政府は支出負担の軽減という恩恵を享受するが，請負額以上の財政収入は地方政府の取り分となるので，中央政府の取り分は低下することになる。結果として，1980年代を通して地方政府の財政収入の伸びは中央政府のそれを上回ることになったのである。

　財政の地方分権化による最大の弊害は地域格差の拡大である。郷鎮企業に代表される非国有企業の参入によって中国経済の成長は続いていたが，一方で1980年代半ばになると成長が鈍化する地域も見られるようになった。中央政府にしてみれば，地域の経済格差を再分配政策で解消しようにも，財政収入が思うように伸びない状況ではそれも難しいという事態に陥ったのである。さらに悪いことに，経済力が交渉力に直結する

▷1　財政請負制の下では，地方政府は収入の一定額もしくは一定率を中央政府に対して請負い，残りが地方政府の取り分となる。また，財政支出の中身について，中央政府が定める部分以外を自主的に決定できるようになったので，財政自主権の拡大という側面もある。

▷2　⇨Ⅻ-4「税・金融制度の改革」

▷3　郷鎮企業の登場と発展，および非国有企業の参入を含む新規市場経済部門の拡大については，Ⅹ-8「企業自主権の拡大」参照。

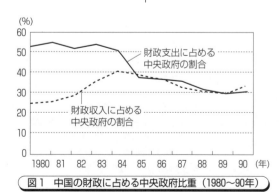

図1　中国の財政に占める中央政府比重（1980〜90年）

（出所）　Gang Guo, "China's Local Political Budget Cycles," *American Journal of Political Science*, no. 53, 2009, p. 625.

財政請負制の下では，税収が少ない地方ほど相対的に不利になり，本来所得再配分が必要な困窮した地方政府の取り分が少なくなるという矛盾が生じてくる。1994年に「分税制」と呼ばれる財政改革が実行される背景には，このような中央政府財政の地盤沈下があり，諸々の問題の解決を迫られていたということがあるのである。

▷4 分税制
⇨XII-4「税・金融制度の改革」

② 地方保護主義とその影響

財政請負制の下で，1980年代の改革開放始動期に，鄧小平をはじめとする改革派は政策の柱に地方分権化を据えた。しかしながら，民主化につながりかねない政治改革を避けるために，中央政府の政策を地方政府に実行させるような法制度の整備は後回しにされ，そのため，地方政府が中央政府の政策を都合よく利用して地元への利益誘導を図る動きが各地で見られるようになったのである。地方保護主義もその一つといえよう。こうして出現した地方保護主義は，生まれたばかりの中国の市場経済を分断することになるのであるが，それは鄧小平が急進的な改革を避けたことの必然的な帰結ということもできるであろう。

地方保護主義は，「輸出保護主義」と「輸入保護主義」の二つに大別される。輸出保護主義は，都市部を中心とした急速な消費財の普及に伴って供給不足が生じた1980年代半ばに起こり，その結果，綿花，タバコ，羊毛，カイコといった資材の囲い込みが蔓延することになった。それに対して輸入保護主義は，インフレによって消費財需要が冷え込み，市場が供給過剰となった1980年代後半に始まり，幹線道路に不法な「料金所」を設けるといったあからさまな域外製品の流入阻止が広範化した。

いうまでもなく，こうした貿易規制は国内交易を萎縮させるので，中国経済全体の成長には悪い影響を与える。とりわけ輸入保護主義は，自らの地域のみが行っている時には恩恵を受けるが，他の地域も同様の措置を取るようになると，どの地域もおしなべて損失を被ることになる。やがて1990年代に入ると，中央政府も地方保護主義を規制する態度に出て，地方政府の利益にならない輸入保護主義は表舞台から消えるのであるが，輸出保護主義は形を変えて残ることになった。

一連の地方保護主義の動きは結果として，「公定価格」と「市場価格」が並存していた改革開放初期の中国経済の中で，市場価格を根付かせるという副産物をもたらしたともいえる。つまり，安い公定価格で取引される資材をめぐる地方間の争奪戦と，高い市場価格で取引される消費財をめぐる地方政府による域内製品保護の常態化を経て，地方政府は公定価格ではなく市場価格で取引せざるを得なくなった。ここから，計画部門を温存しながら市場経済部門を育成するという鄧小平の方針で始動した改革開放は，1990年代に入ると一気に市場経済化に舵を切ることになるのである。　　　　（武内宏樹）

▷5 計画の枠外での自由市場で成立する価格が「市場価格」で，「市場調節価格」とも呼ばれる。「公定価格」は，計画が主分野の価格である「政府固定価格」と，政府関与のある分野の価格である「政府指導価格」からなる。

（参考文献）
Andrew H. Wedeman, *From Mao to Market: Rent Seeking, Local Protectionism, and Marketization in China*, New York: Cambridge University Press, 2003.
Jing Vivian Zhan, "Decentralizing China: Analysis of Central Strategies in China's Fiscal Reforms," *Journal of Contemporary China* 18, 2009, pp. 445-462.
加藤弘之・久保亨『進化する中国の資本主義』岩波書店，2009年。

X　改革開放と政治・経済

企業自主権の拡大

1　企業自主権の拡大

　1976年に毛沢東が死去し「四人組[1]」が追放されたあと,中国の改革開放政策は「企業自主権の拡大」からスタートした。それはなぜか。

　1953年,国有制などからなる公有制を唯一の国民経済の基礎とする体制を目指し,「過渡期の総路線[2]」が提起された。ここから1976年にかけて,中国は行政命令によって資源を配分することを目指した。計画経済である。企業は,ものを生産するために,人を雇い,資金を手当てし,材料を調達し,運ぶ。このプロセスを行政の命令を通じて配分しようとすると,集権的に情報を収集し命令を実行する仕組みがなければ統率がとれず混乱に陥る。しかし,中央が中華人民共和国のすべての情報を集め実行することは不可能である。このため,地方政府に権限を与えることでインセンティブを与え,行政命令による資源配分を維持しようとした。

　しかし,これは混乱を生むだけだった。1957年からの大躍進運動は,めざましい生産目標の達成が報道されたがすべて嘘であった。効率性の低い土法高炉などへの投資は,経済資源の浪費となり,必要な食糧の生産もできずに終わった。さらに,文化大革命によって,地方の官僚システムが機能停止し,行政命令を実施する主体がいなくなり,経済は動かなくなっていた。資源配分の権限を中央から地方政府に渡す試みは失敗した。

　1976年,荒廃した経済を立て直すため,資源配分の権限を行政から企業に渡すことになる。「権限と利益を委譲」する戦略の始まりである。1978年に四川省の重慶鋼鉄などで実験が始まった。利潤の一部を政府に上納せず企業に留める「利潤留保」が一つの試みである。とはいえ,企業に権限が渡されても,ものを売る価格も自由に決められない。人を自由に雇うこともままならない。権限があっても,企業は動けなかった。このため,いったん改革の焦点が,都市の体制内経済である国有企業から農村の「体制外」経済に移る。

2　郷鎮企業と体制外企業

　農村では,1980年にまず農業の農家生産請負制が始まっていた。この生産請負制は2年ほどで全国に広まり,その中から「集団所有制」をベースにした郷鎮企業が生まれてくる。人民公社が解体されたあと,その傘下にあった社隊企

業がもっていた土地や資産を利用し，日本の町や村にあたる郷や鎮の政府が率先して，企業活動を始めた。鄧小平にとっても「予想外のうれしい出来事だった」という。計画経済の時代，個人企業が労働者を雇うことは搾取とされ禁止されていた。しかし，集団所有である郷鎮企業はこうした政治的問題がない。こうして郷鎮企業をはじめ「体制外」の企業が国有企業より先に発展し，彼らの活動する市場と民営経済をつくった。中国の**公有制企業**はこのように多様であるのが特徴である。1988年には，憲法の中で個人経済と私営企業の存在が認められ，外資系企業とともに体制外経済の発展が本格化した。[▷3][▷4]

③ 所有制改革

　体制外経済の発展は，市場の拡大を促し，中国の経済を好転させた。しかし皮肉なことに，市場での競争で国有企業は劣勢に立たされる。停滞する国有企業を活性化させるため，「請負制」が導入された。中国の市場経済への移行のプロセスは，急進的に進められたロシアと比べ，漸進的に進められた。[▷5]所有権はいじらず，ある成果目標に応じて，政府と企業が利益を分け合う契約を結ぶ試みである。農村での請負制の成功を国有企業にも当てはめるもので，当時の有力な国有企業である首都鉄鋼が，請負制企業のスターであった。1984年10月に，共産党中央委員会が採択した「経済体制改革に関する決定」には，企業の資金管理，採用任免，賃金支払い，商品の販売価格などに関する自主決定権を認めることが明記された。

　しかし，この仕組みにも問題があった。利益があがっている間はともかく，赤字に陥ると矛盾が現れた。企業経営者は，利益の一部を受け取る権利をもつ一方で，経営のリスクをすべて国家に押しつけることができた。このため過大投資と過大借り入れに陥った。ハンガリーの経済学者**コルナイ**は，こうした現象をソフトな予算制約と名付けた。[▷6]仕組みに問題を抱え，体制外企業との競争にさらされた国有企業の経営は悪化し，1990年代の後半には，国有企業は全面的な赤字に陥り，その規模は国家財政収入を上回り，進退きわまる。

　こうして「権限と利潤の委譲」戦略は壁にぶつかり，1999年当時の朱鎔基首相の下，国有企業の会社化が決定された。国有企業について，企業を設立した株主である発起人を所有者として確定する。企業の経営者，所有者にもリスクの負担を求めることで，より慎重な意思決定をさせる規律を与えようとしたのである。株主が確定されると，その株式の売却が可能になる。こうして中小型国有企業の所有権の売却，つまり，民営化も始まった。前述のコルナイと親交のあった中国の経済学者・呉敬璉らが一連の政策の提言を行った。その後，大型国有企業については，2002年に国有資産管理委員会が設立され国家が所有者の役割を果たすこととなった。これにより大型国有企業の民営化は否定され，現在に至っている。

（渡邉真理子）

1990年代〜2000年代半ばにかけて，この移行を経験した旧ソ連，東欧および中国，モンゴル，ベトナムなどは「移行経済国」と呼ばれた。そのうち，ロシアなどは国有企業を民営化することを最優先する戦略をとり，これは「ショック療法」と呼ばれた。一方，中国，ベトナムおよびハンガリー，ポーランドは，経済を有機的なシステムと捉え，民間部門を底辺から成長させることを主な任務と考える有機的戦略をとった。こちらは「漸進主義戦略」と呼ばれた（漸進的改革）。

▷6　**ヤーノシュ・コルナイ**（1928-）
ハーバード大学教授とブダペスト高等研究所の所長を務めたハンガリー出身の経済学者。『不足の経済学（*Economics of Shortage*）』（1980年）は，計画経済の下での企業の抱える問題を機能的に分析し，「ソフトな予算制約」という概念を定式化した。社会主義体制の下では，企業は経済的合理性に基づいた規律付けができないことを指摘した。その後の移行経済学だけでなく，ミクロ経済学，契約理論，組織の経済学などの発展を促した。

参考文献

呉敬璉（青木昌彦・日野正子訳）『現代中国の経済改革』NTT出版，2007年，第2・5章。
今井健一・渡邉真理子『企業の成長と金融制度』名古屋大学出版会，2006年，第I部。
Barry Naughton, *The Chinese Economy Adaptation and Growth*, Cambridge, MA: MIT Press, 2018.

X　改革開放と政治・経済

9 「社会主義初級段階」論

1 改革開放をめぐる党内保守派の抵抗

　改革開放の初期には，その是非をめぐり，共産党内でイデオロギー論争が激しく繰り広げられた。かたや鄧小平は，自らイニシアチブをとり，経済の活性化を図るべく，従来の計画経済体制にメスを入れ，中央から地方へ，地方から企業へと財政および経営に関わる様々な権限を下放し，沿海部に設置した**経済特区**◁1で，限定的な市場化と外資導入の試みを進めていった。他方，党中央では，長老たちを中心に，改革開放に慎重な保守派グループが依然として影響力を維持していた。社会主義イデオロギーの遵守を最優先し，計画経済を是とする彼らは，市場化とりわけ対外開放政策が，中国国内に資本主義的傾向を助長し，さらには帝国主義列強によって半植民地化された屈辱の歴史の再来をもたらすことになるのではないかと警戒した。

　思想面の自由化については，鄧小平自身が批判的であったと言われる。中国共産党第12期中央委員会第2回全体会議（中共第12期二中全会，1983年10月）では，改革開放に伴い，資本主義諸国から流れ込む「誤った」思想によって国内が汚染されつつあるという認識に基づき，「精神汚染反対キャンペーン」が展開された。また，中共第12期三中全会（1984年10月）を契機に都市部の経済改革が本格化し，改革論議が次第に政治面にも及び，自由や民主を求める学生や知識人の共鳴を得るようになると，保守派は再び「ブルジョワ自由化」の傾向に対する批判を強め，中共第12期六中全会（1986年9月）では，「**精神文明決議**」◁2の採択を主導した。政治改革に積極的だった**胡耀邦**◁3総書記は，1987年1月，「ブルジョワ自由化」に寛容であった点を主な理由に，辞任に追いやられた。

　党指導部内の熾烈なイデオロギー闘争の中で，改革派の指導者が改革開放を前に進めるためには，それがもたらす現実社会の変化と，一党支配の正当性根拠である社会主義イデオロギーの間に理論的整合性があることを示し，党内保守派の懸念を緩和し，抵抗を抑制することが肝要であった。こうした状況の中，胡耀邦の失脚後，総書記代行の座に就いた**趙紫陽**◁4によって打ち出されたのが，「社会主義初級段階」論である。

2 「社会主義初級段階」論の提起

　「社会主義初級段階」論とは何か。その内容は，中国共産党第13回全国代表

▷1　経済特区
⇨X-6「経済特区」

▷2　精神文明決議
「社会主義精神文化建設の指導方針に関する決議」。決議案をめぐっては，「ブルジョワ自由化反対」の明記を求める鄧小平と，それに消極的な胡耀邦の温度差が顕在化した。

▷3　胡耀邦
⇨X-3「鄧小平の台頭」側注4

▷4　趙紫陽
⇨X-3「鄧小平の台頭」側注6

大会（第13回党大会，1987年10月）で趙紫陽が行った報告に明示されている。趙はここで次のように述べた。「わが国はいま，社会主義の初級段階にある。このことの意味するところは二つある。第一は，わが国はすでに社会主義社会であり，社会主義から離れてはならないということである。第二は，わが国の社会主義はまだ初級段階であるということだ。われわれはこの実情から出発すべきで，この段階を飛び越えてはならない。……50年代に生産手段の私有制の社会主義的改造を基本的に達成したときから，将来，社会主義近代化を基本的に達成するまで，少なくとも100年の歳月を要するが，この期間はすべて社会主義の初級段階に属する。……この間は，貧困と立ち遅れから抜け出すために，わけても生産力の発展を全活動の中心に据えなければならない。生産力の発展に有利であるかどうかが，すべての問題を考える出発点，すべての活動を点検する基礎である」と。すなわち，中国は決して「社会主義」を放棄するわけではないが，依然として経済の立ち遅れた「初級段階」にあるのだから，まずは生産力の発展を最優先課題とし，資本主義的とされる多様な所有制や分配様式をも柔軟に取り入れながら改革を推し進めていかねばならないという趣旨である。本来，マルクス主義の考え方に立てば，資本主義の下で工業化を達成し，高い生産力を獲得することこそが，社会主義への移行を導く要件である[▷5]。「社会主義初級段階」論は，こうした要件を欠いたまま，「社会主義」国となった中国の現実を直視し，「社会主義」の解釈に調整を加えたものであった。

「社会主義初級段階」論は，同時に提唱された「一つの中心，二つの基本点」（「経済建設」を中心に据え，**四つの基本原則**[▷6]と改革開放の二つを基本原則として進んでいくという方針）と並び，改革開放政策が社会主義と矛盾するものではなく，両立しうるものだという理論的枠組みを内外に示した。それは，党内保守派に対し，改革への理解を求める試みであると同時に，より大胆な改革に向けたゴーサインでもあった。

なお，「社会主義初級段階」という表現は，いずれ「初級段階」が終了し，生産力の発展から社会主義の「中級／高級段階」にふさわしい生産関係の構築へと方針転換がなされるというニュアンスを含む。しかし，今日の状況を見る限り，その可能性はきわめて低い。こうした時間的制約を逃れる新たな理論的枠組みとして，鄧小平は1992年になって**社会主義市場経済**[▷7]というフレーズを打ち出し，社会主義と市場経済はそもそも矛盾しないのだというロジックで市場経済化の推進を正当化した。

「社会主義初級段階」は「社会主義市場経済」とともに，第14回党大会（1992年10月）で，党の規約に盛り込まれ，翌93年には憲法にも明記された。このように，中国共産党は，「社会主義」の解釈を柔軟に変化させることにより，イデオロギー対立による改革の遅れを回避し，経済発展を達成したのであった。

（小嶋華津子）

▷5 マルクスによれば，人間社会は生産力と生産関係の変化に応じ，原始共産制社会→古代奴隷制社会→中世封建社会→近代資本主義社会→社会主義社会へと段階的な発展を遂げる。

▷6 四つの基本原則
⇒X-2 「『北京の春』と『四つの基本原則』」

▷7 社会主義市場経済
⇒XII-1 「『社会主義市場経済』の提起」

（参考文献）
岡部達味・天児慧編『原典中国現代史 第2巻 政治 下』岩波書店，1995年。

X　改革開放と政治・経済

政治改革の試み

1　政治改革をめぐる党内外の議論

　1980年代は，中国共産党の内外で，経済改革のみならず，政治改革についても闊達な議論がなされた時期であった。

　「北京の春」[1]以来，党外には一貫して自由や民主を求める声があった。こうした声は，特権的地位を利用して，改革開放により開かれた金儲けのチャンスを独占し，国有資産を流用して私腹を肥やす党幹部たちに対する不満の高まりを背景に，幅広く市民の間に共鳴の輪を広げていった。

　党指導部内でも，自由や民主に前向きな改革派と，党の支配を揺るがしかねないとして改革に消極的な態度を貫く長老ら保守派の間の闘争が激しさを増す中，政治改革論議が活発に展開された。1980年10月には，廖蓋隆（中共中央党史研究室主任）によって，二院制の導入，党政分離（党と政府の分離），司法の独立，労働組合などの党からの自立を含む抜本的な政治改革案（いわゆる「庚申改革案」[2]）が提出された。86年には，蘇紹智（マルクス・レーニン主義毛沢東思想研究所所長），厳家祺（政治学研究所所長）ら社会科学院の学者たちが，リベラルな政治改革論を主導した。これに対し，保守派たちは「ブルジョワ自由化」反対のキャンペーンを起こし，1987年1月，政治改革に前向きだった胡耀邦[3]総書記を辞任に追い込んだ。[4]

　鄧小平は，政治の安定を最優先し，下からの民主化運動は容赦なく弾圧し，三権分立や自由を求める主張に対しては，一党支配を揺るがすものとして否定的な姿勢を貫いた。他方，個人崇拝や幹部の終身制，官僚主義的傾向には批判的であり，経済発展を促すために必要な上からの行政改革，分権化，制度化を進めようとした点で，保守派とも一線を画していた。そのことは，胡耀邦の失脚に際し，いま一人の改革派である趙紫陽を総書記代行に就任させ，政治改革案の作成を命じたことからも明らかである。

2　趙紫陽による政治改革構想

　趙紫陽は，1986年 9 月に中共中央政治体制改革検討グループを結成し，鮑彤や厳家祺[5]らが作った原案を基に，政治改革の構想を練り上げた。この構想は，1987年秋の中国共産党第13回全国代表大会（第13回党大会）で報告された。[6]

　この政治改革構想は，「党政分離」を党中央の方針として明記した点で画期

的であった。党の権限は，政策決定の領導，国家幹部の推薦などに限定され，「党の代行主義」▷7を象徴する存在であった政府機関の党グループや党内の「対口部」と呼ばれる行政対応部門は段階的に廃止することが明示された。人脈や党派によらず，有能な人材を広く国家機関に登用するべく幹部人事制度改革が謳われ，1988年3月には，国家人事部の設置が決定され，国家公務員制度の導入に向けた取り組みが始まった。▷8そのほか，政府機能の縮小，分権化，人民代表大会制度の改善，社会組織との協議対話制度の構築，労働組合の自主権の強化，経済関連立法をはじめとする法体系の整備など，政治過程の制度化および透明化に向けた包括的な方針が示された。

　またこの時期，全国人民代表大会を中心に，村民自治に向けた動きも進展した。1988年6月に施行された「村民委員会▷9組織法（試行）」には，「村民委員会主任・副主任・委員は，村民の直接選挙によって選ばれる」と明記された。

③ 政治改革の挫折

　しかし，第13回党大会で示された構想に基づく改革，とりわけ「党政分離」に伴う党組織や「対口部」の廃止，党の権限の縮小は，既得権の侵害を訴える党幹部の反発と抵抗を受け，実施の段階で多くの困難に直面した。

　そうした中，投資の過熱，党の幹部たちによる「官倒」と呼ばれる汚職行為，拙速な価格・賃金改革の発表に伴う買いだめや預金の取り付け騒ぎにより，インフレーションや経済の混乱が深刻化すると，呉稼祥（党中央弁公庁調査研究室副研究員）ら若手の研究者を中心に，「新権威主義」を是とする声が求心力をもつようになった。これは，経済面での苦境を克服し，経済発展という至上命題を達成するためには，政治改革を一時棚上げにして，開明的な強い指導者と一部のエリートからなる政策集団に政治を集権化し，厳格な管理の下で経済開発を強力に推し進めるべきだとする考え方である。彼らがモデルとして念頭に置いたのは，1970年代から80年代にかけて高度経済成長を成し遂げたラテンアメリカ諸国や韓国・台湾の開発独裁体制であった。「新権威主義」論は，党内の保守派，さらには鄧小平をはじめとする漸進的改革派の賛同も得て，党内に浸透した。それに伴い，共産党指導者と，民主化を求める学生・知識人の主張は，ますます隔たりを深めていった。

　そして1989年6月に天安門事件が起こると，党内で保守派が台頭する中，「党政分離」を軸とする政治改革は頓挫し，一時は解消された政府機関内の党組織は復活し，労働組合をはじめとする社会組織に対する党の統制・管理も強化された。それ以来，1980年代に繰り広げられたような抜本的政治改革論は生じていない。習近平政権下では，国家主席・副主席の任期の撤廃，党と政府の一体化など，80年代の政治改革に逆行する動きが進みつつある。

（小嶋華津子）

▷7　党の代行主義
党が行政，立法機関，大衆組織に設置した党組織を通じて，これらの機能を代行すべきだという考え。

▷8　1993年には「国家公務員暫定条例」が制定され，翌年には初めての国家公務員採用試験が実施された。国家公務人人気は現在も健在であり，2018年度の採用試験には，採用予定2万8000人に対し，志願者数は166万人近くに達した。

▷9　村民委員会
農村の基層社会における大衆自治組織。村民委員会の選挙は，各地各様の試みを経て，1998年の改正「村民委員会組織法」の施行により全国に普及した。

参考文献
趙紫陽／バオ・プー／ルネー・チアン／アディ・イグナシアス（河野純治訳）『趙紫陽　極秘回想録——天安門事件『大弾圧』の舞台裏！』光文社，2010年。

X　改革開放と政治・経済

 天安門事件と保守派の台頭

 民主化運動の激化

　1988年秋より民主化運動は再び激しさを増した。その背景には，経済の混乱がもたらした社会不安があった。同年夏に価格・賃金改革の五カ年計画が発表されるや，都市住民たちは商品の買いだめや預金の取り付けに走った。88年通年で前年比18.5%に達するハイパー・インフレーションが生活を直撃する中，都市住民たちの怒りを招いたのは，党の幹部たちによる汚職であった。当時実施されていた**二重価格制度**の下，幹部の間には，自らの政治的地位や特権を用いて，物資を統制価格で購入し，より高い市場価格で販売する「官倒」と呼ばれるブローカー行為が蔓延していた。かたや改革の方針を握る党指導部を見れば，保守派の台頭が著しく，「**新権威主義**」論の広まりの陰で，自由や民主を伴う改革の望みは薄れつつあるように映った。不満を高めた学生や知識人は，民主化運動をいっそう過激に推し進めるようになった。1989年に入ると，物理学者の**方励之**は，賛同者の署名を得て，**魏京生**ら「**北京の春**」，「**民主の壁**」運動で逮捕された政治犯の釈放を求める公開書簡，言論・報道の自由を求める公開書簡を発表し，各地の民主化運動を糾合する存在となっていった。

　おりしも89年4月15日，「民主化の星」として総書記辞任後も学生たちのあいだで人気の高かった**胡耀邦**が，心筋梗塞で急逝した。民主化推進派の学生たちは，胡の死を悼んでデモを敢行し，同月22日の追悼集会で胡の名誉回復がなされなかったと知るや，運動をエスカレートさせた。改革派の週刊タブロイド紙『**世界経済導報**』は4月末，胡耀邦追悼記念の座談会を開き，86年の学生運動を弾圧し，胡を辞任に追いやった党内保守派に対する批判を繰り広げ，当局による記事差し替え命令に抵抗した編集長が処分された。**厳家祺**をはじめとする33名の知識人は，これに対し，処分の撤回と言論・出版・報道・結社の自由などを求める公開書簡を発表した。

　5月15日には，中ソ和解のため，ソ連のゴルバチョフ書記長が北京を訪問した。ソ連でペレストロイカと呼ばれる政治改革を断行していたゴルバチョフの訪問に合わせ，学生たちは天安門広場でハンガーストライキに突入した。学生たちに同情した政府関係者，企業家，マスコミ関係者，一般市民，労働者までもが参集し，デモの参加者は，最も多い時で100万人近くに達したといわれる。その様子は，中ソの和解を報ずるべく世界各地から集まった記者たちにより，

世界中に配信された。天安門広場の学生たちに対する支援の輪は世界に広がり，香港，台湾，アメリカなどでも，留学生や華僑らを中心に支援活動が活発化した。

② 天安門事件

激化する民主化運動への対応をめぐり，党中央指導部は割れた。話し合いによる穏便な解決を求める趙紫陽[10]，胡啓立（政治局常務委員，中央書記処常務書記）らに対し，鄧小平や李鵬（国務院総理），姚依林（国務院常務副総理）らは弾圧を主張した。鄧は89年4月25日の時点で，運動を「計画的な陰謀であり，動乱である」と決め付け，それを弾圧する姿勢を示した。翌26日には，『人民日報』第一面に，「旗幟鮮明に動乱に反対せよ」と題する社説（いわゆる「四・二六社説」[11]）が掲載された。5月20日，戒厳令が布告され，北京は軍事統制下に置かれた。これに対し，学生たちはバリケードを築いて抵抗し，事態は膠着状態に陥った。

そして6月4日未明，ついに党中央は，装甲車や戦車を投入し，運動を軍事制圧した。天安門広場周辺では，抵抗する学生や市民が犠牲になった。中国当局は，事件による死者数を319人と報じたが，実態は依然として明らかにされていない[12]。事件を受けて，学生のリーダーであった王丹は逮捕され，ウーアルカイシ，柴玲らは海外に逃亡した。

③ 「和平演変」論と保守派の台頭

天安門事件後，趙紫陽は「動乱を支持し，党を分裂させた」との理由で党の全職務を解任され，その後2005年に死去するまで，自宅での軟禁生活を強いられた[13]。趙に代わって総書記に大抜擢されたのは，上海で迅速に民主化運動を鎮圧した江沢民であった。

事件を受けて，G7（先進7カ国会議）は中国の人権状況を非難し，借款停止などの経済制裁措置を発動し，中国は一時的に国際的孤立に直面した。また，同時期に東欧諸国では民主化運動を受けて社会主義政権が次々に瓦解し，1991年には，ソ連邦が崩壊した。国際的逆境の中，中国共産党内には，保守派が台頭した。彼らは，「和平演変」というロジックを用いて，民主化運動を武力で鎮圧したことの正当性を訴え，国民に団結を呼びかけた。「和平演変」とは，社会主義諸国の改革開放に乗じて，西側資本主義勢力が，武力に訴えるのではなく，社会主義国家内部の反政府勢力に，政治・経済・文化の各領域で影響力を浸透させ，「人権」や「民主」の旗印の下，彼らを利用して間接的に体制転覆を企図しているという発想である。こうした発想の下，改革開放は，鄧小平がいわゆる「南巡講話」[14]（1992年1〜2月）により継続と深化に向けた檄を飛ばすまで，頓挫の危機に直面した。

事件後，中国共産党は，事件に関する一切の報道に厳しい規制をかけ，その真相を隠蔽し続け，今日に至る。　　　　　　　　　　　　　　（小嶋華津子）

▷10　趙紫陽
⇨ X-3 「鄧小平の台頭」側注6

▷11　四・二六社説
学生の運動は，以後，当局が本社説の修正を認めるか否かが一つの焦点となった。

▷12　近年も，当時のイギリスの駐中国大使の公電の中で，死者数が2700〜3400人と伝えられていたことが香港紙『明報』（2017年12月23日付）に報じられた。

▷13　趙紫陽の口述録音テープに基づく回想録はまず2009年に英文で出版され，その後，香港で出版された。日本語版も，趙紫陽／バオ・プー／ルネー・チアン／アディ・イグナシアス（河野純治訳）『趙紫陽　極秘回想録　天安門事件「大弾圧」の舞台裏！』光文社，2010年として出版されている。

▷14　南巡講話
⇨ XII-1 「『社会主義市場経済』の提起」

（参考文献）
張良編，アンドリュー・J・ネイサン／ペリー・リンク監修（山田耕介・高岡正展訳）『天安門文書』文藝春秋社，2001年。
劉暁波著，劉燕子編（横澤泰夫・及川淳子・劉燕子・蒋海波訳）『天安門事件から「08憲章」へ──中国民主化のための闘いと希望』藤原書店，2009年。
ゴードン・トーマス（吉本晋一郎訳）『北京の長い夜──ドキュメント天安門事件』並木書房，1993年。
安田峰俊『八九六四──「天安門事件」は再び起きるか』KADOKAWA，2018年。

XI　改革開放と外交

鄧小平の訪米と中越戦争

1　党内理論から見た改革開放

　中国の公式見解によれば，中国に経済的繁栄をもたらした「改革開放」は，1978年12月の中国共産党第11期中央委員会第3回全体会議（第11期三中全会）から始まった。この会議の重要性は，鄧小平[1]の党内指導権が公認されたことにある。だが，毛沢東への個人崇拝が強かった当時の中国で，毛に批判され失脚していた鄧がなぜ党の指導権を握ったのだろうか。しかも鄧はなぜその後，社会主義国の中で「資本主義化」ともとれる経済改革を推進できたのだろうか。

　答えは文化大革命後期の中国の対外政策にある。1969年の中ソ国境衝突以降[2]，毛はソ連が覇権主義に転じたとみなし，71年からは宿敵・アメリカと和解してソ連に反対する国際的陣容の形成に着手した。彼は日本・中国・イラン・西欧・アメリカ等の国々がソ連の覇権主義拡大の防波堤になるべきと考え，各国を「一本の線（一条線）」として結んで団結させようとした。その一環で日欧との経済協力に乗り出し，生産技術を導入し経済力の底上げを図った。74年にはまた，「一本の線」強化のため穏健な周恩来総理を排除し，かつて中ソ論争でソ連に毅然と反対した鄧を外交責任者に起用した[3]。翌年初めにはさらに，鄧を第一副総理に取り立て国内改革を担わせた。夏以降，毛と鄧は文化大革命への評価をめぐって再び対立したが，毛は鄧の対外的な成果には満足していた。

　毛の死後，党内で最も豊かな対外交渉経験をもつ鄧は，その点を華国鋒[4]らに買われて復活する。鄧は78年に，ソ連の脅威が拡大したため日米欧各国が中国支援策に乗り出している，「一本の線」戦略の成功で中国の経済建設に有利な環境が形成されていると主張し，中国は今こそより大胆な対外開放に乗り出すべきだと党内を説得した。この判断に基づき，第11期三中全会は対外開放による経済建設の推進を決定し，同時に鄧の党内指導権を認めた。

2　鄧小平訪米と中越戦争の関係

　上記のように，内政と対外政策を一つのパッケージとして考える鄧小平にとって，訪米と中越戦争はコインの裏表の関係だった。当時，鄧は毛と同じくソ連を覇権主義とみなし，ベトナム戦争に勝利し国家統一を果たしたベトナムもソ連に迎合してインドシナで小覇権を追求していると考えた。鄧は西側諸国は，こうした覇権主義国への抑止力として中国の発展を積極的に応援している

と解釈し，その期待に応えようとした。ソ越包囲網の強化のため，鄧は78年9月から11月に北朝鮮，日本，東南アジア諸国を訪問し，12月に米中国交正常化交渉をまとめ上げると，総仕上げとして79年1月末から訪米に出発している。鄧はアメリカで中国の広告塔としてNASAやボーイング社やフォード社を見学し，ビジネス界の中国フィーバーに火をつけたが，1月29日のカーター大統領との極秘会談には厳粛に臨んだ。そこで鄧は，ソ連の打算を打ち砕きベトナムに「教訓」を与えるため，中国がベトナムに限定攻撃を加える計画を説明した。さらに訪米の帰途には再び日本に立ち寄り，大平正芳首相にも同様の計画を説明した。[5] そうすることで，鄧は日米両国に中国が政治的にもたくましい協力相手であることをアピールしようとしたと見られる。

　中越関係はベトナム戦争の後半に泥沼化した。ベトナムの共産主義者たちは米中接近に反発し，都市攻撃の必要もあって大型兵器の供与に積極的なソ連に接近した。中国は彼らが恩を忘れて対ソ接近したと立腹し，ベトナムに反感をもつカンボジアのポル・ポト派[6]への支援を始めた。74年に中国は，崩壊寸前の南ベトナム政権から南シナ海のパラセル諸島の実効支配を武力奪取した。1970年代後半には中国の革命思想の影響を受けたポル・ポト派がカンボジアで大粛清を行い，国民の4分の1程度が犠牲になった。越カ国境紛争の発生と並行して中越国境も緊張した。78年12月にはベトナムで，元ポル・ポト派のヘン・サムリン[7]を議長とするカンボジア救国民族戦線が結成され，ベトナム軍の支援を受けてカンボジアへの軍事侵攻を開始した。1月にプノンペンが陥落すると，中国はポル・ポト派にゲリラ戦の継続を命じ，2月17日にはベトナムの中国国境侵犯を理由に同国に短期間の軍事攻撃を仕掛け，3月5日に撤退を開始した。中国はソ連軍の南進を懸念していたが，ソ連は中ソ国境を越えなかった。

③ 中越戦争の余波

　中越戦争は中国にとってメリットよりデメリットが大きかった。鄧はこの戦闘を通して軍への統率力を固めた。しかし，対米戦争で鍛えられたベトナム軍は強く，それとの交戦では中国側の多数の部隊が壊滅し，中国軍が対ソ抑止力にならないことが露呈した。その後も中越間の国境対立は続き，ベトナム軍はカンボジアから撤兵せず，カンボジアでは90年代初めまで内戦状態に置かれた。[8] 中国はポル・ポト派を支えるため，東南アジアの共産党（「兄弟党」）への支援を断念して各国政府に接近し，ここに中国の国際共産主義運動は崩壊した。しかも，ベトナムに対する侵略行為で中国の対外イメージは低下し，アメリカでは中国の台湾侵攻を懸念した議会が「台湾関係法」を可決し，台湾の自衛力維持の目的で，それへの防御的兵器の提供を国内法で合法化した。こうした「教訓」から学びながら，中国はその後数年かけて自国の対外認識の見直しを進め，対外政策からイデオロギー色を排除していった。　　　　　（益尾知佐子）

▷6　ポル・ポト派
クメール・ルージュともいう。ポル・ポトが率いたカンプチア共産党内の左派。カンボジアの国内戦争で勢力を伸ばし，ベトナム戦争後はカンボジアを支配した。原始共産主義社会を追求し，知識人を徹底粛清し，国民の多くを強制移住で飢餓に追いやった。

▷7　ヘン・サムリン (1934-)
ポル・ポト派の元軍人。1978年5月，粛清を逃れベトナムに亡命。プノンペン陥落後はカンプチア人民共和国（89年からカンボジア国）の国家評議会議長（国家元首）となる。カンボジア和平後，いったん引退していたが，2006年に国民議会議長に就任。

▷8　世界冷戦が終結に向かう中，ベトナムは1989年にカンボジアからの撤兵を完了。91年にはパリでカンボジア和平協定が成立し，中越関係も正常化した。92年からは国連カンボジア暫定行政機構がカンボジアの再建に着手し，翌年総選挙を実施，暫定政府を成立させた。

（参考文献）
益尾知佐子『中国政治外交の転換点——改革開放と「独立自主の外交政策」』東京大学出版会，2010年。
ナヤン・チャンダ（友田錫・滝上広水訳）『ブラザー・エネミー——サイゴン陥落後のインドシナ』めこん，1999年。

XI　改革開放と外交

独立自主の対外政策

① 「独立自主の対外政策」の意義

　1949年の建国以降，中国の対外政策の最も重要な転機は，1982年9月の中国共産党第12回全国代表大会（第12回党大会）における「独立自主の対外政策」の提起であった。この政策はまた，「独立自主外交」「独立自主の平和外交」「全方位外交」などとも呼ばれる。

　「独立自主の対外政策」の重要性は複合的である。外交史的には，その提起によって中国はイデオロギー的な対外政策を正式に断念した。第12回党大会の政治報告は，中国が「主権と領土の相互尊重，相互不可侵，相互内政不干渉，平等互恵，平和共存」の平和共存五原則を，社会主義国を含むすべての国家との関係に適用し，各国との関係を発展させると述べた。五原則は新たな対外政策の基礎とされたが，中国はこの直前まで並行してプロレタリア国際主義を掲げる二元外交を行っていた。世界革命の実現のため，「同志」たちは国境を越えて助け合うべきで，内政干渉は当たり前，社会主義国間の関係は党どうしの特殊なものとみなされていた。国際主義に言及しないことで，中国は今後は主権国家を国際関係の単位とみなし，国益を基準に対外政策を策定するという意思表示をした。これによって中国は，国際秩序の転覆を目指さなくなった。

　次に，戦術的な変化が挙げられる。もともと弱小勢力だった共産主義者たちは，世界革命の実現可能性を上げるため，その時代の最大の敵（主要敵）を特定し，それ以外の勢力と連携する戦略をとっていた（統一戦線）。70年代には中国はソ連を「主要敵」とみなしたため，アメリカが台湾に武器を供与する決定をしても，米中間の反ソ連携継続を優先してアメリカの要求を呑むことになる。だが，「独立自主の対外政策」で「すべての国」との関係改善を謳うことで，中国は「主要敵」の設定をやめ，問題ごとに自国の立場を「独立自主」で決められるようになった。

　最後に，政策優先度の変化を指摘できる。毛沢東時代の中国は，世界革命の理想追求や「主要敵」との対抗など国際問題への対応を重視し，結果的に国内の発展をおろそかにした。「独立自主の対外政策」の提起で意識されたのは，新たな国家目標となった経済発展に奉仕する対外政策であった。国内政策のプライオリティの変化により，中国の対外政策はその後長く，既存の国際秩序の尊重や平和な外部環境の維持に強い関心を向けることになった。

▷1　平和共存五原則
⇨ IX-3 「平和共存五原則」

▷2　カール・マルクスとフリードリヒ・エンゲルスは，1848年に出版した『共産党宣言』を，「万国の労働者よ，団結せよ！」で締めくくった。労働者階級（プロレタリアート）は世界の武力革命実現のため，国境を越えて団結すべきと主張したのだった。

▷3　⇨ IX-4 「中ソ対立と核兵器開発」

▷4　中越戦争
⇨ XI-1 「鄧小平の訪米と中越戦争」

▷5　中国は1979年元旦の米中国交正常化に際し，アメリカが台湾は中国の一部と認めたため，台湾統一が射程に迫ったと考えた。しかし，4月にはアメリカで台湾関係法が成立，台湾へ

② 「独立自主の対外政策」の経緯と発展

　中国共産党の公式見解では,「独立自主の対外政策」は党の創立当初からの経験と叡智の結集と位置付けられ, 1980年代初めの政策転換はほとんど強調されない。対米接近は中国の対外理論に大きなインパクトを与えたが, ①で指摘したような変化が中国の政策決定者・実務家に意識されるようになったのは, 1979年の中越戦争▷4直後から1982年前半までの時期である。

　ベトナム戦争で共闘した中越両国の関係は, 79年には武力衝突へと悪化した。それが中国の対外認識に与えた影響は甚大で, 中国は直後から自国の国際共産主義運動の経験を総括し, 国際関係におけるイデオロギーの役割を見直しはじめる。80年秋からは「主要敵論」の妥当性が検討され, 世界の多様な現実を踏まえたより柔軟な外交的配置が採用された。そして, 81年春からのアメリカの対台武器供与問題▷5をきっかけに, 中国は82年春にはソ連との関係改善を模索し, 外部環境の実際の改善に着手した。その後も世界情勢に対する判断を修正し続け, 83〜85年頃には大規模な世界大戦は発生しないという立場を打ち出し, 平和な国際環境はつくっていけるという主体的な主張を展開しはじめた。

③ 対ソ関係の改善

　1981年からの米中関係のこじれを見たソ連のブレジネフ書記長は, 82年3月にタシケント(現ウズベキスタン, 当時ソ連領)で演説し, 中国に関係改善を提案した。2日後, 中国外交部スポークスマン(のち外相)の銭其琛は「留意する」と発表した。第12回党大会の政治報告は, ①中ソ国境および中蒙国境に駐留するソ連軍, ②カンボジアに駐留するベトナム軍, ③アフガニスタンに駐留するソ連軍の「三大障害」の除去を関係正常化の条件としてソ連に提示した。

　翌月から両国は外交チャネルで交渉を開始した。ソ連でブレジネフ, アンドロポフ, チェルネンコの3書記長が連続して死去したため, 交渉スピードは停滞したが, 国境貿易や留学生交換が再開され, 両国間の緊張は急速に緩んだ。

　85年3月に書記長となったゴルバチョフは, 国内で政治改革を進めつつ社会主義各国の自立性を尊重する政策を打ち出し, 中ソの考え方は接近した。85年10月には高齢の鄧小平が, 「三大障害」が除去されるならば自分が訪ソしてもよいというメッセージを, ルーマニアのチャウシェスク大統領経由でソ連に伝えた。88年にはカンボジアのベトナム軍が撤兵の見込みとなり, 三大障害の完全除去のめどが立った。翌年5月, ゴルバチョフが訪中し, 中ソ両国は平和共存五原則に基づく両国・両党関係の正常化で合意した。▷6その後の天安門事件と冷戦の終結, ソ連崩壊を経て, ソ連を引き継いだロシアと中国は西側中心の国際政治に対する違和感を共有するようになり, 相互信頼を急速に高めていった。

（益尾知佐子）

の武器輸出が米国内法で合法化された。81年5月にはレーガン政権が台湾へのFX戦闘機の売却準備を進め, 台湾への武器売却問題が米中両国間で争点化した。両国は82年8月の「第二上海コミュニケ」で問題の幕引きを図ったが, 中国はアメリカに台湾への武器売却を完全に放棄させることができなかった。

▷6　人民大会堂で開かれたこの中ソ会談で, 鄧小平は自分も深く関与した中ソ論争を次のように総括している。「(50年代末から)20年あまりの実践を通して振り返ってみれば, 双方とも多くの空論を並べ立てたものだ。……交流を発展させていくため, 私には重要な提案がある。実のあることを行い, 空論はやめよう」(『鄧小平文選』第3巻, 北京:人民出版社, 1993年, 291-295頁)。この会談は国際共産主義運動の清算という意味で大きな節目だったが, 中国の国内政治上はまた別の意味をもった。同年4月から隣の天安門広場に集結していた学生たちは, ソ連の改革の象徴となっていたゴルバチョフに民主化要求の声を届けようと懸命に声を張り上げた。彼らの姿は各国メディアの注目を集め, 6月4日の天安門事件が世界で広く報じられるきっかけをつくった。

【参考文献】

益尾知佐子『中国政治外交の転換点——改革開放と「独立自主の外交政策」』東京大学出版会, 2010年, 第3・4章。
岡部達味編『中国をめぐる国際環境』岩波書店, 2001年, 第5章。

XI　改革開放と外交

 3 # GATT 加入交渉

1　GATT と中国の関係

　1929年の世界恐慌以降，各国は自国経済を保護するための関税引き上げ競争に陥った。貿易が激減したことから不況は深刻化し，このことが第二次世界大戦の一因となった。このような反省から，1948年に自由貿易の促進を目的として**関税と貿易に関する一般協定（GATT）**^{▷1}が創設された。GATT は締約国間の関税引き下げを促し，国際通貨基金（IMF）や国際復興開発銀行（IBRD）とともに，自由主義経済を支える国際レジームとして機能した。

　1948年に GATT が創設された際の原締約国は「中華人民共和国（中国）」ではなく，「中華民国」であった。内戦に敗れ台湾に逃れた中華民国は1950年5月に GATT を脱退したが，中国は1971年に国連参加を実現した後も GATT 加入を求めなかった。社会主義国である中国は，GATT を資本主義国が支配する組織とみなし警戒していたためである。

　しかし，1986年7月に加入申請を行うなど，1980年代以降の中国は積極的にGATT 加入を求めはじめた。^{▷2}

2　「改革開放」の進展と GATT 加入交渉

　なぜ中国はそれまで無視・敵視していた GATT への加入を求めたのだろうか。最大の要因は，1978年12月の中国共産党第11期中央委員会第3回全体会議（中共第11期三中全会）以降に台頭した鄧小平による一連の経済改革と対外開放，いわゆる「改革開放」の進展である。それまでの中国では，資本主義国の資金や技術に依存せずに経済建設を達成するという自力更生路線がとられ，貿易や技術導入は「売国主義」「洋奴哲学」と批判されていた。

　自力更生路線とは対照的に，鄧小平やその支持者は立ち遅れた自国経済を立て直すため，貿易や対中直接投資の拡大を目指していた。さらに，鄧小平の権力確立に伴い経済改革が進展し，指導者たちは対外開放を許容するようになったことから，中国は GATT 加入を求めるようになったのである。

　このような経緯から始められた GATT 加入交渉に関して，中国は三つの原則を有していた。すなわち，①中国の申請は「原締約国としての地位回復（復帰）」であり「新規加入」ではない，②「発展途上国」として加入し GATTに定められた優遇措置を享受できる，③関税譲許に基づき加入し特別セーフ

▷1　**関税と貿易に関する一般協定**（General Agreement on Tariffs and Trade：GATT）①最恵国待遇（特定国に与えられた優遇措置は，GATT 締約国すべてに自動的に与えられる）と②内国民待遇（国内産品と外国産品を不平等に取り扱わない）を原則とする国際協定。

▷2　GATT 加入には，2種類の交渉を経る必要があった。具体的には①GATT 締約国が設けた作業部会での多国間交渉および②二国間（米中，日中など）での個別交渉である。中国の加入交渉においては，作業部会にて中国経済がGATT のルールに適合的か否かの審査が行われた。それに加え，二国間交渉では，特別セーフガードなど交渉相手国による個別の要求が扱われた。

ガードなど厳しい条件は受け入れない，である。中国が GATT「復帰」にこだわったのは，GATT 原締約国である「中国」を代表するのは中華人民共和国政府であり，1948年の中華民国の GATT 加入は中華人民共和国の成立前なので認めるが，1950年5月の「台湾当局」による GATT 脱退は成立後なので無効である，と主張していたためである。

一方で，米国など主要先進国は，計画経済を採用し市場メカニズムが機能していない中国の GATT 加入を警戒していた。このため，中国は加入交渉において関税引き下げ以外の要求も受けることとなった。貿易制度の透明化や価格改革の推進など，広範な分野での経済改革を求められたのである。

③ 天安門事件発生と交渉の停滞

1987年からの GATT 加入交渉は，中国の経済改革に伴い緩やかに進んでいた。しかし，1989年6月の天安門事件が状況を一変させてしまった。国際社会は中国を非難し制裁を実施したが，GATT 加入交渉も無期限延期されてしまったのである。さらに，中国が国際的に孤立した機会をとらえ，台湾が1990年1月に「台湾・澎湖・金門・馬祖」独立関税地域という名称で GATT 加入申請を行うなど，中国の GATT 加入交渉は八方塞がりになってしまった。

天安門事件後の中国は，外交や経済改革においても困難に直面していた。たとえば，米中関係が悪化し米国は天安門事件による人権弾圧を理由に，中国への最恵国待遇供与を見直すようになった。また，きわめて高い水準のインフレを抑制するため，計画経済の手法が強化され経済改革は後退した。

④ GATT 加入交渉の失敗，WTO 加盟交渉へ

停滞していた加入交渉の転機は，再び鄧小平によってもたらされた。1992年に行われた鄧小平の南方視察，いわゆる「南巡講話」が中国の改革を再開させる契機となった。1992年10月の第14回全国代表大会では「社会主義市場経済」という概念が認められ，市場経済化に向けた改革が推進されることとなった。

市場経済化が認められた中国は，1994年以降に GATT 加入交渉を加速させた。中国が交渉を加速させた要因として，同時期に行われていた GATT のウルグアイ・ラウンドにおいて世界貿易機関（WTO）設立が決定したことも関係している。WTO の原加盟国となるには，1995年1月の WTO 設立前にGATT 締約国となっていることが必要だったためである。期限までの加入を急ぐ中国は大幅な譲歩を行ったものの，米中交渉の難航などが原因となり GATT 加入に失敗した。こうして，中国の GATT 加入交渉は WTO 加盟交渉へと引き継がれ，2001年まで継続することとなったのである。　（横尾明彦）

▷3　GATT 第19条は，特定産品の輸入が国内産業に重大な損害を与える場合，緊急措置として関税譲許の停止などを認めている。この措置は特定国に対して差別的に用いてはならなかったが，特別セーフガードは特定国（ここでは中国）のみを対象として発動が可能とされた。

▷4　GATT 第33条は，国家でなくとも，完全な自治権を有する独立関税地域であれば加盟を認めている。なお，台湾の GATT 新規加入は中国の反対のため認められなかった。

▷5　「ラウンド」とは，GATT の全加盟国が参加して行われる貿易自由化交渉のことを指す。1964〜67年のケネディ・ラウンドなど合計8回の交渉が行われた。8回目のウルグアイ・ラウンド（1986〜94年）において，世界貿易機関（World Trade Organization：WTO）の設立が決定された。

▷6　中国の WTO 加盟交渉については，XIII-6「WTO 加盟」を参照。

（参考文献）

大橋英夫『米中経済摩擦——中国経済の国際展開』勁草書房，1998年。
中逵啓示『中国 WTO 加盟の政治経済学』早稲田大学出版部，2011年。
菱田雅晴「ガット加盟の政治経済学——中国にとっての「外圧」」毛里和子編『現代中国論3 市場経済化の中の中国』日本国際問題研究所，1995年，232-268頁。

XI　改革開放と外交

4　周辺諸国との関係改善

1　文化大革命期の対外政策と独立自主の外交

　1982年，中華人民共和国は1978年の中国共産党第11期中央委員会第3回全体会議（中共第11期三中全会），1981年の**歴史決議**などを踏まえ，独立自主の対外政策という方針を策定した。これは1950年代の**平和共存五原則**につぐ中国外交の基本政策として現在も位置付けられている。一般に1978年の第11期三中全会で改革開放政策が始まったとされるが，それ以後1981年，あるいは1982年にかけて，鄧小平と華国鋒らの権力闘争と，新たな国家の方向付けがなされていた。すでに1970年代に西側諸国との国交正常化や，対米関係の改善が行われていた外交については，1979年1月1日の米中国交正常化，中越戦争，あるいはソ連のアフガニスタン侵攻を経て，1981年に新たな政策が策定されたと見ていいだろう。

　独立自主外交は中国が社会主義陣営に属する発展途上国でありながらも，原則として特定の国と同盟関係をもたず，資本主義国も含めて各国と良好な関係を築いていく政策のことである。ここには対立していたソ連も含まれる。この独立自主の外交は改革開放期の外交政策である。それ以前には「主要敵」を設定していたから，大きな転換であったといえる。

　中国が対外政策の理念を転換した背景には国際環境の変化がある。文化大革命（1966～76年）の期間，とりわけ1969年の**ダマンスキー島事件**などで中ソ対立が激化し，中国はいっそう西側諸国との関係を改善させた。1970年にカナダと国交正常化し，1971年には米中接近があり，1972年にニクソン大統領の訪中，そして日中国交正常化が実現した。この過程で特に重要であったのは，1971年に中華人民共和国政府が，中華民国政府に代わって，国連の中国代表権を得たことだった。数多くの国際機関での代表権が中華人民共和国に移り，また二国間関係でも中華人民共和国との間で国交正常化する国が相次いだ。東アジアも例外ではなく，72年の日本のあと，マレーシア（74年），フィリピン，タイ（ともに75年）と国交正常化した。1960年代まで，東アジアには反共産主義国家どうしによる同盟が模索されていたが，そこにはフィリピンなども含まれていた。ベトナム戦争でのアメリカの敗北もあって，東アジアでも「反共」が次第に意義を失いつつあった。しかし，それでも1981年に中国が独立自主の外交政策を採用した時，東アジアには韓国，ブルネイなどといった中華民国政府を承認していた国が存在していた。

② 周辺諸国との関係改善

　これらの国々との国交正常化は1989年の天安門事件の後に実現したが，実際には天安門事件前から国交正常化の動きが生じていた。まず韓国についてみれば，1980年代初頭，中国は北朝鮮と緊密な関係を築いており，中国が韓国と接触した場合には何事も北朝鮮に説明するという「説明外交」が行われていた[6]。だが，1983年に遼寧省瀋陽を飛び立った上海行きの中国民航機が数名の集団にハイジャックされてソウルに着くと，それをきっかけに中韓は交渉の窓口を開いた[7]。無論，中華人民共和国政府は北朝鮮には韓国との国交改善の可能性を否定していたが，韓国側は1986年のアジア大会，1988年のソウルオリンピックへの参加を中国に促し，中国もこれに参加し，最終的には1992年に中華人民共和国と韓国との間に国交がもたれ，韓国は中華民国と断交した[8]。

　1965年に独立したシンガポールは，中国とインドネシアの関係悪化などを理由にして中華民国と軍事交流などを続けた。だが，中国ともすでに非公式な関係はあり，1980年代初頭に至って双方が商務代表処を開設，経済関係が次第に緊密化した[9]。そして1990年に両国は国交を結んだ。ブルネイは1984年に独立したが，華僑問題などから，中華民国とも中華人民共和国とも国交を結んでいなかった。だが，1991年になって後者と国交を結んだ。

　だが，この時期にあらゆる周辺国と関係を改善したわけではない。たとえばベトナムとは，1984年に中越間の陸上国境の老山と者陰山をめぐって軍事衝突が発生し，1988年3月14日には南シナ海でスプラトリー諸島海戦（赤瓜礁海戦）を起こした[10]。これはソ連のベトナム支援が弛緩した間隙をついたものとされる。しかし，1989年初頭から国境貿易が再開され，また間もなく中国軍が老山と者陰山から撤収するなどして関係改善がはかられた。

③ 西部大開発・「周辺外交」の基礎

　1990年代初頭，ソ連解体後新たに独立した中央アジア諸国とも外交関係を樹立した。これにより，中国はすべての周辺諸国と国交を有し，また比較的良好な関係をもつことになった。このことは1990年代の中国の国内政治，対外政策に大きな資源を提供した。中国は国境問題の解決を行い，国境貿易を拡大させようとした。これは辺境地域の経済発展に貢献するものであり，西部大開発へと結びついていった。また，周辺国との関係改善は，1990年代の上海ファイブ（のちのSCO）の形成[11]，メコン開発への中国の参加，さらにはASEAN（東南アジア諸国連合）協力の基礎となっていった。だが，1992年中国は領海法を制定して南沙諸島に対する領土主権を国内法で明文化し，同年にはベトナムが領有を主張していた南薫礁／ガベン礁を占領するなど，海洋の領土面での強硬政策は継続した。

（川島　真）

▷6　韓国も台湾の中華民国政府を中国の唯一の合法政府として承認し，自由中国と呼んでいた。

▷7　この時亡命申請したハイジャック犯の中国人たちは，台湾へと亡命した。彼らは「義士」として歓迎されたが，その後生活が困窮し，一部の者が殺人事件を起こすに至った。

▷8　1991年に韓国と北朝鮮は国連に同時加盟しており，中華人民共和国は北朝鮮と断交せずに韓国と外交関係をもつことができた。

▷9　だが，シンガポールと台湾の軍事交流は以後も継続している。

▷10　この戦争では中国軍が勝利し，80人のベトナム兵死傷者が出たとされる。

▷11　⇨ XIII-7 「上海協力機構」

【参考文献】
青山瑠妙『中国のアジア外交』東京大学出版会，2013年。
川島真『中国の外交——自己認識と課題』山川出版社，2007年。
益尾知佐子『中国政治外交の転換点——改革開放と「独立自主の対外政策」』東京大学出版会，2010年。

XI 改革開放と外交

 5 ソ連の解体と中央アジア外交

1 中央アジア諸国の独立と中国

　中国と中央アジアとの関係は，元来中国とソ連との関係の一部という側面があり，中ソ対立の下で長く緊張状態にあった。だが，1989年5月にゴルバチョフが中国を訪問し，中ソ対立にも終止符が打たれた。だが，そのソ連も1991年12月25日に解体されることになり，結果として15の構成国が独立することになった。中央アジアにはウズベキスタン，カザフスタン，キルギスタン，タジキスタン，トルクメニスタンの五共和国があり，それぞれが独立することになった。中国は，2日後の27日にこれらの国々を国家承認した。

　国家承認した後には外交関係の樹立が必要になるが，1992年1月2日から7日にかけて，中国は対外経済貿易部の李嵐清部長と，外交部の田曾佩副部長を代表とする訪問団を中央アジアに派遣し，1日ごとに一国と外交関係を切り開いた。これらの五国のうち，中国と国境を接しているのはカザフスタン，キルギスタン，タジキスタンの三国であり，中でもカザフスタンとの国境は1700キロに及び，キルギスタンとも1000キロ，タジキスタンとも500キロもの国境線があった。中国から見た場合，民族問題のある新疆ウイグル自治区に隣接する中央アジア諸国との関係性はきわめて緊要であり，そのためにも中央アジア新独立諸国との外交関係構築と領土問題の早期解決が求められた。

2 国境確定交渉と関係「緊密化」

　中国と中央アジア諸国との国境には多くの問題があった。1969年に中ソが軍事衝突した時，ダマンスキー島だけでなく，中国とカザフスタンの国境地域にあるジャラナシュカル湖畔でも紛争が生じた。中央アジア三国から見れば安全保障，またロシアからの脅威との国際政治バランス，他方中国から見れば新疆 ウイグル自治区の民族問題の管理や経済発展の観点から国境問題の解決が求められた。国境交渉はロシアの仲介もあって始められた。

　中国とカザフスタンは，1994年4月に国境協定を締結し大筋合意した後，98年には第二次補助協定が締結されておおよその決着をみた。係争地の分配から見ると，中国側が譲歩した面もある。中国とキルギスタンは，1996年7月に国境協定を締結し，以後の交渉でカザフスタンも交えて国境を確定させていった。この過程で，国境防衛を行っていたロシア軍も撤退していった。中央アジアで

▷1　代表国の訪問日は以下のとおり。1月2日：ウズベキスタン，3日：カザフスタン，4日：タジキスタン，5日：キルギスタン，6日：トルクメニスタン。

▷2　中央アジア諸国には数十万のウイグル人コミュニティがあり，彼らと新疆ウイグル自治区の独立勢力が結びつくことに中国は警戒心を有していた。また，後にアフガニスタンでタリバーンが勢力を増すと，ウイグル人がアフガニスタンに渡りタリバーンの訓練を受け，再び新疆ウイグル自治区に戻って活動することが中国の警戒対象となった。なお，ソ連はアフガニスタンに侵攻していたが，1989年2月にはアフガニスタンから全面撤退していた。

独立後に内戦が発生したタジキスタンと中国との交渉は最も難航したが，1999年8月には国境協定が締結され，2002年に国境が確定した。このように中国と中央アジア三国との国境交渉，国境地域の兵力削減が進められていく過程で，後述するように国境の安全をめぐる協力が進んでいった。また，国境問題の解決は，国境を越えた経済協力の基礎となった。

だが，国交が開かれ，国境交渉が進む中で新たな問題も発生した。たとえば，中国とカザフスタンとの間では1992年にビザなし渡航が認められた結果，中国からカザフスタンに多くの人が流れ込み，カザフスタンでの中国への警戒心が強まった。また，国境地帯の河川は，中国が上流にあたり，中国側の取水量が増すにつれてカザフスタン側の批判が増していくことにもなった。

③　地域協力の進展

上に述べたように1990年代を通じて国境交渉が行われたが，その背景には中央アジアに強い影響力をもつロシアと中国との関係改善の基調と中露国境交渉の進展があった。1992年にはエリツィン大統領が訪中し，中露間で多くの協力が進められることになった。そして，1996年に同大統領が訪中した時には，中露関係が「平等，信頼をむねとした，21世紀に向けての戦略的協力のパートナーシップ」と位置付けられた。

良好な中露関係を背景に，1996年4月26日，上海で「ロシア，カザフスタン，キルギスタン，タジキスタン，中国の国境地区軍事領域での信頼強化についての協定」が締結された。中国と国境を接する中央アジア三国と中露によるこの会合は，上海ファイブの第1回会合であった。[3]　その後，上海ファイブは次第にその協力範囲を拡大させ，また閣僚の定期会合などの制度化が進んでいった。

2000年にタジキスタンのドゥシャンベで開催された第5回首脳会合は上海ファイブの一つの転機であった。それはウズベキスタンがオブザーバー参加したからである。中国と国境を接する国々との国境協力から中央アジア地域への協力へと次第に展開していったのである。そのウズベキスタンは翌2001年の6月に上海で開かれた第6回首脳会合で正式にメンバーとなった。そして，上海ファイブは「上海協力機構 (SCO) 設立宣言」[4] を発し，さらに「テロリズム・分離主義・過激主義の取り締まりに関する上海協定」を締結した。2001年9月11日にアメリカで同時多発テロが起きたが，それに先立って反テロを軸とした枠組みが中央アジアで形成されていたのである。[5]　アメリカは，9・11以降，反テロを掲げて中国との協力を進めていった。これにより中国はアメリカとの協力の下に軍事力の拡大を進めたのだった。上海協力機構はその後加盟国を増やし，ユーラシア大の協力枠組みへと発展し，協力内容も反テロなどのみならず，経済・文化などの包括的なものとなった。　　　　　　　　　　（川島　真）

▷3　この会合では国境地帯の安全管理が主に話し合われたが，会合を重ねるにつれて協力内容は経済，麻薬，武器などへと拡大していった。

▷4　上海協力機構 (SCO)
⇨ XIII-7 「上海協力機構」

▷5　アメリカおよび西側の軍隊は，アフガニスタンでの軍事作戦のために，ウズベキスタン，タジキスタン，キルギスタンの軍事基地を利用した。米軍の中央アジア駐留は中央アジアの国際政治に一定の変化を与えた。だが米軍が撤退すると，中央アジアにはロシア軍が引き続き駐留し，「安全保障はロシア，経済は中国」といわれる状況になった。

参考文献

宇山智彦／クリストファー・レン／廣瀬徹也編著『日本の中央アジア外交——試される地域戦略』北海道大学図書刊行会，2009年。
川島真『中国の外交——自己認識と課題』山川出版社，2007年。
湯浅剛『現代中央アジアの国際政治——ロシア・米欧・中国の介入と新独立国の自立』明石書店，2015年。

第 5 部

市場経済化への邁進

guidance

　第5部が対象とするのは，中国が「社会主義市場経済」という新たなスローガンの下に市場経済化を本格化させていく時期であり，江沢民が総書記を務めた10年間に重なる。

　この間，中国ではWTO加盟を目指し，市場経済化を進めるための抜本的な改革が次々と断行された。第Ⅻ章「市場経済化と政治社会の変容」では，国有企業改革，社会保障制度改革，金融制度改革，税制改革，政府機構改革をはじめとする諸改革がどのように展開されたのかを解説する。またこの時期のもう一つの特徴としては，ナショナリズムの高揚が挙げられるだろう。冷戦の終焉，ソ連邦の崩壊，中国自身の市場経済化に伴い，社会主義イデオロギーの求心力の低下が顕らかとなる中，共産党の存立基盤を強化するとともに，国家の凝集力を高めるための新たな精神的支柱が求められるようになった。江沢民は「三つの代表」というテーゼにより，共産党を企業家の入党をも認める包括政党へと脱皮させると同時に，愛国・愛党主義教育によりナショナリズムを喚起し，国家の統合と政権の正当性を守ろうとした。

　第ⅩⅢ章「『周辺外交』と大国への始動」では，この時期の外交に焦点を当てる。市場経済化により経済発展を遂げた中国は，徐々にアジアの大国としての存在感を高めていった。南北朝鮮国連同時加盟に向けた外交努力，韓国との国交正常化を経て，中国は朝鮮半島問題において外交力を発揮するようになった。ASEANとの関係強化に乗り出したのもこの時期である。また，ロシアおよび中央アジア諸国との間に信頼醸成に基づく協力関係を築き，それはやがて上海協力機構へと発展していくこととなった。他方，国力の強化は，主権問題における強硬な姿勢を伴った。1992年に台湾，尖閣諸島，南シナ海各諸島を含む形で「領海法」を定めたことは，その現れと言えるだろう。また，香港・マカオの返還を達成した中国は，民主化により独立志向を強める台湾に対し，統一に向けた圧力を強めていく。

XII　市場経済化と政治社会の変容

「社会主義市場経済」の提起

1　第二次天安門事件と改革開放の頓挫

　文化大革命後に政治舞台への復帰を果たした鄧小平[1]は，改革開放を支持し，政治改革に積極的な立場をとっていた胡耀邦[2]と趙紫陽[3]を抜擢した。

　1980年代に推し進められた計画経済制度の改革と国民経済の対外開放は，大きな経済効果をもたらしたが，国有企業改革や金融制度改革を含む計画経済体制の抜本的な改革は棚上げにされた。そのため，統制価格と市場価格との乖離を利用した不正が横行し，ハイパーインフレーションも相まって都市住民の不満をかき立てた。国外では，ソ連のゴルバチョフ政権によるペレストロイカや，東欧の民主化運動が起こっており，その波及を恐れた中国共産党内保守派は，「ブルジョワ自由化」への懸念をますます強め，改革に反対するようになった。87年，胡耀邦は保守派からの批判を受けて総書記を解任され，その後を継いだ趙紫陽は，保守派の攻勢による改革開放政策の停滞を防ごうとしたが，89年 6月 4 日に民主化を求める学生運動を軍が制圧する事件（第二次天安門事件）が発生すると，党における全職を解かれて失脚した。

　第二次天安門事件後も中国政府は改革開放の堅持を内外に訴えたが，社会主義体制の堅持を最優先する左派思想の台頭は避けられなかった。教条主義的な政治教育が行われる一方で，経済面でも市民の収入格差拡大を問題視する傾向が強まり，郷鎮企業[4]や個人経営に対する監督と規制が強化された。党幹部は左派からの批判を恐れ，外資導入に消極的になり，国際社会からの経済制裁と合わせて，中国の対外開放は大きな危機に直面した。

　鄧小平が開放政策の促進を唱えたことにより，広東省など一部の沿岸地域では外資導入の勢いが盛り返す動きも見られたが，左派や計画経済論者の攻勢は留まらなかった。宣伝部門や，一連の改革を経てもなお解体できなかった計画経済機構の官僚群は，左派の主張を擁護し，改革開放を資本主義の導入と断じ，「和平演変」[5]の主要な危険は経済領域からくると主張した。

2　南巡講話と「社会主義市場経済」体制の確立

　業を煮やした鄧小平は，1992年初めに上海から武漢を経由し，広東省の経済特区に向かって，大胆に改革と開放を加速せよという大号令をかけていった（南巡講話）。講話の内容は，以下のようなものであった。

革命とは生産力の解放である。/一つの中心と二つの基本点は中国共産党第11期中央委員会第3回全体会議から党が堅持してきた方針である。社会主義，改革開放，経済の発展，人民の生活改善ができなければ滅んでいくのみである。/第13期八中全会で認められた**農家生産請負制**も変わらない。変われば人心を不安にさせ，人々は中央の政策は変わったというようになるだろう。/改革開放の肝を太くし，大胆に試せ，「纏足女」（のような歩み）ではダメだ。大胆に試し，大胆に突破しなければならない。/（改革開放を進める上で，いちいち資本主義にあたるのではないかと恐れるのではなく）判断の基準は，社会主義社会の生産力の発展に有利であるか，社会主義国家の総合国力の増強に有利であるか，人民の生活水準の向上に有利であるかである。/計画が多いか市場が多いかは社会主義と資本主義の本質的区別ではない。計画経済＝社会主義ではなく，資本主義にも計画はある。市場経済＝資本主義ではなく，社会主義にも市場がある。計画と市場はともに経済の手段である。/社会主義の道は，共同富裕の道を徐々に実現することである。発展の条件が整っている地方から先に発展し，そうでない地域の発展は遅れるだろうが，先に発展した地域が後の地域を引き上げて，最終的に共同富裕に到達する。

　生産力と国力，生活水準の向上にとって有利な制度や政策であれば，それは社会主義的であるという「三つの有利」論などを内容とした鄧小平の談話は，香港のメディアを通して世界に伝わり，それが中国に逆輸入され，景気の低迷に苦しんでいた地方幹部から強い支持を得た。改革開放を進めよという鄧小平の号令は，3月に開催された政治局全体会議で正式に政策として認知され，対外開放の動きが再び軌道に乗ることになった。

　同年10月に開催された中国共産党第14回全国代表大会（第14回党大会）では，経済改革の目標が社会主義市場経済体制の確立にあると規定された。「社会主義」という名称が示すとおり，共産党が指導的役割を果たし，公有制を主とする所有制度と，労働に応じた分配を主とする分配制度を維持するという原則は残されたが，この規定は全面的な計画経済との決別宣言であり，理論的にも政治的にも大きな意義をもつものであった。社会主義と市場経済はイデオロギー上矛盾するものではないという解釈の下，社会主義体制においても，市場経済を積極的に導入するよう推奨する方針は現在まで維持されている。

　鄧小平は，ソ連・東欧の社会主義体制の崩壊は経済の失敗によって起きたと指摘し，開発主義による支配の正当性を獲得しようとした。冷戦が終焉し，グローバリゼーションが急速に進展する世界状況の中で，市場化を選択した中国は，その後高度経済成長期に突入していくことになるのである。　（前田宏子）

▷6　**農家生産請負制**
⇨ X-5 「農業改革と人民公社の解体」

▷7　纏足をした女性の歩行が遅いことを踏まえた喩え。纏足は20世紀前半まで行われた風習で，女性の足を産まれた直後から内側に曲げて縛ることを繰り返し，足を小さくすること。そのために歩行が困難になる。

▷8　「在武昌，深圳，珠海，上海等地的談話要点（一九九二年一月十八日－二月二十一日）」『鄧小平文選』第三巻，人民出版社，2001年より抜粋。

（参考文献）
大嶋英一「天安門事件から第十四回共産党大会までの中国内部の政治過程」『外務省調査月報』No. 3，2000年。

XⅡ　市場経済化と政治社会の変容

 江沢民と愛国主義教育

 教育現場での愛国主義教育の展開

　中華人民共和国の成立後も，愛国主義教育は学校教育の現場で一貫して行われたが，その内容は時期によって違いがみられる。文化大革命（文革）前から文革直後までは，「共産党，革命指導者である毛沢東，祖国」を愛することが愛国主義教育の主な内容であった。ところが，改革開放後の1980年代から1990年代末にかけて，この教育で強調される内容は「社会主義祖国への愛を強化する」ことに変わった。文革後の経済発展の不均衡などを背景に，社会主義制度への不満が若い学生たちを中心に高まったことが変化の理由として挙げられる。

　さらに，天安門事件を未然に防止できなかったことを踏まえ，江沢民・中国共産党総書記は1991年3月9日，国家教育委員会（教委）に書簡を送り，教育課程で「中国人民とくに青少年の民族的な自尊心，民族としての自信を高めさせ，外国の事物を崇拝し外国に媚びる考えの台頭を防止すること」を目的とした愛国主義教育および国情教育[1]の強化を求めた。江の要請を受け，教委は1991年に「小中学校における中国近代，現代史及び国情教育を強化する綱要」を出し，小中学校の近現代史教育と国情教育を強化する方針を通達した。この方針に沿って教科書も改訂され，階級闘争に関する記述を大幅に減らす一方，社会主義祖国への愛とともに，近代史を重視する教育の中で外国による侵略と中国人民の抵抗，共産党の役割を一層強調するようになったのである。

　中国政府が1992年以降愛国主義教育を強化した理由として，武小燕は天安門事件に加え，①社会主義市場経済の導入に伴い，中国社会が「単位」[2]社会から個人社会へと変化し，国民統合と社会の安定という課題への対処が急務となったこと，②開放政策の下で進められた国際社会との接触，③中国共産党の変容，つまり階級政党から国民政党への転換，の三点が挙げられると指摘した[3]。

 改革開放後の教育への反省と愛国主義教育キャンペーン

　学校と並行して，中国政府は改革開放後，マスメディアを通じて愛国主義教育キャンペーンも展開した。改革開放後の5度にわたる愛国主義教育キャンペーンの実態は，木下恵二によって明らかとなっている。まず，1回目は1980年代前半である。1982年7月10日付『人民日報』の記事を機にキャンペーンが始まり，その内容は「国土の素晴らしさ，文化の先進性，近代史における中国

▷1　国情教育
「国旗，国歌，国章」「国家の発展状況」「国際社会における中国」など，中国に対する理解を深める教育を指す。

▷2　単位
⇨ XⅡ-9 「『単位』の解体と『社区』建設」側注2

▷3　武（2013：57-71）。

愛国主義の伝統とその最大の継承者である共産党など，基本的に中国と中国共産党の優れた部分を強調するもの」であった。「文革から改革開放へと大転換を行った中国において，中国共産党，社会主義への不信，西側諸国への憧憬，民主化運動の発生などに見られるような国内の動揺を収拾し，台湾へ愛国主義の基礎の下で統一を呼びかけ，また海外の華僑に改革開放への協力を呼びかけるため」，文革期に見られなかった愛国主義的言説が使われた。

　2回目は1990年前後である。天安門事件直後の「この10年間で最大の失敗は教育であった」という鄧小平の発言を受け，江沢民は教委に「三熱愛教育活動」の展開を指示するなど，同事件に象徴される民主化運動の鎮静化が目的であった。内容面では，1回目のものを踏襲しつつ，近代史教育の中で栄光だけではなく，恥辱の歴史も強調するようになった。3回目は1990年代半ばである。1994年8月23日に中共中央が配布した「愛国主義教育実施綱要」から始まり，1，2回目との大きな相違は見られないが，鄧小平が主導した愛国主義教育キャンペーンを江沢民が後継者として引き継いだ点が注目される。

　4回目は2004年2月の「未成年者の思想道徳建設をさらに強化し，改進することに関する中共中央および国務院の若干の意見」を機に，2005年の「中国人民抗日戦争および世界反ファシズム戦争勝利60周年」の終了までの期間である。5回目は2009年の中国建国60周年に合わせて実施されたものである。この2回のキャンペーンでは，帝国主義から受けた被害の強調，西側諸国に対する警戒感が後退し，中国共産党による革命の実績と，その精神に学ぶことのみが前面に出ている。

　政治キャンペーンとしての愛国主義教育は，教育現場以外に，マスメディアを通じた教育キャンペーンや，愛国主義教育基地の認定，愛国主義の読書・映画・ドラマ・歌に関する推薦活動などの様々な形で進められた。特に1990年代の愛国主義キャンペーンの特徴は被害の歴史の強調であった。

3　グローバル化の進展と愛国主義教育の変容

　中国では，グローバル化の進展や，小中高校学生の過大な学習負担などの問題に対応するための改革が，2001年の「基礎教育課程改革綱要（試行）」の配布によって正式にスタートした。具体的には，「教学大綱」を「課程標準」に改名し，「教授」を重視する教育から「学習」を重視する教育へと方針転換し，生徒が授業を通じてグローバル化に適応できるよう，知識と知能，過程と方法論，感情と価値観などの向上を目指した。そのため，歴史教育では，1990年代の中国の被害を重視する教育から，自国の被害に関する煽情的な表現を控えるようになった。さらに，高校では，国際情勢の変化に合わせて批判してきた主要敵国を初めて設定せず，世界政治経済新秩序の下で他の国と平和共存することを教える姿勢を鮮明にした。　　　　　　　　　　　　　（王　雪萍）

▷4　三熱愛教育活動
中国共産党，社会主義祖国，中国人民解放軍を熱愛する教育活動を指す。

▷5　2005年に中国各地で起こった「反日」デモを機に，日本や欧米諸国では，中国で行われた愛国主義教育および愛国主義教育キャンペーンがナショナリズムを高めた原因として指摘されるようになり，中国脅威論の形成につながった。とりわけ，日本の世論においては，中国国民の「反日」行動の原因とみなす「愛国主義教育説」が一般社会で定説化し，日中相互のイメージを悪化させる一因ともなった。

▷6　木下恵二「中国の愛国主義教育」家近亮子・松田康博・段瑞聡編著『改訂版　岐路に立つ日中関係——過去との対話・未来への模索』晃洋書房，2012年，111-133頁。

▷7　日本の学習指導要領に相当する。

参考文献
阿古智子・大澤肇・王雪萍編『変容する中華世界の教育とアイデンティティ』国際書院，2017年。
松田麻美子『中国の教科書に描かれたに本——教育の「革命史観」から「文明史観」への転換』国際書院，2017年。
武小燕『改革開放後中国の愛国主義教育——社会の近代化と徳育の機能をめぐって』大学教育出版，2013年。

XII 市場経済化と政治社会の変容

国有企業改革

▷1 朱鎔基 (1928-)
江沢民の後任として，1988年に上海市長，89年に上海市委員会書記を歴任。1993年から97年にかけて，経済担当の国務院常務副総理（第一副首相）として天安門事件後に停滞していた経済改革を推進した。また同年，人民銀行総裁を兼任し，不良債権や過剰融資など金融改革に取り組んだ。国務院総理（1998年～2003年）の間に中国のWTO加盟を果たした。

▷2 現代企業制度
1993年の会社法に基づく有限責任の株式会社制度を指す。これにより企業の財産権が明確になり，企業は法人格と経営権を有するようになった。計画経済時代の国営企業は，独立した法人ではなく行政の一部として位置付けられていた。また改革後の経営請負制度では，国と企業の財産権と経営権の関係が曖昧であった。現代企業制度は，株式会社制度を通じて所有権（国）と経営権（企業）の分離を可能にし，行政に対して企業が従属する関係を解消するものであった。言い換えれば，資本主義国と共通する企業制度が打ち出された。ただし習近平政権下では，国有企業における党の指導体制が強化され，上記に逆行する動きが見られる。

① 朱鎔基と国有企業改革

1980年代の国有企業改革は，「放権譲利」と呼ばれる企業の経営自主権の拡大を中心としていた。この改革は，企業が利益を上げれば上げるほど大半を手元に残せる仕組みであったため，企業側の経営努力と生産効率の改善をもたらした。しかし経営損失が発生しても，経営者は担保となる財産を所有しておらず，また製品価格に政府の統制が残っていたことから，企業の所有者である国が赤字を補填することになった。このため国有企業において赤字経営が横行し，不良債権問題を顕在化させるとともに，国の財政を圧迫するに至った。

こうした所有と経営の分離から生じる問題を解消するために，1990年代に入ると朱鎔基[1]首相の指導の下で，国有企業の所有制度に改革の焦点が移った。1993年11月の中国共産党第14期中央委員会第3回全体会議（中共第14期三中全会）で「社会主義市場経済システムの確立に関する若干の問題の決定」が採択されると，有限会社と株式会社への転換を意味する「現代企業制度」[2]が国有企業のモデルとなった。また1995年9月の第14期五中全会では，国有企業の改組に向けた戦略として「大を抓んで小を放す（抓大放小）」と銘打った方針が打ち出された。その内容は，大型・重点国有企業には政府が支援を与えるが，中小国有企業については民営化を促すというものであった。中小国有企業は数が多く政府がすべてを監督することが困難であったこと，大型企業を買い取るには民間資本の蓄積が相対的に小さかったこと，また国が国民経済の支柱として優良な大型国有企業を育成しようとしたことが挙げられる。

中小企業の民営化には，一括合併，リース経営，請負など様々な手段が用いられた。代表的な方法としては，企業の資産を株式として従業員に売却する「株式合作制」があるが，内部経営者に株式が集中する形で私企業への転換が進んだ。また経営改善の見込みのない赤字国有企業は，破産法に基づいて清算された。以上の改革は，経営改善に向けた大量の余剰人員の整理を伴っていたため，「下崗」と呼ばれる一時帰休者を大量に生み出した。これらの従業員が復職できる見込みはほとんどなく，事実上の失業者であった。

② 社会保障改革

計画経済期には，「単位」と呼ばれる職場が生活に必要な財とサービスを提

供していた。1980年代後半から90年代初頭にかけては，こうした企業の生活保障コストの軽減を目的に改革が進められた。特に重点となったのは，年金であった。赤字国営企業では年金の遅配が頻発したため，「企業から社会へ」という標語の下に，地域ごとに社会保険が設置された。

1993年から本格化した国有企業改革により，社会保障の役割は国有企業をリストラされた労働者の生活保障が焦点となった。失業保険に類する制度としては，1986年に「待業保険」が設置され，1993年にはその適用範囲が拡大した。ただし，計画経済期からの終身雇用制度の下で雇用された従業員（固定工）については，失業保険とは別に所属企業・地域の設立した再就職センターが職業訓練と生活手当を提供する制度が試行された。このセンターは2000年代初頭に廃止が決定され，都市部の従業員全員を対象とする「失業保険」（1999年に設立）に統合された。

年金制度については1980年代の様々な試行を経て，1997年7月に国務院の「企業従業員の統一基本年金保険制度の確立に関する決定」より，都市部の企業従業員に対して共通基金と個人口座から成る新たな制度が確立した。共通基金は世代間の扶養を前提とする「賦課方式」，個人口座は自己責任を前提とする「積立方式」であった。一方，新制度の成立以前に定年を迎えた高齢者に年金を給付するために現役世代の個人口座の積立金が流用され，個人口座の空洞化が進んだ。医療保険も，医療の市場化と医療費の急上昇に対応すべく，個人口座の設置を含む「両江モデル」▷3に基づいて，1999年に基本医療保険制度を施行した。また生活保護に相当する「生活最低保障制度」が都市住民を対象として1999年に創設された。

2002年に胡錦濤政権が発足すると，「和諧社会▷4（調和のある社会）」をスローガンに，農民および都市無業層が加入できる年金と医療制度を整備した。まず農村に「新型農村合作医療」（2003年）と「新型農村社会年金」（2009年）を創設し，都市の無業層には「都市住民基本医療保険」（2007年）と「都市住民基礎年金」（2011年）を設置した。これにより，医療保険と公的年金については，都市従業員・都市住民・農村住民を対象とする3種の保険が併存することとなった。さらに最低生活保障制度の対象は2013年までに農村にも拡大した。

2014年以降の習近平政権下では，戸籍制度改革と並行して，農村と都市の住民を対象とする社会保険の統合が進められた。年金に関しては2014年に「都市・農村住民基礎年金制度」が発表され，医療保険でも同様の統合が各地で試行された。また社会保険の官民格差が問題視されたことから，一部の地方では公務員年金を都市従業員の基礎年金に統合する試みが進行した。以上により公的年金制度と医療保険は地域ではなく，就業状態で二つに区分されつつある。ただし被用者は強制加入，住民のそれは任意という差は存在しており，国民皆保険の制度は整備されたが，実態として無保険者を残すこととなった。　（澤田ゆかり）

▷3 両江モデル
1994年4月に国務院が江蘇省鎮江市と江西省九江市を実験地として指定し，1995年から試行した医療保険の改革方式である。その特徴は，第一に従来の国有企業と政府事業体だけでなく，外資系企業など都市部の非国有企業の被用者をすべて適用対象としたこと（ただし自営業者は任意加入）である。第二に，保険料を労使双方で負担し，被用者側の拠出分は全額を個人口座に，使用者側の拠出分の40％を個人口座に，60％は社会共通基金に振り分けたこと，第三に医療費の支払を個人口座，患者自己負担，社会共通基金の三段階に分けたことである。

両江モデルの実験は成功と評価され，1998年に国務院が公布することになる「都市部従業員に対する基本医療保険制度」の原型となった（李 2003：10-11）。

▷4 和諧社会
⇨XIV-2「『和諧社会』と『科学的発展観』」

（参考文献）
埋橋孝文・于洋・徐栄編『中国の弱者層と社会保障』明石書店，2012年。
加藤弘之『中国経済学入門』名古屋大学出版会，2016年。
黄孝春「企業体制の再構築」加藤弘之・上原一慶編『現代中国経済論』ミネルヴァ書房，2011年，79-100頁。
沈潔・澤田ゆかり編『ポスト改革期の中国社会保障はどうなるのか』ミネルヴァ書房，2016年。
李蓮花「中国の医療保険制度改革——経済体制改革との関連を中心に」『アジア経済』44（4），2003年，2-19頁。

XII　市場経済化と政治社会の変容

 税・金融制度の改革

1　変化する「政府」と「市場」との関係

　中国は1978年の共産党第11期中央委員会第3回全体会議（中共第11期三中全会）で大胆な市場経済化路線を採用して以降，いわゆる改革開放政策の下で急激な成長を続けてきた。しかし，一口に「改革開放政策」といっても，鄧小平の南巡講話が行われ，中国共産党によって「社会主義市場経済」路線が正式に採択された時期を境にしてその前後では，そこに大きな性質の違いが見られる。

　特に注目したいのが「政府」と「市場」との関係である。資本が相対的に希少であった1980年代には，地元経済に少しでも投資資金を呼び込もうとして行われる地方政府相互の競い合いが経済成長を牽引した。この時期は，地方の財政自主権が大幅に拡大したことをはじめ，地方の経済的な活力が引き出された一方で，中央政府の再分配機能の低下，政府・銀行・企業が癒着した形での非効率的な融資とそこから生じるインフレ圧力，といったマクロコントロール面での「失敗」が目立った時期でもあった。

　その後，「社会主義市場経済」路線の下で一連の財政・金融面での制度改革が行われるようになると，「政府」と「市場」の関係性は大きく変化した。大まかにいうとそれ以降は，より規範化されたルールにのっとって運営しようとする「制度化」の動きが顕著になっていった。一方で，グローバル経済への統合と市場メカニズムの急激な導入に代表される中国経済の「新自由主義化」は，国有企業をリストラされた労働者や，発展に取り残された内陸部の農村など，改革による「敗者」の発生という副作用を伴うものでもあった。

　趙紫陽という政治改革を志した分権志向の指導者から，同じく改革志向ながら政治改革については語ろうとせず，中央集権的な志向をもつ朱鎔基へ，という改革のキーパーソンの交代は，そのような経済構造の変化を象徴するものでもあった，といえるだろう。

2　分税制の実施

　このような中国経済の「制度化」を象徴するのが，それまでの地方財政請負制度が抱える問題点に対処し，中央のマクロコントロール能力を高めることを目的に1994年より全国で導入された分税制の実施である。分税制は地方政府の強い抵抗を受けながらも，経済改革の推進役として鄧小平からも厚い信頼を得

▷1　⇨ XII-1 「『社会主義市場経済』の提起」

▷2　趙紫陽
⇨ X-3 「鄧小平の台頭」
側注6

ていた朱鎔基副首相（当時）のイニシアチブにより導入にこぎつけた。

　具体的には，中央政府と地方政府の収入が明確に区別されることなく徴収されていたそれまでの地方財政請負制度のやり方を改め，財政収入を「中央固定収入」と「地方固定収入」，および一定の比率で中央・地方間で分配する「中央・地方調節収入」に分類して，徴税の規範化を図ろうとした。その結果，税収のうち最大の比率を占める増値税（付加価値税）の75％が中央の収入とされたこともあって，1994年以降全体の財政収入に占める中央政府の収入は急激に上昇した^{◁3}。ただし，分税制導入当初は，地方政府の既得権に配慮して，中央政府から地方財政に対し付加価値税などの一定分を還付する「税収返還」がセットになって導入されたこともあり，必ずしも地方間の財政格差を是正することができなかった。分税制の下で，中央政府による財政を通じた再分配機能が高まるのは，1990年代後半以降，「財力性移転支払い」という日本の地方交付金に似た形での地方への財政移転が制度化されてからである^{◁4}。

③ 金融面での改革

　次に，分税制改革と同時期に行われた金融面での改革についても見ておくことにしよう。金融改革の主要な目的は，①中国人民銀行の中央銀行としての機能の強化，②国有銀行をはじめとした金融機関と地方政府との結びつきを絶ち，政策的な貸出しから切り離す，③市場メカニズムに基づく金融システムの確立とそのための制度化，という三つの側面から整理できよう。

　このうち①に関する動きとしては，1995年に中央銀行法が制定が制定されている。また②に関しては，政策的な融資を専門的に行うために国家開発銀行，中国輸出入銀行，農業発展銀行，という三つの政策性金融機関が設立された。また③の市場メカニズムの導入については，1995年における商業銀行法の制定により，国有専業銀行の商業銀行化が本格的に進むことになる。その他，市場メカニズムの本格的導入を目指した改革が次々に行われた^{◁5}。

　これら一連の金融改革により，地方政府と国有銀行の地方分行の癒着によって効率を度外視した融資が行われるという現象には一定の歯止めを掛けられ，それまでしばしば生じていた年率二桁台のインフレーションは1990年代半ば以降，沈静化した。

　このように朱鎔基のリーダーシップの下で行われた財政・金融改革によって，中国経済の「制度化」およびそれを通じた中央政府のマクロコントロールは一応の成功を見せた。しかしその後も，地方政府が収容した農地の非農業転用を通じて地域の開発資金を捻出する，いわゆる「土地財政」の拡大が不動産バブルの温床になるなど，マクロコントロールを強めようとする中央と，何とか「制度外」の自主財源を確保しようとする地方との「いたちごっこ」は続いていくことになる。

（梶谷　懐）

▷3　2016年よりサービス業の課税を地方政府の主要な財源となっていた営業税から増値税に切り替える改革が行われたことを受け，増値税の中央の取り分は50％に変更された。

▷4　このような政府間財政移転の制度化を背景に，第十次五カ年計画の主要プロジェクトとして1999年に提起された西部大開発をはじめとした，地域間の均衡な経済発展を目指した大型の開発プロジェクトが次々に打ち出されていくことになる。

▷5　具体的には，預金・貸出利率の一部自由化，全国統一のコール市場の設立をはじめとした短期金融市場の整備，為替レートの変動幅の増加，銀行間決済システムなど金融取引に関するインフラの整備，金融・資本市場の対外開放，などが行われた。

（参考文献）

梶谷懐『現代中国の財政金融システム——グローバル化と中央−地方関係の経済学』名古屋大学出版会，2011年。

梶谷懐『日本と中国経済——相互交流と衝突の100年』ちくま新書，2016年。

丸川知雄『現代中国経済』有斐閣アルマ，2013年。

XII　市場経済化と政治社会の変容

 政府機構改革と社会組織

 国務院機構改革と NGO の台頭

　改革開放以降，行政のコストの削減と市場経済体制への適応を目的とする国務院の政府機構改革は1982年，1988年，1993年，1998年，2003年，2008年，2013年，2018年の計 8 回行われた。平均にして約 5 年に一度の頻度で定期的に政府機構改革が行われてきたという計算になる。特に1998年の機構改革は国務院の構成部門の数を40から29に調整し，人員を 3 万2300人から 1 万6700人に削減した。歴代の改革の中でも最大規模となる約50％の人員削減は，政府機能と人材の一部を**社会組織**に移転することにより，それらを発展させるという二次的目標を実現するための手段でもあった。

　また，2008年の機構改革も，政府が管理すべきではない業務を外部に移転し，社会公共ガバナンスにおける社会組織の役割を発揮させ，より効果的に公共サービスを提供することを目標の一つとして掲げた。その影響を受けて，政府が社会組織からサービスを購入する動き（業務の外部委託）が広がりを見せた。一部の社会組織にとっては，政府から支払われるサービスの対価が重要な資金源となっている。なお，国務院は2016年に「政府サービス購入改革業務指導グループ」を設置し，党中央政治局常務委員の一人である張高麗常務副総理がそのトップに就任した。公共サービスの提供における社会組織の活用が政府にとっていかに重要であるのかがうかがえる。

　2013年の機構改革は，社会組織の管理制度の改革を最も重要な目的の一つとした。具体的には，登記手続の規制緩和による業界団体や商会，科学技術団体，公益慈善団体，都市と農村の社会サービスに関わる団体を重点的に育成する方針が打ち出された。他方，政治や法律関係の団体，宗教団体，および中国国内で活動する外国 NGO の代表機構については規制緩和の対象外とし，むしろ規制強化へと舵を切った。それを受けて，「海外非政府組織国内活動管理法」が2016年 4 月に採択され，2017年 1 月から施行された。外国 NGO の活動範囲を制限し，特に政治活動や宗教活動に従事したり資金援助をしたりすることを禁ずるものであった。しかし，政治活動の定義は不明瞭であり，外国 NGO の資金援助を頼りに活動してきた一部の草の根 NGO の資金枯渇が心配されている。

　非政府組織（NGO）という概念自体が中国に浸透し始めたのは1995年のことである。第 4 回国連世界女性会議の北京での開催がそのきっかけとなった。し

▷1　社会組織
法的には社会団体，民営非企業事業体，基金会の三種類に分けられる。2017年末の時点で政府民政部門に正式に登記している社会組織の数は76.2万団体に達している。内訳は社会団体が35.5万団体，民営非企業事業体が40.0万団体，基金会が6307団体となっている（中華人民共和国民政部「2017年社会服務発展統計公報」13-14頁）。

▷2　自然の友
環境 NGO。中国最初の政府公認の「非政府組織」といわれているが，「草の根NGO」と呼称していいかどうかについては議論の余地がある。「自然の友」がトップバッターとしてお墨付きを得た大きな理由の一つは，体制内にいる「改革派」知識人で当局も安心できる全国政治協商会議の委員である梁従誡が初代会長となったことである（吉岡桂子「環境 NGO と中国社会──行動する『非政府系』知識人の系譜」石井知章・緒形康編『中国リベラリズムの政治空間』勉誠出版，2015年，171-175頁）。

かし，それ以前から中国にはいわゆる「官製」NGO（政府の外郭団体）が存在
しており，1980年代後半の法整備により社会団体が整序されて以降も，10万以
上の団体が合法的な登記を経て存続した。これらの社会団体はいずれも政府と
公式なつながりを保持している。したがって真の意味での「非政府組織」（ま
たは草の根 NGO）の登場は1994年の「自然の友」[2]の創立を待たなければならな
いだろう。その後，政府機構改革が打ち出した方針や政策に応じて，政府によ
る業務委託の需要が高い社会保障など公益分野の NGO が大きな発展を遂げた[3]
が，「官製」NGO が全団体に占める割合は依然として高いままである。また，
政治的にセンシティブな権利擁護団体や宗教団体はほとんど社会組織として合
法的に登記することができず，不安定な状況下（グレーゾーン）に置かれている。

② 「非政府系」NGO の葛藤

　非政府系の NGO が生き残るには主に二つの方法が考えられる。一つは政府
の業務委託を受注することにより，法的正当性と健全な資金源を手に入れるこ
とである。特に海外からの資金援助が今後当てにならないことを考慮すれば，
非政府系 NGO の多くは，政府との間に経済的なつながりを構築せざるを得な
いかもしれない。もう一つは「自然の友」がそうしたように体制内の有力者を
NGO の指導者に立てることである。ただし，いずれの方法をとったとしても
政府と非公式的なつながりをもつことは，すなわち政府の方針や政策に逆らう
ことができなくなることを意味し，結局のところ権力に従順な社会組織だけが
安定し生き残ることになる[4]。

　社会組織として登記できず，未登記のまま法的正当性のないグレーゾーンで
活動している草の根 NGO も数多く存在している。また，一定の法的地位を獲
得するために，企業として登記している草の根 NGO もあるが，社会組織に認
められた領域の外で活動している以上，政府にしてみれば，有害無益な団体，
ひいては政府に批判的な団体とみなされる危険もある。常に弾圧されるリスク
を背負って活動する覚悟が必要である[5]。

　なお，グレーゾーンの範囲は共産党中央のその時々の政策によって伸縮するが，
その変化自体が一定の周期性を示していると考えられる[6]。中国における NGO
の発展は，改革によって生まれた社会の空白と，対外開放がもたらした海外の
資金やノウハウを原動力としてきた。しかし，改革による社会の自由化や対外
開放による外国の影響力の伸長が脅威とみなされれば，規制は強化され NGO
の活動空間は締め上げられる。その後，保守的かつ閉鎖的な環境が新たな危機
を生み出すと，規制は緩み，NGO も新たな発展の機会を手に入れる。中国にお
ける NGO の発展史はその繰り返しと見ることができるだろう。このように考
えれば党による全面的な指導を強調した2018年の機構改革は，NGO をとりま
く環境を悪化させたが，それも長期的に持続するとは考えにくい。　（徐　行）

▷3　登記されている社会
組織の数の分野別内訳を見
ると，その傾向が顕著であ
る（側注1参照）。

▷4　鈴木賢「権力に従順
な中国的『市民社会』の法
的構造」石井知章・緒形
康・鈴木賢編『現代中国と
市民社会――普遍的《近
代》の可能性』勉誠出版，
2017年，536-565頁。

▷5　弾圧の典型例として，
民主と法治の確立を目標に
活動し，有名な法学者に
よって組織運営されていた
「公盟」が2009年に脱税を
理由に企業としての登記が
抹消された事件や，広州に
あった出稼ぎ労働者に法的
サービスを提供する労働
NGO「広東番禺出稼ぎ労
働者服務部」の活動家が，
海外からの資金援助を受け
て労働争議における労働者
の支援を行ったことを理由
に，「社会秩序を乱す罪」
で有罪判決を受けた事件等
が挙げられる。

▷6　2018年10月14日に開
催された，清華大学公共管
理学院主催の「中国社会組
織40年」シンポジウムにお
ける北京師範大学法学院教
授劉培峰の発言から示唆を
受けた。

参考文献

李妍焱『中国の市民社会
――動き出す草の根
NGO』岩波書店，2012年。
古賀章一『中国都市社会と
草の根 NGO』御茶の水書
房，2010年。
王名・李妍焱・岡室美恵子
『中国の NPO――いま，社
会改革の扉が開く』第一書
林，2002年。

XII　市場経済化と政治社会の変容

6 軍ビジネスの禁止

1 軍の機構改革とビジネス

　軍のビジネスは中国における共産党一党支配体制に関わる根本的問題である。1980年代後半以降，東欧の民主化，ソ連の崩壊を経て東西二陣営が対立する冷戦が終わったにもかかわらず，中国では共産党政権が崩壊せず一党支配が続いたのは共産党・国・解放軍の「三位一体」構造が維持されたためだ。天安門事件（1989年）では反政府活動の芽が摘まれ，東欧のような体制転覆は阻止された。歴代政権は国民に**愛国主義教育**，国防教育を行い，プロパガンダを徹底して反対勢力を押さえつけた。また，政府は軍のビジネスを容認，その利権を黙認して懐柔したため，軍も権力者に寄り添い，政権に反旗を翻さなかった。

　軍のビジネスは「生産経営」と呼ばれるが，あらゆる部門が豚や馬，羊を飼い，畑を耕し，炭鉱を経営するような兵站としてのミクロの「伝統的生産」は90年代後半に各部門で中止され，後勤部門に集約された。その一方で，マクロ的な「経営的生産」は80年代半ばに上納金を納める代わりに黙認され，様々な分野で展開された。軍幕僚機関の総部さえ企業経営に乗り出し，利権が膨張した。軍需品の横流しや，密輸も蔓延し，部隊が横暴に振る舞って法廷闘争や警察沙汰の「軍警民」紛争が多発した。地方では融和のため，「軍民共同建設」が叫ばれ，地域振興への軍の参加が宣伝されたが，汚職は深刻化した。

　こうした状況を受けて習近平政権は現在，軍の機構改革を進めており，軍のビジネス禁止を同時並行的に進めている。これは1980年代半ばから2000年代初頭までの第一段階に続く第二段階の取り組みである。鄧小平が改革開放に着手し，江沢民を経て胡錦濤政権までの第一段階では「白猫でも黒猫でもネズミを捕る猫が良い猫だ」として発展が最優先され，軍のビジネス参与で汚職にまみれた軍人が権力を握り汚職が蔓延した。ビジネスを許し，自力更生を促すやり方は，結果的に汚職蔓延を深刻化させ，挫折した。

2 軍ビジネス禁止とその後

　改革開放以降，解放軍の大規模な兵員削減は鄧小平による1985年の100万人削減から習政権の30万人削減まで４回行われてきた。兵員削減は兵士の定員圧縮と同時に，部門の統廃合も含むため，部門が関わる地元経済，そしてその経済権益も左右する軍のビジネスにも影響を与える。鄧は財政負担を減らし，国

▷１　毛里和子『現代中国政治』名古屋大学出版会，2004年。

▷２　**愛国主義教育**
⇨XII-2 「江沢民と愛国主義教育」

▷３　総参謀部―保利集団，総政治部―凱利集団，総後勤部―新興集団，三九集団が有名。軍関連企業は1993年に１万社，従事者80万人を超え，90年代半ばには２万社に達したといわれるが，90年代末に軍から切り離され，中には保利，新興など大型国有企業である中央企業として存続している企業もある。

▷４　大規模兵員削減は以下のとおり（数値はすべて達成目標）。①1985年100万人（87年完了：423万人→320万人），②1997年50万人（99年完了：320万人→250万人），③2003年20万人（05年完了：250万人→230万人），④2015年30万人（230万→200万人）。

防費支出を抑えるために兵員削減に乗り出したが，一部の部隊では自力更生のためビジネスが行われた。各部隊では物資生産が打ち切られ，社会から物資を調達する「軍民融合」方針とともに，国防動員が模索された。他方，地方部隊は税が優遇され，「生産経営」が黙認され，汚職が蔓延した。江沢民は89年に軍ビジネス禁止を提起し，税金で軍を養えと主張した。中央軍事委員会は93年に「生産経営」の整理整頓を通達し，軍ビジネスは原則禁止された。しかしこの時，地方軍管区の省軍区，軍分区は除外され，自給自足が求められたため，各地で軍の密輸が急増した。史上最大の密輸事件といわれた「遠華事件」はその代表例だ。汚職多発を受け，90年代後半にビジネス禁止に本腰が入れられたが，汚職は根絶されず，土地取引や金融投資が活発になり，「軍ビジネス禁止」は形骸化した。

③ 習近平の軍の機構改革：汚職取り締まりと軍民融合の行方

習近平は2012年に中央軍事委員会主席に就任すると，軍ビジネス禁止の第二段階に着手した。習政権での大規模な軍高官の汚職取り締まりと機構改革は，胡錦濤政権末に習の盟友だった軍総後勤部の劉源部長が，全国の軍の土地管理を掌握していた部下の谷俊山副部長を検挙したことに端を発する。谷副部長は河南省の地方軍管区で土地開発を行い，その利益で贈収賄を繰り返してスピード出世した。贈収賄を通じた官職売買は軍全体に広がり，徐才厚や郭伯雄ら軍制服組トップも汚職に手を染めた。こうした状況に危機感をもった習近平は「戦って勝てる軍隊をつくる」という掛け声の下に機構改革に着手した。軍のビジネスに伴う汚職と機構改革は表裏一体だ。軍トップ2人の摘発で「首から上の改革」が可能になり，房峰輝，張陽ら軍委メンバーも摘発され，人事刷新が図られた。軍では上層から下層にかけて大々的に機構改革に着手された。[6]

習近平が軍委主席を兼任して軍の指揮権を掌握すると，汚職摘発が本格化され，機構改革が始まり，軍のビジネス禁止のプロセスが第二段階に入った。「首から上の改革」に続き「首から下の改革」と称する軍下部機構の改編に手を付け，「軍による有償サービスの停止」を徹底させ，軍ビジネスを完全に禁止し，利権解消を目指している。汚職の温床になった兵站は軍民融合を旨とする国防動員体制に取って代わられつつある。機構改革は一見順調に見えるが，長い政治文化の中で特権化し，絶対的権力を握った軍を変えるのは並大抵なことではない。地方各地から退役軍人が北京に集まり，デモを行うのも，地方に財政負担が転嫁され，弱者を食い物にする構造が蔓延したためだ。[7]軍のビジネスは党・国・軍の「三位一体」を確保する面もあるが，体制を侵食するような深刻な汚職が二度と起きないよう「首から下の改革」で財政と治安のジレンマを解決しなければならない。軍をめぐる国内課題においては，軍ビジネス禁止の第一段階で解決しえなかった問題を解決する方が実際には軍近代化よりも優先すべきであり，まさに今が正念場である。

(弓野正宏)

▷5 1996年から99年にかけて福建省厦門市を中心に頼昌星会長率いる遠華電子有限公司が大規模な密輸，脱税を行い，当時建国以来最大の汚職事件と称された。厦門事件とも呼ばれる。事件が発覚すると160人近くの税関，警察などの政府幹部が逮捕され，中には公安省次官や軍情報部門幹部もいた。事件後，頼はカナダに逃亡していたが2011年に逮捕され，中国に送還された。事件当時，習近平は福建省で長年指導者を務めていたが，事件との関係は不明である。盛雪（相馬勝訳）『暗黒 開放中国底なしの闇——史上最大の密輸・汚職事件の深層』小学館，2002年。

▷6 四つの幕僚部門である総部（総参謀部，総政治部，総後勤部，総装備部）は軍委の直属機関になり，七つの大軍区（瀋陽，蘭州，北京，済南，南京，成都，広州）は五つの戦区（北部，東部，中部，南部，西部）に統合され，空軍，海軍に加えて陸軍司令部が置かれた。⇨XVI-2「軍制改革」

▷7 2018年春に発表された大規模な党と政府の機構改革で，退役軍人を扱う官庁である退役軍人事務部が設立されたことも退役軍人問題の深刻さを示している。

XII　市場経済化と政治社会の変容

 # メディアの市場化

①「党の喉と舌」から情報産業へ

　中国の新聞，ラジオ，雑誌といったマスメディアは改革開放期以前，政治指導者の発言や政策を国民に伝達し，社会主義国家の建設と政治運動に動員する宣伝機関の役割のみを担った。メディアを政治闘争の道具とみなす中国共産党の姿勢は，新聞を「党の喉と舌」と規定した建党期に遡る。メディアは，党・政府部門に所属する非営利の「**事業単位**」と位置付けられ，その活動に関わるコストはすべて党・政府が負担した。しかし1978年以降の市場経済の導入によりメディアの運営費は増加した。財政負担の拡大を懸念した中国政府は79年，党の宣伝機関という事業単位の役割は維持しつつ，広告・販売などの部門に営利企業の管理方法を取り入れる二元的な運営方式を認めた。この制度改革により80年代は，広告の復活と経営多角化を中心にメディアの市場化が進んだ。

　1992年に鄧小平が市場経済化を加速する方針を表明すると，メディアの市場化も新たな段階に進んだ。90年代には各地で党機関紙を発行する新聞社が，総合紙「都市報」に代表される娯楽，商業紙を創刊し，新聞が多様化するとともに，隣接メディアにも進出した。それらはメディア・グループを結成し，メディア界の構造の変化をもたらした。「都市報」は，四川省の党機関紙『四川日報』が95年に創刊した日刊紙『華西都市報』が最初とされ，都市住民の関心が高い生活情報を大量に提供する紙面づくりで成功した。各地の党機関紙がこれに続き，発行部数と広告収入の両面で，「都市報」は母体の党機関紙を凌駕した。「都市報」の台頭により新聞の商業化は加速し，世論への影響力において党機関紙の周縁化が進んだ。

　メディア・グループの結成は，政府主導で1990年代半ばから進んだ。世界貿易機関（WTO）加盟後の国際競争を見据え，規模拡大によって中国メディアの競争力を高める目的だった。グループ化は新聞が先行し，2000年代に入りテレビが続いた。これにより，活字や映像とインターネットのメディアミックスが可能となり，中国メディアがネット時代に即応する基盤が形成された。

②市場化が育てた娯楽番組と「世論監督」

　市場化の過程を通じ，中国メディアの重点は宣伝から収益拡大に移った。視聴者・読者の需要に応え，広告収入を増やすために選ばれたのは，娯楽路線と世論による監督（「世論監督」）という対照的なコンテンツだった。娯楽路線で

▷1　事業単位
⇒Ⅶ-2「人事・財務管理」側注1

▷2　1979年，『天津日報』や上海紙『文匯報』が相次いで広告を掲載し，文化大革命で禁じられた広告が復活した。広告は市場化したメディアの主要な収入源となった。

▷3　全国で100紙を超える「都市報」が創刊された。北京の『京華時報』，広州の『南方都市報』，上海の『新聞晨報』などがある。

▷4　⇒Ⅻ-6「WTO加盟」

▷5　最初のメディア・グループは，広東省の党機関紙『広州日報』を中核に，関連する専門紙・雑誌が1996年に結成した「広州日報新聞グループ」である。

先行したのは地方テレビ局である。メディア市場化が進んだ1990年代は，難視聴地域の解消を掲げて地方テレビ局の衛星放送化が行われた時期と重なる。衛星放送化によって放送エリアが全国に拡大した地方局は，新たな広告市場の獲得に向け，視聴率の高い娯楽やスポーツなど独自コンテンツの開発を活発化させた。[7]テレビは市場化を通じ，宣伝装置から消費・娯楽の道具に姿を変えた。

世論監督は，1993年に中国中央テレビ（CCTV）が時事番組「焦点訪談」を開始したことで全国に広まった。「焦点」は，地方指導者の権力乱用や産業界の不正を告発する内容で，視聴者3億人のブームを生んだ。広東省の党機関紙が発行する週刊紙『南方週末』は90年代半ばから，エイズの感染拡大や強制立ち退き問題など，従来は「社会秩序を乱す」として中国メディアが報道を控えてきた題材を次々と取り上げ，世論監督の先駆者となった。

経済発展に伴い中国社会の多元化が進む中で，世論監督を行うメディアは，出稼ぎ農民や女性など社会的弱者を含む多様な集団の声を集約するフォーラムの機能も果たすようになり，共産党から独立した世論の形成を促した。

3 メディア管理の強化と制度化

共産党指導者の姿勢にも変化が見られた。1997年に開かれた中国共産党第15回全国代表大会（第15回党大会）の報告で江沢民総書記は「党内と司法，大衆の三者による監督を結びつけ，世論監督の作用を発揮させる」と述べ，メディアによる世論監督を奨励した。背景には，報道を利用して地方政府に対する監督を強化し，市場経済化の抵抗勢力を除去する狙いがあった。[8]ただ，江沢民は同時に「（メディアは）世論を正確に導かなければならない」とも要求し，メディア管理制度の整備も進めた。

中国のメディアは，設立から人事，経営，内容まで，すべて党・政府の管理を受ける。[9]1990年代には，①中央指導者，②民族と宗教，③軍事関連，④暴動やスパイ事件・重大な刑事事件，⑤金融・証券，の内容を扱う報道について，公表可能な範囲や事前審査の手続きを定めた規定が相次いで制定された。従前から報道を厳しく制限されてきた内容だが，規則制定はメディア管理をより制度化する目的だった。検閲制度では事前審査に加え，ニュース報道を事後審査する「新聞閲評制度」が94年に始まり，党・政府の方針に反すると判断された報道について，記者の停職や新聞雑誌の停刊処分が行われた。

市場化により，中国のメディアは情報産業として複合的な機能を担うようになり，経営的には党・政府から自立した。報道の自由が制度的に保障されることはなかったが，一般市民や民間企業，時に党中央の後押しを受けながらメディアが開拓した世論監督の空間は，2000年代のインターネット普及で爆発的な拡大を経験する。世論はメディアを先導し，中央指導者の政策決定にも一定の影響力を発揮するようになっていく。[10] （佐藤千歳）

▷6 **世論による監督**（「世論監督」）
メディアや大衆による権力の監視を指す。党・政府の地方組織や，外資を含めた民間企業が主な監視対象とされる。XIV-5「インターネット統制と『世論』」も参照。

▷7 代表格である湖南省の湖南テレビは，参加型芸能番組「快楽大本営」や台湾の人気小説のドラマ化で全国的な知名度を得た。

▷8 ⇨ X-7「地方保護主義」

▷9 各メディアは，共産党中央宣伝部と地方党組織の宣伝部門，政府のメディア管理部門，さらに事業単位を監督する党組織など，少なくとも4部門から日常的に指導を受ける。

▷10 ⇨ XIV-5「インターネット統制と『世論』」

参考文献
西茹『中国の経済体制改革とメディア』集広舎，2008年。
柴静『中国メディアの現場は何を伝えようとしているか』平凡社，2014年。

XII　市場経済化と政治社会の変容

法輪功の取り締まり

 気功ブームと法輪功の発展

　市場経済化が進展するにつれて，中国社会は様々な面で多元化，多様化の様相を呈するようになった。一定程度の物質的豊かさを獲得した人たちの中には，急激な変化を続ける社会の中で何らかの心の拠り所になるものや精神的満足を得たいと考えるようになった人も多くいた。そんな彼らが飛びついたものの一つが，気功であった。1980年代から90年代初めにかけて，中国に気功ブームが訪れ，様々な気功師が現れて気功を普及させていった。そのうちの一人が李洪志であり，彼が普及させたのが法輪功である。彼はまず吉林省の長春で法輪功研究会を組織し，その後北京などで法輪功の普及・宣伝を行っていった。1993年には著作『中国法輪功』を出版し，同年中国で開かれた東方健康博覧会では表彰も受けた。また，政府公認の「中国気功科学研究会」が法輪功を同会の「直属功法」であると認定するなど，法輪功および李洪志は当初から権力と敵対的関係にあるというわけではなかった。

　しかし，無免許の気功師の過剰な増加や気功グループの政治集団化を恐れた党・政府は，1994年12月に「科学技術普及工作を強化することについての若干の意見」を発出し，徐々に気功活動の管理を強めていった。96年には，国家新聞出版署が李洪志の著作『転法輪』などを発禁処分にし，中国気功科学研究会も法輪功の「直属功法」の資格を取り消した。

　このような措置がとられたにもかかわらず，法輪功の組織的拡大は止まらなかった。1998年に李洪志は米国へ移住し，ニューヨークを中心に海外での活動を始めた。海外からインターネットを大いに活用しながら法輪功の普及・宣伝に努めたと見られる。法輪功修練者は特に東北地方に多いとされるが，国有企業が経済を支えてきた同地方は**国有企業改革**による痛手を大きく受けたところであり，競争に乗り遅れ経済的不安を抱えた人々が法輪功に魅かれていったと考えられる。また，市場化の中で自身の医療費のことを心配するようになった中年以上の人々が，特に法輪功の活動に魅力を感じていった。こうした背景の下，法輪功修練者は99年時点で政府発表では300万人，自称では1億人に上った。

 法輪功事件とその後の取り締まり

　1999年4月25日，1万人を超える法輪功のメンバーが，中国政治の中枢であ

▷1　国有企業改革
⇨XII-3 「国有企業改革」

る北京市中南海[2]に集結し座り込みを行うという事件が発生した。この事件の直接のきっかけは，同月に天津師範大学の学術誌が法輪功を批判する記事を掲載したことだった。一部のメンバーたちが同大学で座り込みを行い抗議したが，天津市当局が幹部数人を連行した。これを受けて，天津の拘束者の釈放や法輪功の合法的地位の承認などを求める中南海包囲事件（法輪功事件）が起きたのである。この包囲活動に集まったメンバーは集団で声を上げることもなくただ座り込みを行い，１日で解散したが，当時の江沢民政権を大いに震撼させるに足るものだった。修練者たちを集合行為に至らしめる組織力もさることながら，法輪功のリーダー格の中に党・政府の高級幹部が複数いることが明るみに出たのである。その後も，法輪功は中国各地の党・政府機関や報道機関の前で集団抗議を行っていった。脅威を感じた党・政府は取り締まりに動いた。党中央は７月19日付で全党員に対し，「法輪大法」の修練活動への参加を禁止する通達を出した。この通達は同月22日に公表されたが，同日には民政部が「法輪大法研究会取り締まりについての決定」を通達し，法輪功に対する全面取り締まりが始まった。『人民日報』には連日社説や論文が掲載され，法輪功は「党・政府に匹敵する政治勢力に成長することを企んでいる」，法輪功に対する思想政治闘争は「党と国家の前途命運に関係している」などと強調された。同月29日には李洪志が公共秩序攪乱罪[3]で全国指名手配された。10月30日には全国人民代表大会常務委員会で「邪教組織取り締まり，邪教活動防止・処罰についての決定」が可決された。この決定を受けて，11月以降法輪功メンバーに対する裁判が行われ，党・政府や軍の高官を含めたメンバーが有罪判決を受けた。その他にも，多数の法輪功修練者が身柄を拘束されたり，労働教養処分[4]を受けたりした。しかし，こうした取り締まりにもかかわらず，法輪功修練者たちの抗議活動は止まらなかった。2001年１月には５人の法輪功メンバーによる集団焼身自殺事件が天安門広場で起き，うち１人が焼死した。

　このような事態を見た政府は，当時建設を進めていた社区[5]での「邪教」管理を強化していった。各居民委員会に治安維持組織をつくり，社会の安定や体制の維持の阻害要因になりうる「邪教」の蔓延を防ぐための仕組みを社会の末端レベルに整えていった。また，各級政府に「610弁公室」と呼ばれる「邪教」取り締まり部門も設置されていった。

　法輪功や「邪教」への取り締まりが止まない中で，外国政府やNGOはこれを人権問題として取り上げ，非難を行っている。また，国内でもいわゆる人権派弁護士が法輪功メンバーやその家族の権利救済にあたっている。しかし，党・政府は，西側国家の一部勢力の支持を受け，国際的な反中勢力と結託しながら活動する法輪功との闘いを「国内外の敵対勢力とわれわれが大衆と陣地を奪い合う政治闘争」であると認識しており，取り締まりの手を緩めることはないだろう。

　　　　　　　　　　　　　　　　　　　　　　　　　　　　　（上野正弥）

▷2　中南海
中国共産党の本部や要人の居所などがある地区。

▷3　公共秩序攪乱罪
1997年改正の中華人民共和国刑法第300条において，会道門（宗教結社）や「邪教」団体を結成・利用して国家の法律や行政法規の執行を妨害する行為が，罪を構成する要件となっている。

▷4　労働教養処分
警察などの行政機関が政治犯や軽犯罪の容疑者らを対象に，裁判手続きによることなく最長４年間の身柄拘束や強制労働を科すことができる制度。この制度は，2013年の全国人民代表大会で廃止が決定された。

▷5　社区
⇒XII-9 「『単位』の解体と『社区』建設」側注3

参考文献
莫邦富『北京有事——一億人の気功集団「法輪功」を追う』新潮社，1999年。
イアン・ジョンソン（徳川家広訳）『ワイルドグラス——中国を揺さぶる庶民の闘い』日本放送出版協会，2005年。

XII　市場経済化と政治社会の変容

「単位」の解体と「社区」建設

1　住宅改革と不動産問題

　1992年の社会主義市場経済体制への移行は，都市部における住宅改革を促した。特に1998年の住宅制度の改革により[1]，従来の職場の「単位」を介した[2]，福利厚生としての従業員への住宅の供給を停止し，従業員が自らの資金で住宅を購入する制度に変更した。この結果，人々が競いあうように自宅を購入する「マイホーム・ブーム」が起こり，住宅の商品化が一気に加速した（図1）。

　商品住宅の売買の急激な拡大は，住宅の私有財産化，人々の権利意識の覚醒を促し，中国の政治社会に市民レベルからの変化の契機を与えた。たとえば，都市部の「社区」ではマンションの区分所有者による「業主委員会」が設立され[3]，マンション管理会社や居民委員会に対して，自らの権利を主張するようになった。この結果，権利侵害に対する抵抗運動を意味する「維権運動」が活発化し[4]，基層社会における公共性の再構築が新たな課題となった[5]。

　他方，住宅改革は，様々な社会問題をもたらした。その一つに，不動産価格の上昇に伴う中国社会の格差の拡大がある。主要都市の1平方メートルあたりの住宅平均価格の推移を見ると，北京，上海といった東部沿海の中心的な都市で急激な上昇が見られる一方，内陸部にある重慶では価格上昇は全国平均を下回り，不均等な発展が顕在化した（図2）。この傾向は，住宅の供給不足を背景にして，転売や投機目的の住宅の売買によって拍車がかかった。

　また，無計画な不動産開発によって多くの「鬼城（ゴーストタウン）」が生み出された。各地方の都市化の過程において，開発業者によるニュータウン開発

▷1　1998年7月の国務院による「都市部の住宅制度改革の一層の深化と住宅建設の加速に関する通知（関于進一歩深化城鎮住房制度改革加快住房建設的通知）」。

▷2　**単位**
あらゆる企業，機関，学校，軍，各種団体などで各人が所属する中国独特の社会組織。XII-3「国有企業改革」も参照。

▷3　**社区**
community の中国語訳で，日本語の共同体に相当する。社会学の概念であるとともに，都市部の基層社会の基礎的な行政区画として言及される。

▷4　「維権運動」については，呉茂松『現代中国の維権運動と国家』慶應義塾大学出版会，2014年；郭于華・沈原・陳鵬主編『居住的政治——当代都市的業主維権和社区建設』桂林：広西師範大学出版社，2014年に詳しい。

▷5　この論点を考察したものとして，小嶋華津子・島田美和編著『中国の公共性と国家権力——その歴史と現在』慶應義塾大学出版会，2017年。

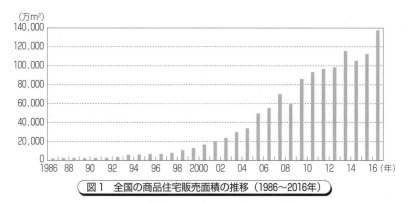

図1　全国の商品住宅販売面積の推移（1986〜2016年）

（出所）『中国統計年鑑』（1999：234，2012：211，2017：618）に基づき，筆者作成。

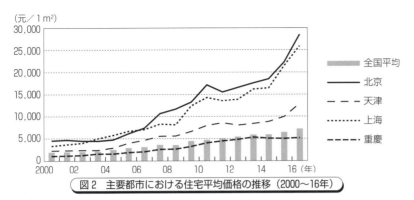

▷6 社会主義国家である中国では，そもそも土地の所有権は国家に帰属し，使用権が売買される。

▷7 下崗
一時帰休者。

▷8 ⇒XII-3 「国有企業改革」

▷9 中華人民共和国憲法第111条において規定され，都市は「居民委員会」，農村は「村民委員会」がそれぞれ組織される。なお，「居民委員会」は，1950年代から設置されており，「城市居民委員会組織条例」（1954年）で初めて公式に規定された。

▷10 「居民委員会」の調査を記録したものとして，宇野重昭・鹿錫俊編著『中国における共同体の再編と内発的自治の試み——江蘇省における実地調査から』国際書院，2005年。

▷11 「等額選挙」は，候補者と当選者の定数が同数の選挙，「差額選挙」は，候補者が当選者の定数を一定程度上回る選挙を意味する。

▷12 法輪功事件
⇒XII-8 「法輪功の取り締まり」

▷13 街道弁事処
区人民政府の派出機構で，都市部の最末端の行政機関である。

$(元／1 m^2)$

図2 主要都市における住宅平均価格の推移（2000〜16年）

（出所）『中国統計年鑑』（2001：217，2002：237，2003：247，2004：256，2005：241，2006：243，2007：243，2008：225，2009：225，2010：209，2011：199，2012：213，2013：207，2014：479，2015：518，2016：626，2017：620）に基づき，筆者作成。

が進み，かつ地方政府の財政が開発業者に対する土地の使用権の売買に頼る側面が大きいという要因によって加速化された。しかし，期待した人口流入が起こらず，ゴーストタウンが各地の地方都市に生まれたのである。

2 「社区」建設の試み

　都市の基層社会における市場経済化の浸透は，従来の「単位」から「社区」を中心にしたガバナンスの再構築を促した。1990年代の国有企業改革の断行，私営企業といった非国有企業の成長と就業形態の多様化，それに伴う「下崗」や失業者の発生，農村からの出稼ぎ労働者の流入，住宅の商品化などにより社会の流動化，多元化が急速に進んだ。この結果，従来，都市の基層社会を管理していた「単位」の機能不全が顕在化し，「社区」がその新たな受け皿となった。

　「社区」では，「居民委員会」による住民自治が行われた。「居民委員会」は「大衆性自治組織」として規定される住民による自治組織であり，日本の町内会に相当する。「城市居民委員会組織法」（1990年）では，委員は，住民の直接選挙，戸代表・住民代表の間接選挙のいずれかで選出され，5〜9名で構成される。また，主任，副主任の下，人民調停，治安保衛，公衆衛生，婦女工作，計画生育などの各種委員会が設置され，住民自治が実施された。

　他方，「居民委員会」は，単なる自治組織ではなく，党・政府によるガバナンスの一翼も担った。構成員は民主的な選挙により選出される一方，主として「等額選挙」「差額選挙」に基づく限定的な自由選挙に留まった。これにより，「社区」の党書記が「居民委員会」の主任を兼任する場合が多い。また，1999年の法輪功事件（中南海包囲事件）に象徴される社会秩序の不安定化と社会管理の再強化の要請を契機にして，「社区」建設を通した基層党組織の再建，「居民委員会」の「街道弁事処」の下部組織としての位置付けの強化が図られた。「社区」建設の試みは，住民自治と党・政府によるガバナンスの両者の本質的矛盾を内包させた。

（江口伸吾）

参考文献

黒田由彦・南裕子編著『中国における住民組織の再編と自治への模索——地域自治の存立基盤』明石書店，2009年。

菱田雅晴編著『中国——基層からのガバナンス』法政大学出版局，2010年。

XII　市場経済化と政治社会の変容

「三つの代表」の提起

1　改革開放と党の支持基盤の変化

　改革開放の進展は，「労農同盟」を基盤に据えてきた中国共産党のあり方にも変化を促した。まず第一に，改革開放は，専門的知識を有するエリートの需要を格段に高めた。また，1980年代の民主化運動で大学生や知識人による体制批判に晒された中国共産党は，彼らを内に取り込むべく，大学等における党建設と党員のリクルートに力を注ぐようになった。他方，大学教育の普及が幹部ポストをめぐる大卒者間の競争を激化させる中，入党は大学生にとって，出世へのキャリアパスとしての重要性をもつようになった。その結果，大学生の党員比率は劇的に増加した。

　第二に，市場経済化に伴う企業形態の多様化は，私営企業家という新しい階層を生み出した。ハイテク産業等の分野で私営企業は経済発展の牽引役として存在感を高めつつあった。こうした中，江沢民総書記率いる党指導部は，従来社会主義イデオロギーに基づき「ブルジョワジー」として体制外に置かれてきた私営企業家を共産党に引き入れることにより，党の存立基盤の強化と政治の安定を達成しようと考えるようになった。

2　江沢民による「三つの代表」の提起

　私営企業家を含む経済エリートの党への取り込みに関しては，江沢民総書記による「三つの代表」の提起が画期的重要性をもつ。「三つの代表」は，2000年の2月に，江沢民が広東省を視察した際に行った講話に由来する。そこで江は次のように述べた。共産党は，終始一貫して，中国の先進的な社会生産力の発展の要求，中国の先進的文化の進むべき方向，中国の最も広範な人民の根本的利益を忠実に代表しなければならず，そうありさえすれば，永遠に不敗の地に立つことができ，永遠に全国の各民族人民の心からの擁護を得るとともに，人民を率いて絶えず前進することができる，と。この講話の意図は，中国共産党を，「労農同盟」を基盤とし，資本家階級と敵対する「階級政党」から，生産力の発展を担う私営企業家を含む経済エリート，文化の発展を担う知的エリートを包摂し，幅広い国民の利益を代表する国民政党へと再定義するところにあった。江沢民はさらに，翌2001年7月1日，共産党成立80周年を記念して行われた講話（「七・一講話」）において，私営企業家や個人営業者に対し，共

▷1　1993年3月に行われた憲法改正では，個人経営企業や私営企業について，「非公有制経済は社会主義市場経済の重要な構成要素である」と明記された。

▷2　江沢民（1926-）

鄧小平引退後の中国の最高指導者。上海市市長，上海市党委員会書記を経て，第二次天安門事件直後に，失脚させられた趙紫陽の代わり，党総書記に抜擢された（就任期間：1989年6月～2002年11月）。その後，党中央軍事委員会主席（就任期間：1989年11月～2004年9月），国家主席（就任期間：1993年3月～2003年3月）に就任し，党・国家・軍を掌握した。

産党への入党を認めると明言した。

　無論，社会主義イデオロギーからの逸脱とも解釈しうるこのような方向に対しては，党内の保守派から強い抵抗があった。保守派のイデオローグとして知られる鄧力群ら古参党員は，階級敵たる私営企業家の入党は重大な党規約違反にあたるとして，江沢民らの動きを批判した。

　しかし，結果として「三つの代表」は，2002年11月の中国共産党第16回全国代表大会（第16回党大会）で「重要思想」として党規約に盛り込まれ，党の公式の方針となった。新党規約において，中国共産党は，労働者階級の前衛であると同時に，中国人民と中華民族の前衛であるとされ，その「国民政党」「民族政党」としての位置付けが鮮明に示された。「三つの代表」重要思想は，さらに2004年3月の全国人民代表大会で，マルクス・レーニン主義，毛沢東思想，鄧小平理論と並ぶ国家の方針として憲法に記載されるに至った。

　このように21世紀初頭に至り，中国共産党は，「労農同盟」を基盤とする階級政党としての建前を残しつつ，かつての階級敵である私営企業家をも包摂する国民政党として再生を遂げたのであった。

③ 党員構成の変化

　それでは「三つの代表」が公式路線となることにより，共産党およびその統治にどのような影響がもたらされたのであろうか。「三つの代表」が，市場化に伴い拡大しつつあった党幹部による企業経営への参画に事後的承認を与えた意味は大きい。他方，新興の私営企業家が，新たな方針を受けてどれほど積極的に入党しているのか，実態は依然として不透明である。

　公表された統計データによれば，2016年末時点で，党員総数8944.7万人のうち，大学・専門学校卒以上の学歴をもつ者は4103.1万人（45.9%）である。職業別内訳を見ると，労働者が709.2万人（7.9%），農牧漁民が2596.0万人（29.0%），企業事業単位・民弁非企業単位の専門技術者が1324.1万人（14.8%），同管理者が931.0万人（10.4%），党政機関工作人員が756.2万人（8.5%），学生187.0万人（2.1%），その他が748.5万人（8.4%），離退職者が1692.7万人（18.9%）であった。また，第19回党大会（2017年10月）の代表2287名のうち，企業経営者は148名であり，うち121名が国有・公有制企業の管理者，27名が私営企業および外資企業の代表であった。毛里和子は，次のように総括する。90年代後半以降のエリート政党化に鑑みれば，中国共産党を評するには「三つの代表」よりも，「一つの代表」という表現の方が適切かもしれないと。「三つの代表」により，政治エリート，経済エリート，知的エリートを幅広く体制内に糾合し，一党支配体制の安定的存続を図ろうとした中国共産党の企図は一定程度達成されたといえるだろう。他方で，名実ともに政治的地位を失いつつある労働者や農民の利益を，どのように政治に反映させていくのかが問われている。（小嶋華津子）

▷3　中共中央組織部「2016年中国共産党党内統計公報」『人民日報』2017年7月3日。

▷4　人民網（http://politics.people.com.cn/n1/2017/1017/c1001-29592159.html）。

▷5　毛里和子『現代中国政治——グローバル・パワーの肖像（第3版）』名古屋大学出版会，2012年，275頁。

（参考文献）
鈴木隆『中国共産党の支配と権力——党と新興の社会経済エリート』慶應義塾大学出版会，2012年。

XII　市場経済化と政治社会の変容

 西部大開発

▷1　三線建設
対ソ連，対アメリカ関係が緊張する中，国防戦略上の配慮から実施された，鉱工業の内陸部への移転政策。「三線」とは，「一線」（沿海・国境地域），「二線」（北京～広州間鉄道沿線）に挟まれた中間地帯を指す。政策が本格化したのは1964年であったが，文化大革命で中断。再開した後，75年まで強力に推進された。最盛期の第三次五カ年計画期（66～70年）には中西部内陸地域への基本建設投資シェアは65％近くに達した。

▷2　西部
中国全土を東部，中部，西部に区分する三分法において西部は，内モンゴル自治区，重慶市，四川省，貴州省，雲南省，広西チワン族自治区，チベット自治区，陝西省，甘粛省，青海省，寧夏回族自治区，新疆ウイグル自治区の12省市区。重慶市は1997年に四川省から分離され直轄市となった。なお，これ以外の省からも，特に支援を必要とする地域が西部に編入されたこともある。

▷3　佐々木智弘「西部大開発の政治分析」大西康雄編『中国の西部大開発——内陸発展戦略の行方』アジア経済研究所，2001年，28-30頁。

▷4　⇨ XIII-6「WTO加盟」

1　三線建設と内陸部開発

　中国は，地域格差是正を目指して内陸地域振興策を実施してきたが，「西部大開発」以前の政策は次の三期に区分できる。①強力な支援期（1949～78年），②支援弱体化期（1979～92年），③支援を徐々に強化する過渡期（1993～2000年），である。ここで特記しておくべきことの第一は，①の時期に，国防上の要請から「三線建設」[1]に代表される大規模な西部[2]への投資が実行されたことである。この時期の西部向け投資は東部沿海地域向けよりも多かった。西部の必要によって行われたものではなかったために所期の成果をあげずに終わったものが多いが，西部の産業基盤を築くことにもなった。第二は，②の時期において，こうした失敗の反省が行われ，改革開放政策が開始される一方，対外開放の条件で劣る西部が等閑視されていったことである。

　「西部大開発」は，③の時期の後，支援を再強化するために提起された地域政策だが，この時期に提起されたのには背景がある。まず政治的背景としては，政権トップであった江沢民が自らの権威を高めるスローガンを求めており，鄧小平も着手できなかった地域格差是正政策に意義を見出したという点が指摘できる[3]。次に経済的背景としては，当時，中国経済は成長率が低下する一方，物価は下落し失業率が高止まるなどデフレに陥っていたことがある。加えて最終段階に入っていたWTO（世界貿易機関）加盟交渉に備える政策が必要とされていた。西部大開発は，内陸地域への公共投資で景気を下支えし，西部地域の消費を喚起して沿海地域のための市場として確保しながらWTO加盟を果たす[4]，という戦略の一環として立案された面を有するといえる[5]。

2　西部大開発とは何か

　江沢民が西部大開発を初めて提起したのは1999年3月のことであった。同年11月には西部開発指導小組が成立し，中央経済工作会議でも同開発が公式に提起された。2000年には各中央官庁が西部地域への個別の支援策を策定し，同年末には国務院がこれらを網羅した「西部大開発の政策措置を実施することに関する通知」を発している。また，第十次五カ年計画（2001～05年）において西部大開発が柱の一つとされた[6]。具体的な内容としては，まず，中央や他地域による西部地域への支援策として，①交通，通信，電力網，都市インフラなど重

大プロジェクト建設，②開発支援の政策措置，③建設資金投入と財政補助の増加，がある。①においては，「十大プロジェクト」（鉄道，道路，空港，天然ガス・パイプライン，水利施設の建設，耕地を林・草地に戻すプロジェクトなどを含む），「西のガスを東に送る」，「西の電気を東に送る」，「南の水を北に送る」等の巨大プロジェクトが打ち出された。②③においては，税制上の優遇や特別融資を提供することで西部自身が産業基盤の強化を進める環境整備が目指された。次に，西部地域自身が取り組むべき政策としては，①産業構造調整の推進，②科学技術教育の発展，③人材の養成，起用，誘致，④ユーラシア・ランドブリッジ，長江水道などの交通幹線に依拠しながら重点を決めて開発を進めること，がある。これらの実施は，中央政府の支援なしでは難しいが，西部地域政府の自覚的取り組みを促したものといえる。④で強調されているのは，重点を決めてそこに集中投資を行う拠点開発方式である。拠点によって周辺地域を牽引させることで地域経済全体の底上げを図るという従来型の発想に立つものだが，初めてユーラシア・ランドブリッジへの言及がなされたことが注目される。

③　「一帯一路」に向けて

　西部大開発は，2010年までの実施が想定されていたが，その後，第十一次五カ年計画（2006〜10年），第十二次五カ年計画（2011〜15年）でも地域別発展政策として継続された。当初，西部大開発に対する内外の評価は懐疑的なものが多かったが，現時点から振り返ってみると，改革開放期に拡大した西部と東部との格差は次第に縮小しており，それなりに効果をあげてきたと評価できよう。実際に，集中的投資が実行された西安，重慶，成都，蘭州など西部のいくつかの大都市の発展は目覚ましい。2018年，蘭州を除く3都市の一人当たりGDPは1万ドル超で全国平均の同8000ドルに先行している。ただし，西部全体が自律的発展の基盤を築けたかといえば，まだまだである。何らかの形で西部大開発を継続する必要性は明らかである。

　そうした問題意識が，2013年に提起された「一帯一路」イニシアチブに受け継がれていると見ることができる。同イニシアチブは，西部の対外開放が前面に押し出されていることを特徴とし，これを「西部大開発V2.0」と位置付ける見方もある。西部にとって同イニシアチブの当面の対象国は中央アジア諸国であるが，その先の中欧，東欧，西欧や海上部分でつながる東南アジアも視野に入れられている。実際，イニシアチブ関係国（沿線国）に対する西部の貿易依存度（貿易総額に占める比率）は軒並み50％を超えており，イニシアチブによって同地域との貿易・投資関係の振興を図れば，西部経済の振興につながる構造となっている。また，沿線国の地理的範囲は中国の「周辺国」外交対象と一致している。「一帯一路」イニシアチブは，西部大開発の政策目標を受け継ぎ，外交政策に沿って実施されていくことになると見られる。　　　（大西康雄）

▷5　大西康雄「21世紀の中国経済と西部大開発」大西康雄編『中国の西部大開発——内陸発展戦略の行方』アジア経済研究所，2001年，16-20頁。

▷6　大西康雄「日本を超える経済大国への成長」茅原郁生編著『中国はどこに向かう——その中期展望と対中戦略提言』蒼蒼社，2001年，121-127頁。

▷7　ユーラシア・ランドブリッジ
中国から欧州に至る鉄道ルートの総称。シベリア鉄道を使うシベリア・ランドブリッジとカザフスタンを経由するチャイナ・ランドブリッジに区分される。

▷8　長江水道
長江を利用した水運ルート。上海から三峡ダムを経て重慶に至る区間がその幹線である。

▷9　⇨Ⅻ-4『「一帯一路」構想』

参考文献
田中修『中国第十次五カ年計画——中国経済をどう読むか』蒼蒼社，2001年。
大西康雄『習近平時代の中国経済』アジア経済研究所，2015年。

XIII　「周辺外交」と大国への始動

 中韓国交正常化と北朝鮮問題

 冷戦の縮図

　1945年 8 月の日本の植民地統治終了後，朝鮮半島は38度線を挟んで北はソ連，南はアメリカという形で暫定的に分割統治下に置かれた。朝鮮半島内部の左右両派の抗争が激化する中で，1948年 8 月に大韓民国，同 9 月には朝鮮民主主義人民共和国がそれぞれ独立を宣言する。韓国・北朝鮮という二つの国家は冷戦構造の影響を色濃く受けて誕生したのである。

　1950年 6 月に北朝鮮の朝鮮人民軍が南下し，朝鮮戦争が勃発した。韓国はアメリカを主力とする国連軍の支援で反撃し，北朝鮮軍を中朝国境付近まで追い込む。しかし中国人民志願軍が参戦してこれに対抗すると膠着状態の戦局の中で，1953年 7 月に国連軍と中国人民志願軍，朝鮮人民軍の 3 者の間で休戦協定が調印され，2019年現在も「休戦状態」が継続している。

　1953年10月に米韓相互防衛条約が調印され，韓国には引き続き米軍が駐留した。在韓米軍司令官は国連軍司令官も兼務し，2019年現在も，韓国軍の戦時作戦統制権は在韓米軍司令官（米韓連合軍司令部司令官）が握っている。北朝鮮に残った中国人民志願軍は1958年までに撤収したが，1961年に第三国からの武力攻撃に対して軍事支援を受けることを明文化した中朝友好協力相互援助条約が締結された。

 韓国のソウルオリンピック成功と「北方外交」の展開

　韓国は反共を標榜する軍事政権下にありながらも，1970年代に入ると共産圏を相手にした第三国経由での間接貿易を始め，東欧諸国との交流も進めた。

　やがて「漢江の奇跡」と呼ばれる経済発展を成し遂げた韓国は，北朝鮮の強い抵抗を跳ね除けて，中国やソ連・東欧諸国の参加をも実現したソウルオリンピックを1988年に無事成功させ，国際的な地位を揺るぎないものとする。続いて北方外交と称する対共産圏外交を展開し，1989年には韓国とソ連の貿易代表事務所をモスクワとソウルにそれぞれ設置した。同年 2 月にハンガリーとの国交を樹立すると，東欧諸国と国交を次々に結んでいく。

　そして1990年 9 月に韓国とソ連が国交を樹立すると，北朝鮮は「社会主義国としての尊厳と体面，同盟国の利益と信義を23億ドルで売り払った」という厳しい言葉でソ連を批判した。当時の北朝鮮の対外貿易にソ連が占めていた割合は，輸出で49.4％（中国は11.8％），輸入で61.2％（中国は10.9％）と非常に大き

く，その衝撃のほどがうかがい知れる。

③ 中韓関係の進展と国交樹立までの道のり

　中国では，1985年に中韓貿易が中朝貿易額を初めて上回る。同年，鄧小平は中韓関係の発展が中国にとり重要な意味をもつと指摘している。その後の中韓経済関係は順調な進展を見せ，1991年には貿易事務所の相互設置に至る。一方で，この前年には江沢民総書記が北朝鮮を訪問して，中韓の貿易事務所設置について金日成主席に直接，理解と協力を求めている。韓国との関係を発展させるためには，中朝関係が要であると認識していたためだろう。

　また中国は韓国との国交正常化を前に，南北朝鮮の国連同時加盟のため北朝鮮の説得を進めていた。中国にとり，北朝鮮との関係を維持したまま韓国との関係を並行して進展させるためには，当事者である南北朝鮮の関係改善が望ましかった。また分断国家の一方である韓国を国家承認することが，中台をめぐる自らの「二つの中国」の問題に跳ね返ることも危惧していたからである。

　北朝鮮は従来，国連への南北同時加盟は分断の固定化につながるという理由で反対していたが，韓国の単独加盟を回避するためという中国の意見を受け入れて，1991年9月に韓国と同時に国連加盟へ踏み切った。これにより韓国と北朝鮮は国際社会から事実上の**クロス承認**を受ける形となり，南北朝鮮政府の正統性に関する議論から中国は逃れる名目ができたのである。

④ 中韓国交正常化と中朝関係のその後

　経済交流から時間をかけて政治関係に発展させていくという中国の慎重な姿勢と，北朝鮮への丁寧な説得が奏功して1992年8月に中韓国交正常化は実現した。こうした動きを後押しする背景として，冷戦構造の終結という国際環境の変化も大きかった。中韓両国では，1998年には中韓協力パートナーシップ，2003年には全面的協力パートナーシップ，2008年には中韓戦略協力パートナーシップ関係が謳われた。また，中韓貿易額は1992年の50.3億ドルから2017年の2802.6億ドルと26年間で55倍に伸びている。

　一方で中朝間では1992年1月，北朝鮮の計画経済に対する援助という性質が強かった従来のバーター方式の貿易協定が，国際通貨による決済方式へと変更された。ただしその後も中国による北朝鮮への原油供給など一定程度の支援は続けられており，北朝鮮との特別な関係は中韓国交正常化で断絶したわけではない。また北朝鮮の核・ミサイル開発の進展を受け，中朝関係は中韓関係と比してより厳しい風雨に晒されることになったが，2000年代の**六者協議**では中国が議長国として仲介役を務めた。また，2018年の米朝首脳会談を前後して数度の中朝首脳会談が実施されている。「伝統的関係」は強調されなくなった今も，中朝関係は中国の対朝鮮半島政策で要となっていることがうかがえる。　（堀田幸裕）

【参考文献】
高英煥（池田菊敏訳）『平壌25時——金王朝の内幕』徳間書店，1992年。
李成日「中韓国交正常化をめぐる中国の朝鮮半島政策」鐸木昌之・平岩俊司・倉田秀也編『朝鮮半島と国際政治——冷戦の展開と変容』慶應義塾大学出版会，2005年。
林聖愛『中韓関係と北朝鮮——国交正常化をめぐる「民間外交」と「党際外交」』世織書房，2015年。
銭其琛（濱本良一訳）『銭其琛回顧録——中国外交20年の証言』東洋書院，2006年。
平岩俊司『朝鮮民主主義人民共和国と中華人民共和国』世織書房，2010年。

XⅢ　「周辺外交」と大国への始動

2 「領海法」の制定

図1　南シナ海

(注) 九段線については，
Ⅶ-5「海洋権益の追求」
❸参照。

▷1　中国，台湾，ベトナ
ムはパラセル諸島とスプラ
トリー諸島のすべてについ
て，フィリピン，マレーシ
ア，ブルネイはパラセル諸
島の一部について領有権を
主張している。

▷2　日本国政府は1885年
より尖閣諸島を調査し，清
国による支配が及んでいな
いことを確認した上で，
1895年1月14日に標杭を建
設する閣議決定を行って日
本の領土に編入した。この
方法は，国際法の「先占の
法理」に基づく正当なもの
である（「尖閣諸島情勢に
関するQ&A」外務省ホー
ムページ[http://www.m
ofa.go.jp/mofaj/area/senka
ku/qa_1010.html]を参照）。

❶ 海洋進出の歴史

　中国は2000年代末より，南シナ海や東シナ海において力を背景にした強引な
海洋進出を続けており，アジアの海洋安全保障に大きな懸念をもたらしている。
しかし，こうした中国による海洋進出は，少なくとも1970年代から始まっていた。
　南シナ海において中国は，パラセル諸島（西沙群島）やスプラトリー諸島
（南沙群島）などの領有権や海洋権益をめぐってベトナムやフィリピンなどと係
争関係にある。中国は1950年代から南シナ海で主権を主張していたが，海軍力
の欠落などにより実際に支配する島嶼はパラセル諸島の東部に限られていた。
ところが米軍が南ベトナムから撤退した後の1974年1月，パラセル諸島の西部
をコントロールしていた南ベトナム軍を中国軍が攻撃して排除し，中国がパラ
セル諸島全域を支配下に収めた。中ソ関係の改善を受けてソ連のベトナムへの
関与が低下していた1988年3月には，ベトナムが支配していたファイアリー・
クロス礁（永暑礁）に中国が海洋観測施設を建設したことを契機にして中国軍
とベトナム軍の衝突が発生し，戦闘に勝利した中国は六つの岩礁を新たに支配
下に置いたのである。
　東シナ海において中国は，日本の領土である尖閣諸島に対して一方的に領有
権を主張している。日本は1895年1月に，国際法に則って尖閣諸島の領有権を
確立し，沖縄県の一部として安定的に支配を継続しており，これに対して抗議
する国もなかった。ところが1971年12月に，中国政府は「外交部声明」を発表
して，尖閣諸島の領有権を主張しはじめた。1978年4月には，100隻を超える
武装した中国の漁船が尖閣諸島の領海に侵入する事態が発生した。
　中国にとってスプラトリー諸島や尖閣諸島は，台湾と並んで近代において外
国に奪われた「失われた領土」であり，その回収なくして国家の統一は実現で
きないと認識されている。中国は米国とソ連のプレゼンスが弱まった時期をと
らえて，とりわけ南シナ海において着実に「失地回復」を実現してきたのである。

❷ 国内法を利用した主権主張の強化

　それまで武力の行使や武装漁船の派遣といった力による支配の拡大や権益の
主張を行ってきた中国は，1990年代に入ると国内法の制定によって自国の主張
に法的な裏付けを与える動きを見せるようになった。その端的な事例が，1992

年2月に全国人民代表大会常務委員会第24回会議で採択され，即日公布された「領海及び接続水域法」（領海法）である。

この「領海法」は第2条で，中国が領有する島嶼として「台湾及び釣魚島を含むその付属諸島，澎湖列島，東沙群島，西沙群島，中沙群島，南沙群島」を明示した。第3条では，中国が領海基線として「直線基線」を用いることが宣言され，領海基線から12海里が領海と制定された。また，第6条では，「外国の軍用船舶が領海に進入するには，中華人民共和国政府の許可を得なければならない」と規定された。また，第8条では，「中華人民共和国は，領海における非無害通航を防止・制止するために，必要なあらゆる措置を取る権利を有する」と宣言されたのである。

中国がパラセル諸島とスプラトリー諸島の領有権を「領海法」に明示したことは，東南アジア諸国の強い警戒を引き起こした。その後，ベトナムが領有権を主張しているガベン礁（南薫礁）に中国が軍隊を上陸させたりしたことを受けて，1992年7月には東南アジア諸国連合（ASEAN）外相会議が，中国による挑発的な動きに懸念を表明した「南シナ海に関するASEAN宣言」[3]を採択した。また，中国が尖閣諸島を意味する「釣魚島を含むその付属諸島」の領有を規定した「領海法」を制定したことに，日本政府は抗議を行った。1978年に鄧小平は一方的に尖閣問題の「棚上げ」を主張したが，この「領海法」の制定によって中国はその立場を再び一方的に取り下げたといえるだろう。

この「領海法」は，既存の国際海洋法と矛盾しているという点でも問題である。中国も批准している国連海洋法条約（UNCLOS）は，民用と軍用の区別なくすべての船舶に対して領海内の無害通航権を認めている。ところが「領海法」は，その目的に関係なく領海に入る軍用船舶に対して中国政府の同意を要求しており，これは明らかにUNCLOSの規定や「航行の自由」の原則に反している。今日，南シナ海における米中の対立の焦点となっている「航行の自由」をめぐる問題は，すでに「領海法」が制定された時点で芽を出していたのである。

また，「領海法」が直線基線を用いて領海基線を制定するとしている点も，これがパラセル諸島やスプラトリー諸島などで適用された場合，UNCLOSに反するものとなる[4]。ところが中国は，1996年にパラセル諸島において，外延部の島々を直線でつなぎ，パラセル諸島を囲む形で領海基線を設定した。2012年には，同様の方法で尖閣諸島における領海基線を設定したのである。

中国は2016年7月に下された国際仲裁裁判所による裁定[5]を，「紙屑」と称して拒否したが，海洋進出において国際法や既存のルールを軽視する中国の姿勢は，1992年に制定された「領海法」にすでに表れていた。中国による海洋進出は，地域の安全保障秩序を揺るがすだけでなく，国際法秩序に対する挑戦ともなっているのである。
（飯田将史）

▷3 南シナ海に関するASEAN宣言（ASEAN Declaration on the South China Sea）
本宣言は，南シナ海における領土紛争を平和的に解決することや関係諸国の自制を求め，国際的な行動規範（Code of Conduct）の構築を提唱した。

▷4 国連海洋法条約においては，沿岸国は海岸が著しく曲折しているか，海岸に沿って至近距離に一連の島がある場所においては，領海の範囲を測定するための基線として，適当な地点を結ぶ直線基線の方法を用いることができるとされている。すなわち直線基線を用いることができるのは相当な距離のある海岸線を有する地形に限られており，南シナ海や東シナ海で海岸線から離れて孤立した島や岩礁に適用される余地はない。

▷5 この裁定の内容については，XⅢ-5「海洋権益の追求」を参照。

（参考文献）
ビル・ヘイトン（安原和見訳）『南シナ海——アジアの覇権をめぐる闘争史』河出書房新社，2015年。

XⅢ　「周辺外交」と大国への始動

 3 民主化する台湾と中台関係

▷1　党国体制
⇨Ⅲ-1「党・国家体制」。
台湾における党国体制は，若林正丈『台湾——分裂国家と民主化』東京大学出版会，1992年；松田康博『台湾における一党独裁体制の成立』慶應義塾大学出版会，2006年。

▷2　原文ではそれぞれ「動員戡亂時期臨時條款」（1948年5月）と「臺灣省警備總司令部佈告戒字第壹號」（1949年5月）。

▷3　中華民国憲法では，他国の国会に相当し民意を代表する機関として，国民代表大会，立法院，監察院が設置されていた。

▷4　こうした地方派閥と利益誘導の構図については若林（1992）。

▷5　台湾のエスニックグループは，おおよそ以下の構成である。漢族系は本省人と外省人（10%強）に大別される。本省人は，さらに閩南（70%弱，あるいは河洛や福佬とも），客家（約15%）に区分される。それ以外に，非漢族のオーストロネシア系（マレーやフィリピンと同系譜）先住諸部族（約2%，原住民と呼称），新移民・新住民（約2%，1990年代以降の東南アジアよりの帰化者や中国人花嫁など）。

1 国民党権威主義体制

　中国共産党との国共内戦に敗れ，中国大陸を失陥した中華民国政府・中国国民党政権は，1949年末に台湾へ統治機構を全面移転させ，命脈を保とうとした。国民党は，仇敵の共産党と相似する党国体制[1]を再建し，国家と社会に対する党の支配の浸透を貫徹させた。また，法的枠組みを整備し中華民国憲法を事実上凍結することで，国共内戦下の非常事態体制をおよそ40年もの間維持した。

　その根拠法が，反乱鎮定動員時期臨時条項と台湾省戒厳令である[2]。臨時条項では，共産党の反乱を鎮定する国家非常事態を理由とし，総統（大統領に相当）の非常大権の拡充と任期制限の撤廃，中国大陸で選出された国会相当の各種中央民意代表機構[3]の改選停止が規定された。戒厳令と関連法規では，戦時体制を理由に，人身，集会・結社，言論・出版の自由が著しく制限された。また，これらの諸法規に違反した者は，通常の裁判ではなく軍事法廷で裁かれた。

　他方で，地方政府の首長と議会は競争的選挙を許容した。土着有力者（地方派閥）を競わせ，国民党に忠誠を示した側に補助金などを供与する利益誘導によって，権威主義体制への取り込みを図っている[4]。国民党は以下のように，台湾における政治基盤の脆弱性を有していたためである。

　台湾住民の9割以上が，中国の主要民族と同じ漢族である[5]。しかし，台湾漢族は，本省人と外省人に区別して認識されてきた。本省人とは第二次世界大戦終結前から台湾に居住し，日本統治50年間を経験した人々であり，人口の8割以上を占める。外省人は，戦後に中国各地より台湾に流入した人々を指す。

　国民党政権の政治中枢たる党，中央政府，軍は，台湾移転時には外省人が圧倒的多数を占めた。外省人による少数者支配という，外来政権の色彩を帯びていた。権威主義体制下では，外省人エリートが継続して権力を掌握し，本省人は地方政治か経済領域のみで活躍が許されるという権力構造が形成された。

2 台湾の民主化

　国際社会では，中華人民共和国・共産党政権への国家承認が拡大し，一つの中国原則によって中華民国は国交国を減らし続け，1970年代までに国際的孤立が進んだ[6]。他方で，事実上唯一の後ろ盾となっていたアメリカからは，民主化の圧力も受けていた。また，台湾内部でも本省人の民主化要求が高まりはじめ

た。こうした状況下で国家の内部正統性を調達すべく，蔣経国[7]に代替わりしていた国民党政権は1970年代から漸進的に，中央レベルの選挙を拡大させるなど，本省人エリートの登用を進めた。また，1980年代からは，言論・政治活動空間の拡張も許容し，1986年の党外人士による民主進歩党（民進党）結成を黙認した。1987年には戒厳令も解除され，政治的諸権利が大幅に回復した。

　1988年に蔣経国が死去すると，副総統であった李登輝[8]が総統に昇格した。初の本省人総統である。李登輝のイニシアチブと台湾多数派世論の要求の下で民主化は加速し，1991年には臨時条項が廃止され，台湾の実情に即して憲法も改正された。各種の中央民意代表機構は，台湾住民による全面改選が順次行われ，仕上げとして1996年には総統の直接民選が導入されるに至った。

③ 第三次台湾海峡危機とその後

　李登輝は就任後，国家統一綱領を定め，中台分断後初の事実上の中台代表者会談（シンガポール会談）を実現させるなど，中国との統合を志向するかのような姿勢を見せた[9]。しかし，同時に非国交国との実務外交を活発に繰り広げ，台湾の国際的生存空間の確保にも乗り出し，1995年6月には，1979年の米華（台）断交後初の訪米を母校訪問の名目で果たした。さらに，台湾意識と呼ばれる，台湾の独自性を強調した価値観を度々披瀝していた。台湾意識は李登輝個人だけではなく，台湾社会の主流価値観となった。民主化により，多数派の本省人の価値観が，直接政治・社会に反映されるようになったためである（台湾化）。

　中国は，李登輝の振る舞いと台湾の自由民主主義に対して，次第に不信と警戒を募らせるようになった。李登輝の訪米後間もなく，中国は演習と称し，台湾近海でのミサイル発射に踏み切り威嚇を開始した。以来1995年10月にかけて，上陸作戦を含む数回の軍事演習をして威嚇を続けた。アメリカのクリントン政権は，同年末に空母ニミッツに台湾海峡を通過させて中国に警告を発した。

　1996年3月に入ると，同月の選挙での李登輝再選を阻止すべく，中国は基隆や高雄の沖に向けミサイル発射実験を行うなど，威嚇的軍事演習を再開し投票日にかけて繰り返した。これに対してアメリカは，ニミッツとインディペンデンスの二個空母打撃群という大規模兵力を台湾近海に派遣して中国と対峙し，軍事的緊張が大幅に高まった。これが第三次台湾海峡危機と呼ばれる。

　しかし，威嚇は逆効果に終わり，台湾世論は中国への反発を強めた。立候補者乱立の中，李登輝は得票率54％で再選された（なお反中国候補票計は約75％）。初の直接民選を制したという強い政治基盤を背景に，李登輝は中華民国の「台湾化」を進め，最終的には中台関係は特殊な国家間関係であるとする二国論[10]を展開させ，中国離れを加速させた。この時期の李登輝に代表される，独立を声高に語らないまでも，中国との統一を拒絶し，台湾が独自の存在であると認識する考え方は，以後台湾社会の「常識」として定着するようになった。（渡辺　剛）

▷6　一つの中国
⇨Ⅸ-2　「『二つの中国』と台湾海峡危機」。中華民国の国際的孤立については，Ⅸ-5　「国連参加」，Ⅸ-6　「米中接近」。

▷7　蔣経国（1910-88）
蔣介石の長男。第6・7代中華民国総統・国民党主席。

▷8　李登輝（1923-）
台湾客家人。政治家・農政官僚。第7・8・9代中華民国総統・国民党主席。

▷9　中台で「一つの中国」堅持について合意したとされる。いわゆる「92年コンセンサス（九二共識）」。ただし，中国が一つの中国堅持のみを述べるのに対し，台湾側は「一つの中国の内容は，中台が各々解釈する」としており，両者の認識には隔たりがある。その後の中台対立では，合意内容の解釈や，合意自体を台湾が受容するかが争点となりがちである。

▷10　二国論
原語は「両国論」。1999年のドイチェヴェレのインタビューで語ったもの。一つの中国原則からの乖離であるとして，中国は強く反発した。

【参考文献】
若林正丈『台湾の政治』東京大学出版会，2008年。
井尻秀憲『激流に立つ台湾政治外交』ミネルヴァ書房，2013年。
平松茂雄『台湾問題』勁草書房，2005年。

XⅢ　「周辺外交」と大国への始動

香港・マカオの返還

1　香港返還交渉と「一国二制度」

　英領植民地・香港のうち，アヘン戦争後に割譲された香港島と，第二次アヘン戦争後に割譲された九龍半島を除く，面積にして 9 割を占める新界は，1898年に英国が清国から99年の期限で租借した土地であった（図 1）。その租借期限である1997年が迫り，香港の前途をめぐる問題が浮上した。1982年のサッチャー首相の北京訪問から，香港問題をめぐる正式の中英交渉が開始された。

　英国は，香港の経済的繁栄という実績を最大の交渉カードに，租借延長を求めた。しかし中国は，返還後も香港の資本主義体制を維持する「一国二制度」方式を提案し，交渉を有利に展開した。「一国二制度」は，中米国交正常化後の中国の台湾平和統一の政策として提案されたものであるが[1]，新界租借期限問題の浮上で，香港に先に適用し，台湾統一のモデルとすることを中国は意図した。

　1984年12月，中英共同声明により，1997年 7 月 1 日に英国は中国に香港を返還すること，中国は返還後の香港で「一国二制度」を実施し，高度の自治を認め，香港人による香港統治を行い，英国が残した資本主義体制の現状を維持し，それを少なくとも50年間変えないことが決定され，主権問題は決着した[2]。

2　民主化問題の浮上と天安門事件

　しかし，共同声明から実際の返還までの13年間の過渡期は，民主化という新たな問題をめぐり，中英が時に鋭く対立する波乱の時期となった。

　英国統治下の香港では総督の独裁体制が続き，議員は総督の任命制で，選挙はほぼ行われなかった。しかし，返還問題が浮上すると，英国は突如香港の民主化を開始し，1985年，議会である立法評議会の一部に間接選挙を導入した。

　中国は，これは返還までに大きく香港の体制を変え，それを「現状維持」するよう英国が中国に強制する陰謀と見て，強く反発した。中英は交渉の末，英国は民主化の速度を落とす一方，中国は返還後も英国から民主化を引き継ぎ，最終的に政府の長である行政長官と，議会である立法会をいずれも普通選挙で選ぶことを，返還後のミニ憲法である「香港基本法」に目標として明記した。

▷ 1　1981年10月 1 日に葉剣英全人代委員長が発表した「葉九条」と称される 9 項目の提案に，統一後は台湾を特別行政区とすること，台湾の社会・経済制度などを変えないことなど，「一国二制度」の原型が見られる。

▷ 2　割譲地の香港島と九龍と租借地の新界は，都市として一体化していたため，租借期限と同時に割譲地も一括で返還することとなった。

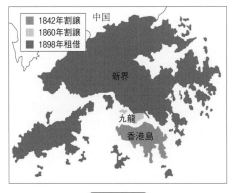

図 1　香港

（凡例）
■ 1842年割譲
□ 1860年割譲
■ 1898年租借

中国
新界
九龍
香港島

しかし，1989年の天安門事件により，事態は複雑化した。香港では中国に抗議する大規模デモが繰り返され，事件後は民主派勢力が政党を組織し，選挙で大勝を収めるようになった。中国は香港が共産党政権の「転覆基地」となることを強く警戒した。1992年着任の最後の香港総督・パッテンは，中国の反対を無視して急進的な民主改革を行い，中国の激しい反発を買った。

③ 香港返還と返還後の政治問題

返還後しばらく，中央政府は介入を控え，北京が選んだ初代の董建華行政長官に香港政府の運営を任せ，「一国二制度」の滑り出しは順調と評された。独自の通貨やパスポートをもち，APEC（アジア太平洋経済協力）などの国際組織に参加するなど，香港はある面で「国家並み」の自治を維持した。

しかし，間もなくアジア通貨危機の影響から香港経済は大不況に陥り，SARS（重症急性呼吸器症候群）が流行した2003年の返還記念日には，50万人規模ともされる巨大な反政府デモが発生した[3]。中央政府は対香港政策を転換し，積極的な中国大陸と香港の経済融合へと舵を切った。

経済は劇的に回復し，一時は香港市民の対中感情もきわめて良好となったが，やがて不動産の暴騰や格差の拡大などの社会問題が深刻化し，翻って反中感情が高揚した。2012年には「反国民教育運動」[4]，2014年には民主化を求める「雨傘運動」と，大規模な反政府運動も頻発した。特に若者の間では，中国人意識が減退し，従来はほとんど見られなかった香港独立運動も発生した。このため，近年の中央政府の対香港政策は，中国の「国家の安全」への脅威を取り除くことに重点が置かれている。

④ マカオ返還

16世紀からポルトガルが統治したマカオは，香港と同様に「一国二制度」方式で中国に返還されたが，その経緯は香港とは大きく異なっている。

1974年，ポルトガルで革命が発生し，後に民主化が実現すると，ポルトガルは海外領土を放棄する方針をとった。しかし中国は，当時香港の主権問題が未決着であったため，香港に動揺を与えることを恐れ，むしろポルトガルが当面統治を継続することを求めた。中英共同声明の調印を待って，1987年に調印された中葡共同声明に基づき，1999年12月20日，マカオが返還された。これによって，アジアから欧米の植民地が消滅した。

返還が複雑な政治問題と化した香港と異なり，マカオの世論はおおむね返還を歓迎した[5]。返還直前に深刻化した治安問題が大幅に改善し，税収の7割以上を占めるカジノに大量の中国客があふれ，マカオは好景気に沸いた。しかし，マカオでも香港と類似した社会問題が多数生じており，近年は香港から刺激を受けたデモも発生している。

（倉田　徹）

▷3　このデモを主催した民主派が設定したテーマは，「国家安全条例」への反対であった。同条例は，反乱煽動，政権転覆，国家機密窃取などを禁ずることを目的としたが，言論や政治活動の自由などへの脅威となる危険性が指摘された。デモの後，同条例は廃案となった。

▷4　2012年から，小中高での「国民教育科」必修化が計画されていたが，中国共産党式の愛国「洗脳教育」になるとして，学生や保護者の団体が抗議活動を起こし，結果的に必修化は取り下げられた。

▷5　マカオの世論が中央政府に好意的である一因として，1966年に起きた暴動に中国の介入を許し，共産党の要求をポルトガルが受け入れて以来，マカオにはすでに中国の影響が非常に強くなっていたことも挙げられる。

（参考文献）
許家屯（青木まさこ・小須田秀幸・趙宏偉訳）『香港回収工作』上・下，筑摩書房，1996年。
中薗和仁『香港返還交渉』国際書院，1998年。
塩出浩和『可能性としてのマカオ』亜紀書房，1999年。
倉田徹『中国返還後の香港』名古屋大学出版会，2009年。

XⅢ　「周辺外交」と大国への始動

G20と中国

 G20とは

　G20（金融・世界経済に関する首脳会合）は，世界的な経済・金融危機に対処するために，2008年11月，従来の「G20財務大臣・中央銀行総裁会議」を首脳級に格上げして創設された国際政策協調のフォーラムである（第1回サミットはワシントンDCで開催）。翌年9月にアメリカのピッツバーグで開催された第2回サミットにおいて，G20が「国際経済協力の第一のフォーラム（premier forum）」として位置付けられ，G20サミットは定例化された。世界経済に占める新興国のプレゼンス増大を反映して，世界経済の課題を協議する枠組みはG7（日米独英仏伊加）からG20に重点が移っている。「G20財務大臣・中央銀行総裁会議」の創設は，1990年代に遡る。アジア通貨・金融危機後の対応に迫られた国際金融システムの議論には，G7のみならず，主要な新興市場国の参加が必要であるという認識を受け，1999年6月のG7財務大臣会議において，創設が合意された。同会議は，世界の経済・金融情勢や通貨制度，金融規制・監督などについて意見交換している。

　G20は，G7の7カ国に，中国，アルゼンチン，インド，インドネシア，オーストラリア，韓国，サウジアラビア，ブラジル，南アフリカ，メキシコ，ロシア，トルコ，EU・欧州中央銀行を加えた20カ国・地域からなる。G20のメンバーは，地球全体の人口の約3分の2，面積の55%，GDPの86%，貿易総額の75%を占めている。▷1

　「G20サミット」の主要議題は，基本的に経済，金融，貿易・投資，開発，雇用などの経済分野である。しかし，近年では，気候，エネルギー，テロ対策，移民・難民問題なども取り上げられている。G20サミットには，メンバー国・地域に加え，招待国や，国連，世界銀行，国際通貨基金（IMF），世界貿易機関（WTO），金融安定理事会（FSB），国際労働機関（ILO），経済協力開発機構（OECD）などの国際機関も参加している。

 既存の国際経済秩序を改革する推進力の一つとしてのG20

　先進国が主導する既存の世界秩序やグローバル・ガバナンスのメカニズムの改革を推し進めたい中国は，それらへの中国コミットメントを拡大するための重要なプラットフォームの一つとして，G20を位置付けている。G20には構成

▷1　中華人民共和国外交部「二十国集団（Group of 20, G20）」（最近更新時間：2019年7月）https://www.fmprc.gov.cn/web/gjhdq_676201/gjhdq zz_681964/ershiguojituan_682134/jbqk_682136/（最終閲覧 2019年12月3日）。

国の行動を拘束するメカニズムがない。そこで中国はG20などの多国間枠組みを通して，世界経済をめぐる先進国主導のガバナンスの変革を推進し，新興国と発展途上国の代表権と発言権を高め，中国が説くいわゆる「公正で合理的な国際秩序」を構築しようとしている。また，中国は，G20を通じて世界へ向けて中国の理念やアイディアを伝える「公共外交」を強化したり，世界経済における中国の指導的な地位や権威を高めたり，グローバル経済の一体化の牽引力を強化したり，「一帯一路」構想の発展チャンスを増やそうとしている。

中国は，G20とBRICS（ブラジル，ロシア，インド，中国の4カ国は「BRICs」。2011年6月に中国海南省三亜市で開催された首脳会議以降，BRICsに南アフリカを加えて「BRICS」と改称）の多国間枠組みを連携させることによって，IMFや世界銀行などの機関改革を推進し，G7主導の世界経済の枠組みを見直すことを強調してきた。G20財務大臣・中央銀行総裁会議を直前に控えた2008年11月，BRICsは初の4カ国財相会議をブラジルのサンパウロで開催した。BRICsは，世界経済の課題をG7だけでは解決できないと主張し，先進国主導の国際金融制度改革でG20がその役割を拡大させていくと訴えたのである。

将来的なBRICS拡大構想である「BRICS＋（プラス）」の協力モデルを習近平国家主席が2017年に提唱しており，中国はBRICSを新興市場国や発展途上国を団結させるプラットフォームとして位置付けている。一方，G20については，経済発展のレベルが異なるパートナーシップのつながりを強化していくプラットフォームとして中国は位置付けている。BRICSにおいては新興市場国・発展途上国のリーダーとして，またG20においてはグローバルな経済大国として，中国はそのリーダーシップや発言力を高め，世界経済のガバナンス改革を推し進めることで，中国にとって有利な外部環境をつくろうとしているのである。とはいえ，2000年代の資源価格の高騰と新興国需要を背景にした「スーパーサイクル（超循環）」によって急速にその地位を向上させた新興国は，2010年代の資源価格の低迷と成長スピードの鈍化により，勢いを失いつつある。BRICSの低迷は，新興国群における中国プレゼンスを相対的に高めている。

2016年に中国の杭州で開催されたG20サミットで保護主義への反対が再確認されたのに続き，2017年にドイツのハンブルクで開催されたサミットでは，「相互に連結された世界の形成」をG20の共通目標に掲げ，「すべての不公正な貿易慣行を含む保護主義と引き続き闘う」ことが確認された。しかし，**米中貿易摩擦**が激化した2018年にアルゼンチンのブエノスアイレスで開催されたG20サミットでは，アメリカの反対によって「保護主義と闘う」の文言を首脳宣言に入れられず，「現在の貿易上の問題に留意する」との表現に留められた。翌2019年の大阪G20サミットでも，「保護主義への反対」が2年連続で首脳宣言に盛り込まれなかった。　　　　　　　　　　　　　　　　　　　　　（三船恵美）

▷2　**公共外交**
中国では，「パブリック・ディプロマシー（public diplomacy）」を「公共外交」と訳している。中国の「公共外交」は，本来的な官民連携による「広報外交（public diplomacy）」よりも広義に行われている。従来「公共外交」は中国の伝統的な「宣伝外交」とは区別されてきた。2013年の「周辺外交工作会議」における談話においても，習近平は「宣伝活動」と「公共外交」を区別して語っていた。しかし，中国が2015年に刊行した『中国公共外交発展報告』は，「宣伝」を「公共外交」に含めた。

▷3　**「一帯一路」構想**
⇒XIII-4「『一帯一路』構想」

▷4　**米中貿易摩擦**
トランプ政権のアメリカ政府は2017年から中国の不公正な貿易慣行や知的財産侵害などの調査を始めた。2018年7月にアメリカが340億ドル相当の中国製品に25％の関税を課すと，中国もアメリカ製品に同額相当25％の関税をかけたのを皮切りに，同年8月の「第2弾（双方160億ドル，25％）」，同年9月の「第3弾（米側2000億ドル10％→2019年5月に25％へ，中国側600億ドル5〜10％）」，「第4弾（米側1100億10％，中国側750億5〜10％）」と関税合戦を続けた。2019年12月の「第1段階の米中合意」を経て，アメリカは追加関税の発動を見送り，第4弾の一部関税を7.5％に引き下げた。

XⅢ　「周辺外交」と大国への始動

 6 ## WTO 加盟

1　中国の WTO 加盟交渉：国際交渉と国内改革の相互作用

　冷戦終結後，国境を越えた貿易や投資，金融取引が活発化するなど世界経済のグローバル化が進展した。世界規模での経済グローバル化を促進したのは，1995年に設立された**世界貿易機関**（WTO）[◁1]である。

　中華人民共和国（中国）は1986年の GATT 加入申請[◁2]から約15年間もの時間を費やして2001年12月に WTO に加盟した。WTO 加盟により中国の輸出や対中直接投資は飛躍的に拡大し，中国は「世界の工場」となった。

　中国の WTO 加盟交渉を考察するためには，二つの視点が必要となる。第一が国際関係の視点である。中国は米国や EU，日本など複数の国・地域と加盟の条件を交渉していたため，相手国との関係が交渉の鍵を握っていたためである。

　第二が国内政治の視点である。加盟交渉には多くの政府部門が参加しており，部門間の意見対立が原因で国内の調整に時間を要した。また，加盟交渉で米国などから求められていた改革項目は，経済改革を進めるための「外圧」として機能していたと考えられる[◁3]。WTO 加盟国は自国の法令・行政制度を WTO 協定に適合的なものとするよう求められていたためである。

2　国際交渉：米中関係に左右された WTO 加盟交渉

　中国の WTO 加盟交渉にとって最大のハードルは，1996～2000年に行われた米国および EU との二国間交渉であった。米国と EU は中国の主要な貿易相手であったが，中国からの繊維製品や農産物などの輸入急増を警戒していた。

　とりわけ，膨大な対中貿易赤字を抱えていた米国のクリントン政権は，中国市場の開放を強く求めた。国際貿易において，サービス分野（金融業，情報通信業など）や知的財産権は，米国が圧倒的な競争力を有していた。そのため米国は二国間交渉の機会を利用し，中国の市場開放を求めたのである。

　二国間交渉の結果，中国は高水準の関税引き下げや不透明な行政指導の透明化を約束していった。しかし，交渉は国際関係の変動により簡単には進まなかった。たとえば，1997年のアジア通貨危機発生により中国国内で WTO 加盟反対論が激化した。ほかにも，1995年の台湾による WTO 加盟申請や，1999年の米軍機によるベオグラードの中国大使館誤爆事件など，加盟交渉の進

▷1　**世界貿易機関**（World Trade Organization : WTO）
1995年1月設立。「関税と貿易に関する一般協定（GATT）」が扱っていた関税引き下げに加え，新分野（サービス貿易など）までルールの範囲を広げ，紛争処理機能を備えた国際機関となった。

▷2　中国の GATT 加入交渉については，XⅠ-3「GATT 加入交渉」を参照。

▷3　GATT/WTO 加盟交渉が経済改革の「外圧」として機能していた，という分析として，たとえば菱田（1995）が挙げられる。菱田の分析は GATT 加入交渉だが，WTO 加盟交渉は GATT 加入交渉を引き継いだものであり，基本的な構造は変わらないと考えられる。

展は国際関係，とりわけ米国との関係によって左右されたのである。

対米関係を安定化させ，加盟交渉を進展させたのは，江沢民と朱鎔基という第三世代の指導者である。党総書記である江沢民は1997年9月の中国共産党第15回全国代表大会（第15回党大会）で政治的ライバルを引退させ，朱鎔基は1998年3月の全国人民代表大会において国務院総理に就任した。指導者の権力が確立したことが契機となり，1999年11月に対米交渉は妥結した。2000年にはEUとの二国間交渉も無事完了した。米国とEUという最大の難関を突破したことで，中国のWTO加盟は2001年に実現したのである。

この結果，中国経済はWTO加盟前と比べて世界経済との一体化が進んだ。たとえば，鉱工業製品の関税率は12.7%（2001年）から8.9%（2010年）に引き下げられた。サービス分野でも外資系銀行が中国の法人・個人向け人民元業務を行えるようになるなど，対外開放が進んだ。◁4

③ 国内政治：「外圧」として機能したWTO加盟交渉

WTO加盟交渉の合意内容は，国内に自動車など幼稚産業を多数抱え，金融システムがきわめて脆弱な中国にとって大幅な譲歩だったはずである。それにもかかわらずWTO加盟を推進したのは，貿易拡大による経済成長の下支えを意図していたからにほかならない。

国務院総理に就任した朱鎔基は，加盟交渉の結果を受け中国の市場経済化を進めるなど，WTO加盟交渉と経済改革をリンクさせていた。たとえば，朱鎔基は総理就任後に国有企業改革・金融改革・政府機構改革を2000年までに実現すると宣言し，国有企業とのつながりが深い産業所管官庁を統廃合した。朱鎔基はWTO加盟に慎重な部門を排除し，交渉を推し進めたのである。◁5

WTO加盟により，2010年には日本を抜いて世界第2位の経済大国となった中国だが，新しい試練に直面している。第一は，WTO加盟時に約束した経済改革の鈍化である。◁6 WTO加盟後，胡錦濤政権では政府の支援を受けた国有企業が民営企業の経営を圧迫する「国進民退」が進んでしまった。続く習近平政権でも，大型国有企業の合併による巨大化と重要産業の独占化が進行している。このように，中国では国有企業の強化など加盟交渉時の約束に逆行する政策を進めている。WTO加盟交渉という「外圧」がなくなったことで，中国政府は経済改革の推進が困難になったのだと考えられる。

第二は，米国との経済分野をはじめとする対立の激化である。2013年に発足した習近平政権は，米国のトランプ政権による保護主義に直面している。米国はWTO加盟により経済大国となった中国の台頭を警戒しており，特に先端技術分野での米中対立が長期間にわたって激化することが懸念される。◁7

（横尾明彦）

▷4 WTO加盟の条件は，関税引き下げやサービス自由化のほかに，経済制度の透明性・法治行政の徹底，経過的セーフガードの適用などである。加えて，中国は反ダンピング認定の際に不利になる「非市場経済国」として扱われることとなった。2019年現在においても「市場経済国」認定は見送られている。

▷5 ⇨XⅡ-3「国有企業改革」，XⅡ-4「税・金融制度の改革」，XⅡ-5「政府機構改革と社会組織」

▷6 中国の経済政策がWTOのルールに反していないかについて，米国通商代表部（USTR）が毎年米国議会にレポートを提出している。この中で2003年の胡錦濤政権以降，WTO加盟時の約束を逸脱し国家の経済介入が顕著になった，と指摘されている。

▷7 ⇨XⅦ-3「米中関係の展開」

（参考文献）

国分良成「党国体制の権威主義——江沢民・胡錦濤時代」『中国政治から見た日中関係』岩波書店，2017年。

中居良文「江沢民の中国——WTO加盟の政治的含意」高木誠一郎編『米中関係』日本国際問題研究所，2007年，189-212頁。

中逵啓示『中国WTO加盟の政治経済学』早稲田大学出版部，2011年。

菱田雅晴「ガット加盟の政治経済学——中国にとっての『外圧』」毛里和子編『現代中国論3 市場経済化の中の中国』日本国際問題研究所，1995年，232-268頁。

XⅢ　「周辺外交」と大国への始動

7 上海協力機構

 1 上海協力機構とは

　上海協力機構は，中国名を「上海合作組織」，英語名 Shanghai Cooperation Organisation（SCO）といい，2001年6月に設立された。相互信頼，互恵，平等，協議，文明多様性の尊重，共同発展の追求という「上海精神」の下で，「地域の安全・安定維持」にプライオリティをおいて設立された地域協力機構である。

　SCO の趣旨と任務は，地域の平和と安全と安定維持，加盟国間の相互信頼と善隣友好の強化，国際政治経済秩序の建設推進，テロ・分裂主義・過激主義の共同取締，麻薬や違法移民の取締，地域の均衡のとれた発展の促進，世界経済への参加プロセスにおける協調，加盟国の国内法に基づく人権や自由の保障，国際機構との関係発展，平和的解決を妨げる国際紛争の相互協力などである。

　原加盟国は，中国，ロシア，カザフスタン，キルギス，タジキスタン，ウズベキスタンの6カ国であり，2017年にカザフスタンのアスタナで開催されたサミットにおいて，インドとパキスタンが正式に SCO へ加盟し，構成国は8カ国になった。オブザーバー国は，アフガニスタン，ベラルーシ，イラン，モンゴルの4カ国，パートナー国は，アゼルバイジャン，アルメニア，カンボジア，ネパール，トルコとスリランカの6カ国である（2019年12月現在）。

　SCO は，国家元首会議，政府首脳会議，外相会議，政府各省庁指導者会議，国家調整管理事会，地域対テロ機構，事務局などの機関を置いている。

2 上海ファイブからの発展

　SCO の前身は上海ファイブである。上海ファイブは，ソ連崩壊後，中国と旧ソ連間の領土問題の解決と国境地域の安全の確保を目的に，中国，ロシアと中国と国境を接している，カザフスタン，キルギス，タジキスタンの対話プロセスとして発足した。1996年の「上海協定」（「ロシア，カザフスタン，キルギス，タジキスタン，中国の国境地区軍事領域での信頼強化についての協定」）と，翌年の「モスクワ協定」（「国境地区の軍事力相互削減に関する協定」）により，国境地域の安定が確保されたことで，上海ファイブは，より広範な地域協力を志向するようになった。2000年にタジキスタンで開催された首脳会談では，「上海ファイブ」を多国間協力のための開かれた地域機構に発展させていく方針が宣言され

た（「ドゥシャンベ宣言」）。同会議に初めてオブザーバーとして参加していたウズベキスタンが正式メンバーに加わり，2001年6月15日，上海でSCOが創設された。[1]

❸ SCOとウイグル政策

中国と隣接していないウズベキスタンの加盟は，上海ファイブからSCOへの移行が単なる改称ではなく，国境協議の枠組みから周辺地域の安全対策と安定維持のための機構へと機能的な変化を伴う改組であることを示していた。

1990年代以降，タリバーンと連携する国際テロ組織や過激勢力が，中ロ国内の分離独立勢力と協力し，中ロ内や周辺地域で破壊活動を展開した。中国の新疆ウイグル自治区，中央アジア，アフガニスタンを主な活動地域として中国から新疆の分離独立を目指す「東トルキスタン・イスラム運動」（「東突」／ETIM）[2]は，新疆や周辺国でテロを繰り返し，地域の安全と安定を脅かしていた。東突はタリバーン，アルカイダ，ウズベキスタン・イスラム運動（IMU）と関係があるとされ，タリバーン政権時代のアフガニスタンにおいて，タリバーンやIMUのキャンプで訓練を受けたとされる。[3]中国とロシアは周辺国と協力して，分離勢力に対応しなければならなかった。そこで，2001年6月，調印された「上海協定」に「三つの勢力」（テロリズム，分離主義，宗教過激主義）に共同で対抗するための協力方法が明示された。また，キルギスのビシュケクに地域テロ対策機構を設置することが合意された。同年のアメリカ同時多発テロ（9・11）直後の9月14日にカザフスタンのアルマトイで開催されたSCOサミットでは，9・11を非難するとともに，SCOが「三つの勢力」へ対抗するために積極的な活動を行うとの声明を出した。2002年6月のSCOサミットでは，SCOの目的，原則，組織，機能などを規定した「SCO憲章」や，地域対テロ機構の設置などを規定した協定が調印された。SCOは閣僚級協議の開催や事務局などの制度化を進めていった。2004年には，タシケント首脳会談で「SCO地域対テロ機構」の成立が宣言され，対テロの情報交流や人材育成，対テロ合同軍事演習が定例化されていった。2018年現在まで，「三つの勢力」の取り締まり，サイバー対策，テロ取締など，SCOは安全保障の協力範囲を拡大している。

SCOはその機能と協力領域も拡大発展させてきている。たとえば，2005年10月，加盟国6カ国とオブザーバー4カ国（モンゴル，パキスタン，イラン，インド）が調印して，「SCO銀行連合体」[4]が発足した。また，SCOは2013年に「SCOエネルギークラブ」[5]を立ち上げ，中国，カザフスタン，キルギスタン，タジキスタン，イラン，ロシア，アフガニスタン，インド，モンゴル，パキスタン，ベラルーシ，スリランカが参加している。SCOのエネルギークラブは，2017年には初めて「加盟国ではないトルコ」が全会一致で議長国に選出された。

（三船恵美）

▷1 XⅠ-5「ソ連の解体と中央アジア外交」❸も参照。

▷2 東トルキスタン・イスラム運動（「東突」／ETIM）
中国の少数派民族ウイグル族の中でも独立志向の強い一派で，「東トルキスタン」の建国を標榜している武装組織。中国公安当局は，ETIMが「タリバーン」，「アルカイダ」，「ウズベキスタン・イスラム運動（IMU）」などのキャンプで訓練を受けたとしている。

▷3 「東トルキスタン・イスラム運動」公安調査庁，http://www.moj.go.jp/psia/ITH/organizations/ES_E-asia_oce/ETIM_TIP.html（最終閲覧2018年5月31日）。

▷4 SCO銀行連合体
加盟国間での金融協力を目的に2005年10月26日に設立された。加盟金融機関が銀行どうしの信用情報の交換や決済機能の円滑化など，各国間の経済協力を資金面で支援している。

▷5 SCOエネルギークラブ
2013年12月に設立された。SCOの枠組み下で石油や天然ガスの流通について，政策協調と需給協力を強化するための多国間プラットフォームである。SCOの構成国，オブザーバー国，パートナー国の代表から構成されている。

XⅢ　「周辺外交」と大国への始動

 8　アジア通貨危機

① アジア通貨危機の勃発とアジア経済の冷え込み

　1997年7月，タイの通貨バーツが暴落し，それが他のアジア諸国の通貨にも伝播した。アジア通貨危機の勃発である。

　それまで多くのアジア諸国は，自国通貨の対ドル為替レートを固定し，為替リスクから海外投資家を守ることで，海外から多くの資金を取り入れ高成長を遂げてきた。しかし，不動産バブル懸念，アジア通貨の割高感の高まり等が理由で，多くのアジア通貨が投機的な売りを受けることになった。主たる標的となったASEAN（東南アジア諸国連合）諸国では，資金の大量流出により不動産価格が暴落し，金融危機が生じた。香港も激しい資金流出に見舞われ，政府が株買い支えを迫られる事態となった。韓国も対外債務の返済に必要な外貨の調達が困難となり，金融危機に陥った。外貨繰り悪化からIMFの緊急融資を受けたタイ，インドネシア，韓国は，代償として経済の引き締めや痛みを伴う構造改革を求められた。

　その結果，新興アジア諸国・地域の実質GDP成長率は1997年の6.1％から1998年には2.9％に急落した。中でもタイ，インドネシア，韓国，マレーシア，香港は1998年に大幅なマイナス成長に陥った。

② アジア通貨危機と国有セクター改革

　それに対し，中国は高めの成長率を保った。中国の場合，アジア通貨危機の影響を強く受けた上記の国々とは異なり，外貨準備が潤沢で，対外債務も抑制されていた上，資本取引規制が厳しかったことから，資金流出が起きにくかった。また，中国政府がアジア通貨危機直後に矢継ぎ早に金融緩和を行い，積極的な財政政策に転じたため，中国の実質GDP成長率は1997年の9.2％からは低下したものの，1998年も7.8％と高めの水準を保った。

　しかし，アジア通貨危機が中国経済に与えた衝撃は小さくはなかった。アジア通貨危機の影響が強かったASEAN諸国や韓国に対する中国の経済依存度はそれほど高くはなかったが，中国にとって欧米と並び主要輸出先であった日本がアジア通貨危機の影響で経済不振に陥ったためである。また，アジア経済の先行き不透明感などから，香港や台湾，日本などの対中投資も大きく減少した。

　折りしも，中国の内需は力強さを欠いていた。1992年の「改革開放の加速」を契機に過剰投資・過剰債務の問題が生じ，国有企業・銀行のリストラを余儀

▷1　景気過熱によるインフレでアジア通貨の価値が下がったのに，対ドル為替レートが据え置かれたため，アジア通貨がドルに対し割高になった。それがどういうことか，思考実験をしてみよう。

　同品質の製品Xが米国では1ドル，アジアでは1アジアドル（AD），為替レートが1ドル＝1ADだったとする。アジアでインフレによりXの価格が2ADに上がった場合（米国は不変とする），為替レートが1ドル＝1ADのままなら，2ADを2ドルに変えて，米国でXを2個買えることになる。それを防ぐには，為替レートが1ドル＝2ADになる必要がある。

▷2　1989年の天安門事件後，停滞していた改革開放の動きを1992年に鄧小平が加速するよう訴えた（「南巡講話」⇨ XⅡ-1 「『社会主義市場経済』の提起」）。それにより，同年秋の中国共産党第14回全国代表大会（第14回党大会）で社会主義市場経済体制の確立が目標とされ，市場経済化が加速することになった。

なくされていたからである。それゆえ，中国政府はアジア経済の安定と繁栄を保ち，良好な輸出環境を創り出すことの重要性を強く認識するようになった。

また，IMF により求められた構造改革に対する ASEAN 諸国の不満が燻る中，中国政府は日本と競争しつつも協調し，東アジア地域協力の枠組みを築くことで，ASEAN における自国の影響力強化，米国の影響力低下を狙った。

③ 東アジア地域協力の積極化：FTA 推進路線への転換

実際，アジア通貨危機後，中国政府は ASEAN 諸国に対する協力姿勢を強めていった[3]。タイやインドネシアへの資金援助のほか，中国は1997年12月に開催された初の対 ASEAN 首脳会議で，「中国 ASEAN 共同声明」を発表し，貿易・投資の相互促進，金融面での協力の必要性・重要性などを確認した。また，同年同月，ASEAN の招請を受け入れる形で，中国も「ASEAN＋3」（ASEAN10カ国と日本・韓国・中国）の協力枠組みに参加し，江沢民国家主席が第1回首脳会議に出席した[4]。1999年11月の第3回 ASEAN＋3 首脳会議では，同会議初の共同声明（「東アジアにおける協力に関する共同声明」）が採択され，共同で政治・安全保障・経済・文化など幅広い分野で地域協力を強化するとのメッセージが発信された。日本政府が提起した IMF に類するアジア独自の金融安定化機関（「アジア通貨基金」，Asian Monetary Fund：AMF）の設立構想には中国政府は積極的な姿勢を示さなかったが，2000年5月の ASEAN＋3 財務大臣会議で合意された「チェンマイ・イニシアティブ」には中国も参加し，東アジアの金融安定化のための仕組みづくりに協力した[5]。

また，この時期，中国は東アジアにおける**自由貿易協定**（Free Trade Agreement：FTA）推進に向けて舵を切った[6]。2000年11月に中国は首脳会談で ASEAN に FTA に関する共同研究を提案した。国内市場が飽和状態にある業種にとって ASEAN が輸出・投資の第一候補となること，ASEAN との経済・技術協力を通じて中国企業の輸出競争力を強化できること，ASEAN 諸国の対中警戒心を解くのに有利であること，台湾問題解決に有利な状況を生み出すことができること（ASEAN 取り込みによる台湾の外交的孤立化）などが ASEAN・中国 FTA（ACFTA）推進の動機となったとされる[7]。2002年11月には，ACFTA の土台となる ASEAN・中国包括的枠組み協定が締結された。

安全保障分野でも協力は進んだ。たとえば，2002年11月に中国・ASEAN が武力による威嚇を排し，対話による問題解決を図ると謳った「南シナ海行動宣言」を発表している。ただし，法的拘束力がないなどの限界があった。

日中韓協力は1999年11月の首脳会談が嚆矢となり，2003年10月の「日中韓三国間協力の促進に関する共同宣言」発表という成果をみたが，対日市場開放に対する中国・韓国の警戒感の強さや，歴史認識や領土をめぐる意見対立等が協力推進の障害となった。

(伊藤信悟)

▷3 飯田（2004：321-331）。

▷4 ASEAN＋3 の枠組みでの協力構想は，1990年12月のマレーシアのマハティール首相の提案に遡るが，当時は米国の反対で実現しなかった。しかしアジア通貨危機の波及を受けた日中韓は対 ASEAN 協力の重要性を強く認識し，ASEAN＋3 の枠組みに賛同した。

▷5 対外支払いが困難となった際に外貨準備を用いて短期外貨資金を融通する二国間の通貨交換（スワップ）取り極めのネットワーク。2003年時点で日中韓，ASEAN 5 カ国（インドネシア，フィリピン，タイ，シンガポール，マレーシア）が参加。2009年にはすべての ASEAN 諸国が加盟に合意した（2010年発効）。

▷6 **自由貿易協定（FTA）**
2カ国・地域以上で貿易・投資の自由化・円滑化を進めることを約束する協定。

▷7 大西（2007：110）。

参考文献
飯田将史「中国・ASEAN関係と東アジア協力」国分良成編『中国政治と東アジア』慶應義塾大学出版会，2004年，第14章。
大西康雄「中国の FTA 戦略と海外直接投資──ASEAN を中心に」玉村千治編『東アジア FTA と日中貿易』アジア経済研究所，2007年，第5章。

第 **6** 部

「和諧社会」の追求

― *guidance* ―

　第6部では胡錦濤政権期（2002〜12年）の政治，外交を扱う。胡錦濤期は中国が国家の
あり方について逡巡し，様々な試みを行った時期であるとともに，習近平期にも引き継が
れる多くの政策や事象が現れた時期であった。

　第XIV章「統治の安定化に向けた試み」では，中国の経済成長と社会の変容に伴い，それ
に対応しながら共産党の統治体制を存続，維持させようとしていた胡錦濤政権の姿が描か
れる。この時期には，経済発展に伴って中国政治も次第に民主化していくのではないかと
の期待があった。指導部の交代に際しても権力闘争は見られず，少なくとも表面的には制
度に則った交代が行われたし，全国人民代表大会の選挙制度改革や共産党内部での新たな
民主の試みがなされた。また江沢民期以来の経済発展が続き，社会の格差や地域間格差が
広がる中で，調和を重視する政策が採用された。だが，このような政策は改革よりもむし
ろ平等や分配を好む社会主義を重視する傾向を生み，経済発展に伴い自信を得た社会の側
も強硬な対外政策を採るよう政府に求めるようになっていった。また，党や政府は，社会
のいっそうの多様化や民主化要求，そして少数民族の独立運動や宗教の勃興などに直面す
ると，それらへの管理，統制を強めていった。北京オリンピックや上海万博，そして何よ
りもリーマンショックにより，中国政府も社会でも世界を牽引するという意識が育まれ，
対内外政策にも変化が生まれていった。

　第XV章「国際的影響力の追求」では，経済成長に伴う国力の上昇，また胡錦濤政権期に
GDPが世界第五位から第二位へと躍進する中で，大国として対外政策を調整していく姿
が示される。それは孔子学院などのソフトパワー，対外援助，PKOなどの国連活動の活
発化などとして現れた。だが，国内での保守的傾向を受けて，「韜光養晦」と呼ばれた経
済発展重視の対外協調主義という外交の基調が次第に揺らいでいったのである。

XIV　統治の安定化に向けた試み

① 胡錦濤政権の成立

▷1　胡錦濤（1942-）

毛沢東，鄧小平，江沢民に継ぐ第四世代の政治指導者。2002年から2012年までの約10年の間，中国共産党の指導部の中核として党，国家，軍の権力を掌握した。毛沢東思想，鄧小平理論，江沢民が提起した「『三つの代表』重要思想」とともに，胡錦濤が中国の現代化を導く理念として提唱した「科学的発展観」という方針が党規約の中に書き込まれている。胡錦濤政権指導部の成立過程については，XIV-4　「限定的な『民主』の試み」も参照のこと。

▷2　江沢民
⇨ XII-10　「『三つの代表』の提起」側注2

▷3　華国鋒
⇨ X-1　「華国鋒と『四つの近代化』」側注1

▷4　鄧小平
⇨ X-3　「鄧小平の台頭」側注1

▷5　胡耀邦
⇨ X-3　「鄧小平の台頭」側注4

▷6　趙紫陽
⇨ X-3　「鄧小平の台頭」側注6

① 胡錦濤政権の成立

　胡錦濤[1]政権は，2002年11月に開催された中国共産党第16回全国代表大会（第16回党大会）を経て成立した。この5年後に開催された第17回党大会においても胡錦濤・中央委員会総書記は連続して選出され，胡錦濤政権は2期10年の間，中国の舵取りを担った。

　胡錦濤政権の成立の意義は，江沢民政権からの「平和的な指導部交代」を実現した点にある。この結果，江沢民[2]政権が確立した集団指導体制を継承した胡錦濤政権は，その制度化に貢献したといえる。

② 平和的な指導部交代

　中国共産党の指導部の交代は，常に権力闘争を伴うものであった。それは，毛沢東死去後の華国鋒[3]と鄧小平[4]との権力闘争，鄧小平の後継者と目されていた胡耀邦[5]の失脚，胡に代わり総書記に就任した趙紫陽[6]の失脚が示すとおりである。趙に代わって総書記の地位に就いたのが上海市党委員会書記であった江沢民であった。

　これに対し，2002年の第16回党大会において実現した第3世代の「江沢民同志を核心とする党中央」から第4世代の指導部である「胡錦濤同志を総書記とする党中央」への指導部交代は，共産党史上，初めて平和裡に実現した指導部交代であった。

③ 集団指導制という制度の継承

　胡錦濤政権が江沢民政権から継承した集団指導制とは，指導部における意思決定の形（「意思決定の場」と「意思決定の方法」）に関する制度，権力の分掌に関する制度，権力の継承に関する制度から成る制度群である。

　「意思決定の場」に関しては，1980年代以来不明確だった指導部における実質的な政策決定の場を中央政治局および中央政治局常務委員会と定め，それが定着した。「意思決定の方法」に関しては，たとえば党規約が，総書記に政治局常務委員会や政治局会議を「取り仕切る」権限ではなく，それらを「召集する」権限のみ与えているように，総書記と委員の関係を対等であるとしたことが特徴である。その上で，「多数に対する少数の服従」という原則に従い，重

要問題は票決によって決定を下すことがとり決められた。

　指導部における権力の分掌に関する制度とは，中央政治局常務委員会や中央政治局の構成員が，党務と国務に係わる主要な指導的職位を分け合って担当する制度である[7]。この制度は1982年の党大会からはじまり，1992年の第14回党大会で形式が整い，第15回党大会を経て，第16回党大会での指導部交代に際しても継承された。

　指導部における権力の継承に関する制度の要は定年制である。1990年代中期以降部長級（地方の省級，国務院部長級）以下で定着しはじめていた定年制は，次第に党と国家の指導者級にまで事実上適用さるようになっていった[8]。この定年制は共産党の公式文書において未だに確認されていないが，共産党の内規として存在しているといわれる[9]。

　なお，胡錦濤政権が集団指導制を堅持する姿勢は，公式文書や報道における同政権の呼称に表れている。政権は「胡錦濤同志を核心とする党中央」と表現されることはなく，「胡錦濤同志を総書記とする党中央」という言葉を選択した[10]。

　それでも，当時，第3世代から第4世代への指導部交代における権力の継承には聖域があった。軍権である。2002年に第4世代指導部が誕生した際，江沢民は中央委員会総書記の座を退いたものの，共産党と国家の中央軍事委員会主席の職については2005年まで保持し，2002年から2005年まで，事実上，権力は二重構造になっていた。

④ 集団指導制が継承された意義

　集団指導制は比較的長い時間を費やしながら徐々に形成された。この制度の起点は，1980年の第11期中央委員会第5回全体会議（中共第11期五中全会）において採択された「党の政治生活に関する若干の原則について」にある。文化大革命の再演を防ぐために，個人独裁が生まれないような制度の形成を目指し，その後の指導部は集団意思決定の原則を再確認した。江沢民政権から「平和的な指導部交代」を経て胡錦濤政権が成立したことは，その制度化に大きく貢献した。また，集団指導制とその継承は，共産党による一党支配体制が持続してきた要因の一つとして理解されている。

　しかし集団指導体制は，合意に時間を要し，迅速な政策決定が難しく，また徹底した政策執行ができないという問題がある。こうした問題意識を踏まえ，習近平政権では権力の集権化，「頂層設計」（トップレベルによるデザイン）の重要性が強調され，トップダウン的な意思決定が志向されるようになった。

（加茂具樹）

▷7　共産党中央委員会総書記，国家主席，同副主席，国務院総理，同常務副総理，全国人民代表大会常務委員会委員長，中国人民政治協商会議全国委員会委員長，共産党中央紀律検査委員会書記，共産党中央書記処書記のほか，宣伝や組織，政法部門を分担した。胡錦濤政権は，その前の江沢民政権とその後の習近平政権と比較して，各中央政治局常務委員が分担する職業範囲は広かった。

▷8　たとえば，中央政治局常務委員会に相当する「正国級」や政治局委員に相当する「副国級」がそうである。

▷9　1997年の第15回党大会時に江沢民・中央総書記の政治的ライバルであった喬石・中央政治局常務委員が引退を余儀なくされ，江が引き続き総書記の職に就いたのは，当時，「70歳定年制」という内規があったからだといわれた。また2002年の第16回党大会時に，李瑞環・中央政治局常務委員が江とともに引退したのは「68歳定年制」があったからだと報じられている。

▷10　習近平政権は，再び「習近平同志を核心とする党中央」を選び，習に突出した地位を与えた。

（参考文献）

加茂具樹「生き残り戦略の継承と発展『「三つの代表」重要思想』から『科学的発展観』へ」『国際問題』No.620（2012年4月），5-16頁。
林載桓「『集団領導制』の制度分析——権威主義体制，制度，時間」加茂具樹・林載桓『現代中国の政治制度——時間の政治と共産党支配』慶應義塾大学出版会，2018年。

XIV 統治の安定化に向けた試み

2 「和諧社会」と「科学的発展観」

▷1 和諧社会
調和のとれた社会。

▷2 科学的発展観
「人を基本」に，経済，社会，政治，文化などそれぞれを協調させながら，全面的に発展させ，持続可能な発展を実現するという考え方。

▷3 所得格差を示す代表的な指標にジニ係数がある。0から1の値をとり，1に近いほど所得分布が不平等であることを表す。国家統計局によると，2017年のジニ係数は0.4670で2016年より0.002ポイント，2015年より0.005ポイント上昇している。2008年に0.4910と高い数値を示した後，減少傾向にあったが，最近再び上昇しているのは，複数の物件を所有する高所得層が不動産バブルで潤う一方で，都市部で農村からの出稼ぎ労働者の流入制限が行われていることなどが影響していると見られる。

　江沢民の後を引き継いだ胡錦濤は，環境汚染，官僚の腐敗，民族対立，デモや暴動の増加など深刻化する社会矛盾の対応に迫られる中で，首相の温家宝と連携して，「和諧社会」や「科学的発展観」という概念を提唱し，沿海都市部を重視する経済政策によって急速に拡大してしまった格差の是正に取り組んだ。こうした格差の是正を目指す政治的スローガンは市場経済化を否定的に見る左派系の論客に支持されたが，一方で，自由主義知識人たちは，権力や富の集中が健全な市場経済の発展を阻害し格差拡大を助長していると主張し，思想界の対立が顕著になった。

1 難しい格差の解消

　中国は地域間の所得格差のきわめて大きい国である。『中国統計年鑑2017』によると，2016年度，上海市の都市部一人当たりの可処分所得は5万7691元だが，これに対して，甘粛省の農村部の一人当たりの純収入は7456元と，実に8倍近い差がある。

　格差の是正が容易ではないのは，戸籍制度や社会保障制度の内容や基準が，地域ごとに設定されており，これらの地域間格差が大きいからだ。

　戸籍制度は1950年代，重工業分野での資本蓄積を加速するため，農産物価格を抑え，都市住民の福利厚生を優遇する目的で導入された。改革開放政策の進展に伴い，農村から都市への人口移動の規制を解く方向に改革が進み，農民のビジネスチャンスの場や出稼ぎの機会は増えた。しかし，財政状況の悪い地域の社会保障のレベルは低く，そうした地域の戸籍をもつ者が，条件の良い地域の戸籍を得るケースはごくまれである。大都市に出稼ぎに来る「農民工」の多くは出稼ぎ先の都市において，都市戸籍をもつ住民とは区別され，限られた社会サービスしか受けられない。

　2016年，上海市では一人当たりの収入が月1760元以下の家庭に対して880元の生活保護を支給していたが，筆者が2016年9月に訪れた先の塵肺病を患い働けない元炭鉱労働者らは，月に90元しかもらっていなかった。同時期，甘粛省の農村部の平均年収は6900元で，生活保護の月額は129元であった。上海の基準であれば，甘粛省の農村の戸籍をもつほとんどの人たちが生活保護を申請できるということになる。

② 農民負担の解消と農業税廃止

社会保障の地域格差が大きいのは，財政力に違いがあるからだが，財政力の強い地域と弱い地域の格差が一気に広がったのは，1985年に財政請負制が導入されてからである。これにより，地方政府は自らの権限で集めた税収を地方に留保し，それを支出できるようになった。しかし，1994年に**分税制**が導入されると，中央政府は増値税や消費税など取りこぼしの少ない税を確保し，省政府や市政府も**増値税**や所得税などから一定の収入を得るようになった。一方で，郷鎮政府と村は貧しい農民から農業税や「**三提五統**」などの公益費を徴収し，財源を確保しなければならなかった。税や公益費の徴収に加えて，補助金の流用など地方幹部の汚職が深刻化すると，過重な負担を背負わされた各地の農民たちは激しく抵抗した。そうした中，中央政府は農業税と「三提五統」などの費用を全廃すると発表。2000年代半ばから後半にかけて，各地で徐々に廃止の手続きが行われた。農業税と諸費用の廃止は農民の負担を大幅に解消し，農業補助金が効果的に使われた地域では，出稼ぎ先から戻って農業に従事する者が増えた。

③ 環境汚染など社会矛盾の深刻化

経済発展には代償が伴う。環境汚染がその一つである。

環境問題への対応は，政府，企業，市民社会が互いに利害を調整しながら，長期的な視野から行う必要がある。直接的・間接的に影響を受ける住民や関係者が，実質的かつ効果的に環境影響評価のプロセスに参加することも重要だ。環境に深刻な影響を及ぼすと考えられる事業に関して，一般市民が環境影響評価報告書の作成に参与できると規定した「環境影響評価公衆参与暫行弁法」（2006年3月施行），「環境保護情報公開条例」（2008年5月施行）は，そうした認識の上に制定されている。

このように一般市民に環境影響評価に参加する道を開く一方で，中国政府は社会安定の維持を強調する政策も実施している。たとえば2012年9月，国家発展改革委員会は「重大固定資産投資項目社会維穏風険評価暫行弁法」（重大な固定資産投資事業に関わる社会安定リスク評価の暫定規定）を公布し，「穏評報告」（社会安定の維持に関するリスク評価報告）を行うことを義務付けた。

環境汚染をはじめとする数々の社会問題を前に，中国政府には高まる社会的緊張をなんとか押さえ込みたいという思惑がある。抗議する人たちが，ソーシャルメディアを武器にしはじめたことも，政府の警戒感を高めている。

トラブルを解決するには司法のルートが重要だが，環境問題に関する陳情のうち，裁判を通じて解決にまで至る案件は1％にすぎないという。中国の司法は党組織や政府から独立しておらず，有効なルートとはなり得ていない状況が浮かび上がっている。

（阿古智子）

▷4 **分税制**
⇒XII-4 「税・金融制度の改革」

▷5 **増値税**
日本の消費税に相当する付加価値税。

▷6 **三提五統**
「五統」は郷鎮が徴収する義務教育，計画出産，退役軍人慰労，民兵訓練，道路建設の費用，「三提」は村が徴収する「公積金」（公共事業費），「公益金」（社会保障費），「管理費」（幹部給与や管理費）。

▷7 馮傑・汪韜（2012）。

参考文献

阿古智子「高まる社会的緊張——環境問題をめぐる『政治』」川島真編著『チャイナリスク』岩波書店，2015年。
新保敦子・阿古智子『超大国中国のゆくえ5 勃興する「民」』東京大学出版会，2016年。
馮傑・汪韜「環境群体性事件困局求解」『南方週末』2012年11月29日，https://www.chinadialogue.net/article/show/single/ch/5438-Officials-struggling-to-respond-to-China-s-year-of-environment-protests（最終閲覧2019年12月30日）。

XIV 統治の安定化に向けた試み

 県レベル人代選挙の変容

1 県レベル人代選挙の位置付け

中国の人民代表大会代表は，行政レベルにより間接選挙で選ばれるものと直接選挙で選ばれるものに分かれる。市レベル以上は一級下の人代により間接選挙で選出され，県・市轄区・郷・鎮人代は**選挙民**からの直接選挙により選出される。県・区人代選挙は中国で行われる直接選挙では最高位の行政レベルのものである。よって，県・区レベル人代選挙には，1979年に選挙法が修正された際には**選挙民推薦による候補**が増加するなど選挙による政治参加の拡大の兆候が現れやすいが，2010年代には自薦候補への締め付けが起こるなど共産党による締め付けも顕著に現れやすい。

県レベルの人代の主な機能は，憲法，行政法規などを守った上で，国家計画および国家予算の執行を保障すること，当該行政区域の国民経済，社会発展計画，予算とその執行状況を審議，批准すること，行政の首長・同級の人民法院院長・検察院検察長・一級上の人代代表を選挙することなどがある。かつてはただ承認の印を押すだけの「ゴム印」と揶揄されたが，2007年から正式に予算審議のための民主懇談会を開始した**浙江省温嶺市人代**に代表されるように，市民が参加する民主懇談会を開催し，予算案の作成や執行状況を透明化することで，効率的なガバナンスを実現する例もある。人代の能力は地域経済の発展や社会秩序の維持に関わる事例もある。

直接選挙の過程は当該人代の常委会の指導下に置かれる。日本では選挙管理委員会が選挙管理活動を，各立候補者らの選挙事務所が宣伝・投票呼びかけなどの選挙活動を行うが，中国では両者を共産党の指導下にある選挙委員会が一括して行うのが特徴である。管理する側が宣伝も行うため，立候補および候補者の紹介，投票への案内などがすべて党のコントロール下に置かれる。また，当選者として職業，地位，性別，学歴，民族，宗教などを考慮して**人代に必要な人材**があらかじめ設定され，その上で選挙区割り，初歩候補の推薦，正式候補の決定，候補者の紹介，投票への動員などが行われる。初歩候補の推薦は，党派・団体による推薦と選挙民10名による推薦の2種類があるが，党派・団体による推薦を受けた者の方が正式候補になり当選する割合が高い。よって，人民代表に当選するには，党派・団体による推薦を受けることが重要になる。

② 変化する階層と変化しない代表構成

　改革開放後，中国の中での階級階層は大きな変化を遂げ，第三次産業に従事する「新しい社会階層」は，いまや全就業人口の42%にのぼり，社会と経済において重要な地位を占めるようになっている。人代が人民の意思を代表する機関であるのならば，代表の構成も社会階層の構成の変化に伴い，変化して然るべきである。しかし，実際には社会階層の変化にもかかわらず，人民代表の構成には大きな変化は見られないという。では，この社会階層の変化と代表構成の差はどのように処理されているのだろうか。

　その解答は，「多くの企業主が労働者，農民，科学技術職の身分で代表として推薦を得ており，本当の第一線の基層からの条件に合致した人々は推薦を受けられない」という党中央組織部の言葉に表れている。つまり，新社会階層の人々が，農民・労働者などの枠を利用して代表に入り込んでいるのである。あるX県人代では，農民の身分をもつ代表が25.6%を占めたが，そのうち4分の3は村党書記，街道党支部書記，民営企業家などの別の職業をもっていた。つまり，選挙の段階で村や街道の支部書記，民営企業家らが農民や労働者の名目で人民代表の座を獲得できるように仕組まれているため，実際の農民や労働者の代表枠が減少しているのである。農民や労働者は，人代代表枠を優先的に確保されている，という建前の裏で，実際には新階層が人代枠を獲得していることは，人代代表の代表性に疑義を突き付けることになる。

③ 既存の人代制度への挑戦：票の買収と自薦候補

　基層の行政レベルにおいては，人代代表の肩書は，その人物の政治的，社会的，経済的な保証ともなる。このため，反腐敗を厳格に行っている習近平政権下においても，選挙および推薦段階における票あるいは推薦枠をめぐり，買収や脅迫行為を行う例が現れている。浙江省臨海市人代選挙に際して，鎮人代主席兼鎮党委員会副書記であったLが別の候補者に対して候補を退くよう説得し，168万元を支払った。Lは当選を果たしたが，人々の告発により，検察が調査を開始し，立件され有罪となった。票の買収行動は党の設計した代表構成を狂わせるものとなるため，党は厳しく対処している。

　もう一つの挑戦は，自らの政治的主張や利益を政策に反映させるために，選挙民の推薦を集めるなどして当選を目指すことで，彼らは自薦候補と呼ばれる。2003年選挙の際には深圳で2名，北京で4名の自薦候補が当選した。2006年選挙では北京市海淀区からのみ20名程度が当選したが，その後，習近平政権下での統制は厳しく，2011年選挙，2016年選挙では報道は皆無に等しかった。しかし，北京市の郷鎮級人代では30名が自薦候補として当選していることから，基層人代代表構成における党の設計は揺らいでいると考えられる。　（中岡まり）

▷5　新しい社会階層
私営企業と外資企業のマネージメントと技術職，社会組織・自由業・新メディアに勤務する人々を指す。現在では総数は7200万人にのぼり，そのうち非共産党員が95.5%を占める。特徴としては，高収入で消費能力が高く，転職の頻度が高いことが挙げられる。

▷6　何俊志「中国地方人大代表構成的変化趨勢——対東部沿海Y市的考察」『南京社会科学』2015年第2期，南京，76-81頁。

▷7　徐理響・黄鵬「人大代表結構与代表身分選択合理性問題探析」『中南大学学報（社会科学版）』第22巻第1期，湖南，2016年，123-127頁。

▷8　「浙江一人大代表賄選用168万「掌下」競選対手」『新浪網』2016年10月9日配信，http://news.sina.com.cn/sf/news/2016-10-09/doc-ifxwrhpm2730512.shtml（最終閲覧2020年2月7日）。

▷9　何俊志は，自薦候補者を以下の四つに分類している。①理想主義的知識人，②維権運動家，③国有セクターのトップ，④草の根エリートである。He Junzhi, "Independent Candidates in China's Local People's Congresses : a typology", *Journal of Contemporary China*, 19(64), U.K., 2010, pp. 311-333.
　また，2011年選挙では代言者志向をもつ者と単なる宣伝の場とする者が現れた。

XIV 統治の安定化に向けた試み

 4 # 限定的な「民主」の試み

▷1 三つの代表
⇨XII-10「『三つの代表』
の提起」

▷2 Huntington, Samuel,
*Political Order in Chang-
ing Societies,* Yale Univer-
sity Press, 1968.

▷3 熟議民主主義（Deli-
berative Democray）とは,
決定により影響を受けるす
べての人が熟議に参加し,
同意に至った結果こそが民
主的であるとする理念を指
す。この時, 熟議は, それ
を通じて参加者の意見や選
好が変化することを前提と
する。

▷4 2002年の第16回党大
会と2012年の第18回党大会
における活動報告は, それ
を「中国共産党の生命力」
と確認した。

① 市場経済化と「民主」

　市場経済化に伴い, 中国では, 政策決定に影響を与えることを欲するアク
ターが増大し, 多様化した。彼らに政治参加の機会を与えることを, 中国では
「民主」化という。その意味で, 私営企業家をはじめとする新興の社会階層を
体制内にとりこむべく江沢民によって提起された「三つの代表」[1]も, 「民主」
への試みとして捉えられる。

② 胡錦濤政権下の「民主」

　胡錦濤政権による「民主」化の方針は, 2004年11月に開催された中国共産党
第16期中央委員会第3回全体会議（中共第16期三中全会）で採択された「共産党
の政権担当能力の強化に関する報告」が簡潔に示している。

　政権は, 急速な経済成長を実現した中国社会は「黄金発展期」にあるように
見えるが, 同時に, 改革は社会の利益関係の構造に様々な影響を与えるため,
改革と発展の成果を享受する程度が, 異なる人, 異なる集団の間で違ってくる
のは避けられない」との認識を踏まえた上で, 政治参加したいという社会の欲
求に応えるための制度整備の必要性を確認した。こうした状況認識は, 政治体
制の安定性とは政治参加の程度とその制度化の程度に依存するという, サミュ
エル・ハンティントンの議論を想起させる[2]。

　政権が示した概念が, 「秩序ある政治参加」である。社会の求める権利を
「知る権利」, 「参加する権利」, 「意見を表明する権利」, 「監督する権利」に整
理し, 経済発展に伴う社会の発展と変化に応じて, 利益の調整, 請願の提起,
利害対立の調整, 権利の保障, そして民意の表出に関わるメカニズムを改革し
なければならないとした。ただし, いずれも共産党による一党支配体制を支え
るための「秩序」の維持を前提とすることが求められる。

③ 「協商民主」と「選挙民主」

　胡錦濤政権は, その後「秩序ある政治参加」の具体的方法として, 「協商民
主」を提起した。「協商民主」とは Deliberative Democracy の中国語訳であ
り, 日本語では熟議民主主義と翻訳されている[3]。しかし, 「協商民主」は熟議
民主主義とは全く異なる概念である。熟議民主主義は自由民主主義国家におい

て自由で公正な選挙を柱とする民主的制度の不備を補完するための概念ないし制度と理解されている。

　これに対し，中国において「協商民主」は様々に理解されている。既存の政治協商会議制度をもって「協商民主」とし，限定的に実施されている選挙による「民主」を補充しているとする現状肯定的見解もある。他方で胡錦濤政権期には，より一般民衆に開かれた「協商民主」の形態として，公聴会，対話会などの取り組みが行われた。中でも，浙江省温嶺市で実施された「民主懇談」の試みは，Deliberative Democray の理念に忠実な試みとして注目された。同市のいくつかの鎮では全人口から任意に選ばれた代表が議論を通じて，鎮政府が行うべき政策課題の優先順位や政府予算の使途について熟議を踏まえ決定するメカニズムが導入された。これらは多元化する社会の要求を政策決定過程に反映させようとする試みと読み解くことができるが，当然，それは共産党の指導の下で実現されるのであり，その目的も一党支配体制の安定化にある。

④ 党内民主

　「協商民主」が中国共産党の外に開かれた政治過程の「民主」化の試みだとすれば，党内の政治過程の「民主」化の取り組みが「党内民主」である。

　今日につながる「党内民主」の起点は，文化大革命の再演を防ぐために，個人独裁の反対と民主的な政治過程の必要性を確認した「党内の政治生活に関するいくつかの準則」（1980年の中共第11期五中全会で採択）である。その後の中国共産党第13回全国代表大会（第13回党大会）は，「中国共産党の政策決定の民主化と科学化」を提起し，「党内民主」をもって党外における「民主」化（「人民民主」）を段階的に推進する必要性を提起している。

　こうした「党内民主」に対する理解は，天安門事件後の1990年代以降にも継承された。特に胡錦濤政権期には，「党内民主」が積極的に推進された[4]。具体的には，中央や地方党委員会における個人独裁の抑制，**集団指導制**[5]の制度化，幹部の任用選抜過程における競争的原理（公募制や投票による任用者の選抜）の導入，中国共産党全国代表大会の運用の改善と制度化等が進められた。

　胡錦濤政権期におけるその最も象徴的な取り組みが，中央政治局委員，中央政治局常務委員会委員にふさわしい候補者を投票によって「民主的に推薦する」ための会議を開催したことである[6]。それぞれ2007年11月の第17回党大会直前の6月と，2012年11月の第18回党大会直前の5月に実施されていたことが報じられている。

（加茂具樹）

▷5　集団指導制
⇨ XIV-1 「胡錦濤政権の成立」

▷6　2007年11月に開催予定の第17回党大会を経て第17期中央委員会が選出する中央政治局委員にふさわしい人物を，同年6月に第16期中央委員会委員ら400名あまりが会議を開催し「民主的な推薦を行った」と報じられた。また2012年11月に開催予定の第18回党大会を経て第18期中央委員会が選出する中央政治局委員と中央政治局常務委員会委員にふさわしい人物を，同年5月に第17期中央委員会委員ら370名が会議を開催し「民主的な推薦を行った」と報じられている。なお，2017年10月に開催された第19回党大会に際しては，こうした方法は採用されていない。

（参考文献）
加茂具樹「共産党一党支配は『強靱』であり続けるのか　多元化する中国社会において一元的な政治を堅持する術」『国際問題』No. 685（2019年10月），5-14頁。
高原明生『中国の幹部任用選抜制度をめぐる政治』加茂具樹・林載桓『現代中国の政治制度——時間の政治と共産党支配』慶應義塾大学出版会，2018年。
Andrew J. Nathan, "Authoritarian Resilience," *Journal of Democracy*, Vol. 14, No. 1, 2003, pp. 6-17.
Joseph Fewsmith and Andrew J. Nathan, "Authoritarian Resilience Revisited: Joseph Fewsmith with Response from Andrew J. Nathan," *Journal of Contemporary China*, Vol. 28, No. 116, 2019, pp. 167-179.

XIV 統治の安定化に向けた試み

 インターネット統制と「世論」

▷1 2001年からの第十次五カ年計画で「村村通電話,郷郷能上網(辺境地の通信インフラ改善プロジェクト)」の目標を掲げ,全国の隅々まで電話とインターネットが利用できるようにする情報通信インフラ整備が進められた。計画は第十一次五カ年計画に引き継がれ,累計500億元を投じ,2010年に目標を達成した。
▷2 国務院は2006年に科学技術の発展に関する2020年までの中長期目標「国家中長期科学和技術発展規画綱要」(2006〜20年)を策定。この中で情報通信インフラに関して,経済や政治,文化における情報化を全面的に推進することを掲げている。2006〜10年の第十一次五カ年計画では,電話,テレビ,インターネットの情報ネットワークを一体化する「三網融合」が目標とされ,2011〜15年の第十二次五カ年計画では移動端末の普及と商業やサービスにおける様々な情報のビックデータの活用と管理を目指すとされた。さらに,2016〜20年までの第十三次五カ年計画では,情報通信分野での国際的競争力を高める「網絡(ネット)強国」と,国内の官民一体となった情報環境整備の「数字(デジタル)中国」という発展目標が示されている。
▷3 「国家信息化発展戦略綱要」(2016年7月)で

1 中国におけるインターネットの普及

中国では1995年からインターネットの一般向けのサービス提供が始まった。それまでの中国では,マスメディアは党と政府のプロパガンダの道具であり,「党の喉と舌」としての役割を果たしていた。個人の自由な情報伝達を可能にするインターネットは従来の一元的な世論の状態に風穴を開け,中国の政治や社会な大きなインパクトを与えた。

2000年代以降,インターネットは中国国内で急速に普及し,2008年6月末には利用人口は2億5300万人を超え,米国を抜いて利用者数世界一の国となった。[1]中国では2009年から3G通信サービスが開始され,同年12月末には携帯電話などの移動端末でインターネットを利用する人の割合が利用者全体の6割を超えた。2017年12月末時点でのインターネットユーザー数は7億7200万人に達し,このうち98%が携帯電話での利用者である。[2]

携帯電話でのインターネット利用はすでに人々の暮らしに浸透している。携帯電話を利用している人の約9割がSNSを日常的に利用し,約8割がニュースを閲覧,約7割の人が動画を視聴し,約6割の人が買い物をして,約5割の人がオンライン・バンキングを利用している。インターネットはすでに中国の人々にとって生活と切り離すことのできない公共インフラになっている。[3]

2 ナショナリズムと「世論による監督」

1999年にはユーゴスラビアで起きたNATO軍の中国大使館誤爆事件を契機に人民日報社のウェブサイト「人民網」に掲示板「強国論壇」が設けられた。「強国論壇」は国家主義的な世論形成の中心的な場として,特に若い世代の愛国心を刺激した。ウェブ上でのナショナリズムの過激化は2000年代における反日感情の高まりや反日デモの遠因となり,日中関係の悪化を招いた。

2003年3月に起きた「孫志剛事件」[4]はインターネット世論が国を動かした最初の事例として注目を浴びた。これ以降,インターネット上で様々な社会問題が提起され議論されるようになる。「山西闇レンガ工場事件」(2007年)や,「三鹿粉ミルク事件」(2008年)など企業倫理の問題や,「瓮安事件」(2008年),「躲猫猫(目隠し鬼ごっこ)事件」(2009年)[5]など,警察の法執行の不透明性の批判がインターネット上で熱を帯び,全国的な話題となった。多くの人々が正義や公

正さについて議論する新しい社会現象は，世論による監督（「世論監督」）と呼ばれた。著名ブロガーやSNSで多数のフォロワーをもつ著名人らが「意見領袖（オピニオンリーダー）」として存在感を強めた。とりわけ，2011年に温州で起きた高速鉄道追突脱線事故の際には，事故列車に乗り合わせていた乗客や，現場周辺の住民らが事故の状況をSNS「微博（ミニブログ）」で発信し，マスメディアの報道よりも早く全国に情報が広まった。「微博」上では鉄道部の安全軽視を非難する世論が高まり，テレビや新聞，雑誌なども世論に追随するという前代未聞の現象が起きた。

当時の胡錦濤政権は，国民世論と政治の融和を模索し，政治の民意への歩み寄りがみられた。胡錦濤主席や温家宝総理も自らインターネット上でユーザーと交流をしたほか，広東省や浙江省などでも党書記や省長が積極的にインターネットを活用して人々の声を拾い上げようとする取り組みが行われた。民意の政治への影響力の高まりは「網絡問政（インターネットが政治を問う）」とも評された。また，SNS「微博」の利用者が拡大する2010年頃からは，党の幹部や行政機関がSNSアカウントを取得し，国民との直接対話を行う「政務微博」の実践が全国規模で推進された。

しかし，2013年からの習近平政権では一転してインターネット上の言論に対して厳しい政策がとられるようになる。2013年8月に開催された「全国思想宣伝工作会議」で，習近平主席はイデオロギー統制強化の必要を述べ，中でも最重要事項としてインターネットに対する管理強化を求めた。同年11月の中国共産党第18期中央委員会第3回全体会議でも世論工作の重要性とインターネット管理システムの構築が強調された。2014年2月には習近平主席をトップとする「中央サイバーセキュリティ・情報化領導小組」が設立され，政治や経済，軍事など幅広い分野に及ぶインターネット関連の情報と政策決定の一元化が図られた。

③ インターネットに対する規制

中国では国内の情報の監視は「金盾工程」，海外からの情報流入の制限は「防火長城」といったシステムを設けてインターネット上の情報を管理していた。

2016年4月，インターネットの安全と情報化に関する工作座談会で，習近平主席は重要講話の中で「インターネット強国」を目指す方針を示した。2016年以降，中国では各省でニュース記事情報とSNSの情報を一括で管理する「中央厨房（セントラルキッチン）」が設置された。「中央厨房」はニュースの編集を一元管理し，SNS上の世論をウォッチして党と政府にとって不都合な情報が広まらないようにする情報センターである。2018年からは「融媒体（メディア・コンバージェンス）」の拠点が各都市に設けられ，様々な情報をビックデータとして収集し，ニュースを自動編集して発信する取り組みが行われるようになっている。

（西本紫乃）

は，2020年までに4Gを都市と農村で普及させ，5Gについても国際的な開発競争において主導権を握ることを目指すとされている。

▷4 孫志剛事件
広州で就職したばかりの青年・孫志剛が，臨時の居住証を所持していなかったことを理由に身柄を拘束され，収容先で撲殺された事件。ネット上で孫志剛に同情する世論が高まった。この事件をきっかけに，都市に流入する地方出身者を強制的に出身地に送り返す法律の非人道性が問題視され，国務院常務会議での審議を経て法改正が行われた。

▷5 「山西闇レンガ工場事件」はネットの掲示板サイトに，闇レンガ工場での労働者の奴隷労働が告発された事件。「三鹿粉ミルク事件」は乳製品メーカー三鹿集団の粉ミルクを飲んだ乳幼児が腎臓結石になっているとネット上で話題になった事件。「甕安事件」では，女子中学生溺死事件をめぐり，ネット上で関連情報が当局に削除され，政府への批判が拡大した。「躱猫猫事件」では，受刑者の死亡原因を目隠し鬼ごっこで壁に頭をぶつけたためという警察の説明に世論が反応。「躱猫猫」はばかげた言い訳という意味で使われるその年の流行語となった。

（参考文献）
李智慧『チャイナ・イノベーション——データを制する者は世界を制する』日経BP社，2018年。
西村友作『キャッシュレス国家「中国新経済」の光と影』文藝春秋，2019年。
梶谷懐・高口康太『幸福な監視国家・中国』NHK出版，2019年。

XIV 統治の安定化に向けた試み

 「宗教事務条例」の制定

宗教の勃興とその背景

改革開放政策以降の中国において，様々な宗教の信徒数の増加が著しい。中でも，キリスト教プロテスタント（中国語では基督教）は建国時の信徒数が約70万人だったものが2018年時点で約3800万人まで増加した。もっともこれは公式統計調査に基づく数であり，実際の信徒数はこれを大きく上回り，6000万人いるとも1億人を超えているともいわれる。このほかにも，公式統計に基づけばカトリック（天主教）が約600万人，イスラームが2000万人あまりいるとされる（いずれも2018年）。さらに，仏教徒はおよそ1億人いるとされ，道教や民間信仰の復興も盛んである。少数民族地域においては，チベット仏教やイスラームがそれぞれの民族アイデンティティと結びつき，それを核とした民衆運動が頻発するようになっている^{◁1}。

このような宗教の勃興の背景としては，①急進的な宗教統制がなされた文化大革命期の反動で宗教が復活を遂げた，②市場経済化に伴い社会主義イデオロギーの力がとみに衰えると同時に社会が急激に変化し，人々が何らかの心のよりどころを求めるようになった，③対外開放に伴い海外の宣教師や団体などの影響を受けやすくなった，などの点が考えられる。

2 宗教管理法規の整備

共産党は建国後まもなく，既存の宗教団体や宗教結社の改編や改造に着手した^{◁2}。まず，一貫道^{◁3}などの民間信仰団体に対しては「反革命」のレッテルを貼って厳しく取り締まった。一方，仏教，道教，イスラーム，カトリック，プロテスタントについては，それぞれに愛国宗教組織を設立し，各教徒や寺廟，モスク，教会などをそれら組織の下に組み込んでいった。これら愛国宗教組織に対しては，共産党統一戦線部や政府の宗教事務局が「指導」を行う。共産党は，信仰を核にした結社の数や力を最小限に抑えようとしたといえるだろう。

しかし改革開放政策以降，この愛国宗教組織の仕組みは十分に機能しなくなっていった。多くの信徒が国家公認の寺廟やモスク，教会などが提供する集会や説教に満足せず，愛国宗教組織制度の外側に新たに教会等をつくっていったのである。キリスト教では，これらの教会は地下教会（カトリック），家庭教会（プロテスタント）などと呼ばれており，国家公認の教会以上に数を増やして

▷1 ⇨ⅩⅣ-8 「少数民族地域の不安定化」

▷2 マルクス主義政党である共産党は，無神論の立場に立ち，宗教を封建的なものと見なした。特に，大躍進運動（⇨Ⅷ-4 「大躍進運動」）や文化大革命（⇨Ⅷ-6 「プロレタリア文化大革命の発動」）の時期には，宗教が持つ封建的制度，僧侶や牧師などの宗教者が激しく批判された。

▷3 一貫道
清代に成立した白蓮教系の宗教結社。「反動会道門」（反動的宗教結社）の典型として，反革命鎮圧運動（⇨Ⅷ-1 「新民主主義から社会主義へ」）と同時期に厳しい取り締まりを受けた。

いると見られる。政府は，制度外での宗教の発展を極度に警戒している。というのも，国外の宗教勢力が地下教会などを通じて国内に「浸透」し，「和平演変[4]」を担うと認識しているからである。このような認識は，東欧やソ連での体制転換以降特に強まっていった。たとえばカトリックについて，共産党はバチカンによる司教任命を内政干渉だとする立場を基本的に堅持している[5]。

　従来の宗教管理制度の揺らぎを受けて，各級政府は1990年代から宗教管理のための総合的な条例を新たに整備していった。2004年には，各地方政府の条例を積み上げる形で，中央政府が「宗教事務条例」を制定した。本条例は，宗教団体，宗教活動場所，僧侶や牧師などの宗教教職人員などそれぞれの管理について総合的に規定する初めての国家レベルの条例である。ここではたとえば，宗教団体や宗教活動場所の登記や，宗教教職人員の宗教事務局への届け出が義務づけられている。また，チベット仏教の活仏転生については，市級以上の政府の承認が必要と定められている。

　なお，この「宗教事務条例」は2016年から改正の作業が進められ，新「宗教事務条例」が17年8月に公布，18年2月に施行された。新条例では，宗教管理の権限が県級以下の政府にまで下ろされたり，宗教学校について定めた章やインターネット上での宗教活動を取り締まるための条文が追加されたりした。

③ 教義解釈への介入と強制力の行使

　宗教管理法規の整備と同時に，政府は国民の宗教活動に一定の枠をはめるための理論構築を行った。その一つが，「宗教と社会主義社会の相互適応」論である。これは，社会主義に適応しない宗教の制度や教条を改革し，宗教教義や宗教道徳におけるプラスの要素を利用して社会主義に奉仕させるというものである。党は宗教の存在を一定程度認めるかわりに，宗教を体制にとって少しでも有利なものにしようと考えている。この論理に基づき，たとえばプロテスタントの愛国宗教組織は，教義解釈統一の号令をかけるなどしている。さらに，習近平政権期に入ると，「宗教の中国化」が強調され，宗教と「中華の優れた伝統文化」との融合が政策課題の一つに掲げられている。

　一方で，党は公安などの強制力を用いて宗教の拡大を抑えようとしている。たとえば，浙江省で2014年から地方政府が「違法建築の取り締まり」を名目に公認教会を含めたプロテスタント教会を取り壊したり，十字架の強制撤去を行ったりしている。また，大規模な家庭教会に対して当局から様々な圧力がかけられている[6]。

　以上のような党・政府による宗教管理にもかかわらず，中国社会における宗教の存在感は減じていない。改革開放政策以降の共産党は，人々の物質的需要を満たすことには一定程度成功してきたが，精神的満足を求める人々の声に適切に対応することはできるだろうか。

(上野正弥)

▷4　和平演変
⇨Ⅹ-11「天安門事件と保守派の台頭」③

▷5　司教任命の問題をめぐっては，近年中国とバチカンの間で交渉が進んでいる。2018年9月には，中国側が推薦した人物の中から教皇が司教を任命するという方式で両者が暫定合意した。秦野るり子『悩めるローマ法王 フランシスコの改革』中公新書ラクレ，2019年，第8章。

▷6　愛国宗教組織を通さずに，政府に直接登記するという独自の道を歩もうとした北京の守望教会などが，厳しい取り締まりの対象となっている。石川照子ほか『はじめての中国キリスト教史』かんよう出版，2016年，第8章。

参考文献
田島英一「中国キリスト教の政治的環境」『東亜』2014年9月号，20-30頁。
上野正弥「現代中国における基督教の発展と国家」『アジア研究』第64巻第1号，2018年，40-55頁。
田島英一「習近平政権の対キリスト教政策と対外関係」『東亜』2019年5月号，22-32頁。

XIV　統治の安定化に向けた試み

 7 # 北京オリンピックと上海万博

1 「大国の門」を拓くためのオリンピック・上海万博

　中国が世界的大イベントを自国開催したいと強く願った背景には，政治的な動機がある。特に2000年以降，中国政府は世界的なイベントを成功させることで，国民が自国の経済発展を確認する機会に利用しようとしたのである。

　上海国際問題研究院の楊潔勉院長は，「1971年の中国国連加入が政治的側面からの国際社会参加を意味するのならば，2001年に正式に WTO の一員になったことは経済的側面からの参加を意味していようし，2010年の万博開催は文化的側面から[1]」と，その役割を説明している。上海万博では800億元を超える経済効果が中国にもたらされたが，政治的な収穫はそれ以上であった。オリンピック自国開催の効果は，それ以上だ。また北京オリンピックのキャラクター選定作業では国家のイメージがパンダで良いのか否かの議論も起きた[3]。

　中国が初めてオリンピックの自国開催を目指したのは2000年，招致活動は1993年だった。中国は自信をもって発表に臨んだが，結果は僅差でシドニーに敗北した。中国では「裏切者は北朝鮮か台湾か」との議論が熱を帯びた[4]。国民の強い期待を背負った2008年の招致活動では，サマランチ元 IOC 会長との癒着も囁かれる熾烈な駆け引きがあり暴露本『袁偉民と体育風雲』も出された。

　結果，中国は2008年の北京開催を獲得したが，これは中国が「大国への門」を開くためには，2000年開催より適したタイミングだったといえるだろう。

　「大国の門」とは具体的に何を指すのか。三つの側面からアプローチしよう。

2 時代の転換点としてのオリンピック

　一つ目は政治的な開門である。中国が「暗黒の近代史」と位置付けるアヘン戦争以後の歴史と，それ以来世界が中国に冠した不名誉な地位と中国人の欧米社会に対するコンプレックスを払拭するという目的だ。たとえば開幕式で披露されたマスゲームは，活版印刷の発明をはじめ多くの中国人による発明が人類の進歩に大きく寄与したことをアピールし，かつて中国が世界の中心にあり，再び巨龍が永い眠りから目覚めるというメッセージが込められていた。当時の中国メディアには「中華（華夏）文明の復活」という表現も随所に踊った。

　オリンピックの歴史を繙けば，1984年のロサンゼルスオリンピック（ロス五輪）は「商業五輪」へと大会を変質させたが，その意味で北京オリンピック

▷1　『中国網日本語版』2010年11月22日付。

▷2　中国はかねてから2008年の北京オリンピックに続いて，もう一つの代表的都市である上海で万国博覧会を成功させることを政治目標としてきた。

▷3　龍や鳳凰などの架空の動物に加えキンシコウやチベット羚羊なども候補に挙がったが，最終的にパンダと森林，大地，火，海洋，天空を組み合わせることに落ち着いた。福娃というパンダがモデルである。

▷4　中台はもともと対立関係にあり，また日本での認識とは違い中朝関係は悪化の一途を辿っていたので，国民の多くが敗北の理由をどちらかの国の裏切りと考えた。

は，国威発揚の特徴を強く帯びた大会だったと位置付けられるだろう。

期間中，「不光彩（みっともない）」な姿を外国にさらすまいと，不衛生な街を丸ごとフェンスで覆い，チベット族やウイグル族への圧力を強化した。これに対し国内からは「誰のための大会か」と批判が噴出。世界各地で少数民族への対応に抗議し聖火ランナーが妨害を受けた。西側メディアの目も厳しかった。

③ 国際社会でのプレゼンスの上昇

北京オリンピックの総予算400億ドルは過去の例から見ても破格だ。2013年9月8日付『人民日報ウェブ』記事は，「東京オリンピックの予算はおよそ33億ドルで北京オリンピックの十分の一」と報じた。

まさに「大国への門」を開くためのオリンピックであったが，一方で北京オリンピックを開催した2008年，中国は未だ「世界の工場」という名の「世界の下請け」であった。また賃金の上昇など，その発展モデルにも限界が叫ばれていたため中国政府は，北京オリンピックと上海万博という二つの大会を，労働集約型産業依存を脱し高付加価値産業へと転換する画期と期待したのだった。

具体的には中国版新幹線，いわゆる中国高速鉄道網の急ピッチの建設である。日本が東京オリンピックを機に新幹線網を完成させたことにも通じる発想だ。中国経済の構造転換は，現在のIT産業の隆盛など，おおむね中国政府の思惑どおりに進んだと考えられる。また2008年秋にはリーマンショックに端を発した世界金融危機で疲弊した世界経済を，中国が4兆元にも及ぶ巨額投資を行い救ったことで，世界が中国経済の存在感を認知し，第二の目的は達せられた。

さらに三つ目は東アジアにおける「軍事的プレゼンス」の拡大であった。

具体的には航空母艦の保有である。2008年3月20日，中国を訪れた自民党の浜田靖一防衛大臣との会談に際し，中国国防部の梁光烈部長（大臣）は，「大国で空母をもっていないのは中国だけだ。（中国が）永遠に空母をもたないというわけにはいかない」と発言。空母保有の意思を初めて明確に伝えた。

二つの大会の成功がそのまま中国の海洋進出のきっかけになったわけではないが，毛沢東以来，「大国であれば空母を保有すべき」との考え方をもっていた中国が，海においてもそれ相応の地位を確保する意思を示したことは，大いに注目すべき変化であった。

政治，経済，軍事とそれぞれの分野で一つの飛躍の画期とする目的は，見事に二つのイベントの成功により達成され，国家としての承認欲求も満たされた。さらに，北京オリンピックと上海万博の成功後，それまで中国が欧米社会から厳しく問われてきた「民主化」，「人権」というキーワードが，国際社会の中から急速に消えていったことは注目すべき変化といえるだろう。　（富坂　聰）

▷5 ⇨XIV-9「リーマンショックと景気対策」

XIV　統治の安定化に向けた試み

少数民族地域の不安定化

1　改革開放時代の民族政策と民族自治の形骸化

改革開放時代の1984年に制定された**民族区域自治法**は，少数民族に対する計画出産の弾力的運用や大学入試での優遇などを謳い，政治面でも民族自治の観点から，自治区主席，自治州州長，自治県県長といった行政機関のトップリーダーに当地の主たる少数民族をあてることを定めていた。

しかし，実質的な政治権力を握る党書記については少数民族を優遇する規定はなく，チベット自治区や新疆ウイグル自治区など五つの自治区すべてで漢族が党書記を担当している。少数民族にとって，中国共産党による一党支配体制とは漢族が政治権力を独占するガバナンスでもある。また経済発展に伴って，チベット自治区は鉄道で内地と結ばれ，新疆ウイグル自治区では石油開発がさらに進むなど，自治区への漢族の流入と漢族主導の経済開発が進んだ。少数民族の間には法で定められた民族自治が形骸化しているとの不満があり，胡錦濤政権期において不満を爆発させたのが，チベットとウイグルであった。

2　胡錦濤政権期に顕在化したチベットとウイグル問題

2008年3月，チベット自治区の中心都市ラサで大規模な騒乱が発生した。チベットの伝統を守りたい僧侶，民族間の経済格差に不満をもつ民衆，実権をもてない政治リーダーの不満が共鳴したこの騒乱は，チベット族が多く住む他の省などにも波及した。8月の**北京オリンピック**に向けた聖火リレーの際に世界各地で抗議活動が起きるなど，チベット問題が一気に国際化していった。

この騒乱の前，2002年から年に一度のペースで中国共産党と**ダライ・ラマ14世**の特使とのあいだで対話が続けられ，チベット側は高度な自治のあり方について意見交換を求めた。しかし中国共産党は，党の指導，中国の特色ある社会主義の道，民族区域自治制度に反することは認められないとして，高度な自治の要求を拒否し，騒乱が起こった後もこの姿勢に変化はなかった。

一方，2008年の北京オリンピック開催中には，新疆ウイグル自治区でも複数の事件が発生し死傷者が出ていたが，不安定なウイグル情勢を特に世界に示したのは，2009年7月の騒乱であった。事の発端は，6月26日にウイグル族が出稼ぎにきていた広東省のおもちゃ工場で民族衝突が起こり，2名のウイグル族が死亡したことにあった。これをきっかけにして，新疆ウイグル自治区の中心

都市ウルムチでウイグル族が7月5日に騒乱を起こし，多数の漢族に被害が及んだ。中国では，発生した日付にちなんで7・5事件などと表記されるが，7月5日の騒乱にだけ着目するとこの騒乱の本質を理解できない。というのも，被害を受けた漢族側が7月7日にウイグル族への批判を込めた騒乱をやり返したからである。ウイグル族と漢族の民族間対立が，暴力的な形で顕在化したのである[7]。漢族の不満は，当初こそウイグル族への強い批判にあったものの，時の経過とともに社会不安が続くガバナンスへの不満から，批判の矛先を地元の政治指導者に向けていき，9月にはウルムチ市党書記が解任された。

この一連の出来事を通じて，新疆ウイグル自治区というエリアの政治社会を安定させて国家の安全保障を確保するには，ウイグル族だけでなく漢族の不満を抑えることも重要な政治課題と認識されるようになった。それは，政府が少数民族の不満を抑えるために少数民族への優遇を拡大する政策を採りにくくなることを意味した。少数民族への優遇策を採りすぎれば，漢族からの反発を招き，それが地域の安定を損なわせる可能性が高まったからである。

③ チベット・ウイグル問題の行方

チベットでは，中国共産党とダライ・ラマ14世の特使による対話の行き詰まりなども影響し，2009年以降100人以上のチベット族が焼身自殺を図って抗議の意を示している。中国側が分裂主義者として批判するダライ・ラマ14世に対するチベットでの信仰はいまも厚く，ダライ・ラマ14世の肖像画が各地の寺院で密かに掲げられている。一方で，チベット内部にはダライ・ラマ14世の非暴力路線に批判的な勢力がいるとも伝えられ，ポストダライ・ラマ14世の時代を視野に入れつつ，依然として不安定な情勢が続くと見られる。

ウイグル問題に関しては，イスラム過激派との関連が疑われる事件が北京市や雲南省昆明市などでも発生し，民族や宗教にまつわる不安定な情勢が続いている。新疆ウイグル自治区内の警戒レベルは非常に高く，商店，飲食店，ホテルなどの入り口では，金属探知機によるセキュリティチェックや手荷物のX線検査が頻繁に行われている。習近平政権が推進する「一帯一路」[8]政策において，中央アジアに隣接する新疆ウイグル自治区の重要性が高まっている。しかし人的流動の増大は漢族主導の開発につながりやすく，ウイグル族が経済発展から取り残される一方で伝統文化も破壊されることになれば，さらなる反発を招くことになる。警察力を動員して今後も安全確保を強化していくと見られるが，それがかえってこの地域の不安定さを助長する矛盾もあわせもっている。

チベットやウイグルの不安定化には多くの要因があるが，ガバナンスという観点からすれば，少数民族の意見や不満を集約する機能が中国政治に欠けている点が指摘できる。一党独裁体制の中で，少数民族の意見を吸い上げ，それを政策としてフィードバックするためのガバナンス構築が必要である。　（星野昌裕）

▷6 外交や国防を除く広範な分野におけるチベットの自治。領域的にはチベット自治区だけでなく，その周辺のチベット族居住地を含むものとされる。

▷7 2010年のウイグル族の人口は1007万人で，このうち新疆ウイグル自治区には99％にあたる1000万人が居住している。しかし，自治区内のウイグル族比率は1949年には76％だったのが，漢族の流入によって46％にまで低下している。そのため漢族への反発が強まりやすい構造になっている。なおウルムチ市では，漢族75％に対してウイグル族は12％にすぎない。国務院人口普査弁公室，国家統計局人口和就業統計司編『中国2010年人口普査資料』中国統計出版社，2012年。

▷8 一帯一路
⇨ XIII-4 「『一帯一路』構想」

（参考文献）
星野昌裕「党国体制と民族問題——チベット・ウイグル問題を事例に」加茂具樹・小嶋華津子・星野昌裕・武内宏樹編著『党国体制の現在——変容する社会と中国共産党の適応』慶應義塾大学出版会，2012年，第6章。

XIV 統治の安定化に向けた試み

リーマンショックと景気対策

▷ 1 投資銀行
株式や債券などの証券発行
の支援，企業買収・合併に
対する財務面でのアドバイ
スを主業務としている金融
機関。

1 大規模景気対策の発動と中国経済のV字回復

　2008年9月，米国の主要投資銀行であるリーマン・ブラザーズが米国の住宅
バブル崩壊の影響を受けて破綻した。それを契機にリスク警戒感から世界的に
貸し渋りや株式の売却が起こったり，世界最大の経済大国である米国の景気が
急速に悪化したりした。その結果，2009年には世界経済がマイナス成長に陥っ
た。いわゆる「リーマンショック」の発生である。

　中国経済もその影響を免れ得なかった。輸出が2008年11月から約1年にわた
り前年比減少し続けたのである（数量ベース）。当時，中国の輸出依存度は1978
年末の改革開放以降，最高水準に達していた（リーマンショック前の2007年の中
国の財貨・サービス輸出は対GDP比35.4%，国連推計値）。それだけに輸出環境の
急激な悪化が中国経済に与えた衝撃は大きかった。折りしも胡錦濤政権が景気
過熱を抑えるために投資などを引き締めていた最中に輸出も急減したため，中
国の実質GDP成長率（前年同期比）は2008年7～9月期の9.5%から，同年
10～12月期には7.1%へと2%ポイント以上も低下した。

　景気冷え込みによる失業増等，社会の不安定化を避けるため，胡政権は2008
年11月に「4兆元の景気対策」と呼ばれる大規模な景気対策を打ち出した。そ
の内容は，2008年の中国のGDP対比12.5%もの巨費を2010年末までに交通イ
ンフラ建設，大地震からの復興事業，低中所得者用住宅建設などに投じるとい
うものであった。公共投資を大規模かつ速やかに行うことで輸出の急減の影響
を抑えたようとしたのである。また，投資拡大を促すため，利下げや貸出総量
規制の撤廃，個人向け住宅ローンの緩和といった金融緩和も行われた。

　これらの策が奏功し，中国経済はV字回復を遂げた。中国の実質GDP成長
率は2009年1～3月期に前年同期比6.4%にまで落ち込んでいたが，1年後の
2010年1～3月期には12.2%にまで上昇した。その結果，中国経済が世界経済
を救ったとの評価が国際的に高まった。中国政府も経済大国を自任し，経済力
をてこに国際社会での影響力を強める姿勢を呈すようになっていった。

2 大規模景気対策がもたらした弊害

　しかし，大規模な景気対策はその後の経済運営に大きな副作用をもたらした。
大規模な公共投資や金融緩和が呼び水となり，投資依存型の成長が一段と進ん

▷ 2 正式名称は「さらな
る内需拡大・経済成長促進
のための10項目の措置」。

▷ 3 2008年5月12日に発
生した四川省汶川を震央と
するマグニチュード8.0
（中国地震局発表）の大地
震。死者約7万人にのぼる
人的・物的被害をもたらし
た。

▷ 4 リーマンショック直
後の中国経済の状況および
中国政府の対応の概要は，
内閣府『世界経済の潮流
2009 I　世界金融・経済
危機の現況』。

でしまったのである。胡政権もその弊害を意識し，投資抑制に動きはしたが，2011年に**欧州債務危機**[5]が深刻さを増したため，投資抑制は不徹底となり，投資への依存をさらに深めてしまった。GDP に占める投資のシェアは2007年の38.7％から胡総書記の任期が満了した2012年には45.2％に上昇した（図1）。具体的には，投資依存型成長の進展により，以下の問題が生じた。

　第一に，過剰生産能力問題が深刻化した。インフラ投資，不動産投資が大量かつ集中的に行われた結果，鉄鋼やセメント，板ガラスといった素材産業の設備投資が急増した。その増え方は激しく，「4 兆元の景気対策」発表から1 年に満たない2009年8 月に政府が鉄鋼等の投資抑制に動いたほどである。

　第二に，不動産在庫も積み上がった。緩和的な金融環境の下，不動産市場が活況を呈したのを受けて，不動産投資が行き過ぎてしまったためである。

　第三に，地方政府債務が急速に拡大した。「4 兆元の景気対策」に必要な資金の多くを地方政府が自力で調達しなければならなかった上，地場経済活性化のために自ら積極的に投資用の資金を借り入れたためである[6]。その結果，地方政府債務残高は2007年末の4 兆5098億元（同年の GDP 対比16.7％）から2012年末には15兆8858億元（同29.5％）へと急増した（**中国審計署**[7]）。

　また，大規模な景気対策の過程で，経済における国有企業の存在感が増し，民営企業など非国有企業の存在感が後退しているのではないかとの懸念も唱えられるようになった（「国進民退」）。つまり，中国政府の政策は市場経済化に逆行しているのではないかとの疑義が呈されたのである[8]。

　リーマンショック後の胡政権の経済運営により生じた上記の問題や懸念は，その後を継いだ習近平政権の大きな課題として残されることになった。たとえば，過剰債務の削減と安定的な経済成長の両立，競争環境の平等化と国有企業の発展の両立などである。また，過剰生産能力問題，経済における国有企業の存在感の大きさは，後に中国と先進国等との間で経済摩擦が激化する要因となった。

（伊藤信悟）

図1　中国の GDP に占める投資（総固定資本形成）のシェア

（出所）　中国国家統計局編『中国統計年鑑-2018』中国統計出版社，2018年。

▷5　欧州債務危機
2001年のユーロ参加以降，ギリシャ政府は国債大量発行により債務を拡大してきたが，2009年10月の財政統計の不正発覚を契機に市場からの資金調達が困難になり，2010年5 月に IMF・EU から支援を受ける事態に陥った。その余波は，財政悪化に陥っていたポルトガル，スペイン，イタリアなどにも及んだ。2011年になると，ギリシャ国債価格の急落などの影響を受けて欧州大手金融機関の経営も悪化し，欧州経済が大きく冷え込むことになった。

▷6　財政規律維持の観点から地方債発行や銀行融資を通じた資金調達を規制されてきた地方政府は，その規制の抜け穴として「融資プラットフォーム」と呼ばれる会社を設立し，その会社を通じてインフラ投資や不動産開発に必要な資金調達を盛んに行った。

▷7　中国審計署
中央・地方政府機関，国有企業，国有金融機関の財政・財務状況の監査を行う政府機関。

▷8　「国進民退」がもつ多様な意味，および，それが中国で生じたのか否かに関する議論は，加藤ほか（2013）に詳しい。

（参考文献）
加藤弘之・渡邉真理子・大橋英夫『21世紀の中国経済篇――国家資本主義の光と影』朝日新聞出版，2013年。
内閣府『世界経済の潮流2009年I　世界金融・経済危機の現況』2009年6 月，第3 節，http://www5.cao.go.jp/j-j/sekai_chouryuu/sh09-01/index-pdf.html。

XV　国際的影響力の追求

 ソフトパワーの追求

1　ソフトパワーへの関心の高まり

▷1　⇨ XⅢ-6 「WTO加盟」

　中国が念願のWTO加盟を果たし[1]（2001年），その経済成長が世界中から関心を集めるようになった頃から，中国においてもソフトパワーをめぐる議論が盛んに行われるようになった。ソフトパワーとは，軍事力や経済力など相手を強制的に従わせる力（ハードパワー）とは異なり，自国の文化や価値観に他国が魅了された結果，自国の望むような行動をとる，その源となる力を指す。

　当時，中国の識者がソフトパワーについて論じる際に頻繁に引用したのは，ジョセフ・ナイが2004年に著した『ソフトパワー——21世紀国際政治を制する見えざる力』[2]であった。この本は，超大国アメリカがイラク政策で苦しんでいる最中に出版され，ハードパワーだけでは達成できない目標があることを，改めて人々に認識させた。また，目覚しい経済発展を遂げ大国としての自負を抱きはじめた中国が，軍事・経済の成長という物質的要求の追求以外の目標を模索するようになるのも自然な流れであった。「中国の貿易黒字は膨らむ一方だが，文化的には輸入が輸出を大きく上回っており，この"文化赤字"を解消していかなければならない」[3]という意識が強まったのである。

　そのために，中国は対外発信に多額の予算を投下し，たとえば中国中央テレビ（CCTV）をCNNやBBCに並ぶ国際メディアに育てるという意図をもって，英語はもちろん，たとえば中東・アフリカ地域向けにアラビア語の24時間放送局を開設するなど，外国語チャネルでの放送を増やしている。先進国では，中国共産党の宣伝色が強すぎるため高い評価は得ていないが，メディアが十分に発達していない途上国では，無料で受信できる媒体であり，それなりの効果をもたらしているであろうことが推測される[4]。

　また，中国は留学生受入れにも力を入れるようになっており，2010年には「国家中長期教育改革・発展規画綱要（2010-2020年）」を発表して，2020年までに留学生受け入れ50万人を目指すという目標を掲げた。2018年時点で，海外留学生受入人数はすでに49.2万人に達している。また，中国は政府奨学金を支給するなどして，特に途上国からの留学生誘致に力を入れている。アフリカや中央アジア，周辺の途上国から留学生を多く受け入れ，知中派を育成することにより，国際的影響力を高めることを目的としている。

▷2　原題は *Soft Power : The Means to Success in World Politics*。邦訳は日本経済新聞社より発行。

▷3　新華社，2007年1月25日付。

▷4　2018年3月，中共宣伝部は，中国中央テレビ（CCTV），中央人民広播電台（CNR），中国国際放送局（CRI）の3放送局体制の廃止を含む「党・国家機構改革深化計画」を通達。対内的には従来の呼称を維持するが，対外的には「中国の声」として統一されることになった。

② 孔子学院の設立

2004年，中国政府は世界各国で中国語や中国文化の教育・宣伝を推進するため，「孔子学院」を設立した。設立に際しては，イギリスのブリティッシュ・カウンシルやドイツのゲーテ・インスティチュートなど，他国の文化交流機関が参考にされた。とはいえ，それらの組織が政府から独立しているのに対し，孔子学院は中国政府の管理下に置かれている。また，孔子学院の運営は，設立を希望する海外の大学や教育機関と共同で行う形をとっており，中国政府は助成金を支払うほか，中国人教師の育成，斡旋などを担当している。

中国の経済発展に伴い，世界で中国語の学習を希望する学生が増えた結果，孔子学院も順調にその数を伸ばし，2018年末の時点で，154の国・地域に，孔子学院が548カ所，孔子課堂（大学以外の教育施設に設置される分校）が1193カ所存在している。

③ 「シャープパワー」への警戒

孔子学院が設立された当初から，民主主義先進国の間では，これは中国共産党のプロパガンダを広めるための組織ではないかと疑う声が存在した。透明性を欠く中国の政治制度から，中国政府が関わる活動にはそのような懸念がつきまといやすい上に，派遣される中国人教師の選定や給与は中国政府が担当しており，チベットや台湾，新疆ウイグル，天安門事件などのテーマは議論されないなどの点も学問の自由を損なうとして批判を招き，アメリカなどでは孔子学院の受入れを拒否すべきという主張や声明が一部で見られた。▷5

実際には孔子学院の数はその後も増えていったが，2017年に中国の「シャープパワー」に対する西側諸国の警戒感が高まると，孔子学院に対する懸念が再び強まるようになった。▷6

中国のシャープパワーについて心配する声は，従来，中国の経済発展に肯定的な姿勢を示していたオーストラリアでまず高まり，その後，欧州や米国・カナダに広がっていった。しかも，かつて孔子学院に対する批判が起こった時とは異なり，先進国ではより広範な人々の間で問題視されるようになっている。米国には，一時は120以上の孔子学院が設立されたが，現在その数は85か所（2020年1月時点）まで減少している。▷7 中国は経済発展しても民主化せず独自のモデルを築き，それを国際社会でも広げようとしているという懸念が西側先進諸国で強まったことも影響している。

ただし，途上国においては，中国の経済発展に伴い，経済的動機から中国語学習希望者が増えており，先進国で見られるような批判は起こっていない。中国が学校運営の費用を分担する点なども歓迎されており，「一帯一路」プロジェクトなどと絡めて，今後もその数を増やしていくと予想される。▷8 （前田宏子）

▷5 たとえば，マルコ・ルビオ上院議員（フロリダ州・共和党）は，州内にある，孔子学院を設置している四つの大学と一つの高校に，孔子学院との協力を停止するよう求める書簡を送った。

▷6 シャープパワー
相手国との制度上の非対称性を利用して，自国の閉鎖性を保った上で，相手国の自由で開放的な制度を利用して，自らに有利な状況を作り出す力のこと。

▷7 米国国防総省は，大学院生向けの外国語教育プログラムに資金提供を行っているが，2018年に成立した国防権限法（2019会計年度）で，孔子学院を設置している大学への資金援助を制限する条項が盛り込まれた。

▷8 一帯一路
⇒ⅩⅧ-4 「『一帯一路』構想」

参考文献
阿南友亮・佐橋亮・小泉悠ほか『シャープパワーの脅威』中央公論 Degital Digest，Kindle版，2018年，29頁（シャープパワーについて），65-73頁（孔子学院について）。

XV 国際的影響力の追求

 # 積極化する国連への関与

1 中国・国連・国際秩序

第二次世界大戦以降の中華人民共和国の国連でのプレゼンスの変化は、国際環境の変化の中で中国が自らの存在をいかに規定してきたかを如実に表している。1945年、毛沢東は国連創設とその憲章を支持したが、朝鮮戦争で米国との関係悪化が決定的になった後、中国は自国の参加を阻止する国連の「違法」な措置に対して非難を強め、国連の体制変革を強く要求していった。ここで注目すべきは、中国が国連憲章そのものの正統性について一貫して支持してきたことであり、これは現在の中国外交を理解する上での重要点でもある。代表的外交官の傅瑩が述べているように、中国は米国を中心とした国際秩序には懐疑的だが、国連を中心とした国際秩序は正統なものであり中国外交の基本的な柱であるとする現在の国際関係観は、この歴史的な一貫性に源を発するものである。

1971年10月、**アルバニア決議案**により国連代表権が中華民国から中華人民共和国に移ると、中国は国連の体制改革を求めるようになる。たとえば安全保障理事会（安保理）で、**第三世界**の代表権を求めるなどの主張を行った。しかし、1980年代になり改革開放政策によってイデオロギーよりも実利を優先する立場をとり始めた中国は、国連に対してもその態度を柔軟化させた。1977年に71機関だった国際機関への加入（たとえば国際オリンピック委員会等）も1983年には307機関へと急激に増大した。この頃から2000年代にかけて急速な経済成長を国是とした中国は、国連をはじめとする国際機関に対し、体制維持・体制利用を主なアプローチとして関与していった。

2010年代になり、自他ともに大国として認められた中国は、国連を自国の国際関係観に基づいたものに変革していくのだろうか。中国は既存の国際秩序や国連憲章の維持を主張すると同時に、西側中心的な政策に対しては異議を唱え、発展途上国をより重視した民主的な国連を目指すなどの議論を展開している。

2 中国の国連平和維持活動（PKO）政策の変遷

中国の**国連 PKO** 政策は、1960年代の強い反対から、70年代の事実的容認、80年代の賛成、89年以降の要員派遣とその数の増大へと変容し、その過程は上記の国連への態度の変化を如実化したものといえよう。2004年以降はほとんどの期間、中国の人的貢献は安保理常任理事国の中で最多、2019年9月現在で約

▷1 **アルバニア決議案**
中華人民共和国の友好国で反ソ共産国であったアルバニアが中華人民共和国の国連代表権の回復を求めて国連総会に提出した議題であり、賛成76票、反対35票、棄権15票で、第26回国連総会2758号決議として採択された。IX-5「国連参加」も参照。

▷2 **第三世界**
現在「発展途上国」と呼ばれる国々の多くは、冷戦中、資本主義陣営の第一世界でもなく社会主義陣営の第二世界でもない世界ということで「第三世界」と呼ばれることが多かった。

▷3 **国連 PKO**
1948年以降、冷戦下においては、停戦監視業務を中心とした憲章第6章による伝統的 PKO が主であったが、冷戦後は包括的に当事国における紛争の再発を防止し平和を定着させるため国家制度そのものを構築していく平和構築等も含めた、憲章第7章による複合型PKO が主となっている。本節では、これらすべてを含めて国連 PKO と呼ぶ。

2500人の要員を派遣し世界第10位となっている。2000年代には**国連憲章第7章**で規定されたPKO，つまり軍事力を用いて国連職員や文民の保護に当たることができるPKOが増加した。このようなPKOは当事国でPKO部隊が武器を使用したり主権国家の基盤となる制度の設立を支援したりするため，主権原則・内政不干渉原則に抵触する可能性がある。しかし中国は，それらの原則を柔軟に捉え，憲章第7章によるPKOに賛成票を投じるのが常態となった。だからといって，中国が完全にこれらの原則を形骸化させたわけではない。2000年代以降の中国にとって，これらの原則の根本は当事国の同意の有無にある。中国は南スーダンやマリなど「保護する責任（R2P）」をマンデートに含むPKOにも賛成し要員を派遣しているが，このようなPKOは必ず当事国の同意を得た上で行われており，同意を必ずしも前提としない人道的介入とは異なるものである。中国は人道的介入に対する否定的態度を変えていない。

③ 近年の中国の国連PKO政策と国際秩序への積極的関与

　2014年以降，中国はそれまでのような工兵，医療，輸送等の後方支援部隊の派遣だけではなく，南スーダンとマリにおいては戦闘部隊も派遣している。後方支援部隊の派遣の際は武力行使を回避する立場が堅持されていたが，現在のPKO活動の多くが戦闘地域で行われることに鑑みて，致し方ない場合は武力行使もありうるという姿勢に転換したのである。このことは上述のとおり中国が主権や内政不干渉原則に，より柔軟な姿勢をとるようになり，欧米諸国が作り上げてきた既存の国際秩序を受容してきたことを示唆している。

　さらに2016年からは中国のPKOへの財政的貢献は日本を抜き，米国に次いで世界第2位となった。また習近平は2015年9月の国連PKOサミットで，PKO警察部隊の常設化や，8000人規模のPKO待機部隊の創設を発表した。現在の国連PKOの総人数が約10万人であることを考えると，今後中国がPKOにおいてさらにリーダーシップを発揮していこうとする姿勢がうかがえる。

　このような変化の理由については様々な議論がある。中国の平和的台頭を中心とした外交政策に帰する議論，中国の国際秩序・国際社会への浸透または指導力強化を目指すものであるという議論，紛争地域の安定化が中国の海外における経済活動にとって重要であるからという議論，あるいは人民解放軍の訓練のためという議論などがある。また，中国側だけの理由ではなく，国連PKOの性質が上述のように変化したことにより中国もそれに順応せざるを得なくなったというのも理由の一つといえよう。また近年では「**一帯一路**」構想との関わりで中国の軍事活動と経済活動との密接な関わりが議論される中，**ジブチ**に開設された基地に注目が集まっている。中国はこの基地がPKO等の任務を支援するものとしているが，PKOを名目に中国が軍事・外交・経済的な存在感を強める足掛かりとしているのではないかという議論もある。　（廣野美和）

▷4　国連憲章第7章
国連憲章では国家の武力による威嚇および武力行使は禁止されているが，第7章では国連安保理が「平和に対する脅威，平和の破壊または侵略行為」と決定する事項に対し，国際平和の維持，回復を目指して，軍事力を含む措置を用いることができると規定している。

▷5　「一帯一路」構想
⇒XVII-4　「『一帯一路』構想」

▷6　ジブチ
ソマリア沖・アデン湾に面する要衝の国。2008年から急増したソマリア海賊事案に対処するため，中国・日本・NATO・EUなどが関係強化を図ってきた。2020年2月現在，中国の他に日米独仏等がジブチに軍事施設を有している。

（参考文献）
廣野美和「中国の国連平和維持活動と多元的『リスク』」『現代中国』第91号，2017年，19〜33頁。
吉川純恵『中国の大国外交への道のり——国際機関外交を中心に』勁草書房，2017年。

XV 国際的影響力の追求

 # 3 対外援助の拡大

1 中国の対外援助の歴史

　今日，中国は「新興ドナー」の代表的な存在として注目を集めているが[▷1]，中国の対外援助の歴史は1950年に北朝鮮とベトナム（ベトナム民主共和国）に戦時物資を含む物資援助を提供したことに始まる。以後，中国は近隣の社会主義諸国や植民地支配からの独立を目指している国々を支援した。特に1950年代末以降にソ連との関係が悪化していく中で，アジア・アフリカ諸国への対外援助は発展途上国との関係強化や中国が切望していた国連での代表権の獲得（1971年に実現）に有効であった。他方，中国は発展途上国からの支援要請に応じた結果，1973年には対外援助額が国家財政支出の7％を超えて経済力に見合わない規模まで増加したため，縮小方針がとられた。

　中国は1978年に改革開放政策を採用後，経済発展を最優先した。対外援助も政治目的より輸出振興や資源確保などの経済目的が重視されるようになった。1995年に行われた対外援助の制度改革では発展途上国向けの長期間の低金利貸付である優遇借款が導入され，従来からの無償援助と無利子借款とあわせて，現在まで続く中国の対外援助の3形態が整った[▷2]。

　無償援助は返済義務のない贈与であり，主に病院や学校などの中小型の社会福祉プロジェクト，人的資源開発への協力，技術協力，物資援助，緊急人道援助などに使われる。無利子借款は一般に期限が20年（使用期間が5年，猶予期間が5年，償還期間が10年）であり，社会インフラの整備と国民生活関連のプロジェクトが主な対象である。無償援助と無利子借款は国家財政から支出される。

　優遇借款は国務院直属の輸出信用機関かつ政策銀行である中国輸出入銀行によって提供される人民元建ての貸付である。中国輸出入銀行が優遇借款の元本相当額を市場調達するが，中国政府が金利相当額の一部を国家財政から中国輸出入銀行に補填するため，援助受取国は低金利で融資を受けることができる。中国政府にとっては民間資金を対外援助に活用できる。2011年版の白書『中国の対外援助』によれば，年間利子率は2〜3％，期限は普通15〜20年（うち5〜7年の猶予期間が含まれる）である。主に生産プロジェクトの建設，中大型インフラ整備，大型プラント設備，機械電子製品，技術サービス，その他の物資の提供に使用される。「ひもつき（タイド）」であり，援助受取国が使用する資機材などの50％以上を中国から調達しなければならない。優遇借款は中国企業

▷1　中国は日本の援助受取国である。日本は1979年以来中国にODAを提供し，2016年度末までの支援額は，円借款が3兆3164.86億円，無償資金協力（贈与）が1575.86億円，技術協力が1844.98億円，合計3兆6585.7億円であった。中国が発展を遂げたことで2006年に一般無償資金協力，2007年に円借款の新規供与を停止し，2018年度をもって新規採択を終了し，対中ODAは終了することとなった。

▷2　中国が国外の輸入者などに提供する優遇バイヤーズクレジットや国家開発銀行による開発途上国向けの貸付は，対外援助には含まれない。

による海外でのインフラ建設などを後押しする有効な手段である。

 ② 対外援助の量的・質的拡大

中国の対外援助額は，持続的な高度経済成長と総合的な国力の向上を背景に2000年代に急速に拡大した。2011年版の『中国の対外援助』と『中国の対外援助（2014）』によれば，1950～2012年までの対外援助額は3456億3000万元であった（表1）。

中国の援助受取国はきわめて多く，2009年末時点ですでに161カ国と30余りの国際組織や地域組織に達した。対外援助約束額の地域別分布状況は，2009～12年では約半分がアフリカ，3割強がアジアであった（表2）。

2012年秋に発足した習近平政権では，「一帯一路」沿線のアジア諸国への対外援助がいっそう重視され，インフラ，気候変動，貧困削減と持続可能な開発，平和構築などの分野への援助が強化された。さらに，2018年4月，従来は商務部と外交部などに分散していた対外援助行政を統括する政府機関として国家発展合作署が創設された。今後は中国の外交政策の中での対外援助の位置付けがいっそう高まるものと考えられる。

中国は中国アフリカフォーラムなどの地域協力の枠組みを積極的に構築し，多額の対外援助を表明している。また，二国間援助のほかに，国連などの国際機関やアジア開発銀行などの地域金融機関へ資金を拠出し，多国間援助も行っている。急速に拡大する対外援助は，援助受取国に対する中国の影響力の強化や国際社会における中国の発言力やプレゼンスの拡大につながっている。

他方で，中国は自国の対外援助を発展途上国間の「南南協力」と位置付け，経済協力開発機構（OECD）の開発援助委員会（DAC）の政府開発援助（ODA）の定義や援助慣行によらず[3]，独自の対外援助を続けている。中国企業の対外進出を支援する「ひもつき」の援助であり，案件形成から実行まで比較的短時間で提供される。他方，援助受取国の対中依存が進む中で，情報公開は進んでいない。EU や DAC 加盟国との間に作られている情報共有枠組みも不十分である。中国の対外援助が今後いっそう拡大すれば，既存の国際開発援助秩序への影響は強まるはずである。中国の援助国としての台頭は国際開発援助の分野でも様々な挑戦を突き付けている。

（渡辺紫乃）

▷3 ODA とは，開発途上国への贈与および貸付のうち，①公的機関によって提供され，②経済開発や福祉の向上に寄与することを主目的とし，③有償資金協力（低金利かつ長い返済期間での貸付であり，返済義務を課す）では資金の供与条件が穏やかなもの（グラント・エレメントが25％以上）である。なお，グラント・エレメントは利率や返済期間，返済据置期間をもとに計算され，利率が10％の借款では0だが，贈与は100％となる。

【参考文献】
岡田実『「対外援助国」中国の創成と変容——1949-1964』御茶の水書房，2011年。
下村恭民・大橋英夫・日本国際問題研究所編『中国の対外援助』日本経済評論社，2013年。
中華人民共和国国務院報道弁公室『中国の対外援助（2011）』北京：外文出版社，2011年。
中華人民共和国国務院報道弁公室『中国の対外援助（2014）』北京：外文出版社，2014年。

表1 中国の対外援助額（方式別）

（単位：億元）

期間	無償援助	シェア	無利子借款	シェア	優遇借款	シェア	合計	シェア
2009年末まで	1062.0	41.4%	765.4	29.9%	735.5	28.7%	2562.9	100%
2010～12年末まで	323.2	36.2%	72.6	8.1%	497.6	55.7%	893.4	100%
期間合計	1385.2	40.1%	838.0	24.2%	1233.1	35.7%	3456.3	100%

（出所）『中国の対外援助』，『中国の対外援助（2014）』より筆者作成。

表2 中国の対外援助資金の地域別分布状況

（単位：%）

期間	アフリカ	アジア	ラテンアメリカ及びカリブ諸国	オセアニア	ヨーロッパ	その他
2009年	45.7	32.8	12.7	4.0	0.3	4.5
2010～12年末まで	51.8	30.5	8.4	4.2	1.7	3.4

（出所）『中国の対外援助』，『中国の対外援助（2014）』より筆者作成。

XV　国際的影響力の追求

4　強硬外交への転換

1　韜光養晦政策とは何か

　"韜光養晦"は「とうこうようかい」と読み，1990年代から胡錦濤政権期の中国の対外政策の理念を示す語だとされる。この言葉の出典は，10世紀に完成した『旧唐書　宣宗記』にあり，また明代に編まれた『三国志演義』（第21回），『資治通鑑』（294巻）にもそれが見えるという。その意味は，基本的に自らの能力を隠し，その能力を示す機会を待つというものである。

　この政策は，天安門事件の国際的孤立の中で鄧小平によって練り上げられたものだとされている。その起源は，1989年9月4日の鄧小平の「改革開放政策稳定，中国大有希望（改革開放政策が軌道に乗れば，中国には大いに希望がある）」という講話にあるとされる[1]。そこで鄧小平は，中国は「発展すればするほど謙虚であるべきだ」とし，また「随意に他人を批判してはいけないし，責任を追及してもいけない。度を過ぎた発言をしてはならず，度を過ぎた行動をとってもいけない」などとしたとされる。1990年代，鄧小平は様々な場でこれに類する発言を続けていたが，"韜光養晦"という言葉を明確に使用したわけではない[2]。

　"韜光養晦"が，中国外交に関して公の場に登場したのは，おそらくは1995年12月12日に外交部で開催された「鄧小平外交思想研討会」での銭其琛外交部長の開幕式発言であったと考えられる[3]。そこで，かつて鄧小平が「冷静観察，穏住陣脚，沈着応付，韜光養晦，有所作為（冷静に観察し，沈着に事態に対応し，陣営を安定させ，能力を示さずに時が来るのを待ち，〔それでも〕成果をあげていく）」と述べたとの見解が示された[4]。

　この銭外交部長の発言だけで，この言葉がただちに中国政府の政策の基調となったわけではない。以後，鄭必堅らによりこの言葉が多く用いられ，また指導者の言論の中にもこれが現れ，次第に一つの政策として定着していったと考えられる。たとえば，1998年8月の第9回駐外使節会議において，江沢民がこの言葉を使い，2006年に出版された『江沢民文選』に掲載されるなどして，政府の政策を示す語として定着していった[5]。この言葉は総じて，当時の経済重視の対外政策を反映して，「決して出すぎた真似をしない経済重視の対外協調政策」だと理解されたが，同時に「有所作為」という部分について，「あげられる範囲で成果をあげる」ということも意識されていた。

　中国政府，とりわけ外交当局は「韜光養晦，有所作為」を以後も掲げ続けた

▷1　『鄧小平文選（Deng Xiaoping Wenxuan）』第3巻，1993年，中国共産党ホームページ，http://cpc.people.com.cn/GB/69112/69113/69684/69696/4950039.html。

▷2　2004年に出版された『鄧小平年譜』には，1992年4月28日に鄧小平が身近な人々と中国の発展問題について話した時，「我々は引き続き"韜光養晦"で当面はやっていく」と述べたとされているが，定かではない。中共中央文献研究室編『鄧小平年譜（1975-1997年）』下，中共中央文献出版社，1346頁。

▷3　銭其琛「深入学習鄧小平外交思想，進一歩做好新時期外交工作（鄧小平の外交思想を深く学習し，新たな時期の外交工作を首尾よく行えるようにする）」『外交学院学報』1996年第1期。

▷4　この20文字のほかに，下の下線部（あるいは決不当頭のみ）を加えて28字（あるいは24字）で表現することもある。「冷静観察，穏住陣脚，沈着応付，韜光養晦，善于守拙，決不当頭，有所作為」。

▷5　江沢民『江沢民文選』第2巻，人民出版社，2006年，202頁。

が，古典に典拠のあるこの言葉は，学者などによって様々に解釈される余地があった。とりわけ，「有所作為」の部分については曖昧さが残されていた。

② 韜光養晦政策の変容

21世紀に入り，中国経済がめざましい発展を遂げる中で，"韜光養晦"には様々な疑義が呈されるようになった。もともと，この政策は特殊な国際条件，すなわち天安門事件後の国際環境と中国の孤立という情況，またその当時の中国の国力などといった条件の上に成り立っていた面がある。そのために，このような自重政策は放棄すべきとの主張が出はじめたのである。

だが，少なくとも2008年の北京オリンピック[6]までは，この政策が，いわゆる"主流"の外交方針であったと思われる。たとえば，温家宝はこの政策をあと100年続けるべきだと述べたという。だが，中国の外交政策は2006年8月にすでに軌道修正されてきていたと見ることもできる。韜光養晦堅持の路線は崩れなかったが，2006年8月の中央外事工作会議で，外交目標を単に発展利益だけに求めず，その前に国家と主権と安全を置いたのだった。

その後，北京オリンピックの成功，そしてリーマンショック[7]を経ると，中国はその対外政策を調整する。2009年も7月17日から20日にかけて北京で開かれた第11回駐外使節会議で胡錦濤は，「積極」を多用した演説をし，「堅持韜光養晦，積極有所作為」が新たな政策として掲げられたとされている。この時期，中国は主権問題について核心的利益という語を用いるなど，次第に強硬な政策を取りだしていた。だが，胡錦濤政権は"韜光養晦"政策を放棄しておらず，また対外強行政策を採用してはいないと主張し，中国脅威論を否定し続けた[8]。

③ "韜光養晦"の挫折

以上のように，中国の対外政策は文字の上では2006年前後から調整が加えられ，それが2008〜09年にさらに変化し，実際の行動の上でも2009年前後に次第に強硬になり，領土問題などで譲歩しないようになっていった。だが，それでも胡錦濤政権は"韜光養晦"という語を使用し続けた。これは，この語が結局のところ政策の変化によってその意味も変えていったことを示すと同時に，この言葉の元来の意味によって，多少なりともその対外政策の変化に一定の歯止めがかけられていた，と見ることもできる。

2012年に誕生した習近平政権は"韜光養晦"という語を用いていない[9]。習近平の演説，その思想に関する言葉，また一帯一路に関する言葉でも用いられることはなくなったのである。胡錦濤時代には，南シナ海の諸島嶼に中国国旗は立てても，そこを埋め立てて軍事基地にはしなかったが，習近平の時代にはそれを行った。習近平政権は，"韜光養晦"という言葉に拘束されることもなくなったと見ることもできるだろう。

(川島　真)

▷6　北京オリンピック
⇨ⅩⅤ-7 「北京オリンピックと上海万博」

▷7　リーマンショック
⇨「リーマンショックと景気対策」

▷8　「戴秉国：堅持走和平発展道路」《中共中央関于制定国民経済和社会発展第十二个五年規劃的建議》輔導読本所載，http://www.chinanews.com/gn/2010/12-07/2704984.shtml。

▷9　習近平政権は「舊発有為」という語を用いている。積極有所作為をさらに一段高めたものだといえよう。

参考文献

川島真「『韜光養晦』と『大国外交』の間——胡錦濤政権の外交政策」『国際問題』電子版，第610号，2012年4月，38-48頁。

趙全勝『中国外交政策の研究』法政大学出版局，2006年。

第 **7** 部

大国中国の模索

guidance

　第 7 部では2012年からの習近平時代の政治外交と，20世紀後半の日中関係が整理される。習近平政権期は，胡錦濤政権後半期の保守的な傾向，比較的強硬な対外政策を継承した側面と，デジタル技術の向上を背景にした監視体制や，反腐敗運動などといった新たな政治手法，さらには胡錦濤時代に占拠した南シナ海の島嶼に軍事施設を建設するなどの，新たな側面も見られた。

　第ⅩⅥ章「強いリーダーシップを目指して」では，習近平体制の内政が説明される。習近平体制は胡錦濤体制期の集団指導体制を継承しつつも決定権限を習近平に一元化しようとし，またそれまでの政権では実現しなかった軍制改革を実施して現代的軍隊へと編成を改めて，同時に習近平の軍への影響力を高めている。そして，反腐敗や法という正義の下に共産党への社会の支持を継続させようとし，さらに監視体制を強化して思想や言論の統制を強化したが，これらはいずれも共産党体制の強化に結びついていた。だが，経済面では人口問題もあって経済成長が鈍化し，安定成長的な傾向が見えはじめた。その中で輸出加工型の経済からの脱却や国有企業改革などの経済改革を進めているものの，課題は多い。

　第ⅩⅦ章「『中国の夢』を求めて」では，習近平政権が国内には「中国の夢」を語り，対外的にはアメリカと新たな大国同士の関係を築こうとしていること，そしてユーラシアからアフリカなどにかけての地域で新たな秩序を打ち立てるべく一帯一路構想を提唱していることなど，その新たな対外政策が説明される。このような政策は，中国の国際社会における役割を高めているものの，香港や台湾などの隣接地域に与える影響は大きく，また南シナ海，東シナ海での強硬な姿勢は周辺諸国との軋轢を生んでいる。

　第ⅩⅧ章「日中関係の展開」では，現代中国の内外政を振り返りつつ，個々の時代の日中関係について考察している。1972年の国交正常化以後，いっそう複雑さが増している日中関係の姿を把握し，今後の日中関係を展望できれば幸いである。

XVI 強いリーダーシップを目指して

習近平政権の成立

▷1 習近平（1953-）

胡錦濤引退後の中国の最高指導者。福建省長，浙江省党委員会書記，上海市党委員会書記を経て，2007年10月に中央政治局常務委員となる。浙江省時期には，浙江省軍区党委員会第一書記，南京軍区国防動員委員会副主任も務めた。第18回党大会（2012年11月）直後の中央委員会全体会議で総書記および中央軍事委員会主席に選出された。翌年の全国人民大会では国家主席に選出され，党・国家・軍の三権を掌握した。

▷2 上述の領導小組は，2018年の機構改革により，いずれも常設の組織として委員会に改称した。⇨ Ⅲ-3 「党の組織機構(2)」側注7

▷3 習仲勲
⇨ X-6 「経済特区」側注2

▷4 太子党
中国共産党の高級幹部の子弟グループ。

1 習近平政権の成立と党中央への権力の集中

　中国共産党第18回全国代表大会（第18回党大会，2012年11月）および翌年の全国人民代表大会を経て，習近平を党と国家のトップとする指導部（党中央政治局常務委員：習近平，李克強，張徳江，兪正声，劉雲山，王岐山，張高麗）が成立した。

　習近平政権発足以降の政治は，党中央への権力の集中と習近平の権威化に特徴付けられる。その一環として，各政策領域において実質的な決定を行う党中央の各種委員会・領導小組について，中央国家安全委員会（治安，外交，軍事，経済など総合的安全保障を担う），中央全面深化改革領導小組（経済建設，民主法制，文化，社会体制，党建設，紀律検査体制の改革を担う），中央サイバーセキュリティ・情報化領導小組（情報管理，サイバーセキュリティ等を担う）等が新設され，その拡充が図られた。また，中央軍事委員会の下には，中央軍事委深化国防・軍隊改革領導小組（国防，軍制改革を担う）が新設された。これらの委員会・領導小組の統括においては，政治局常務委員の分掌に基づく慣例を踏襲せず，軒並み習近平をトップに据えることにより，政策決定における一元的指導を実現しようとした。また，第19回党大会を経て，党規約に「党政軍民学の各方面，東西南北中の一切を党が指導する」と明記されたように，2018年に実施された機構改革では，政府が従来担ってきた業務の一部が党に移管され，党による政治の独占が進んだ。政権発足と同時に大々的に展開された反腐敗キャンペーンも，集権的指導体制の構築を促した。習近平政権は，「全面的で厳格な党の統治」を掲げ，党の紀律検査委員会による中央・地方各機関への「巡視」・「巡察」システムを整備していった。

2 習近平の権威化

　同時に，習近平の権威化も急速に進められた。指導部の交代に際し，前総書記の胡錦濤が中央軍事委員会主席ポストを含め，すべてのポストから引退したことにより，習近平は，党・政府・軍を掌握した。中国の「八大元老」の一人習仲勲の息子として，いわゆる「太子党」，「紅二代」にネットワークを持ちながら，もともと党内で知名度の低かった習近平を「庶民派だが威厳のある」強い指導者に仕立て上げるため，メディアを駆使した戦略的なイメージ工作や，アプリ等を用いた習の思想の学習運動が展開された。中国共産党第18期中央委

員会第6回全体会議（中共第18期六中全会，2016年10月）において，習は党中央の「核心」と位置付けられ，毛沢東，鄧小平，江沢民と並ぶ権威を得たことを内外に知らしめた。さらに第19回党大会（2017年10月）では，「習近平新時代の中国の特色ある社会主義思想」が，守るべきイデオロギーの一つとして党規約に盛り込まれ，翌年には憲法にも明記されるに至った。

　また反腐敗キャンペーンの中で，習近平は，軍・公安・各種業界に地盤をもつ大物幹部とそれに連なる利権ネットワークにメスを入れ，既存の組織構造を改めるとともに，腹心を重要ポストに据えていった。その結果，第19回党大会を経て2期目を迎えた指導部（政治局常務委員：習近平，李克強，栗戦書，汪洋，王滬寧，趙楽際，韓正）の陣容は，党中央および地方の重要ポストが習近平の腹心で固められることとなった。また，第19回党大会では，慣例に反し，次期総書記候補となるべき若手を政治局常務委員に選出しなかったことが，習近平政権が3期目以降も継続する可能性を示唆しているのではないかとの憶測を呼んだ。事実，翌2018年の全国人民代表大会においては，国家主席の任期撤廃を盛り込んだ憲法改正案が採択され，長期政権に対する法的制約は排除された。

③ 「強い指導者」と集団指導体制のバランス

　それでは，習近平への権力の集中を特徴とする集権体制は，盤石だろうか。党上層部内に，習近平個人への権力の集中と，毛沢東時代の個人独裁に対する反省に基づき築き上げられた集団指導体制の間のバランスについて，どのようなコンセンサスがあるのかが，この問題を考える一つのポイントとなる。

　習近平政権発足当初には，党指導部の間に「強い指導者」を配することへの一定のコンセンサスがあったと思われる。軍や公安の暴走を抑制し，政治の安定を確保し，汚職や腐敗の蔓延を克服し，経済改革を前進させるために，強いリーダーシップが必要であることはいうまでもない。薄熙来事件，周永康事件を踏まえ，党指導部内に高まった危機意識が，「強い指導者」の創出を促したと言えるだろう。また，習近平政権の下で起こりつつある個人への権力の集中を，「賢人支配」をよしとする伝統に求める見方もある。

　しかし，習近平個人に，集団指導体制を覆すほどの権力を集中させることには異論もある。習近平が集団指導体制の枠を超え，人事を含む政策決定において掌握した権利を恣意的に行使しようとすれば，党内に反発を招くであろう。また，大々的な汚職摘発や綱紀粛正を通じた組織の引き締めや，政策決定の集権化，一元化は，情報統制の強化と相まって，政治運営の硬直化をもたらす。それは，2019年12月以降湖北省武漢市を中心に発生した新型コロナウィルスの流行に対する初期対応の遅れが示すとおりである。　　　　　　（小嶋華津子）

▷5　紅二代
毛沢東らとともに1949年以前から「革命」に参加した共産党幹部の子弟を指す。

▷6　⇨ III-2 「党の組織機構(1)」❸

▷7　薄熙来事件
党中央政治局委員，重慶市党委員会書記を務めていた薄熙来が，妻による英国人実業家殺害，一家の不正蓄財などにより逮捕され，2013年，無期懲役に処せられた事件。

▷8　周永康事件
党中央政治局常務委員，中央政法委員会書記として石油業界，公安部門に強い影響力を行使していた周永康が，2015年，収賄，職権濫用，国家機密の漏洩により刑事訴追され，無期懲役に処せられた事件。

▷9　賢人支配
徳と能力を兼ね備えた賢人が，政治能力のない愚かな大衆を導くという思想。

参考文献
天児慧『「中国共産党」論──習近平の野望と民主化のシナリオ』NHK出版，2015年。
林望『習近平の中国──百年の夢と現実』岩波書店，2017年。

XVI　強いリーダーシップを目指して

 軍制改革

 建国以来の最大の改革

　2013年11月，習近平は中国共産党第18期中央委員会第 3 回全体会議（中共第18期三中全会）において，国防・軍隊改革の実行を発表した。翌2014年 3 月15日，中央軍事委員会に設置された国防・軍隊改革深化領導小組が最初の会議を開催した。同小組の組長には習近平が就任し，空軍出身者として初めて中央軍事委員会副主席に就任した許其亮が，常務副組長に任命された。

　習近平による国防・軍隊改革の内容は，①軍隊体制編制に関する調整と改革，②軍隊政策制度に関する調整と改革，③軍民融合の深度の発展，の三点に大別される。①は，中央軍事委員会と四総部（総参謀部，総政治部，総後勤部，総装備部）の合理化，統合作戦体制の強化，陸軍・海軍・空軍・第二砲兵の兵力バランスの調整，解放軍内の非戦闘組織と人員の削減などの実施をその内容としていたため，中国がどのような組織機構改革を実施するかが焦点となった。

　2015年秋から2016年 2 月にかけて，中国人民解放軍の組織機構改革が発表された。その内容は，多くの観察者の予想を超える変化を生じるものであったため，今回の改革は，建国以来の最大で，最も徹底したと評価されている。

❷　改革の中身

　改革の内容は主として以下の三点に大別される（巻頭図 3 も参照）。第一に，それまでの四総部体制を解体し，中央軍事委員会多部門制度を発足したことである。すなわち，中央軍事委員会の直属機関として，弁公庁，統合参謀部，政治工作部，後勤保障部，装備発展部，訓練管理部，国防動員部という七つの部（庁），紀律検査委員会，政法委員会，科学技術委員会という三つの委員会，戦略計画弁公室，改革編制弁公室，国際軍事協力弁公室，財務監査署，機関事務管理総局という五つの直属機関，合計15の部門が設置された。

　第二に，軍種に関する改革である。それまで四総部が司令部機能を担当することで，他の軍種より実質的に上位に位置付けられていた陸軍にも，陸軍指揮機構が設置された。また，軍種に準ずる扱いであった第二砲兵は，ロケット軍に名称変更が変更され，軍種へ格上げされた。さらに，戦略支援部隊が新設された。同部隊の詳細は不明であるが，宇宙アセットの管理，電子戦，サイバー戦の遂行，各軍種への情報・監視・偵察支援など，新しい安全保障領域を広く

▷ 1　七大軍区
1985年の鄧小平による軍改革によって，それまでの十三大軍区が整理統合され，北京，瀋陽，済南，南京，広州，蘭州，成都の七大軍区体制となった。各軍区の司令員，政治委員は陸軍出身者が占めた。軍区はそれぞれの担当地域の軍令のみならず，軍政面の業務を担当していたが，今回の改革では，そうした軍令と軍政の混在は，軍の実戦能力を損なうものだったと批判された。

198

担当しているものと推測されている。

　第三に，それまでの**七大軍区**^{◁1}が廃止され，それに代わる五大戦区の創設が発表された。新たな戦区は，東部，南部，西部，北部，中部から構成され，それぞれに戦区統合作戦指揮機構が組織された。当初，各戦区の司令員はすべて陸軍出身で占められ，政治委員も1名を除き，陸軍出身者が就任していたが，その後，海軍と空軍出身の司令員や政治委員が就任するなど，陸・海・空軍の統合作戦体制の強化を意識した人事配置が行われた。

❸ 改革の目的と手段

　この改革の目的は，以下の三点に集約できる。第一に，習近平自身の軍への統制力と指揮権限の強化である。胡錦濤時代には，四総部が巨大な権限を掌握し，中央軍事委員会主席の意向が必ずしも反映されない場面があったといわれている。そこで習近平は四総部を解体し，中央軍事委員会主席としての自らの権限の強化を目指した。さらに中国共産党第19回全国代表大会（第19回党大会）で中央軍事委員会主席責任制を党規約に銘記することで，拡大した自らの権限の制度的担保に成功した。

　第二に，情報化局地戦争に勝利すべく，人民解放軍の指揮命令系統を合理化することである。今回の改革では「軍委管総，戦区主戦，軍種主建（軍事委員会が全体を管理し，戦区が主に戦い，軍種が主に建設する）」がスローガンとして掲げられ，軍令は中央軍事委員会－戦区－部隊，軍政は中央軍事委員会－各軍種－部隊で実施することになり，両者の分離が図られた。また，軍令に関して，中央軍事委員会－四総部－軍区／軍種－部隊の四層構造を中央軍事委員会－戦区－部隊の三層構造に改め，指揮・命令系統の簡素化が図られた。さらには従来戦時の際に設置されていた戦区を常設化することで，平時と戦時の体制の一体化を目指した。人民解放軍は，こうした新たな指揮命令系統で，「ネットワーク情報システムに基づく統合作戦能力」^{◁2}と「全域作戦能力」^{◁3}の強化を目指している。

　第三に，人民解放軍の長らくはびこっていた「陸軍中心主義」を是正することである。陸軍は未だに最大の規模を誇り，中央軍事委員会や各戦区で多くの主要ポストを占めているとはいえ，他の軍種同様，陸軍にも司令部組織が設置され，戦区司令員に他の軍種出身者が就任したことで，従来の圧倒的な陸軍の優位性は崩されることとなった。

　こうした一連の改革は，人民解放軍の既得権益を侵害する可能性があった。しかし，習近平は，徐才厚，郭伯雄をはじめとする軍高官を軍内反腐敗闘争の中で逮捕することで，軍内の反対意見を封じ込めた。　　　　　　（杉浦康之）

▷2　ネットワーク情報システムに基づく統合作戦能力
データリンクと情報共有を中心に，陸・海・空・ロケット軍などの各軍種間のC4ISR（指揮（Command），統制（Control），通信（Communication），コンピューター（Computer），情報（Intelligence），監視（Surveillance），偵察（Reconnaissance））システムの一元化がより発展した統合作戦能力。第19回党大会で今後の人民解放軍が涵養すべき能力の一つとして掲げられた。

▷3　全域作戦能力
長距離機動能力，情報獲得能力，指揮統制能力，態勢感知能力，火力打撃能力，総合保障能力などを含むとされる，かなり広範囲にわたる概念。従来の軍区を中心とした伝統的な区域防衛から様々な輸送力を駆使して戦区を越えた機動作戦を実施し，各種気象，地理，電磁などの複雑な条件に対応することを目標とする。

（参考文献）
杉浦康之「中国人民解放軍の統合作戦体制——習近平政権による指揮・命令系統の再編を中心に」『防衛研究所紀要』第19巻第1号，2016年12月。
Joel Wuthnow and Phillip C. Saunders, *Chinese Military Reforms in the Age of Xi Jinping: Drivers, Challenges, and Implications*, Washington: National Defense University Press, 2017.

XVI　強いリーダーシップを目指して

 3 反腐敗運動と社会統制の強化

 汚職撲滅キャンペーンと大衆へのアピール

　権威主義的な政治体制と伸縮性のある人間関係のネットワークの下で行われる統治は「人治（為政者の恣意による統治）」の形態をとる傾向にある。中国もまた「人治」の国と言われ，そこでは指導者の徳に基づく秩序形成（徳治）が期待される。このような状況下で「法治」の遂行を主張したとしても，「法による統治（rule by law）」の色彩が強く，法の支配（rule of law）が前面に出ることは少ない。

　習近平が権力基盤を固めるために最も力を入れている汚職撲滅キャンペーン（反腐敗キャンペーン）は毛沢東にならっていると，歴史学者の宋永毅は指摘する。1951〜52年の三反運動（反腐敗，反浪費，反官僚主義）は，46年に汚職幹部の捜査・摘発のために設置された中央紀律検査委員会を通して行われた。この超法規的機関を，習は汚職撲滅キャンペーンで存分に活用している（表1）。

　司法制度を通さず，超法規的に行う汚職撲滅キャンペーンは，権力闘争の道具に使われることもある。本来は，司法制度改革などを通して腐敗の撲滅を行うべきであるが，それを認識していない人たちは，汚職撲滅キャンペーンを称賛する。一方で，制度改革を主張する知識人，弁護士，活動家，ジャーナリストなどは弾圧の対象になっている。

② 思想・言論統制の強化

　2014年4月24日，70歳になろうというベテラン記者の高瑜が，国家機密を漏洩したとして刑事拘留された。高瑜は『経済学週報』の副編集長をしていた1989年，ちょうど天安門事件の前日の6月3日に逮捕され，1994年にも国家機密漏洩罪で懲役6年の有罪判決を受けており，今回の逮捕は三度目だ。逮捕の理由は党中央弁公庁発行の文書「現下のイデオロギー分野の状況に関する通

表1　汚職撲滅キャンペーンで処罰された高級官僚

名　前	元　　職	処分内容
周永康	中央政治局常務委員，中央政法委員会書記	党籍剝奪，公職解除，無期懲役
蘇　栄	全国政治協商会議副主席	党籍剝奪，公職解除，無期懲役
令計画	全国政治協商会議副主席，中央統一戦線部部長	党籍剝奪，公職解除，無期懲役
孫政才	中央政治局委員，重慶市共産党委員会書記	党籍剝奪，公職解除，無期懲役
徐才厚	中央政治局委員，中央軍事委員会副主席	党籍剝奪，軍籍解除，起訴前に病死
郭伯雄	中央政治局委員，中央軍事委員会副主席	党籍剝奪，軍籍解除，無期懲役

報」（通称「七不講」）を中国大陸から流出させたことが問題視されたと見られる。

習近平政権は，「西方」（西側諸国）への警戒と敵視も強めた。2017年1月，「海外非政府組織管理法」が施行された。『鳳凰網』（2014年12月26日）によると，中国で活動する海外NGOは1000団体，短期で活動するものも含むと4000〜6000あり，毎年数億ドルの資金が貧困削減，障害者支援，環境保護，医療衛生，教育などに使われている。中国人民公安大学教授の王存奎は『鳳凰網』の取材に対し，かつて東欧の変革で重要な役割を果たした海外のNGOが，直接・間接的に中国の機密を探り，西側の代理人となる人物を育成しようとしたり，弱者支援などの名目で中国の問題に関わり，民衆を煽って党と政府と対立する感情を抱かせたりしようとしていると述べている。

NGOへの規制は，2012年7月に「外国エージェント法」を施行したロシアのやり方を踏襲しようとしているとの見方もある。同法でロシアは，海外から資金を受け「政治的活動」に関わる団体に特別な登録を行う義務を課している。「政治的活動」の定義は曖昧であり，多くのNGOが予告なしに家宅捜索され，罰金を科されたり，閉鎖に追い込まれたりした。

2015年1月には，中共中央弁公庁と国務院弁公庁が「新しい状況下の大学の宣伝思想工作の強化推進に関する意見」を発表し，「イデオロギー工作は党と国家にとってきわめて重要」で，その第一線に立つ「大学は社会主義の核心的価値観を育み」「中華民族の偉大なる復興という中国の夢を実現する」任務を担っていると強調した。それに呼応した教育部部長の袁貴仁は，北京大学，清華大学，武漢大学などの担当者が出席した座談会において「西側のオリジナル教材の使用を厳しく制限し，絶対に西側の価値観念を伝播するような教材を我々の教室に持ち込んではならない。決して党の指導者を誹謗攻撃し，社会主義を抹消するような言論を大学の授業に出現してはならない」と具体的な指示を出した。

習近平政権はインターネットの管理も最重要課題に位置付けている。インターネットの管理には，公安部，国家パスワード管理局，国家機密保持局，国家安全部，工業・情報化部，中国人民解放軍など多くの部門が関わるが，習近平国家主席は中央サイバーセキュリティ・情報化委員会を設立し，そのトップに就くことによって，部門主義を排除し，より戦略的にインターネット関連政策を推進する体制を整えた。また，「インターネット強国」「国家ビックデータ」「インターネット・プラス」の戦略も示している。「インターネット・プラス」は，中国国内の有力なインターネット関連企業に資本を集中的に投入し，それらにネット市場を独占させ，国民生活の各種サービスを担当させるという計画だ。国民の個人データを国家の一元的な管理の下に置くというこの構想の実現により，中国はインターネットを通じた壮大な国家監視システムを作り上げようとしている面もある。 （阿古智子）

▷1 七不講
党中央弁公庁が指示した「議論してはならない七つの項目」。具体的には①人類の普遍的価値，②報道の自由，③公民社会，④公民の権利，⑤党の歴史的誤り，⑥特権資産階級，⑦司法の独立。

▷2 全国人民代表大会を3月に控えた2016年2月，習近平は国営メディアの人民日報，新華社，中央テレビを視察し，「共産党と中国政府のメディアは共産党の代弁者（"姓党"〔メディアの姓は党〕）である」と強調した。その後の会議でも習近平は「メディアは党と政府の宣伝の拠点であり，"必須姓党"（党の代弁者でなければならない）」と述べている。従来，党のメディアは「党の喉と舌」と言われてきたが，習近平政権は，さらにその上を行くような忠誠をメディアに求めていることがわかる。

（参考文献）
宋永毅「『毛沢東化』する習近平——反腐敗掲げ権威と大衆人気を高める」『外交』Vol. 29, 2015年1月, 71-75頁。
「中国擬立法管理境外NGO専家：有NGO対華政治浸透」『鳳凰網』2014年12月26日, http://news.ifeng.com/a/20141226/42807154_0.shtml（最終閲覧2019年12月30日）。

XVI　強いリーダーシップを目指して

 「新常態」とイノベーション

❶　海外への積極的な資本投資

　GDP 世界第 2 位の経済大国となった中国経済は，現在大きな曲がり角にさしかかっている。特に，2008年のリーマンショック以降は，その資源投入型の経済成長が限界にきており，いわゆる「中所得国の罠」に陥るのではないか，という議論が盛んになされるようになった。これを受け，中国政府は2014年に中国経済が「新常態（ニューノーマル）」と表現される安定的成長段階に入ったとし，市場メカニズムを重視した改革の継続や，投資に依存した粗放的な成長路線からの転換を目指す方針を明らかにした。

　中国が模索する新たな成長パターンの特徴として，第一に挙げられるのが，海外への積極的な資本投資の推進である。それを象徴するのが，2015年の全国人民代表大会における政府活動報告で強調された「シルクロード経済ベルト」に「海のシルクロード」を合わせた「一帯一路」戦略の推進である。同時に，一帯一路に必要な資金の供給源として中国が独自に設立したシルクロード基金，さらにはアジア全体におけるインフラ整備の資金供給のために中国が主体となって設立された国際機関であるアジアインフラ投資銀行（AIIB）にも注目が集まっている。

　一帯一路戦略に象徴される資本輸出型の経済発展戦略は，過剰な国内資本や外貨準備を，海外に「逃がし」，従来型の経済成長パターンの中で顕在化した供給能力の過剰を緩和するという側面をもっている。この構想が，安定成長路線すなわち「新常態」を迎える中国経済の新たな成長モデルとして強調されているのはこのためだ。ただ，この試みが成功するかどうかは，国内金融システムの改革や，周辺諸国の経済成長が軌道にのるかどうかに依存しており，未知数に留まっている。

❷　新型都市化政策のゆくえ

　第二の成長パターンは，都市 – 農村二元構造の解消による内需の拡大である。長らく都市 – 農村間で二元的な制度上の分断が生じていた中国社会にとって，農村の都市化に伴い，農民層に都市住民なみの社会保障や住居などを提供することは喫緊の課題である。その実現を謳うのが，2014年に提起された「国家新型都市化計画（2014〜2020年）」（新型都市化政策）である。この新型都市化政策には，「農民の市民化」を通じた中間層の創出によって，肥大化した国内投資に

▷ 1　中所得国の罠
中国のような新興国が経済成長によって中所得国の仲間入りを果たした後成長率が鈍化し，高所得国となれない状態を指す。

▷ 2　⇨ XVII-4 「『一帯一路』構想」

代わる，需要面での成長のエンジンを創出するという意味合いもある。

　都市化政策と並行して，都市と農村の分断を生んできた従来の戸籍制度に代わり，都市ごとに条件を定め，それを満たした流入人口の定住化・市民化を進める戸籍改革も進んでいる。ただし，特に人口500万人以上の大都市の場合，市民としての権利を得るには個人の技能や学歴・納税状況・居住年数などに関するかなり厳しいハードルが課せられている。新型都市化の推進とその帰結は，社会の安定性に直接影響する，最重要課題の一つであることは間違いない。しかし，都市化の進展が大都市と中小都市の格差，あるいは都市住民間の差別といった新たな社会問題を生み出しつつあるのも事実である。

❸　イノベーションの活性化

　新たな成長パターンの第三のものとして，イノベーションの活性化が挙げられる。中国政府は，経済成長の新たな原動力を求めて2015年より「大衆創業，万衆創新（大衆による起業，イノベーション）」という政策を打ち出し，中央だけでなく地方政府のレベルでも創業やイノベーションを奨励している。また同年には国務院通達の形で「中国製造2025」と題されたレポートが出され，IT技術と製造業が融合したイノベーションを通じて世界の「製造強国」の仲間入りを果たす，という方針が示された。

　中国が進めようとしているイノベーションの中心になっている都市が，電子産業の集積する広東省深圳市だ。深圳には1980年代の対外開放政策でいち早く経済特区[3]が設けられ，労働集約的な産業の加工貿易などで急成長した。その後，賃金上昇や外資優遇政策の転換により多くの労働集約的な産業が撤退した。その一方，電子部品を供給するための「専業市場（卸売業者や製造業者がブースを並べる雑居ビル）」が急速に整備されるなど，電子産業の集積地としての顔をもつようになった。近年では，通信機器の生産やネットワーク構築までを手掛ける華為技術（ファーウェイ）や，民生用小型無人機（ドローン）の生産で一躍有名になった大疆創新科技（DJI）など，高い技術開発能力をもつ世界的な企業がこの地から生まれている。また，独創的なアイデアをもつ個人起業家（メイカー）のアイデアを形にするための「エコシステム」としての深圳の役割も注目を集めている。[4]

　もちろん，こうした中国でのイノベーションの状況を楽観してばかりもいられない。最も懸念されるのは2018年に入って顕在化した米中貿易摩擦の動向だろう。中興通訊（ZTE）や華為技術が相次いで狙い撃ちにされるなど，両国の摩擦の背景にはハイテク産業での主導権争い，という要素が濃厚に絡んでおり，対立は長期化が予想される。このまま両国政府の意地の張り合いが続くと，これまで築き上げられてきたサプライチェーンやエコシステムが破壊されかねない。このような困難を超えて中国経済がイノベーションを通じて安定的な成長を持続していけるのか，しばらくは目が離せない状況が続きそうだ。　（梶谷　懐）

▷3　経済特区
⇨X-6「経済特区」

▷4　深圳にはプリント基板の実装や試作品の製造を小ロットで請け負う中小企業，創業資金を出資するベンチャーキャピタル，開発のための場所を提供し情報共有や資金提供者とのマッチングをサポートする「メイカースペース」が，2時間で行ける圏内に集積している。こうしたエコシステムが形成されることで，深圳は中国国内だけでなく，世界中のメイカーが集まる「メッカ」と化しつつある。⇨X-6「経済特区」も参照。

（参考文献）
梶谷懐『中国経済講義』中公新書，2018年。
梶谷懐・藤井大輔編『現代中国経済論（第2版）』ミネルヴァ書房，2018年。
高須正和『メイカーズのエコシステム——新しいモノづくりがとまらない。』インプレスR&D，2016年。

習近平と「中国の夢」

1 「中国の夢」とは

為政者は往々にして自分の政権のためのキャッチフレーズ作りに熱心である。鄧小平時代は改革開放であり，胡錦濤時代は「和諧社会」であった。そして，「中国の夢」は習近平政権が提起したコンセプトである。習近平が提唱している「中国の夢」とは，「中華民族の偉大なる復興」であり，これを実現することが「中華民族にとり近代以降のもっとも偉大な夢である」という。

習近平総書記が提起したこの「中国の夢」は，2017年10月に開催された中国共産党第19回全国代表大会（第19回党大会）において習近平総書記が行った報告に改めて盛り込まれ，中国の国家目標として正式に位置付けられた。

習近平は「現在，われわれは歴史上のいかなる時期に比べても，中華民族復興の目標に近づいている」としつつ，「中国の夢」に具体的な目標を設定した。「中国共産党設立100周年を迎えるときに全面的に小康社会（まずまずの生活レベルに到達した社会）を構築するという目標を達成し，新中国成立100周年のときには富強で民主的な文明をもつ社会主義近代化国家を構築するという目標を達成し，中華民族の偉大な復興という夢が必ず実現できると堅く信じている」と述べ，「二つの100年」の達成が「中国の夢」の実現につながるという考えを示した。

2021年と2049年という二つの100年をつなぐ2020年から2050年前後までの期間は前半と後半に分けられている。2020年から2035年の前半は，小康社会の基礎の上に社会主義近代化を基本的に実現する時期とされている。経済力，科学技術力を大幅に向上させ，イノベーションで世界の最前列に立つ。国民の生活にゆとりができ，所得においてミドルクラスの比率を大きく増加させる。地域ごとの経済格差や国民の生活レベルの格差を大きく縮小させる。公共サービスが基本的に均等に享受できる社会を実現させる。さらに生態環境の状況を根本的に好転させる。

後半の2035年から2050年前後の期間は富強で民主的かつ環境にやさしい社会主義近代化強国を構築するという。総合的国力と国際的な影響力を有する国となり，中華民族は世界でも輝かしい民族として位置付けられるとしている。

これらにより「中国の夢」は達成されるという見通しが内外に示された。

❷ 政権に必要な「中国の夢」

　中華人民共和国の正史においては，1840〜42年のアヘン戦争から近代がスタートする。イギリス軍に敗れ開港を余儀なくされてから，中国は多くの不平等条約を結ばされた。中国にとっては19世紀後半から20世紀前半にかけての1世紀は「国恥」の100年にほかならない。このため清末以降の中国近現代外交史は，中国の国際的地位の向上を目指す歴史でもある。孫文，蔣介石などの指導者も「復興」を掲げ，国民を一致団結させようとした。「復興」という言葉は，近代以降の中国の歴史の中で一貫して，国内においては政権の正当性を担保し，民衆を団結させるといった重要な機能を担っている。

　「中華民族の偉大なる復興」をスローガンとしている習近平政権は，近代以降ほぼすべての中国指導者によって語り継がれた「屈辱の中国の100年」を継承し，このような歴史の語り口をベースに国民のナショナリズムを作り上げようとしている。こうした屈辱的な近代史について，習近平は次のように語っている。「近代以降，中華民族が受けた苦難の重さ，支払った犠牲の大きさは世界史においても稀である。しかし，中国の人民は屈服せず，絶えず抗争に奮い立ち，ついに自らの運命をつかみ，自らの国家を建設するという偉大な工程をスタートさせ，愛国主義を核心とするとする偉大な民族精神を十分に示した」。

　歴代政権にとっての「中華民族の復興」と同じように，「中華民族の偉大なる復興」の代名詞である「中国の夢」というスローガンは，習近平政権にとって非常に重要な役割を担っている。「中国の夢」は中国近代以降のナショナリズムの基盤を提供し，国民動員の機能を有し，さらに半植民地時代に終止符を打った共産党政権の正当性をも担保している。

❸ 疑問視される「中国の夢」

　「中国の夢は中国国民の幸福追求の夢であるが，各国の国民の美しい夢とも相通じている」と中国政府はいう。しかし，「中国の夢」に不安を感じている人々も少なくない。

　確かに，近代の中国はその利権を列強諸国に分割して掌握され，半植民地状態に陥った。しかし改革開放後の中国は著しい経済成長を成し遂げ，経済規模でいえば，2010年に中国は日本を追い抜いて世界2位となった。そして，中国の国際的地位が大きく向上したのみならず，国際秩序に大きな影響力を及ぼせるほどの大国となった。こうした文脈でいえば，「中国の偉大なる復興」はすでに実現しているのかもしれない。対外的には，習近平政権は，中国の夢は平和な夢であることを強調している。他方，台頭する中でナショナリズムが増幅させる「中国の夢」に不安を覚え，「中国の夢」に邁進する習近平政権と中国の動きに対して疑問視する声が国内外で上がっていることも事実である。　（青山瑠妙）

▷5　青山瑠妙「中国外交のゆくえ」益尾知佐子・青山瑠妙・三船恵美・趙宏偉『中国外交史』東京大学出版会，2017年，220-223頁。

XVII　「中国の夢」を求めて

ひまわり学生運動，香港雨傘運動

▷1　ひまわり学生運動
呼称の由来は諸説ある。支
持者から送られたヒマワリ
が占領中の議場に飾られた
のがきっかけともいわれる。
原語では，「向日葵」では
なく，あえて sunflower の
直訳「太陽花」を使う。ブ
ラックボックス的政治を暴
く希望の光といった意味が
込められたとされる。

▷2　サービス貿易協定
原語は「海峡両岸服務貿易
協議」，略称 ECFA。中台
が相互にサービス貿易と市
場開放をするための協定。
2012年に調印済みだが，国
内での批准が済んでいな
かった。馬政権は，中台が
「国家間」関係ではなく，
外交行為に該当しないとい
う論理で，条約批准の手続
きを回避しようとした。

▷3　　李登輝
⇨XIII-3「民主化する台湾
と中台関係」側注8

▷4　統一と独立，アイデ
ンティティに関する世論調
査は，台湾の行政院大陸委
員会や国立政治大学選挙研
究中心が継続的・定期的に
公表している。

▷5　たとえば，2018年発
表の通称「恵台31項目」が
典型である。中国における
国家プロジェクトへの参与
や，進学・就職・起業の優
遇拡大等を謳っている。

1　ひまわり学生運動[1]

　2014年3月18日から4月10日にかけて，学生を中心とする台湾市民が立法院（一院制の国会に相当）議場を占拠した。当時の中国国民党・馬英九政権が，中国との間に調印された**サービス貿易協定**[2]の国内での批准を，通常の手続きを無視してスピード採決しようとしたことに対する抗議運動であった。

　インターネットを通じた生中継などの情報公開や，非暴力と秩序立った抗議姿勢は，台湾市民の広範な支持を得た。最多で50万人以上もの人々が，学生らに賛同する街頭抗議運動に身を投じた。立法院で籠城する学生への差し入れや支援も後を絶たなかった。最終的には，立法院長（国会議長）の王金平が学生代表と協議し，同協定の審議停止を受け入れたため，占拠者は議場の原状復帰をした上で自主的に退去した。

　この抗議運動が広範な支持を得た背景には，国会審議を軽視した国民党の非民主的手法もさることながら，サービス貿易協定に象徴される対中傾斜に懸念を抱く民意が強かったこともある。その前から，台湾メディアへの中国資本参入と買い占めを懸念する抗議運動も起きており，過度の対中経済依存に対する危惧や，対中傾斜を深める馬政権への不信感が高まっていた。

　台湾では，民主化を達成した**李登輝**[3]政権以降，台湾を中国とは別の存在と認識し，自らを中国人ではなく台湾人と考える台湾意識をもつ人々が多数となったためである。特に，抗議運動の主な担い手であった学生たちは，天然独世代と呼ばれ，台湾が中国とは異なる国家であることを当然として育っている。

　アイデンティティを問う世論調査[4]では，2010年代は「台湾人」と答える者が最多であり，50％以上を占めている。次点は「台湾人であり中国人でもある」とするもので，30％以上である。文化・言語の共通性から「民族的中国人」であることは否定しないものの，「国民」としては台湾人（台湾に存する主権国家の国民）であるという解釈ができよう。他方で，「中国人」とのみ回答する者はほぼ5％未満である。台湾世論の大多数は，現時点での中国との統一にも拒否感を示しており，広義の「現状維持」が一貫して80％以上を占める。早期統一を希望する者は2％前後に過ぎない。

　しかし中国は，国民党などを介さない，台湾社会に対する直接的な工作を強化している。大胆な台湾人・企業優遇策を打ち出し[5]，若年層を中心に取り込み

工作を仕掛けた。2017年から2018年かけての世論調査では「中国寄り」の各種数値が急増し，アイデンティティに関する回答でも「台湾人」が減り，「台湾人であり中国人でもある」が増えるなど，台湾意識の動揺も見られる。^{◁6}

❷ 香港雨傘運動

　1997年のイギリスから返還後の香港では，経済の中国依存が急速に進んだが，それに伴い大陸住民の大量流入による生活問題や，不動産の暴騰などの社会問題が深刻化していた。また，「経済融合」に伴い，中央政府の政治介入が強まり，自治の縮小も懸念されていた。そのような下で，中央政府が1980年代以来の民主化問題を強力に「解決」しようとした結果，2014年9月28日，香港中心街で，若者らが公道を占拠し，「真の普通選挙」を求める「雨傘運動」が発生した。

　中国は「香港基本法」において，返還後香港で民主化を進め，最終的に行政長官（政府トップ）と立法会（議会）を「普通選挙」で選ぶと規定した。そして2007年，中央政府は2017年行政長官「普通選挙」を行うことを許可した。しかし，2014年8月，中央政府は，「普通選挙」の候補者を共産党が事実上事前に選別する制度の導入を決定した。政権が認めない者の立候補が禁じられる「ニセ普通選挙」と，多くの市民がこれに激しく反発し，運動が発生した。^{◁7}

　運動の特徴として，第一に，世界の動きの影響がある。2011年米国で起きた「ウォール街占拠」^{◁8}を参考に，大学教授らが香港島中心部の金融街占拠を提案したことが，運動のきっかけとなった。第二に，ネットの活用である。SNSなどで運動参加者が拡大した。第三に，若者の台頭である。2012年の「反国民教育運動」で活躍した若者の団体「学民思潮」など，学生が運動の中心となった。

　中央政府はこの運動を，共産党政権転覆を目指す「カラー革命」^{◁9}と見て断固として譲歩せず，運動は長期化した。疲労や内部分裂が生じて運動は市民の支持も徐々に失い，79日経った12月15日に道路占拠は終息した。

　「雨傘運動」は民主化の推進に失敗したが，若者らの政治意識の高揚をもたらした。しかし従来の運動が政府の一定の譲歩を引き出せていたのに対し，この雨傘運動では，中央政府に民主化要求が無視されたことから，一部の者は香港独立運動に走った。中央政府は独立派を激しく非難し，独立派とみなされた者は，選挙への出馬資格を奪われた。「雨傘運動」を主導した者に対しては，違法集会罪等により，禁固刑を含む厳しい判決が続いた。

　「雨傘運動」は，その後の香港の自由と民主を後退させる強硬な政策の発端となった。しかし，これは「中華民族の偉大な復興」を掲げる中国政府に，香港の若者の支持を得る術がなく，力で押さえ込むことしかできないという問題点を露呈させたともいえよう。　　　　　　　　　　（渡辺　剛・倉田　徹）

▷6　依然として世論の多数は台湾意識が強いが，取り込み工作による長期的変化は無視できない。詳細は，渡辺剛「中国シャープパワーと揺れる台湾アイデンティティ」『東亜』No. 612，2018年6月。他方，2018年後半からの米中対立激化に伴う米国の親台湾政策や，2019年半ばからの香港での逃亡犯条例改正反対デモ等を受け，反中的な世論が再活性化した。台湾意識は依然揺れ続けている（渡辺剛「総統選を控えた台湾ナショナリズムの世論動向」『東亜』No. 627，2019年9月）。

▷7　排除を試みる警察の催涙ガス・スプレーを，運動参加者が傘で避ける姿から，この運動は「雨傘運動」と名付けられた。

▷8　ウォール街占拠
2011年9月，ニューヨークの金融街・ウォール街で，富裕層優遇の政策に不満を抱いた人々が，路上や公園で長期の座り込み抗議活動を発動した。ネットで呼びかけられ，SNSなどを通じて拡散し，米国のみならず，欧米諸国を中心に世界各地で同様の運動が展開された。

▷9　カラー革命
2004年ウクライナの「オレンジ革命」に代表される，東欧や旧ソ連などの旧共産圏諸国を中心に広がった民主化要求の革命運動の総称。中国は米国が背後で革命を支援したことを疑っている。

参考文献

港千尋『革命の作り方』インスクリプト，2014年。
門間理良「台湾の動向」月刊『東亜』各号連載，2014年〜。
倉田徹・張彧暋『香港』岩波新書，2015年。

XⅦ　「中国の夢」を求めて

3　米中関係の展開

▷1　グローバル金融危機
（2007-09）
アメリカのサブプライム
ローン問題を発端に世界同
時株安などを引き起こした。
中国の経済成長は堅調で，
危機後に世界経済の回復を
牽引した。リーマンショッ
ク（⇨ⅩⅣ-9「リーマン
ショックと景気対策」）と呼
ばれることもある。

▷2　バラク・オバマ
（1961-）
第44代アメリカ大統領
（2009〜16年）。民主党。シ
カゴ選出の上院議員より当
選した。

▷3　一帯一路
⇨ⅩⅦ-4「『一帯一路』構
想」

▷4　航行の自由作戦
国際法に基づき，すべての
国が自由に海・空域を使え
ることを保障するため，米
軍が艦船や航空機を派遣す
る作戦。南シナ海で中国が
埋め立てた地域などで2015
年以降繰り返し実施されて
いる。

1　オバマ政権と中国

　グローバル金融危機[1]でアメリカ経済はじめ先進国経済が失速する中，経済成長への打撃が少なかった中国は自信を深める。それは海洋進出はじめ積極的な外交姿勢の一因ともなった。この時期に誕生したオバマ政権[2]は，台頭する中国と本格的に向かい合った最初の政権ともいえよう。

　南シナ海における領有権問題で中国が係争国に強硬策をとるようになると，クリントン国務長官は2010年の ASEAN 地域フォーラム（ARF）にて中国を公然と批判する。テロとの戦いに注力したブッシュ政権の方針から，オバマ政権はアジア太平洋地域への関与を深めるリバランス（再重点化）戦略へと舵を切った。そのアプローチは，同盟強化に留まらず，パートナー国への高官訪問や共同訓練などを通じた軍事協力，さらには環太平洋パートナーシップ協定（TPP）のような経済協力をも含めた包括的なものだった。

　他方で中国との関係管理にも一定の配慮が与えられる。アメリカは成長するアジアを自国主導の国際秩序に取り込むことに関心があり，中国との対抗ではなく外交的な解決を模索した。そのため，戦略・経済対話（S&ED）を通じて半年ごとに大規模な閣僚級訪問団が首都を相互訪問し，オバマ大統領は就任直後の習近平とサニーランズにて米中首脳会談（2013年）を行った。

2　習近平政権とアメリカ

　2012年に党総書記に就任した習近平は，アメリカとの新型大国関係の構築を重視する。胡錦濤政権において新型大国関係は，アメリカとの平等な関係の構築，核心的利益の相互尊重に力点がおかれていた。しかし，台頭する国がそれまでの覇権国を追い抜く際に衝突が起こると考える権力移行論が生起する中で，新型大国関係は米中衝突の回避を模索する概念へと変貌させられていく。先の米中首脳会議は，中国から見れば，「衝突せず，対抗しない」新型大国関係を構築するものと位置付けられた。オバマ政権が進めるアジアへのリバランス戦略，とりわけ駐留米軍と同盟の強化への懸念が，アメリカとの関係構築に中国を向かわせたと見られる。

　習近平政権は，2014年の中央外事工作会議において「中国の特色ある大国外交」を唱え，その理念を豊かにし発展させると述べた。習近平による「奮発有

為」という新たな戦略方針の下，周辺外交における「一帯一路」[3]と並び，対米関係に関わる「新型大国関係」は大国外交の重要な柱を構成していた。

③ 悪化する米中関係

2014年から16年にかけて，アメリカ政府および企業への中国発と見られるサイバー攻撃事案が多数発生し，さらに南シナ海において中国が領有権に争いのある岩礁を埋め立て（人工島の建設），軍事拠点化を進めたことで，アメリカでは徐々に中国への強硬論が高まる。アメリカは，南シナ海における航行の自由作戦[4]の実施や，同盟国，パートナー国への支援の増大を通じて対応する。中国が西太平洋地域における米軍の活動を阻害する能力を獲得しつつあるとの懸念も深まり，それはアメリカの同盟関係に深刻な影響を与えるとも考えられた。それまで主流であった関与政策[5]への支持も弱まっていた。

他方で中国は，アメリカ国内の強硬論にもかかわらずオバマ政権が軍事交流など米中関係維持の取り組みに前向きであったことも踏まえ，領土主権や海洋権益に関して既存の方針を変えることはなかった。

④ トランプ政権の発足，米中関係と今後

2016年秋にトランプ[6]が大統領に当選すると，台湾の蔡英文・中華民国総統と電話会談を行ったことで，対中政策が見直されるのか関心が集まった。しかし政権発足後，従来どおりの「一つの中国」政策[7]を尊重するとトランプ政権は発表した。習近平総書記の訪米により17年4月には米中首脳会談が実施され，新たな協議枠組みとして米中包括対話が設置される。核ミサイル開発を進展させる北朝鮮問題への対応でも中国の役割が期待された。

2018年になると，米中関係には変化が見られる。巨額の貿易赤字解消を目指すトランプ政権は中国への圧力を強め，両国は関税対象を広げる応酬を始めた。加えて，中国による諸外国への政治工作活動や，米企業・大学への技術窃取の実態が注目を集め，中国製品や投資活動は制約され始めている。

習近平総書記は，国内権力基盤の強化に取り組み，南シナ海における軍事拠点形成も続けている。しかし4年ぶりに開催された中央外事工作会議（2018年）は，大国外交の安定，周辺国および発展途上国との連携を方針と掲げ，強硬化しつつあるトランプ政権に対応するため慎重姿勢に再び転じたとも見られる。

長期的に見れば米中関係が対抗，競争の側面を強める可能性は高い。トランプ政権の国家安全保障戦略（2017年）は中国をロシアとならび，秩序への競争相手とみなしている。米中両国の政治的価値観の異なりは明らかであり，中国はアメリカの同盟に懸念を強めている。さらに台湾問題や中国の少数民族問題，人権問題でも，アプローチの相違は明らかだ。権力の移行に伴うトゥキディデスの罠[8]を避け，米中が共存することは容易ではない。　　　　（佐橋　亮）

▷5 関与政策
経済社会面での交流，政治協力を通じ，国際社会における中国の役割拡大を期待する政策。中国の将来における政治体制の変化への期待を含める場合もある。

▷6 ドナルド・トランプ
(1946-)
第45代アメリカ大統領。政治経験がなく大統領に就任したことは異例。

▷7 （アメリカの）「一つの中国」政策
1972年，78年の二つのコミュニケ，台湾関係法（1979年）からなる（82年のコミュニケ，台湾への六つの保証を含める場合もある）。アメリカ政府の立場は，「一つの中国」原則に基づく中国政府の台湾に関する主張を「認識」したもの。台湾関係法により，台湾に住む人々との経済社会関係の維持，台湾への武器売却を可能にし，台湾の将来を重大な関心事と認めている。

▷8 トゥキディデスの罠
古代ギリシアにおいて覇権国スパルタと台頭するアテネはペロポネソス戦争に陥る。それを描いた「戦史」の著者トゥキディデスの名を取り，覇権国と台頭国の間では歴史上頻繁に戦争が起こる現象を指す。アリソン（2017）が詳しい。

【参考文献】
アーロン・フリードバーグ（佐橋亮監訳）『支配への競争』日本評論社，2014年。
グラハム・アリソン（藤原朝子訳）『米中戦争前夜』ダイヤモンド社，2017年。

XⅦ　「中国の夢」を求めて

4 「一帯一路」構想

▷ 1　当初，英文では One Belt, One Road（OBOR）と呼ばれた。この訳では経路が二つに限られると受け止められるため，中国政府はBelt and Road Initiative（BRI）と呼んでいる。

▷ 2　冷戦終結後に国境と領海を接する国々との関係強化が進み，1990年代後半以降には中央アジアと東南アジアを地域として重視しはじめた。青山瑠妙『中国のアジア外交』東京大学出版会，2013年。

▷ 3　⇨ⅨX- 3 「平和共存五原則」

▷ 4　シルクロード基金
2014年12月29日成立，北京に本部を置く「一帯一路」構想の実現のための基金。中国政府の外貨準備局，中国投資有限責任公司，国家開発銀行，中国輸出入銀行が出資し，総資本金は400億ドル（第一期は100億ドル）。

▷ 5　アジアインフラ投資銀行（AIIB）
2015年 6 月に署名式，2016年 1 月に開業した北京に本部を置く国際金融機関。当初創設メンバーは57カ国で資本金は1000億ドル。2020年 1 月時点で，加盟国は76カ国。中国が議決権の26.754％をもつ。日米は2020年 1 月末時点で加盟していない。

1 習近平体制が提起した広域経済圏構想

習近平体制の提起する「一帯一路」[1]は広域経済圏構想として2013年に始動した。新旧様々なインフラプロジェクト，国際展覧会，多国間協力フレームワークを包摂し，中国主導の秩序形成を体現するものとなりつつある。

当初の計画では，「一帯一路」は中国から陸路で中央アジア諸国とロシアを経て欧州へと至る「陸のシルクロード経済ベルト（一帯）」と，海路で中国沿岸部からマラッカ海峡，スエズ運河を経て欧州へと至る「21世紀海上シルクロード（一路）」によって構成されていた（巻頭図 4 参照）。習近平国家主席の外遊の際，「陸のシルクロード」は2013年 9 月 7 日にカザフスタン・アスタナのナザルバエフ大学にて，「21世紀海上シルクロード」は2013年10月 3 日にインドネシア・ジャカルタにおける国会演説でそれぞれ提起された。このため，中央アジアと東南アジアの近隣国を念頭に置いた周辺外交[2]が構想の重点になると考えられるが，もう一方で幅広く途上国・新興国との関係強化の観点から見ると，毛沢東時代のアジア・アフリカとの連携[3]にまで歴史的に遡ることもできる。

2014年以降に構想を資金面で支えるシルクロード基金[4]とアジアインフラ投資銀行（AIIB）[5]が設立され，中国の地方政府が各々開発計画を立案しはじめたことで，2015年以降に国内政策としても注目を浴びはじめた。加えて既存の政策系銀行である国家開発銀行，中国輸出入銀行も重要な資金の供給源となった。

2 インフラ開発と政治的影響力の拡大

2015年 3 月に中国政府が発表した文章[6]には構想の主要内容が記載されている。①政策的対話の促進，②交通とエネルギーインフラのコネクティビティの向上，③相互貿易の促進，④人民元の国際化を含む資金面での融通強化，⑤国費留学生枠の増枠等による民心の相互理解の促進，以上の五点である。

しかし2014年 6 月 5 日の中国アラブ諸国協力フォーラムでの習近平国家主席による演説では，「われわれは異なる文化的伝統，歴史的境遇，現実的国情を持つ国々が同じ発展モデルを採用することは求められない」と述べ，「一帯一路」構想には政治的なメッセージも内包されている[7]。

2017年 5 月に北京で開催された「一帯一路国際協力ハイレベルフォーラム」には，29カ国の首脳，130カ国以上から1500名以上の政策関係者が集った。習

近平国家主席は基調講演で各国の関連政策との連結と政策銀行の資金枠の増額に言及した。前者についてはカザフスタンの「光明の道」政策，トルコの「中間経済回廊」構想などを挙げ，後者としては政策銀行の関連ファンド増額を謳った。「一帯一路」は個別プロジェクトとして広がりを見せているが，その国際的枠組みは依然，試行錯誤の段階にある。

③ 構想の背景と国際的反響

構想提起の背景には，習近平体制が成立した時期の国内要因と国外要因があった。国内要因には①短期的景気刺激策の必要性，②西部大開発計画[8]以来の課題となってきた国内開発計画の必要性，③外貨準備の効率的運用の必要性，④鉄鋼やセメントを筆頭とする過剰生産能力の解消の必要性等を指摘できる。対外的には，①環太平洋パートナーシップ協定（TPP）[9]の対象となっていない中国から見て西方の諸国との関係強化を目指すべきとする「西進」[10]論や，②中央アジアや東南アジアにおけるエネルギー調達網の確保と強化，さらには③世界的需要不足を解決する中国版マーシャルプランを提案すべき，といった議論があった。

構想の対象地域にパキスタンとの領土紛争地域が含まれることもあり，インドは軍事・安全保障上の懸念から構想への態度を保留する一方で，AIIB からの融資は受け入れている。マルチラテラルな交渉や協定を経ることなく，短期間に経済的効果が現れやすいインフラ建設を進められることから，近隣国からの反響は大きかった。経済的手段による地政学的目的の達成という，いわゆる地経学（ジオエコノミクス）[11]の観点から「一帯一路」を理解することもできる。

2017年1月に米国トランプ政権が誕生し，TPP 交渉からの離脱を表明したことで，中国発の構想への関心が高まった面もある。経済協力の一方で，2018年1月に発表された中国政府の「北極政策白書」でも一帯一路構想が言及され，またデジタル技術の領域での勢力圏の拡大といった文脈も存在し，新たな領域へと文脈の拡張が続く。同時に大型プロジェクトの頓挫や撤回も見られ，新興国の対外債務を増加させる「債務の罠」といった批判も起きている。

④ 日本政府の対応

日本人の対中感情は，特に2012年の尖閣諸島をめぐる問題以降に急激に悪化し，政府間の協議も滞った。日本政府は取締役会のガバナンスの問題，そして対米協調路線の方針から，AIIB には参加を見送ってきた。しかし2017年半ば，安倍政権は「一帯一路」への前向きな言及をはじめ，同年11月には第三国での日中協力事業の推進に関する日本政府方針が策定された。同時に，日本政府は「自由で開かれたインド太平洋」構想によって中国台頭へのリスクヘッジと地域の安全保障環境の確保を目指している。

(伊藤亜聖)

▷6 国家発展改革委員会・外交部・商務部(2015)『推進共建絲綢之路経済帯和21世紀海上絲綢之路的願景与行動』外文出版社有限責任公司。

▷7 国務院新聞弁公室・中国共産党中央文献研究室・中国外文出版発行事業局編『習近平 国政運営を語る』外閣出版社有限責任公司，2014年。

▷8 ⇨ⅩⅡ-11「西部大開発」

▷9 環太平洋パートナーシップ協定（TPP）
貿易自由化に加えて知的財産保護，医療品の認可ルール等を含む多角的経済協定。2017年に米国トランプ政権が交渉から離脱後，残る11カ国で CPTPP として署名された。

▷10 『環球時報』2012年10月17日記事「王緝思"西進"，中国地縁戦略的再平衡」。

▷11 神保謙「地経学の台頭と日本の針路」日本再建イニシアティブ『現代日本の地政学——13のリスクと地経学の時代』中央公論新社，2017年。

参考文献
トム・ミラー（田口未和訳）『中国の「一帯一路」構想の真相——海と陸の新シルクロード経済圏』原書房，2018年。

XⅦ　「中国の夢」を求めて

海洋権益の追求

1　先兵となる海上法執行機関

　経済の急速な成長に伴って，大量の資源やエネルギーを消費するようになった中国は，東シナ海や南シナ海における豊富な漁業資源や石油・天然ガスといった海洋権益を確保することを重視している。また，対外貿易を経済成長の重要な原動力とする中国にとって，海上交通路の安全な利用を確保する必要性が高まっている。さらに，中央アジア諸国やロシアなどとの陸上国境問題の大半を解決させた中国にとって，台湾，尖閣諸島，スプラトリー諸島など海洋に残された領土・主権問題の解決に取り組むことも課題となった。このような背景の下で，2000年代後半から中国は力に依拠した強引な海洋進出を再開させたのである。◁1

　南シナ海における海洋権益の追求で先兵となったのは，非軍事組織である海上法執行機関であった。とりわけ国家海洋局の「海監」と，農業部漁業局の「漁政」の監視船は，2008年頃から南シナ海におけるパトロール活動を強化し，他国の漁船や調査船の航行を妨害したり，他国が実効支配している島嶼に対する主権主張活動も行うようになった。2012年には，「海監」と「漁政」の監視船がフィリピンの監視船を追い払ってスカボロー礁（黄岩島）の支配を奪取した。

　東シナ海において中国は，日中が主張する排他的経済水域（EEZ）が重なっている海域において，1990年代より一方的に資源開発を進めてきた。2008年6月には，資源の共同開発に向けた一定の合意が成立したものの，◁2 中国はその実現に向けた協議を拒否し続けている。他方で，中国は海上法執行機関を用いた尖閣諸島に対する主権主張活動を強化している。2008年12月には，「海監」の監視船2隻が初めて尖閣諸島の領海に侵入した。2010年9月に尖閣諸島の領海内で，海上保安庁の巡視船に衝突した中国漁船を日本が拿捕した際には，多数の中国の監視船が接続水域内を航行した。2012年9月の尖閣諸島国有化以降は，中国の監視船による領海侵入が頻発しており，尖閣周辺海域に恒常的なプレゼンスを確立している。

2　前面に出てきた中国軍

　中華民族の偉大な復興を「中国の夢」◁3 と位置付け，「海洋強国」の建設を目標として掲げる習近平政権の下で，中国による海洋進出は加速している。2013

▷1　1970〜90年代における中国の海洋進出については XⅢ-2 「『領海法』の制定」を参照。

▷2　「東シナ海における日中間の協力について（共同プレス発表）」。日中両国政府は，東シナ海の EEZ 境界画定までの過渡的措置として，双方の法的立場を損なうことなく協力することで一致した。具体的には日中中間線をまたぐ海域に「共同開発区域」を設定し，共同探査を経て開発を進めること。また，中国企業が白樺（中国名「春暁」）で行っている油ガス田の開発に，日本企業が中国の法律に従って参加することが合意された。

▷3　中国の夢
⇨ XⅢ-1 「習近平と『中国の夢』」

▷4　中国海警局
2013年7月に，「海監」，「漁政」，公安部の「海警」，海関総署の「海関」の四つの海上法執行機関を統合して成立した。これにより，複数の機関に分散していた

年7月に開催された中央政治局集団学習会議で演説した習近平は，海洋権益を「国家の核心的利益」の一部とする立場を強く示唆しつつ，「海洋における権益擁護能力を高め，わが国の海洋権益を断固として守らなければならない」と指示した。その後，南シナ海や東シナ海における中国の海洋進出で，人民解放軍が次第に前面に立つようになってきた。

　南シナ海で中国は，2013年末頃からスプラトリー諸島の六つの地形で大規模な埋め立てを行い，人工島の建設に着手した。完成した人工島では，人民解放軍による基地建設が着々と進められており，とりわけファイアリー・クロス礁（永暑礁），ミスチーフ礁（美済礁），スビ礁（渚碧礁）では3000メートル級の滑走路や大規模な港湾施設などが建設され，人民解放軍の航空機や艦船の重要な活動拠点になるものと思われる。また，人民解放軍は南シナ海における各種の軍事演習を活発化させており，海軍が島嶼奪回訓練を行ったり，空軍が爆撃機によるパトロールを実施するなど，周辺諸国に対する軍事的な圧力を高めている。

　東シナ海でも，中国軍はプレゼンスを高めつつある。尖閣諸島では，「海監」や「漁政」などを統合して成立した「**中国海警局**」の監視船が，日本に対する主権主張活動の前面に立ってきたが，2016年6月に中国海軍のフリゲートが初めて尖閣諸島の接続水域に侵入する航行を行った。2018年1月には，中国海軍のフリゲートとともに，シャン級攻撃型原子力潜水艦が潜没したまま尖閣諸島の接続水域を航行した。東シナ海上空の空域においても，中国軍の戦闘機や爆撃機，情報収集機などによる飛行が活発化している。中国は海と空の両面で東シナ海における軍事的影響力の拡大を図っているのである。

③　力による秩序の変更

　中国による海洋進出において，海上法執行機関に加えて人民解放軍の役割が拡大してきたことで，中国の目標が海洋権益の確保や領土・主権問題の有利な解決などに留まらず，軍事力による既存の秩序の改編を目指しているとの見方も強まりつつある。実際，フィリピンによる提訴を受けて審議を行った国際仲裁裁判所が，2016年7月に中国が「**九段線**」を根拠に主張している南シナ海における権利を否定する裁定を下すと，中国はこの受け入れを拒否するだけでなく，海・空における大規模な演習を行って軍事力を誇示して，国際法秩序に力で対抗した。

　人民解放軍は装備の近代化を急速に進めるとともに，統合作戦能力の強化に向けた組織の大胆な改革も行っており，海上における作戦能力を着実に向上させている。すでに人民解放軍が南シナ海などで米軍の艦船や航空機の行動を妨害する動きが見られているが，「航行の自由」を基軸としたアジアの海洋秩序を支えてきた米軍のプレゼンスに，今後人民解放軍が本格的な挑戦を始めれば，東アジアの海洋秩序をめぐって米中間の深刻な戦略的競争へと発展することになるだろう。

（飯田将史）

資源を統合して効率的な部隊の強化を図るとともに，指揮命令系統を「中国海警指揮センター」の下に一元化して迅速かつ効果的な運用を目指していると思われる。なお，2018年7月に，中国海警局の部隊と機能が人民武装警察部隊（武警）に編入された。武警は中央軍事委員会による領導を受ける軍事組織であり，その隷下に置かれる海警部隊の「軍事化」が進展するものと思われる。

▷5　**九段線**
中国が南シナ海に引いた九つの破線。ⅩⅢ-2 『「領海法」の制定』の図1を参照。

▷6　米国のトランプ政権が2017年12月に発表した「国家安全保障戦略」は，中国による南シナ海の軍事化が他国の主権を脅かし，地域の安定を損なっていると指摘するとともに，中国を現行秩序に対する「現状変更勢力」と位置付けた。また，2018年1月に発表された「国家防衛戦略」は，中国との長期にわたる戦略的競争が国防省にとっての最重要課題と指摘している。同年10月に対中政策について演説したペンス副大統領は，中国の艦艇が南シナ海で「航行の自由作戦」を行っていた米海軍駆逐艦の航行を妨害したことを批判した上で，「中国による脅迫には屈しない」と強調した。

（**参考文献**）
ピーター・ナヴァロ（赤根洋子訳）『米中もし戦わば——戦争の地政学』文藝春秋，2016年。

XⅧ　日中関係の展開

 # 日中国交正常化前史

1　国交正常化前の日中関係の基本構造

　1949年10月1日，中華人民共和国（以下，中国）の建国が宣言された。このとき日本は依然アメリカを中心とする連合国の占領下にあり，サンフランシスコ講和会議にて独立を果たすが，米国の要請により，中国ではなく，台湾へ遷っていた中華民国との国交樹立を選択した。

　しかし，国交がないにもかかわらず，日中間には限定的ながらもいくつかの政府間接触があり，保革両陣営の国会議員が数多く訪中するなど，一定の政治関係も存在した。また，貿易関係，文化交流，人道交流などを中心に，民間ベースの日中関係は，紆余曲折しつつ，両国政府の支援も受けながら，発展していった。

　この時期の日中関係の基本構造は，両国の外交方針に違いにより，対立と協調が混在していることを特徴とした。日本政府は，日米安保体制の維持・発展を外交戦略の要とし，対中政策では，「政経分離」を基調に中華民国との外交関係を維持しながら，経済関係を中心に，中国との関係改善を模索した。日本政府の中には中華人民共和国，中華民国の双方と国交を樹立する「二つの中国」を構想するものもいた。一方，中国政府は，米国による対中封じ込め体制の打破を外交戦略の柱としていた。そして，日本の親中勢力や反米運動への直接的・間接的な働きかけを通じて，米国の影響下から日本を独立させ，反米統一戦線の中に取り組む形で日中国交正常化を実現するという，「日本中立化」を対日政策方針とした。経済交流では，「政経不可分」原則を基調とし，「二つの中国」には断固反対する姿勢を堅持した。

　このように，両国の外交方針には相いれない要素が存在し，対立関係に陥ることは不可避であった。だが，状況に応じて，主として中国側が「日本中立化」を長期的目標と設定したり「政経不可分」原則を緩和することで，協調関係が生じることもあった。

2　国交正常化までの時期区分

　国交正常化までの日中関係は五つの時期に区分される。第一に，1949年10月〜1952年4月が黎明期である。この時期の主な出来事は，中国の建国，日本の独立，**日華平和条約**の調印である。また中国は，外交部内で独自の対日講和案を検討し，日本国内での反米闘争の高揚と日本共産党を支援するため，沖縄の

▷1　日華平和条約
1952年4月に締結された，日本と中華民国との講和条約。日本政府は，同条約により，中華民国政府を代表として中国の戦争状態を終了したとし，また同条約の議定書で中華民国が対日賠償を放棄したことで，中国は賠償請求権を喪失したと判断した。

▷2　中共中央の対日政策活動についての方針と計画
1955年3月に作成された中国の対日政策基本文書。①米軍が日本から撤退することを主張するとともに，米国が日本に軍事基地を建設することに反対する，②平等互恵の原則に基づいて日中関係を改善し，段階的に外交関係の正常化を実現させる，③日本国民を味方に引き入れ，日中両国の国民の間に友情を打ち立て，また日本国民の現状に同情する，④日本政府に圧力を加え，米国を孤立させ，日本政府に中国との関係を見直

自国への編入を要求するべきではないとも考えていた。

第二に，1952年4月〜1958年5月が発展期である。この時期の主な出来事として，4度の日中民間貿易協定や日中漁業協定の締結，中国紅十字会の訪日，バンドン会議での高碕達之助・周恩来会談の実現，中国人殉難者の実態調査およびその遺骨収集・送還活動，在華邦人帰国事業および日本人戦犯の釈放などの民間人道交流，日本の国会議員代表団の訪中，などがある。また，1955年3月1日，中国共産党中央政治局会議は，「**中共中央の対日政策活動についての方針と計画**」を作成し，「日本中立化」を方針として定めた。

第三に，1958年5月〜1960年8月が政治闘争期である。この時期の主な出来事は，**長崎国旗事件**を契機とした日中交流の全面停止と，安保闘争に代表される反米・反岸運動の高揚を目的とした中国の対日工作の展開である。中国側の対日政策の変化には，反右派闘争から大躍進政策の始動という国内政治の急進化の影響を受けつつ，日本での親中・反米運動への過剰な期待と誤った情勢分析が存在した。中国は日本社会党，日本共産党，日本労働組合総評議会などの革新勢力に加え，石橋湛山，松村謙三などの自民党反主流派の有力者に接触し，岸信介政権の対中政策の転換，さらには岸政権打倒を目指した。

第四に，1960年8月〜1966年3月が回復期である。この時期の主な出来事としては，各種交流の再開と友好貿易の開始，**LT貿易体制**の構築という協調関係と，国連中国代表権問題，**彭真**入国問題とプラント輸銀問題をめぐる中国の佐藤栄作政権批判という対立関係の同時併存が指摘できる。日本が高度経済成長期を迎える中，中国は池田勇人政権の国連中国代表権問題の姿勢を批判しつつも，LT貿易体制構築では「政経不可分」原則を緩和した。また佐藤政権を批判しながら，日中間の諸交流を継続する一方，日本国内での「二つの中国」を希求する動向を批判した。

第五に，1966年3月〜1971年7月が混乱期である。この時期の主な出来事は，中国共産党と日本共産党の対立と日中友好運動の分裂，LT貿易体制に代わる「覚書貿易」体制の発足とその友好運動化，佐藤・ニクソン共同声明での「台湾条項」に起因する「日本軍国主義復活」キャンペーンの展開，などである。この時期，中国では文化大革命が始まり，**廖承志**らの「知日派」は失脚し，中国の対日姿勢は急進化したが，日中関係の諸交流は継続された。

③ 国交正常化以前の日中関係の歴史的意義

このような一連の日中関係における諸交流により，両国は様々な外交経験を蓄積することとなり，そうした経験は1972年の国交正常化に寄与するところも多かった。特に一連の流れの中で培われた日中間のパイプは，国交正常化の実現のみならず，国交正常化以後の日中関係においても重要な役割を担った。

(杉浦康之)

させる，⑤間接的に日本国民の反米と日本の独立，平和，民主を求める運動に影響を与え，これを支持する，という五点が明記されていた。

▷3 **長崎国旗事件**
1958年5月，長崎のデパートで開催されていた中国切手・切り紙展に掲揚されていた中国国旗が引き摺り下ろされた時，日本政府は国交がないことを理由に軽微犯罪として，犯人を早期釈放した。中国はこれに抗議して，一切の日中交流を停止した。

▷4 **LT貿易体制**
1963年11月，廖承志と高碕達之助との間で締結された，一次五カ年とする準政府間協定「日中総合貿易に関する覚書（LT貿易）」を基盤とする貿易体制。政経分離を主張する日本側と政経不可分を唱える中国側が，お互いに歩み寄る形で締結された。

▷5 **彭真**（1902-97）
中国の政治家。北京市長を務めていた1964年，日本共産党の招聘により訪日を計画したものの，佐藤政権の反対にあって頓挫した。文化大革命で失脚したものの，のちに復活した。

▷6 **廖承志**（1908-83）
中国の対日工作の中心的人物として周恩来を補佐した「知日派」。

（**参考文献**）
井上正也『日中国交正常化の政治史』名古屋大学出版会，2010年。
国分良成・添谷芳秀・高原明生・川島真『日中関係史』有斐閣，2013年。

XVIII　日中関係の展開

2 日中国交正常化

1 ニクソン・ショックと田中角栄内閣の誕生

　日中国交正常化のきっかけとなったのは，中ソ対立を背景に実現した，米中接近である。キッシンジャー大統領補佐官の秘密訪中は，日本に衝撃を与え，ニクソン・ショックと呼ばれた。これ以降，日本国内で中華人民共和国（以下，中国）との国交正常化を求める声が高まった。

　中国はニクソン・ショックに先立って，訪中した公明党代表団に国交正常化の五つの条件を提示した。このうち第四項と第五項は，1971年秋の中国の国連参加と翌年のニクソン訪中によってほぼ解決したため，最初の三つが「日中復交三原則▷1」と呼ばれた。

　佐藤栄作政権は中国との国交正常化の実現を目指し，対中接近を模索した。だが，美濃部亮吉・東京都知事に託した保利茂・自民党幹事長の書簡（保利書簡▷2）は，「二つの中国」を意味するものと中国に受け取られ，拒絶された。佐藤は，岡田晃・香港総領事や，江鬮真比古を通じて，中国側との接触を図ったが成功しなかった。また，佐藤政権は国連中国代表権問題で米国と最後まで中華民国の国連での地位の維持を目指したが，これにも敗れた。

　その結果，佐藤の求心力は低下し，日本国内でポスト佐藤をめぐる政局が激化した。その際に，日中国交正常化への態度が主要な論点となった。佐藤の意中の人物は福田赳夫であったが，佐藤派内で力をつけていた田中角栄が派内を割る形で出馬し，大平正芳，三木武夫，中曽根康弘など，日中国交正常化に積極的な党内の有力者の支持を集め，総裁選に勝利した。

2 竹入メモ

　田中は日中関係に積極的に関わった経歴はなかったが，中国にとっては，親台湾派と目された福田よりも好ましい政治家であった。田中政権が発足すると，周恩来▷3はこれを歓迎する姿勢を示し，孫平化，蕭向前を日本に派遣し，田中首相，大平外相を含めた自民党政治家に接触させた。その際，中国は，「日中復交三原則」を前提条件とはしないとの意向を日本側に伝えた。中ソ対立の激化に加え，米中接近が国交正常化に至らなかったことを考慮し，中国は日中国交正常化の早期実現に高い関心を有していたものと思われる。だが，中国の対日賠償請求と日米安保体制の容認に関して確約がとれていなかったため，田中は

▷1　日中復交三原則
①中国はただ一つであり，中華人民共和国は中国を代表する唯一の合法政府である。「二つの中国」と「一つの中国，一つの台湾」をつくる陰謀に断固反対する，②台湾は中国の一つの省であり，中国領土の不可分の一部であって，台湾問題は中国の内政問題である。「台湾帰属未定」論に断固反対する，③「日台条約」（「日華条約」）は不法であり，破棄されなければならない，④アメリカが台湾と台湾海峡地域を占領していることは侵略行為であり，アメリカは台湾と台湾海峡地域からそのすべての武装力を撤退しなければならない，⑤国連のすべての機構での，ならびに安全保障理事会常任理事国として中華人民共和国の合法的権利を回復し，蔣介石のグループの「代表」を国連から追い出さなければならない，というのがその骨子であった。この内第四項と第五項は，この年秋の中国の国連参加と翌年のニクソン訪中によってほぼ解決したため，最初の三つが「日中復交三原則（国交回復三原則）」と呼ばれるようになった。

▷2　保利書簡
楠田実ら佐藤側近らを中心に保利茂の私信として作成された同書簡は，台湾問題に関して，「中華人民共和

慎重な姿勢を崩さなかった。また田中は，党内の親台湾派の反発を懸念していた。

　田中の懸念を払拭せしめたのが，7月25日に訪中した竹入義勝・公明党委員長からもたらされた所謂「竹入メモ」であった。周恩来は竹入に対し，①中国側が，日米安保には触れず，1969年の**佐藤・ニクソン共同声明**にも言及しないこと，②戦争による「賠償請求権」を放棄すること，の二点を明らかにした。日華条約については，共同声明や宣言には盛り込まないことを提案し，日台の実務関係の維持を黙認すると提案した。竹入メモを見た田中は日中国交正常化を決意した。田中はハワイでの日米首脳会談で日中国交正常化を実現する意向を伝えるとともに，米国と既存の日米安保体制の堅持を再確認した。

③ 日中国交正常化交渉における三つの論点

　日中交渉の争点となったのは，両国の従来の立場との整合の確保であった。第一の争点は，戦争の終結時期であり，日本は日華平和条約で日中間の戦争は終結されたとしたが，中国は同条約を「不法」かつ「無効」と見ていた。この問題は共同声明の前文に「戦争状態の終結」の字句を入れ，本文に「不正常な状態」が終了したと盛り込むことで，戦争状態の終結は時間上の制限を受けなくなり，双方が異なった解釈をすることが可能となった。

　第二の争点は，賠償問題であった。日本は日華平和条約で中国の賠償請求権は放棄されたとしたが，中国はこれを非難した。この問題では中国が妥協し，賠償請求権から「権」の文字を落とした上でそれを行わないとした。

　第三の争点は，台湾の法的地位であった。最終的に，日本側の提案を中国側が飲む形で，妥協が図られ，「中華人民共和国政府は，台湾が中華人民共和国の領土の不可分の一部であることを重ねて表明する。日本国政府は，この中華人民共和国の立場を十分理解し，尊重し，ポツダム宣言第8項に基づく立場を堅持する」という表現に落ち着いた。また，周恩来は台湾の武力解放の可能性を否定しつつ，佐藤・ニクソン共同声明も含め，日米安保体制に言及しないという約束を守った。

　1972年9月29日，田中角栄と周恩来との間で日中共同声明が調印され，日中国交正常化が実現した。

　日中国交正常化によって成立した両国の枠組みは「72年体制」と呼ばれる。しかし，この体制は必ずしも明確な合理により形成されたものではなく，それぞれの立場が異なる問題において，政治的決着を図ることで，両国の争点を顕在化させない紛争処理メカニズムであった。そのため，日米安保体制における台湾問題および日中間の賠償問題は，その後も両国の紛争の種となった。

（杉浦康之）

国は中国を代表する政府であり，台湾は中国国民の領土である」と述べていた。

▷3　周恩来
⇨Ⅷ-7「プロレタリア文化大革命の収拾」側注6

▷4　佐藤・ニクソン共同声明（1969年）
同文書は，沖縄の施政権を日本に返還すると公式に約束し，在沖縄米軍基地に関して「核抜き本土並み」が合意された。同時に佐藤首相は，日本の安全にとって韓国の安全は「緊要」であり，台湾の安全は「重要な要素」であると表明し，日米同盟と極東全体の安全保障を関連付け，それによって沖縄の米軍が重要な役割を期待されている米国の極東戦略に協力姿勢を示した。これは日米同盟における「韓国条項」「台湾条項」と呼ばれた。

▷5　日本側は，日米安保体制と「台湾条項」の関係もあり，「台湾は中国の一部である」という中国側の見解を受け入れなかった。中国も台湾問題では譲歩できず，交渉は難航した。

参考文献
五百旗頭真編『新版　戦後日本外交史』有斐閣，2006年。
井上正也『日中国交正常化の政治史』名古屋大学出版会，2010年。
高原明生・服部龍二編『日中関係史　1972-2012　Ⅰ政治』東京大学出版会，2012年。
国分良成・添谷芳秀・高原明生・川島真『日中関係史』有斐閣，2013年。

XⅧ　日中関係の展開

日中経済関係の深化

1　対外開放を支えた日中経済関係

　東西冷戦が顕在化した後でも，日本国内では政界や財界などの親中派の働きかけにより，貿易に関する日中間の「民間」協定が結ばれるなどして，正式な国交が存在しない中での経済交流を支えてきた。

　1972年の国交正常化後，日中経済は急速に拡大したが[1]，中国が市場経済と対外開放の導入へと舵を切ったこともその動きを後押しした。76年に文化大革命が終了し，鄧小平が実権を握るようになると，改革開放路線は加速し，中国の経済成長を促進した。

　78年に日中長期貿易取り決めが結ばれると，民間の経済活動は活発化した。中国は日本に石油や石炭などの原材料を輸出し，日本は中国に宝山製鉄所[2]をはじめとしたプラントや技術を輸出した。79年には，日本政府は対中 ODA（政府開発援助）の供与を決定・開始し，80年には，中国総理として初めて華国鋒が来日した。日本の対中 ODA の額は，2016年までの累計で総額約3兆円以上にのぼった[3]。中国の経済発展に伴い，2007年で新規の円借款貸付は終了したが，諸外国の中でも日本は最大の対中援助国であり，日本の ODA は中国の改革開放政策を支援・促進し，日本企業が中国に投資を行うための環境整備や日中の民間経済関係を強化するのに貢献した。中国の経済発展は日本にも経済的利益をもたらし，中国が国際社会への関与を深めつつ発展することが，日本の外交・安全保障上の利益にも適うと考えられたのである。

2　天安門事件の衝撃からの復活と高度成長

　1989年に発生した天安門事件は，日本人にも大きな衝撃をもたらしたが，中国に対して国際的な制裁が課される中，日本政府は，いち早く中国への制裁解除のために動いた。中国を孤立させるより国際社会に取り込みつつ，その発展を促すべきという方針であり，90年には事件後停止していた円借款を他の先進国に先駆けて再開した。92年に天皇の中国訪問が実現する頃には，中国に対する制裁も解除され，鄧小平の「南巡講話[4]」とも相まって，中国は再び高度経済成長の軌道に乗った。

　日中貿易は，87年までは日本の対中輸出が対中輸入を上回ることが多かったが，それ以降は逆転し，現在に至るまで中国からの輸入が輸出を上回っている。

▷1　1974年に，日中貿易協定，日中航空協定，日中海運協定が，75年に日中漁業協定が締結され，日中の経済関係を支えるための法的枠組みが整えられていった。日本の財界がこの時期に果たした役割については，李彦銘『日中関係と日本経済界』（勁草書房，2016年）を参照。

▷2　宝山製鉄所
当時の日中協力を象徴する巨大プロジェクト。中国側から，近代的大型製鉄所を建造するための支援要請を受け，新日本製鉄が全面的に協力することになり，78年に着工した。紆余曲折を経て，85年に第一高炉への火入れが行われた。

▷3　内訳は，有償資金協力（円借款）約3兆3165億円，無償資金協力1576億円，技術協力1845億円である。2018年を最後に，対中 ODA は終了した。

▷4　南巡講話
⇨XⅡ-1「『社会主義市場経済』の提起」

また，中国経済が発展し，産業技術力が向上した結果，日中の経済関係は，日本が中国から原材料を輸入し，技術や製品を輸出するという垂直な構造から，より水平的な関係へと変化した。[5]

90年代は，日中間の貿易，投資の量が拡大していったが，他方で歴史認識をめぐる摩擦などが政治問題化するようになり，相互の国民感情に負の影響をもたらすようになった。それでも，政治関係や国民感情の悪化に比較すれば，経済はそれらの影響をさほど受けることなく順調に拡大し，97年にアジア通貨危機が発生した際には，日中当局が緊密に連携しながら対応した。

③ 政治に翻弄される経済から冷淡な安定へ

しかし，21世紀に入ると，日中経済が政治や相互の国民感情から影響を受ける場面が多発するようになった。2005年に歴史問題（靖国神社参拝）に端を発する大規模な反日デモが中国で発生し，日系レストランや商店への破壊行為，さらに日本製品不買運動が起こるに至り，経済にも及ぶ中国の政治リスクが強く意識されるようになった。また，日本国内では対中感情の悪化に伴い，中国産製品の安全性がセンセーショナルにメディアなどで取り上げられるようになり，2007年に発生した冷凍餃子事件は政治問題にまで発展した。

他方，国民感情の悪化や様々な摩擦の発生にもかかわらず，2004年に対中国の貿易額（輸出入合計）は日米貿易を上回り，中国は日本にとって第1位の貿易相手国となった。2010年には中国のGDPが日本を追い抜き，日本は1968年以来の「世界第2位の経済大国」の地位を明け渡した。

2012年に再び大規模な反日デモが発生すると，[6] 日本では中国経済に依存しすぎるのはリスクであるという認識が強くもたれるようになり，[7] 中国国内での賃金上昇なども相まって，中国市場の重要性は無視できないものの，中国以外の新興国にも投資を分散すべきだという考えがビジネス界で広がった。また中国は，日本に経済的圧力を加えることで有利な政策を引き出そうとしたところ，むしろ日本の強い反発を招くこととなり，経済面でも，日本のみならず自国にもダメージが及ぶ互損の政策であった。

この事件は日中双方に教訓を残し，日中ともに政治的には相手への不信を残しつつも経済関係は落ち着くという，冷淡な安定を生み出している。日中間では経済の相互依存と水平化が進んだことにより，経済関係は成熟してきており，政治の道具とするのが難しくなっている。

さらに，中国の科学技術水準の向上や，ハイテク技術やIT産業における発展では，日本を凌駕する分野も出てきており，技術水準で日本が先進国で中国は後進国であるという図式は当てはまらなくなっている。中国企業による対日投資や日本進出も今後ますます増えていくと予想され，また中国の一帯一路構想への日本の協力も模索されている。[8]　　　　　　　　（前田宏子）

▷5　国分良成『中国政治からみた日中関係』岩波書店，2017年，146頁。

▷6　2000年代後半から，日中間では尖閣諸島をめぐる軋轢が強まっており，2012年9月に日本政府が尖閣諸島の土地購入を発表すると，中国各地で反日デモが発生した。⇨ XⅢ-4 「歴史問題と領土問題」

▷7　梶谷懐『中国経済講義』中公新書，2018年，227頁。

▷8　2018年10月に安倍首相が訪中した際，日中は「第三国における民間経済協力」を推進するための各種協議書を締結した。ただし，中国は，これを日本の一帯一路への参加と位置付けたがっているのに対し，日本政府はそれを慎重に避ける姿勢をとっている。

XⅧ　日中関係の展開

 4 歴史問題と領土問題

1 日中関係に内在する政治課題

　歴史問題は両国の歴史認識の相違を原因とする問題群を指し，後述する日本の歴史教科書や閣僚の靖国神社参拝の問題のほか，戦後補償問題，従軍慰安婦問題，政治家や官僚の発言などに端を発する政治摩擦を含む。これに対し領土問題は尖閣諸島（中国名は釣魚諸島）の領有権に関わる外交問題であり，同時にその周辺海域での制海権をめぐる安全保障問題でもある。広義には東シナ海における資源開発の課題を含意する。いずれもナショナリズムを喚起するイシューで世論の影響を受けやすく，特に中国では反日デモに発展し得る。歴史問題には過熱と収束のサイクルが見られるが，領土問題は2000年代半ばから恒常的な対立要因となっている。

2 歴史認識をめぐる問題

　歴史問題は1980年代から2000年代半ばにかけて日中間の最大の懸案であった。1982年に歴史教科書の記述に関する初めての外交問題が発生してから，教科書問題（1986年，2001年，2005年）や靖国神社参拝問題（1985年，1996年，2001〜06年，2013年）が繰り返し発生した。この背景には，両国の国内事情があった。日本側では歴史認識をめぐる左右の政治対立が存在し，首相の靖国神社参拝についても一定の政治的支持がある。他方，中国側では1980年代に始まった市場経済化の下で社会の多様化が進み，社会主義イデオロギーへの信頼が揺らいだことから，共産党一党独裁の正統性を担保するために歴史教育の重要性が加速度的に増した。

　2000年代前半には閣僚の靖国参拝をめぐって歴史問題が過熱したが，2000年代半ば以降に歴史問題は，外交上は表面化しなくなった。その要因は二つある。第一に，外交努力により日中双方の妥協をみた。2006年10月の安倍晋三首相訪中以降，日本側は閣僚の靖国神社参拝の有無を明確にせず，中国側は首相以外の政治家等の参拝に過剰に反応しないことで問題の収束を図った。また有識者による歴史共同研究に合意した。戦後補償訴訟については，2007年4月に日本の最高裁判所は，1972年の日中共同声明で裁判上の個人請求権は放棄されたとする判決を出し民間賠償問題の結論を示した。第二に中国側の国内事情が変化した。中国の大国化に伴い共産党独裁を支える主要な根拠が「戦勝国・大国の

▷1　日本のメディアが教科書検定について，文部省の「侵略」を「進出」に書き換える指示があったと報じたのがきっかけであったが，後に誤報と判明した。

▷2　参拝者はいずれも当時の首相で，中曽根康弘（1985年），橋本龍太郎（1996年），小泉純一郎（2001〜06年），安倍晋三（2013年）。

▷3　日本国内には，歴史教科書の叙述に関して他国が意見するのは内政干渉であるという見方がある。だが第一次教科書問題後，歴史教科書検定基準には「近隣のアジア諸国との間の近現代の歴史的事象の扱いに国際理解と国際協調の見地から必要な配慮がされていること」を条件とする，いわゆる「近隣諸国条項」が加筆され，他国への配慮を示した。

▷4　中国では1990年代から学校教育やメディア等を通じた「愛国主義教育」が強化された。また天安門事件や冷戦構造の崩壊による社会変動を経てナショナリズムが高まり，排外主義も強まった。こうした世論の変化をコントロールするための言論統制が強化され，歴史認識の画一化がさらに進んだ。

▷5　2000年代前半には既存の教科書は「自虐史観」

歴史」へと移行したこと，国内統治の観点から過剰な反日感情やデモ行為を抑制する必要が高まったことなどが挙げられる。[▷6] ただし両国の歴史解釈の相違は残存しており，日中間で歴史問題が再燃し得る状況は継続している。

3 東シナ海における領土問題

尖閣諸島は戦後に一時，サンフランシスコ平和条約第３条に基づいて南西諸島の一部としてアメリカの施政下に置かれたのち，1972年のいわゆる「沖縄返還協定」で日本に施政権が返還された。これが日本の施政権を担保する国際法上の根拠の一つとなっている。日本の実効支配の歴史的根拠としては，日本政府が1895年に無主地とみなされた尖閣諸島を日本領土に編入し，民間人による事業経営を許可していたという経緯がある。この点で中国政府および台湾当局が日本に対する何らかの抗議をしたことはなかった。だが1970年代から，尖閣諸島は古くから中国固有の領土であり，歴史資料によれば中国人が最も早くに命名および利用してきた台湾の付属島嶼であると主張するようになった。

1992年に中国政府は国内法である「領海および接続水域法」（いわゆる領海法）によって，尖閣諸島を領土に定めた。2000年代には中国側の実力行使が増加し，周辺海域での日中のにらみ合いが始まった。2003年６月に中国人活動家の船が初めて領海内に侵入，2004年３月には活動団体「中国民間保釣連合会」のメンバー７名が尖閣諸島の魚釣島に上陸して沖縄県警に逮捕されるなどの事件が起こった。2008年５月に両国は「戦略的互恵関係」の包括的推進に関する日中共同声明に署名し，６月には東シナ海での共同開発で合意した。だが12月には初めて中国公船（中国政府に所属する船舶）２隻が尖閣諸島周辺の日本領海内に侵入し，９時間にわたり徘徊・漂泊した。

2010年には中国漁船が海上保安庁の巡視船に衝突する事件が発生した。[▷7] 中国側の強硬姿勢に日本国内では，尖閣問題に対する危機意識が急速に高まり，東京都による購入が計画された。2012年９月に日本政府は，その計画阻止のため尖閣諸島を所有者から購入した。[▷8] これに中国政府は強く反発，各種の交流を中断した。これ以降，中国公船や中国軍機が常態的に尖閣諸島周辺で活動していることから，中国では「日本の実効支配は崩れた」との主張も存在する。日本側は2013年に「防衛計画の大綱」を改訂，自衛隊による南西諸島への防衛体制および海上保安庁の警戒活動を強化し，実効支配の維持に努めている。

2012年に悪化した関係を改善するため，2014年11月に両国政府はいわゆる「四項目の合意」を発表し，[▷9]「尖閣諸島等東シナ海の海域において近年緊張状態が生じていること」に対する認識を共有した。危機管理の必要性に基づき対話を継続しているが，中国軍の行動範囲は東シナ海から西太平洋へと拡大しており，周辺各国を巻き込んだ地域安全保障上の懸念を招いている。

（江藤名保子）

に陥っているとの批判に立つ「新しい歴史教科書をつくる会」が編纂した教科書が，教科書検定に合格したことも中・韓との外交問題になった。ただし実際の同教科書の採択率が低かったことなどから，中国側の批判は抑制的であった。

▷6　他方で，2013年の安倍首相の靖国神社参拝を「戦後国際秩序への挑戦」とするなど，日本を「悪役」とすることで国際社会における中国イメージの改善を図るという，これまでとは質の異なる歴史問題も浮上している。

▷7　尖閣諸島付近で操業していた中国漁船が，取り締まろうとした巡視船に体当たりした。中国政府は逮捕された漁船船長の無条件即時釈放を要求した。衝突時の映像が流出し，論争を招いた。

▷8　４月に石原慎太郎東京都知事（当時）が都有地としての購入を表明，14億円を超える寄付金を集めていた。

▷9　尖閣諸島については第３項目に以下のとおり。「双方は，尖閣諸島等東シナ海の海域において近年緊張状態が生じていることについて異なる見解を有している（中国版：存在不同主张）と認識し，対話と協議を通じて，情勢の悪化を防ぐとともに，危機管理メカニズムを構築し，不測の事態の発生を回避することで意見の一致をみた」。

参考文献

高原明生・服部龍二編『日中関係史 1972-2012 Ⅰ 政治』東京大学出版会，2012年。

XⅧ　日中関係の展開

 日中交流の多元的展開

▷1　『君よ憤怒の河を渡れ』は8億人の中国人が観たといわれた。映画に出演した日本の俳優，高倉健，中野良子，栗原小巻らはその後長きにわたって，日本を代表するスターとして多くの中国人の記憶に刻まれた。

▷2　こうした対日感情を背景に，1983年に中曽根首相が提唱した「留学生10万人計画」と，1986年からの中国の出国規制緩和により，1980年代後半から中国人来日就学生の数が激増した。

▷3　1980年代末から中国はパンダを贈与するのではなく，長期貸出する「ブリーディングローン（繁殖貸与）」方式をとりはじめる。2010年6月に「シンシン」と「リーリー」が日本にやってきた。2017年6月に2頭の間に「シャンシャン」が誕生した。

▷4　中国映画『芙蓉鎮』（1987年）や『紅いコーリャン』（1987年）など作品性の高い映画が日本でも公開されたが，日本国内の上映はごく限られており広く日本人の目に触れることはなかった。

▷5　内閣府「外交に関する世論調査」の「中国に対する親近感」では，天安門事件前（平成2年）と事件後（平成3年）で，「親しみを感じる」と答えた人は69％から52％に急落し，逆に「親しみを感じない」と回答した人は26％から43％

1 日本のコンテンツの中国への影響

1978年10月，『君よ憤怒の河を渡れ』，『サンダカン八番娼館』，『キタキツネ物語』の3作品が中国で上映された。文化大革命が終わって間もない当時の中国の人々にとって，銀幕に映し出される日本の近代的な街並みや，洗練された日本人のファッションは斬新で，多くの人を魅了した。[1]

同年，12月に中国が改革開放をスタートしたことで，日本製の家電製品が徐々に中国の人々の暮らしに浸透していく。1981年から中国で製造を開始した松下電器のカラーテレビやソニー，三洋のラジカセやヤマハのバイクなど，高性能で先進的な日本の製品は当時の中国の人々にとっての憧れだった。[2]

2 日本人にとっての中国イメージ

それでは，同じ時期の日本人にとっての中国はどのようなイメージであっただろうか。1972年10月，日中国交正常化の記念として中国から日本に2頭のジャイアント・パンダ「ランラン」と「カンカン」が贈られた。初めて見るパンダに多くの日本人が熱狂し，パンダは日中友好のシンボルとなった。[3]

1981年から戦時中に中国に残された中国残留邦人の肉親捜しの訪日調査，帰国，定住支援などが開始された。残留孤児を題材にした山崎豊子の小説『大地の子』が1987年から雑誌連載され，少なからぬ日本人にとって過去の戦争が個人にもたらした悲惨な体験を追認識するきっかけとなった。

このほか，80年代には，NHKのドキュメンタリー『シルクロード』（1980年）が話題となり，当時，中国への観光旅行や修学旅行が増えた。しかし，1988年に上海郊外での列車事故で日本の修学旅行生27人が死亡するという悲惨な出来事により，中国への旅行が敬遠されるようになる。

文化コンテンツの多様なチャンネルを通じた日本人の中国理解はどちらかというとイメージ先行で，複雑な感情も入り交ざったものだった。[4]

3 政治の影響を受ける国民感情

1980年代中盤は良好な両国関係を反映して，日中の両国民の相互感情も空前の盛り上がりを見せた。しかし，1989年6月に発生した天安門事件で国民の民主化要求を中国共産党が武力弾圧したことで，日本人の対中感情は一気に冷え

込んだ。1990年代には1992年の天皇訪中により一時的に日中間の友好ムードが高まったものの，1998年の江沢民主席の訪日の際の歴史問題をついての強硬姿勢は，日本のメディアや世論の嫌中感情を刺激する結果となった。さらに2004年以降には，東シナ海のガス田開発をめぐる日中の摩擦が日本における対中脅威論が高まり，2012年頃から増えはじめた尖閣諸島接続水域への中国公船の侵入はそうした日本国内の中国脅威論を加速させた。

他方で，中国においても1994年から始まった「**愛国主義教育**」の影響や小泉首相の靖国神社参拝をはじめとする歴史認識問題での両国間の摩擦を受け，中国人の日本のイメージが徐々に悪化していく。2000年代以降は中国人の反日感情を刺激する事件も相次ぎ，日本の国連安保理常任理事国入りに反対する署名活動が引き金となり2005年春には大規模な反日デモが発生した。反日デモにおける中国の人々の激しい日本批判に触れ，日本人の対中感情を決定的に冷え込ませることになった。

④ 両国の人々の往来

日本人にとって，1990年年代後半から2000年代前半は中国の急速な経済成長により，ビジネス・パートナーとしての関係が深まった時期であった。2006年には中国に長期滞在する日本人は100万人を超えたが，2012年の150万人をピークにその後は徐々に減少傾向にある。

その一方で，中国から日本への観光客が2014年以降急増し，大量の土産物を購入する中国人観光客の「爆買い」が日本でも注目を集めた。日中間の人の往来も，2014年を境に中国人の来日者数の方が，日本人の訪中者数を上回るようになっている（図1）。

こうした日中間の人の往来の変化は，相手国に対する意識にも影響を及ぼしている。2019年の日中両国における世論調査では，中国／日本に対して良い印象をもっていると答えた人の割合は日本人15％，中国人46％であり，日中間の相手国に対する意識の非対称性が顕著になってきている。とりわけ，日本人の対中感情は世代によって中国に対する印象が異なり，若い世代の対中感情は比較的よいのに対し，60代以上では中国に親しみを感じない人が4割以上となっている。これは中国が貧しかった時代を知る世代とそうでない世代を反映しており，豊かになった中国に対する日本人の複雑な感情を反映しているともいえよう。　　　　　（西本紫乃）

激増した。

▷6　愛国主義教育
⇨ⅩⅡ-2「江沢民と愛国主義教育」

▷7　三菱パジェロのリコール問題（2000年12月），日本航空の乗客トラブル（2001年1月），扶桑社の『新しい歴史教科書』の検定合格（2001年4月），北京－上海高速鉄道建設の日本方式採用反対（2003年8月），珠海での日本人集団売春事件（2003年9月）など。

▷8　内閣府「外交に関する世論調査」（令和元年度）中国に対する親近感の調査結果より。

（参考文献）
園田茂人編『日中関係史1972〜2012 Ⅲ 社会・文化』東京大学出版会，2012年。
家永真幸『パンダ外交』メディアファクトリー，2011年。
遠藤誉『中国動漫新人類　日本のアニメと漫画が中国を動かす』日経BP社，2008年。
言論NPO「第15回日中共同世論調査」2019年10月，http: //www. genron- npo. net/world/archives/7379. html。
内閣府「外交に関する世論調査（平成30年10月）」。

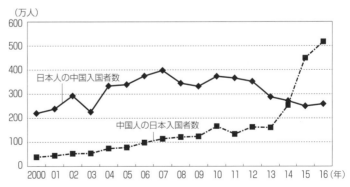

（万人）

図1　中国を訪れる日本人と日本を訪れる中国人の人数の推移

（出所）　（日本）法務省「出入国管理統計統計表」（各年）および（中国）「中国旅游業統計公法」（各年）より筆者作成。

XVIII　日中関係の展開

6　戦略的互恵関係

① 戦略的互恵関係

戦略的互恵関係は，安倍晋三総理が中国を公式訪問した，2006年10月 8 日に日中両国政府が北京で発表したプレス発表で使われた用語で，日中関係が新たな段階に至ったとの認識を示すものとされる。このプレス発表では，「共通の戦略的利益に立脚した互恵関係の構築に努力し，また，日中両国の平和共存，世代友好，互恵協力，共同発展という崇高な目標を実現する」との共通認識が示された[1]。

小泉純一郎政権下で，小泉総理の靖国参拝の影響などもあり，日中間の首脳交流は停止し，中国では反日デモなどが生じていたが，第一次安倍政権が2006年 9 月末に成立すると，安倍総理はただちに訪中して日中関係改善を図った。総理交代に伴う日中関係の改善は，小泉政権末期にすでに準備されていたといえよう。また，この共同プレス発表以後，2007年 4 月11～13日に温家宝総理が訪日した際，両国政府は11日付で再び共同プレス発表を行って，「戦略的互恵関係の基本精神」として，その具体的内容を定めた[2]。温家宝総理は，来日中の12日に国会演説も行い，村山談話や小泉談話など日本の歴史問題への取り組みを評価するなど日中関係の改善を進めようとした[3]。これに続き，2008年 5 月 6～10日にかけて胡錦濤国家主席が来日し，7 日付で，福田康夫総理と胡主席名義で，「『戦略的互恵関係』の包括的推進に関する日中共同声明」を発した[4]。これは，三つの基本文書（1972年の日中共同声明，1978年の日中平和友好条約，1998年の日中共同宣言）にある諸原則を確認した上で，新たに五つの柱に沿って対話と協力を進めることを約したものであり，第四の基本文書とも位置付けられる[5]。

2006～08年の時期は小泉政権下で悪化した日中関係を改善しようとする両国の姿勢が明確であり，それが戦略的互恵関係という新たな関係の位置付けをもたらしたといえる。この時期，中国国内では対外政策の調整が図られ，従来の経済発展重視政策に対して主権や安保を重視する向きが強まり，保守派を中心に対日政策についてもより強硬意見があったようであるが，胡錦濤・温家宝政権は対日関係改善の路線を堅持した。そして，2008年には東シナ海の共同開発についても合意が見られたのであった。

だが，2008年12月に中国の公船が初めて尖閣諸島の領海に入るなどし，2009年には中国の海洋政策や領土政策が強硬化することになり，日中関係も次第に

▷1　この共同プレス発表の原文は以下を参照。「安倍総理大臣　日中共同プレス発表」（2006年10月 8 日，日本外務省ホームページ，https://www.mofa.go.jp/mofaj/kaidan/s_abe/cn_kr_06/china_kpress.html）。

▷2　「日中共同プレス発表」2007年 4 月11日，日本外務省ホームページ，https://www.mofa.go.jp/mofaj/area/china/visit/0704_kh.html。

▷3　村山談話は1995年 8 月に村山富市内閣が発表した談話で，侵略と植民地支配に対し，反省と謝罪を述べたことで知られる。2005年 8 月の小泉談話も村山談話の内容を継承した。

▷4　この共同声明の原文は以下を参照。「『戦略的互恵関係』の包括的推進に関する日中共同声明」（2008年 5 月 7 日，日本外務省ホームページ，https://www.mofa.go.jp/mofaj/area/china/visit/0805_ks.html。

▷5　⇨XVIII-7　「四つの基本文書と72年体制」

緊張していくことになった。

❷ 中国の台頭と日本

　胡錦濤政権はそれ以前の経済発展を軸とした協調的な対外政策（「韜光養晦」政策）を維持し，2005年には国連で「和諧世界（harmonious world）」を目指すとの演説を行って，グローバル・ガバナンスに協力する中国像を提示し，中国脅威論を払拭しようとした。だが，中国経済がドイツなどを抜いてGDP世界3位に躍進すると，次第に強硬な対外政策を求める意見が国内からあげられるようになった。また，この頃には格差問題がいっそう深刻になり，社会主義的な政策に基づく富の再分配などが政権の大きな課題となり，社会主義を重視する保守派が力を増すことになった。

　2008年の北京オリンピック，2009年の中華人民共和国建国60周年，そして2010年の上海万博といった国家事業，またリーマンショック以後のアメリカや先進国経済の低迷の中で，中国が60兆円にものぼる景気対策を行って世界経済を下支えするようになると，中国の対外政策において主権や安保を強調する傾向がいっそう強まった。対日政策の面でも，2008年までの日中関係改善の雰囲気が2009年には後退し，日本で民主党政権が成立して鳩山由紀夫総理が東シナ海について「友愛の海」という概念を提唱しても中国側はただちには応じなかった。2010年には尖閣諸島周辺の中国漁船の活動が活発になり，日本の海上保安庁の巡視船との衝突事件が発生すると，日中間の緊張が高まり，中国側が日本の民間企業の職員を中国国内で逮捕するなどした。この事件は最終的に平和裡に処理されたが，両国国民の国民感情を悪化させ，また日本国内では尖閣諸島の中の私有地を購入すべきとの運動を広げることになった。

　こうした状況の中で，2012年9月に民主党の野田佳彦政権が尖閣諸島のうちの私有地を購入して国有地に編入すると，中国側はこれに強く反発し，日中間の緊張はいっそう高まり，首脳交流が停止した。

　同年12月に民主党から自民党へと政権が交代しても，首脳交流は中断したままであった。安倍晋三総理は，2013年12月に靖国参拝を行ったものの，2014年1月の年頭の国会で対中関係改善に意欲を見せ，以後，関係改善が徐々に進んだ。同年秋には，日中の外交ルートで進められていた交渉が妥結し，歴史や領土に関する「四項目合意」が発表され，日中首脳会談が実現した。しかし，2008年の日中共同声明当時の状況，また戦略的互恵関係の元来の軌道に戻ったわけではなく，徐々に首脳会談の回数や会談に際しての位置付けを高めた。安倍総理は2017年に中国の「一帯一路」政策を一定の条件下で評価する姿勢を見せ，中国首脳の訪日を促し，2018年5月には李克強総理が日中韓三国首脳会談のために来日，同年10月には安倍総理が訪中して，首脳交流が軌道に乗りはじめた。

（川島　真）

▷6 ⇨XV-4 「強硬外交への転換」

▷7 2010年9月7日に尖閣諸島周辺で操業していた中国漁船を違法操業として取り締まっていた海上保安庁の巡視艇が中国漁船「閩晋漁5179号」と衝突した事件。海上保安庁は，同船船長らを逮捕して，那覇地方検察庁石垣支部に送致した。那覇地検は，13日に船長以外の乗組員を釈放し，漁船も返還したが，船長の勾留を延長した。中国側はこれに強く抗議し，日本側に対する報復措置をとった。24日，那覇地検は船長を日中関係への配慮を示唆して釈放した。この時，菅直人総理，前原誠司外相は国連総会参加で不在にしており，仙谷由人官房長官がこの釈放を最終的に容認した。

▷8 中国側は当初，現状維持のための国有地編入について理解を示していたとされるが，胡錦濤から習近平への政権委譲の過程で，領土問題についての原則論が強調されて，日本政府による国有地編入への批判が強まったともいわれている。

▷9 一帯一路 ⇨XⅧ-4 「『一帯一路』構想」

（参考文献）
青山瑠妙「アジアにおける中国の戦略的展開と日中関係」『東亜』第568号，2014年10月，32-41頁。
川島真「『韜光養晦』と『大国外交』の間——胡錦濤政権の外交政策」『国際問題』電子版，第610号，2012年4月，38-48頁。
春原剛『暗闘 尖閣国有化』新潮社，2013年。

XⅧ　日中関係の展開

 7　四つの基本文書と72年体制

▷1　中国語では「中日四個重要文件」,「中日四個政治文件」などという。また,この四項目合意の内容は,「日中関係の改善に向けた話合い」2014年11月7日,日本外務省ホームページ,https://www.mofa.go.jp/mofaj/a_o/c_m1/cn/page4_000789.html を参照。

▷2　たとえば,2017年7月8日にハンブルクでの首脳会談で,習近平国家主席から「国交正常化以来,日中双方が合意した四つの基本文書等は,台湾問題を含め,日中関係の政治的基礎である」との発言があったとされている。

▷3　祝電の原文(日本語)は以下を参照。「日中国交正常化45周年に関する日中両国首脳・外相間の祝電の交換」日本外務省ホームページ,https://www.mofa.go.jp/mofaj/press/release/press4_005087.html。

▷4　日中復交三原則
⇨ ⅩⅧ-2「日中国交正常化」。1972年9月の日中共同声明で,日本側はこの復交三原則を「十分理解する立場」に立つ,とした。

▷5　二つの中国
⇨ Ⅸ-2「『二つの中国』と台湾海峡危機」

1　四つの基本文書とは何か

　四つの基本文書とは,1972年の日中共同声明,1978年の日中平和友好条約,1998年の日中共同声明,2008年の日中共同声明の四つの文書を指す。2008年の共同声明には,「三つの文書の諸原則を引き続き遵守すること」と記され,前の3文書を基礎とする旨が明記された。その後,2014年11月7日のいわゆる日中間の四項目合意の第一点で,「双方は,日中間の四つの基本文書の諸原則と精神を遵守し,日中の戦略的互恵関係を引き続き発展させていくことを確認した」と明記され,これら四文書が日中関係の基礎として明確に位置付けられた。[1]この四項目合意は,いわゆる「尖閣国有化」以降滞っていた日中首脳会談を再開させる上での前提条件として合意されたものであるが,それ以後の日中首脳会談でも四つの基本文書への言及がなされるようになった。[2]

　2017年9月29日,日中国交正常化45周年に際して日中両首脳と両外相は祝電を交換したが,日本側では安倍晋三総理が2008年の日中共同声明に言及し,河野太郎外相は戦略的互恵関係に触れただけであった。それに対して中国側は,李克強総理と王毅外相がともに「四つの政治文書」(原文ママ)および2014年の「四項目の原則的共通認識」(原文ママ)に言及した。[3]中国側が四つの基本文書とともに,2014年の四項目合意を重視している様がうかがえる。

2　二つの「72年体制」

　四つの基本文書は,基本的に1972年の日中国交正常化に際しての日中間の合意を基礎としている。その合意は,**日中復交三原則**[4]などに基づく以下のような内容である。第一に,中華人民共和国政府を,中国を代表する唯一の合法政府と認めること。世界に中国という国があることを認めれば,それを代表する政府を,日本が外交関係を結ぶ相手とすることになるが,その際に北京にある政府を唯一の代表と認識するというのである。これにより,台北にある中華民国政府の代表性を否定することになる。第二に,台湾が中華人民共和国の不可分の領土の一部であることを理解し,尊重すること。これにより,日本は「**二つの中国**(北京の中国政府と台北の中国政府を同時に認めること)」[5]も「一中一台(台北の政府を台湾政府とみなし,北京の中国政府と,台北の台湾政府を認めること)」もできないことになる。第三に,1952年から20年以上にわたって存在していた日

本と中華民国（台湾）との外交関係の存在をなかったことにし，1972年の日中国交正常化を，政府承認の変更とはみなさないということ。むしろ，日中間の戦争状態が終結していなかったものが，1972年になってようやく終結したという位置付けをし，その意味で「日中国交正常化」という用語を用いることに日本側も同意した。第四に，共同声明で「日本側は，過去において日本国が戦争を通じて中国国民に重大な損害を与えたことについての責任を痛感し，深く反省する」と述べられたように，日本側が戦争の責任を認め，中国側が対日賠償請求を行わないこと。これらの諸点を基礎に成立したのが現代の日中関係であり，これらを基礎に築かれた日中関係を「72年体制」と呼ぶ。

他方，この「72年体制」には別の側面もある。それは日本と中華民国（台湾）の関係である。日本と中華人民共和国との間の72年体制形成とともに，中華民国との関係も再定位された。それは，日本と中華民国とには外交関係はなく，台湾が中華人民共和国の不可分の一部であることについて理解し，尊重することであり，だからこそ日本は中華民国政府を，中国を代表する政府としては認めず，政治外交関係をなくし，あくまでも民間機関（日本側：交流協会，台湾側：亜東関係協会［当時］）が日台間の事務を行うことであった。1972年の日中国交正常化，日華断交（日本と中華民国の断交）はこうした前提に基づいていた。

③ 「72年体制」への問い

「72年体制」は日中関係の基礎であることは間違いない。だが，それは1972年当時の国際環境や両国間の関係に規定されていた面があった。たとえば，冷戦や対ソ連問題，また日中間の経済力などである。しかし，1980年代末に日中は「ソ連」という共通の「敵」を失い，冷戦も終結し，また現在では中国の経済力が日本を上回り，同時に日中が世界第2，第3位の経済大国となり，日中関係は単純な二国間関係ではなく，グローバルな関係になったともいえる。そして，歴史認識問題についても，たとえ軍民二元論を中国側が堅持しているとはいえ，日本側が戦争責任を認め，中国側が賠償請求を行わないという状況が次第に崩れ，1990年代以降には中国の民間から多くの賠償請求がなされてきた。

日本と台湾との関係についても，1972年以来台湾が飛躍的な経済発展を遂げ，また民主化をも達成し，1990年代後半以降日台関係はきわめて緊密になって国民感情もきわめて良好となった。

このような国際環境や二国間関係の変容を踏まえ，「72年体制」を再考することや，時代に適った第五の文書を策定すべきとの声もある。だが，四つの基本文書の内容の中には依然履行できていない項目があり，また日本と台湾との関係の変容に対して中国側はきわめて厳しい姿勢をとっている。　（川島　真）

▷6 対中ODAについては，たとえそれを決定し，遂行した日本の政治家たちにとって対中賠償の意味合いが込められていたにしても，それは1979年に改革開放政策の支援という論理で開始されたものであり，72年体制の構成要素というわけではない。

▷7 2011年の東日本大震災に際しては，200億円を超える義援金が台湾から送られた。このことを踏まえ，日台間では投資協定や漁業協定が結ばれるに至った。

（参考文献）
高原明生・菱田雅晴・村田雄二郎・毛里和子『共同討議 日中関係 なにが問題か──1972年体制の再検証』岩波書店，2014年。
川島真・清水麗・松田康博・楊永明『日台関係史 1945-2008』東京大学出版会，2009年。

XⅧ　日中関係の展開

8 世論調査と国民感情

国民感情と対外政策

　民主主義国家ではもちろんのこと，権威主義体制の下にある国家であっても，国民世論は政策決定過程の重要な要素である。政権への支持を維持するためには，政府は世論動向を注視し，時には世論に訴えるべく，政府は自らの政策意図を国民に説明して支持を得ようとする。これは国内政策のみならず対外政策においても同様である。各国の政府は，支持率や特定の問題に関する世論調査の結果を見ながら政策立案を行う。昨今では，マスメディアの世論調査だけでなく，インターネットの検索語やSNSで用いられた語の動向など，ビッグ・データに基づく世論動向も重視されている。中国は特にSNSなどを通じたビッグ・データの把握に熱心だとされている。◁1

　対外政策の面では相手国に対する国民感情が特に重要になる。20世紀の国際政治は，政治外交問題，経済問題へとその重点を移しながら，20世紀末以降は次第に「感情」がその重要な論点になった。**歴史認識問題**◁2や文化摩擦などにそれが現れている。無論，各国ともに対外的にパブリック・ディプロマシー（中国語では**公共外交**◁3）を展開して，自国への認識を好意的にしようとし，また国内向けには自らの対外政策の意義と重要性を説明し，その支持を得ようとし，その国民が相手国の国民に働きかける「民対民」の関係を期待する。

　日中関係では，この国民感情が特に注目されている。それは，きわめて悪化した日中双方の国民感情が日中関係改善や展開を縛っているからだ。無論，言論NPOの調査にあるように，日中ともに相手との二国間関係を重要だと認識しており，このことが関係改善の基礎となることが期待されている。日中双方がこの状態を打開すべく，青少年交流などのパブリック・ディプロマシーや文化交流を実施している。しかし，様々なメディアが相手国に批判的であり，悪化した国民感情を言説空間が改善するどころか，むしろ下支えしてしている状態にある。ただ，**領土問題**◁4や歴史認識問題が沈静化した状態で，来日した中国人観光客がSNS上で好意的な発信をすることなどを通じて，ここ数年は特に中国の対日感情が改善傾向にある点には留意しておいていい。

2 日中関係と国民感情の動向

　次に内閣府の「外交に関する世論調査」の2017年版や2016年3月版にある

1978年以来の動向などから，主に日本側の世論動向について見てみよう。[5]

　1978年から始まるこの調査の動向を見れば，1980年代を通じて被調査者の7〜8割が中国に対して「親しみがある」と答えていたことがわかる。これが変化するのが1989年であり，「親しみがある」とする数字が51％まで落ちている。理由は中国の天安門事件に対する日本の人々の批判や失望であろう。このあと，1992年の天皇訪中に際して55％まで上昇するが，1995年に「親しみを感じる」と「感じない」がほぼ同数になり，以後2003年まで両者がほぼ拮抗する状態になった。1995年の日本では，戦後50年を踏まえて村山談話[6]が閣議決定され，ここで明確に中国などへの「お詫び」を表現したが，中国側がこれに反応することはなく，むしろ中国側が核実験などを行った。1996年には「親しみを感じない」が51％を超えた。これは，台湾海峡での中国のミサイル発射実験の影響と思われる。中国が軍事的な，そして経済においても脅威となるという「中国脅威論」がこの時期の日本で広まっていった。他方，中国では冷戦終結後に社会主義国家が解体される中で，中国での共産党独裁体制を維持するために「愛国主義教育[7]」を行った。これは必ずしも日本だけを敵視するものではなかったが，経済面で日本に学ぶという1980年代以来の姿勢に次第に陰りが見えてきていた。

　このあと1998年に江沢民国家主席が，次いで朱鎔基総理が訪日したものの対中感情に大きな改善は見られず，今世紀に入って日本では2001年に小泉純一郎政権が，中国では2002年に胡錦濤国家主席－温家宝総理による新政権が誕生した。[8] 21世紀の最初の数年で，日中間の経済関係は急速に強化され，中国が日本にとっての最大貿易相手国になった。しかし，日本の対中国民感情は2003年を最後に大きく悪化することになる。では2004年に何があったのだろうか。

　この年は，AFC アジアカップ2004において，重慶での日本の試合で中国人観客からのブーイング，また北京での決勝戦でも反日暴動が発生して，日本大使館の車も被害を受けた。この年には「親しみを感じない」が6割近くになった。この後，2005年の反日デモがメディアで報道され，数値はさらに悪化した。2006年に第一次安倍晋三政権によって日中関係の改善が図られ，戦略的互恵関係が開始され，中国首脳が訪日するなどして，中国側から対日関係の改善が図られたものの，日本の対中感情は改善されなかった。2008年の北京オリンピック[9]や四川大地震[10]に際しての日本側からの支援もあって，2009年に日本の対中感情の数値が多少改善し，新たに成立した鳩山由紀夫政権が中国への歩み寄りを示すが，日中関係の全面改善には至らなかった。そして，2010年以後は尖閣諸島周辺海域での漁船衝突事件があって日本の国民世論を強く刺激した。中国でも，2012年9月の日本政府によるいわゆる尖閣諸島の国有化によって対日国民感情がきわめて悪化したのだった。[11]　　　　　　　　（川島　真）

▷5　2017年版（https://survey.gov-online.go.jp/h29/h29-gaiko/index.html），2016年3月版（https://survey.gov-online.go.jp/h27/h27-gaiko/index.html）。中国側の対日感情についてこのような長期データはないが，近年の動向については言論NPOの日中双方での世論調査がある。また，日本側の経済界の対中認識については日経バーチャルシンクタンクの調査を参照されたい。

▷6　村山談話
⇨ XⅢ-6 「戦略的互恵関係」側注3

▷7　愛国主義教育
⇨ XⅡ-2 「江沢民と愛国主義教育」

▷8　胡錦濤政権成立前，中国では馬立誠らにより，「対日新思考」が唱えられた。これは反日ナショナリズムを見直すなどを提唱したが，実現には至らなかった。

▷9　北京オリンピック
⇨ XⅣ-7 「北京オリンピックと上海万博」

▷10　四川大地震
⇨ XⅣ-9 「リーマンショックと景気対策」側注3

▷11　⇨ XⅢ-6 「戦略的互恵関係」

参考文献

青山瑠妙『現代中国の外交』慶應義塾大学出版会，2007年。
園田茂人編著『日中関係史1972-2012 Ⅲ 社会・文化』東京大学出版会，2012年。

● おわりに

　本書の出版企画が動き出したのは，2016年初めのことであった。それからの 4 年間，世界および中国では，実に様々なことが起こった。アメリカではトランプ政権が誕生し，「アメリカ第一」の旗印の下，自由市場と「民主」を基軸とする国際秩序の主導者としての地位を放棄し，環太平洋経済連携協定（TPP）やイラン核合意，パリ協定からの離脱，INF 全廃条約の破棄などを相次いで表明した。イギリスは，国民投票により EU 離脱へと踏み出した。朝鮮半島では韓国の朴槿恵大統領が罷免され，文在寅政権が北朝鮮への接近を強めた。他方北朝鮮は，米朝首脳会談の決裂を受け，核実験，ミサイル発射実験に傾倒した。中国では，中国共産党第19回全国代表大会（2017年10月）で 2 期目を迎えた習近平総書記の下，習近平および党中央への政治権力の集中と思想の統制が進められてきた。強いリーダーシップの下，既存の利権ネットワークにメスを入れ，イノベーションを進め，市場化を通じた経済の健全化を図ろうとしているが，経済状況は厳しい。対外的には「一帯一路」構想の下，ユーラシア大陸以西でのインフラ建設を積極化させ，影響力の拡大を図る。また，尖閣諸島沖への公船の侵入を続け，南シナ海では実効支配する島々で軍事施設の建設を進め，2016年 7 月には南シナ海における中国の主張を退けた国際仲裁裁判所の裁定を「紙屑」と一蹴した。2018年 3 月にアメリカと中国との間に顕在化した貿易摩擦は，ハイテク技術をめぐる競合や情報戦，新疆・香港等における人権や民主の問題へと対立面を拡大させた。そして現在，世界は新型コロナウィルスという共通の脅威との闘いを強いられている。

　地球温暖化，新型ウィルスの蔓延などへの取り組みが求められる一方で，アメリカが先導してきた国際秩序とそれを支える価値体系が自壊していく。この状況を前に，世界には，先行きの見えない不安感が漂っている。ただ一つ確かなことは，中国が世界の潮流を作るアクターの一つとしてますます影響力を増大させていくだろうということである。私たちは，どのような世界秩序が望ましいのか，どうしたら国益を拡大していけるのか，どのように自分たちの生存を確保し，生活を豊かにし，言論や学問の自由を守っていくかを真剣に考えなければならない。そしてその理想を叶えるために，プラグマティックな姿勢で，中国と手を携え，協力し，交渉し，時に熾烈な駆け引きにうってでなければならない。流動化する世界にあって，「自由で民主的な世界 vs 権威主義的世界」，「西方世界 vs 東方世界」といった単純化された枠組みを用いて世界を捉えたり，いたずらに中国脅威論を掻き立てたりすることは，一時の慰めになったとして

も，意味がない。むしろ，不利に作用する。等身大の中国を捉え，中国という巨大な船を方向付けるダイナミクスを理解することが，いっそう重要な知となりつつある。

　しかし，「はじめに」にもあるように，等身大の中国を理解するのは容易なことではない。どこに視点を定めるか。何を尺度として分析するか。長い歴史をつうじ変わらない側面を論ずるのか，指導者ごとに柔軟に変化する国の舵取りを論ずるのか。見る者の身の置き方によって，中国の描かれ方も変化する。中国を理解するということは，自分自身を見つめ，自分自身の世界観を問い直す作業なのである。また，それは資料やデータを駆使して，権力者／勝者によって語られてきた歴史の「定説」を覆していく息の長い作業を要する。

　本書の各項目は，いずれもそれぞれのテーマについて探究してきた専門家の手による。見開き2ページの解説には，中国をめぐる問題群を捉えるに必要なエッセンスが過不足なく盛り込まれている。それだけではなく，それぞれの論述には，執筆者が資料やデータに基づく実証研究と思考の末に到達した暫定的な中国観が映し出されている。注意深い読者は，60名もの執筆者の間に，微妙な論調の違いを感じとるかもしれない。しかし，そこにこそ中国という国に向かい合う醍醐味があるのだ。何度も繰り返し読んで，その醍醐味を味わっていただけたらと思う。

　2016年初めに始まった本書の編集企画であるが，出版に至るまで，当初の予定を遥かに超える4年もの年月を要してしまった。編者および60名の執筆者と連絡を取りつつ忍耐強く編集作業を前に進めてくださったミネルヴァ書房の前田有美氏，長きに及んだ編集作業に心よく協力くださった執筆者の皆様に，深くお礼を申し上げたい。

　2020年2月

小嶋華津子

人名索引

事 項 索 引

（作成：河合玲佳・早田寛）

青山治世（あおやま・はるとし／1976年生まれ）
　亜細亜大学国際関係学部准教授
　『近代中国の在外領事とアジア』（単著，名古屋大学出版会，2014年）
　『出使日記の時代──清末の中国と外交』（共著，名古屋大学出版会，2014年）

青山瑠妙（あおやま・るみ）
　早稲田大学大学院アジア太平洋研究科教授
　『中国のアジア外交』（単著，東京大学出版会，2013年）
　『超大国・中国のゆくえ2　外交と国際秩序』（共著，東京大学出版会，2015年）

阿古智子（あこ・ともこ／1971年生まれ）
　東京大学大学院総合文化研究科教授
　『貧者を喰らう国──中国格差社会からの警告（増補新版）』（単著，新潮選書，2014年）
　『超大国・中国のゆくえ5　勃興する「民」』（共著，東京大学出版会，2016年）

阿南友亮（あなみ・ゆうすけ／1972年生まれ）
　東北大学大学院法学研究科教授
　『中国革命と軍隊──近代広東における党・軍・社会の関係』（単著，慶應義塾大学出版会，2012年）
　『中国はなぜ軍拡を続けるのか』（単著，新潮選書，2017年）

飯田将史（いいだ・まさふみ／1972年生まれ）
　防衛省防衛研究所米欧ロシア研究室長
　『海洋へ膨張する中国──強硬化する共産党と人民解放軍』（単著，角川SSC新書，2013年）
　『習近平「新時代」の中国』（共著，アジア経済研究所，2019年）

家永真幸（いえなが・まさき／1981年生まれ）
　東京女子大学現代教養学部准教授
　『パンダ外交』（単著，メディアファクトリー新書，2011年）
　『国宝の政治史──「中国」の故宮とパンダ』（単著，東京大学出版会，2017年）

石塚　迅（いしづか・じん／1973年生まれ）
　山梨大学生命環境学部准教授
　『現代中国と立憲主義』（単著，東方書店，2019年）
　『東アジアの刑事司法，法教育，法意識──映画『それでもボクはやってない』海を渡る』（共編著，現代人文社，2019年）

伊藤亜聖（いとう・あせい／1984年生まれ）
　東京大学社会科学研究所准教授
　『現代中国の産業集積──「世界の工場」とボトムアップ型経済発展』（単著，名古屋大学出版会，2015年）
　『現代アジア経済論──「アジアの世紀」を学ぶ』（共編著，有斐閣，2018年）

伊藤信悟（いとう・しんご／1970年生まれ）
　（株）国際経済研究所研究部主席研究員
　『WTO加盟で中国経済が変わる』（共著，東洋経済新報社，2000年）
　『現代台湾の政治経済と中台関係』（共著，晃洋書房，2018年）

林　載桓（いむ・じぇふぁん／1976年生まれ）
　青山学院大学国際政治経済学部教授
　『人民解放軍と中国政治──文化大革命から鄧小平へ』（単著，名古屋大学出版会，2014年）
　『現代中国の政治制度──時間の政治と共産党支配』（共編著，慶應義塾大学出版会，2018年）

岩谷　將（いわたに・のぶ／1976年生まれ）
　北海道大学公共政策大学院附属公共政策学研究センター長・教授
　「日中戦争拡大過程の再検証：盧溝橋事件から第二次上海事変を中心に」（『軍事史学』第53巻第2号，2017年）

上野正弥（うえの・まさや／1985年生まれ）
　立命館大学言語教育センター外国語嘱託講師
　「中国共産党の基督教管理政策──1990年代における管理強化の展開」（『法学政治学論究』第105号，2015年）
　「現代中国における基督教の発展と国家」（『アジア研究』第64巻1号，2018年）

江口伸吾（えぐち・しんご／1968年生まれ）
　南山大学外国語学部教授
　『中国式発展の独自性と普遍性──「中国模式」の提起をめぐって』（共編著，国際書院，2016年）
　『変動期の国際秩序とグローバル・アクター中国──外交・内政・歴史』（共編著，国際書院，2018年）

江藤名保子（えとう・なおこ）
　学習院大学法学部教授
　『中国ナショナリズムのなかの日本──「愛国主義」の変容と歴史認識問題』（単著，勁草書房，2014年）
　「日中関係の再考──競合を前提とした協調戦略の展開」（『フィナンシャル・レビュー』令和元年第3号，2019年）

及川淳子 (おいかわ・じゅんこ)

中央大学文学部准教授

『現代中国の言論空間と政治文化――「李鋭ネットワーク」の形成と変容』(単著, 御茶の水書房, 2012年)

『六四と一九八九』(共編著, 白水社, 2019年)

王　雪萍 (おう・せつへい／1976年生まれ)

東洋大学社会学部教授

『改革開放後中国留学政策研究――1980-1984年赴日本国家公派留学生政策始末』(単著, 北京：世界知識出版社, 2009年)

『戦後日中関係と廖承志――中国の知日派と対日政策』(編著, 慶應義塾大学出版会, 2013年)

大西康雄 (おおにし・やすお／1955年生まれ)

科学技術振興機構特任フェロー

『習近平時代の中国経済』(単著, アジア経済研究所, 2015年)

『習近平「新時代」の中国』(編著, アジア経済研究所, 2019年)

小原凡司 (おはら・ぼんじ／1963年生まれ)

笹川平和財団上席研究員

『曲がり角に立つ中国――トランプ政権と日中関係のゆくえ』(共著, NTT出版, 2017年)

『AFTER SHARP POWER――米中新冷戦の幕開け』(共著, 東洋経済新報社, 2019年)

梶谷　懐 (かじたに・かい／1970年生まれ)

神戸大学大学院経済学研究科教授

『現代中国の財政金融システム――グローバル化と中央－地方関係の経済学』(単著, 名古屋大学出版会, 2011年)

『中国経済講義――統計の信頼性から成長のゆくえまで』(単著, 中公新書, 2018年)

角崎信也 (かどざき・しんや／1981年生まれ)

霞山会研究員

『救国, 動員, 秩序――変革期中国の政治と社会』(共著, 慶應義塾大学出版会, 2010年)

『現代中国政治外交の原点』(共著, 慶應義塾大学出版会, 2013年)

加茂具樹 (かも・ともき／1972年生まれ)

慶應義塾大学総合政策学部教授

『「大国」としての中国――どのように台頭し, どこにゆくのか』(編著, 一藝社, 2017年)

『現代中国の政治制度――時間の政治と共産党支配』(編著, 慶應義塾大学出版会, 2018年)

＊川島　真 (かわしま・しん／1968年生まれ)

編著者紹介参照

木村　自 (きむら・みずか／1973年生まれ)

立教大学社会学部准教授

『雲南ムスリム・ディアスポラの民族誌』(単著, 風響社, 2016年)

『越境とアイデンティフィケーション――国籍・パスポート・IDカード』(共著, 新曜社, 2012年)

倉田　徹 (くらた・とおる／1975年生まれ)

立教大学法学部教授

『中国返還後の香港――「小さな冷戦」と一国二制度の展開』(単著, 名古屋大学出版会, 2009年)

『香港――中国と向き合う自由都市』(共著, 岩波新書, 2015年)

＊小嶋華津子 (こじま・かずこ／1970年生まれ)

編著者紹介参照

金野　純 (こんの・じゅん／1975年生まれ)

学習院女子大学国際文化交流学部教授

『中国社会と大衆動員――毛沢東時代の政治権力と民衆』(単著, 御茶の水書房, 2008年)

『中国が世界を動かした「1968」』(共著, 藤原書店, 2019年)

佐藤千歳 (さとう・ちとせ／1974年生まれ)

北海商科大学商学部教授

『現代中国の宗教変動とアジアのキリスト教』(共著, 北海道大学出版会, 2017年)

「中国浙江省におけるキリスト教会取締りと信仰維権」(『日中社会学研究』第25号, 2017年)

佐橋　亮 (さはし・りょう／1978年生まれ)

東京大学東洋文化研究所准教授

『共存の模索――アメリカと「二つの中国」の冷戦史』(単著, 勁草書房, 2015年)

『冷戦後の東アジア秩序――秩序形成をめぐる各国の構想』(編著, 勁草書房, 2020年)

澤田ゆかり (さわだ・ゆかり／1961年生まれ)

東京外国語大学大学院総合国際学研究院教授

『ポスト改革期の中国社会保障はどうなるのか――選別主義から普遍主義への転換の中で』(共編著, ミネルヴァ書房, 2016年)

「持続可能な社会保障の構築へ：中国型福祉ミックスの模索」(『日中経協ジャーナル』296号, 2018年)

執筆者紹介 （氏名／よみがな／生年／現職／業績）　　　　　　　　　50音順，＊は編者，執筆担当は本文末

下野寿子（しもの・ひさこ／1968年生まれ）

　北九州市立大学外国語学部教授

　『中国外資導入の政治過程——対外開放のキーストーン』（単著，法律文化社，2008年）

　『「街頭の政治」をよむ——国際関係学からのアプローチ』（共編著，法律文化社，2018年）

徐　偉信（じょ・いしん／1991年生まれ）

　東京大学大学院総合文化研究科博士後期課程

　「戦後初期国共両党的政治宣伝与中国政局（1945-1946）」（単著，『跨域青年学者台湾与東亜近代史研究論集』台北：稲香出版社，2016年）

　「20世紀50年代日本外務省亜洲局対華情報分析与中国的対日宣伝」（共著，『近百年中日関係史論』北京：社会科学文献出版社，2018年）

徐　行（じょ・こう／1981年生まれ）

　北海道大学大学院法学研究科准教授

　『要説　中国法』（共著，東京大学出版会，2017年）

　『現代中国の法治と寛容——国家主義と人権憲政のはざまで』（共訳，成文堂，2017年）

杉浦康之（すぎうら・やすゆき／1977年生まれ）

　防衛省防衛研究所地域研究部中国研究室主任研究官

　『日中関係史 1972-2012 Ⅰ 政治』（共著，東京大学出版会，2012年）

　『現代中国政治外交の原点』（共著，慶應義塾大学出版会，2013年）

諏訪一幸（すわ・かずゆき／1958年生まれ）

　静岡県立大学国際関係学部教授

　『中国共産党のサバイバル戦略』（共著，三和書籍，2012年）

　『独裁体制における議会と正当性——中国，ラオス，ベトナム，カンボジア』（共著，アジア経済研究所，2015年）

滝田　豪（たきだ・ごう／1973年生まれ）

　京都産業大学法学部教授

　『ポピュリズム・民主主義・政治指導——制度的変動期の比較政治学』（共著，ミネルヴァ書房，2009年）

　『中国における住民組織の再編と自治への模索——地域自治の存立基盤』（共著，明石書店，2009年）

武内宏樹（たけうち・ひろき／1973年生まれ）

　サザンメソジスト大学（SMU）政治学部准教授

　Tax Reform in Rural China: Revenue, Resistance, and Authoritarian Rule（単著，Cambridge University Press, 2014）

　『党国体制の現在——変容する社会と中国共産党の適応』（共編著，慶應義塾大学出版会，2012年）

富坂　聰（とみさか・さとし／1964年生まれ）

　拓殖大学海外事情研究所教授

　『中国の論点』（単著，角川書店，2014年）

　『チャイナ・リスク』（共著，岩波書店，2015年）

中岡まり（なかおか・まり／1969年生まれ）

　常磐大学総合政策学部教授

　『中国議会100年史——誰が誰を代表してきたのか』（共著，東京大学出版会，2015年）

　『中国の公共性と国家権力——その歴史と現在』（共著，慶應義塾大学出版会，2017年）

中村元哉（なかむら・もとや／1973年生まれ）

　東京大学大学院総合文化研究科教授

　『中国，香港，台湾におけるリベラリズムの系譜』（単著，有志舎，2018年）

　『概説 中華圏の戦後史』（共著，東京大学出版会，2022年）

西本紫乃（にしもと・しの／1972年生まれ）

　北海道大学大学院公共政策学連携研究部附属公共政策学研究センター研究員

　『モノ言う中国人』（単著，集英社新書，2011年）

菱田雅晴（ひしだ・まさはる／1950年生まれ）

　法政大学名誉教授

　『中国共産党のサバイバル戦略』（編著，三和書籍，2012年）

　『超大国・中国のゆくえ3　共産党とガバナンス』（共著，東京大学出版会，2016年）

平野　聡（ひらの・さとし／1970年生まれ）

　東京大学大学院法学政治学研究科教授

　『清帝国とチベット問題——多民族統合の成立と瓦解』（単著，名古屋大学出版会，2004年）

　『「反日」中国の文明史』（単著，ちくま新書，2014年）

平野悠一郎 (ひらの・ゆういちろう／1977年生まれ)

　(国研) 森林研究・整備機構森林総合研究所主任研究員，
筑波大学大学院生命環境科学研究科准教授 (連携)
　『中国の森林・林業・木材産業——現状と展望』(共著，
日本林業調査会，2010年)
　「現代中国における指導者層の森林認識」(『アジア研究』
第54巻3号，2008年)

廣野美和 (ひろの・みわ／1976年生まれ)

　立命館大学グローバル教養学部教授
　Civilizing Missions : International Religious Agencies in
China (単著，New York : Palgrave MacMillan, 2008)
　China's Evolving Approaches to Peacekeeping (編著，
London : Routledge, 2012)

福田　円 (ふくだ・まどか／1980年生まれ)

　法政大学法学部教授
　『中国外交と台湾——「一つの中国」原則の起源』(単著，
慶應義塾大学出版会，2013年)
　Taiwan's Political Re-Alignment and Diplomatic
Challenges (共著，Palgrave Macmillan, 2019)

星野昌裕 (ほしの・まさひろ／1969年生まれ)

　南山大学総合政策学部教授
　『中国は，いま』(共著，岩波新書，2011年)
　"Preferential policies for China's ethnic minorities at a
crossroads" (Journal of Contemporary East Asia
Studies, Volume 8, 2019)

堀田幸裕 (ほった・ゆきひろ／1974年生まれ)

　霞山会主任研究員，上智大学非常勤講師
　『国際制裁と朝鮮社会主義経済』(共著，アジア経済研究
所，2017年)
　『中国の外交戦略と世界秩序——理念・政策・現地の視
線』(共著，昭和堂，2020年)

前田宏子 (まえだ・ひろこ／1973年生まれ)

　住友商事グローバルリサーチ株式会社国際部シニア・ア
ナリスト
　『オバマで変わるアメリカ 日本はどこへ行くのか』(共
著，アスペクト，2009年)
　『開発主義の時代へ——1972-2014』(共著，岩波新書，
2014年)

益尾知佐子 (ますお・ちさこ／1974年生まれ)

　九州大学大学院比較社会文化研究院教授
　『中国政治外交の転換点——改革開放と「独立自主の対
外政策」』(単著，東京大学出版会，2010年)
　『中国の行動原理——国内潮流が決める国際関係』(単著，
中公新書，2019年)

松戸庸子 (まつど・ようこ／1953年生まれ)

　南山大学名誉教授
　『陳情——中国社会の底辺から』(共編著，東方書店，
2012年)
　「信訪制度に見る中国的 "公民社会" の到達点」(『日中
社会学研究』23号，2015年)

御手洗大輔 (みたらい・だいすけ／1978年生まれ)

　尚美学園大学総合政策学部准教授
　『日本国憲法論講義』(単著，デザインエッグ社，2019年)
　「示威の自由に関する日中比較と日本人の課題」『横浜市
立大学論叢社会科学系列』(68巻2号，2017年)

三船恵美 (みふね・えみ)

　駒澤大学法学部教授
　『中国外交戦略——その根底にあるもの』(単著，講談社
選書メチエ，2016年)
　『現代の国際政治 [第4版]——変容するグローバル化と
新たなパワーの台頭』(共著，ミネルヴァ書房，2019年)

八塚正晃 (やつづか・まさあき／1985年生まれ)

　防衛省防衛研究所地域研究部中国研究室主任研究官
　「中国共産党の『歴史決議』をめぐる政治過程 (1979-
1981)」『法学政治学論究』(第93号，2012年)
　「文革後期の中国における対外開放政策の胎動」『アジア
研究』(第60号1巻，2014年)

山口信治 (やまぐち・しんじ／1979年生まれ)

　防衛省防衛研究所地域研究部中国研究室主任研究官
　"Strategies of China's Maritime Actors in the South
China Sea : A Coordinated Plan under the Leadership
of Xi Jinping?" (China Perspective, 2016 No. 3)
　『現代中国の政治制度——時間の政治と共産党支配』(共
著，慶應義塾大学出版会，2018年)

山本　真 (やまもと・しん／1969年生まれ)

　筑波大学人文社会系教授
　『近現代中国における社会と国家——福建省での革命，
行政の制度化，戦時動員』(単著，創土社，2016年)
　「福建省興化地域社会と結社，キリスト教，阿片——民
國初期の黄濂の乱に着目して」(『東洋史研究』第78巻第
1号，2019年)

弓野正宏 (ゆみの・まさひろ／1972年生まれ)

　法政大学大学院中国基層政治研究所特任研究員
　『中国の軍事力——2020年の将来予測』(共著，蒼蒼社，
2008年)
　『中国問題——キーワードで読み解く』(共著，東京大学
出版会，2012年)

執筆者紹介 (氏名／よみがな／生年／現職／業績)　　　　　50音順，＊は編者，執筆担当は本文末

横尾明彦 (よこお・あきひこ／1989年生まれ)
　(株)双日総合研究所調査グループ研究員，東京大学大学院総合文化研究科博士後期課程
　「中国の GATT 加入交渉と価格改革のリンケージ・ポリティクス──一九八六－一九九四年を中心に」(『国際政治』第197号，2019年)
　「統計公報」(『中国年鑑』2019年)

渡辺紫乃 (わたなべ・しの)
　上智大学総合グローバル学部教授
　『中国の対外援助』(共著，日本経済評論社，2013年)
　A Study of China's Foreign Aid : An Asian Perspective
　(共著，Palgrave Macmillan, 2013)

渡辺　剛 (わたなべ・たけし／1969年生まれ)
　杏林大学総合政策学部・国際協力研究科教授
　『グローバル・エコノミーの論点──世界経済の変化を読む』(共著，文眞堂，2017年)
　「総統選を控えた台湾ナショナリズムの世論動向」(『東亜』No. 627，2019年)

渡邉真理子 (わたなべ・まりこ／1968年生まれ)
　学習院大学経済学部教授
　『21世紀の中国　経済篇──国家資本主義の光と影』(共著，朝日新聞出版，2013年)
　The Disintegration of Production (編者，Edward Elgar, 2014)

《編著者紹介》

川島　真（かわしま・しん／1968年生まれ）

東京大学大学院総合文化研究科教授

『中国のフロンティア──揺れ動く境界から考える』（単著，岩波新書，2017年）

Japan-China Relations in the Modern Era（共著，Routledge，2017）

『決定版　日中戦争』（共著，新潮新書，2018年）

『中華民国史研究の動向──中国と日本の中国近代史理解』（共編著，晃洋書房，2019年）

『中国の外交戦略と世界秩序──理念・政策・現地の視線』（共編著，昭和堂，2020年）

小嶋華津子（こじま・かずこ／1970年生まれ）

慶應義塾大学法学部教授

China's Trade Unions: How Autonomous Are They? A Survey of 1,811 enterprise union chairpersons（共編著，Routledge，2010）

"The Corporatist System and Social Organizations in China"（共著，*Management and Organization Review*，Vol. 8, Issue 3, November 2012）

『現代中国政治外交の原点』（共編著，慶應義塾大学出版会，2013年）

『現代中国の市民社会・利益団体──比較の中の中国』（共編著，木鐸社，2014年）

『中国の公共性と国家権力──その歴史と現在』（共編著，慶應義塾大学出版会，2017年）

やわらかアカデミズム・〈わかる〉シリーズ

よくわかる現代中国政治

2020年 4 月30日　初版第 1 刷発行　　　　　　　　　〈検印省略〉
2022年12月20日　初版第 4 刷発行

定価はカバーに
表示しています

編著者　　川　島　　　真
　　　　　小　嶋　華津子
発行者　　杉　田　啓　三
印刷者　　坂　本　喜　杏

発行所　株式会社　ミネルヴァ書房
〒607-8494 京都市山科区日ノ岡堤谷町 1
電話代表 (075) 581-5191
振替口座 01020-0-8076

© 川島・小嶋ほか，2020　　　冨山房インターナショナル・新生製本

ISBN 978-4-623-08671-9

Printed in Japan

やわらかアカデミズム・〈わかる〉シリーズ

ミネルヴァ書房

http://www.minervashobo.co.jp/